| 16 | 3  | 2  | 13 |
|----|----|----|----|
| 5  | 10 | 11 | 8  |
| 9  | 6  | 7  | 12 |
| 4  | 15 | 14 | 1  |

Jairo Severiano
Zuza Homem de Mello

# A CANÇÃO NO TEMPO
## 85 ANOS DE MÚSICAS BRASILEIRAS

Vol. 1: 1901-1957

*Nova edição revista e ampliada*

editora■34

EDITORA 34

Editora 34 Ltda.
Rua Hungria, 592  Jardim Europa  CEP 01455-000
São Paulo - SP  Brasil  Tel/Fax (11) 3811-6777  www.editora34.com.br

Copyright © Editora 34 Ltda., 1997
*A canção no tempo: 85 anos de músicas brasileiras (vol. 1: 1901-1957)*
© Jairo Severiano e Zuza Homem de Mello, 1997

A FOTOCÓPIA DE QUALQUER FOLHA DESTE LIVRO É ILEGAL E CONFIGURA UMA
APROPRIAÇÃO INDEVIDA DOS DIREITOS INTELECTUAIS E PATRIMONIAIS DO AUTOR.

Edição conforme o Acordo Ortográfico da Língua Portuguesa.

Imagem da capa:
*Marília Batista e Noel Rosa*

Imagem da 4ª capa:
*Carmen Miranda e Ary Barroso*

Capa, projeto gráfico e editoração eletrônica:
*Bracher & Malta Produção Gráfica*

Revisão:
*Alexandre Barbosa de Souza*

1ª Edição - 1997, 2ª Edição - 1998, 3ª Edição - 1998, 4ª Edição - 1999,
5ª Edição - 2002, 6ª Edição - 2006, 7ª Edição - 2015 (1ª Reimpressão - 2025)

Catalogação na Fonte do Departamento Nacional do Livro
(Fundação Biblioteca Nacional, RJ, Brasil)

S498c

Severiano, Jairo
    A canção no tempo: 85 anos de músicas
brasileiras (vol. 1: 1901-1957) / Jairo Severiano e
Zuza Homem de Mello. — São Paulo: Editora 34,
2015 (7ª Edição).
392 p.  (Coleção Todos os Cantos)

ISBN 978-85-7326-613-9

    1. Música popular - Brasil - História e crítica.
I. Mello, Zuza Homem de. II. Título. III. Série.

CDD - 780-150981

# A CANÇÃO NO TEMPO
85 anos de músicas brasileiras
Vol. 1: 1901-1957

*Prefácio à nova edição* ............................................... 7
*Apresentação* ............................................................ 11
*Agradecimentos* ......................................................... 15

### 1ª Parte: 1901 a 1916

Introdução ................................................................. 19
    I. 1901-1905 ....................................................... 21
    II. 1906-1910 ...................................................... 29
    III. 1911-1916 ..................................................... 39

### 2ª Parte: 1917 a 1928

Introdução ................................................................. 51
    IV. 1917-1920 ...................................................... 55
    V. 1921-1924 ....................................................... 65
    VI. 1925-1928 ...................................................... 75

### 3ª Parte: 1929 a 1945

Introdução ................................................................. 87
    VII. 1929 .......................................................... 93
    VIII. 1930 ......................................................... 101
    IX. 1931 ........................................................... 107
    X. 1932 ............................................................ 115
    XI. 1933 ........................................................... 125
    XII. 1934 .......................................................... 133
    XIII. 1935 ......................................................... 141
    XIV. 1936 .......................................................... 151
    XV. 1937 ........................................................... 159
    XVI. 1938 .......................................................... 171
    XVII. 1939 ......................................................... 183
    XVIII. 1940 ........................................................ 193
    XIX. 1941 .......................................................... 201
    XX. 1942 ........................................................... 211
    XXI. 1943 .......................................................... 223
    XXII. 1944 ......................................................... 231
    XXIII. 1945 ........................................................ 237

## 4ᴬ Parte: 1946 a 1957

Introdução ......................................................... 247

XXIV. 1946 .................................................. 251

XXV. 1947 ................................................... 261

XXVI. 1948 ................................................. 271

XXVII. 1949 ................................................ 279

XXVIII. 1950 ............................................... 289

XXIX. 1951 ................................................. 299

XXX. 1952 .................................................. 305

XXXI. 1953 ................................................. 313

XXXII. 1954 ............................................... 321

XXXIII. 1955 .............................................. 329

XXXIV. 1956 .............................................. 339

XXXV. 1957 ............................................... 347

*Índice onomástico* ............................................ 357

*Índice das músicas* .......................................... 373

*Bibliografia* .................................................. 385

*Créditos das imagens* ...................................... 389

*Sobre os autores* ............................................ 391

# PREFÁCIO À NOVA EDIÇÃO

Quase vinte anos se passaram desde a primeira edição dos volumes 1 e 2 de *A canção no tempo: 85 anos de músicas brasileiras*, em 1997 e 1998, respectivamente. Nesse período o livro foi se tornando uma referência na literatura da música popular brasileira.

Os dois volumes de *A canção no tempo* têm sido apontados em bibliografias de dezenas de obras que encorparam a literatura sobre nossa música. Além de facilitar projetos vinculados à montagem de produtos e eventos, seu conceito fundamental — o de relacionar, classificar e analisar canções que o povo brasileiro consagrou através de quase todo o século XX, de 1901 a 1985 — serviu como modelo para outras publicações nessa linha, a de levantar a trajetória das canções. Através de pesquisas e estudos, multiplicaram-se trabalhos sobre a obra de compositores ou sobre temas específicos, consubstanciando-se uma outra forma de narrar a evolução histórica da música brasileira. É o que estava no âmago de nosso projeto original.

Os anos decorridos propiciaram o afastamento necessário para o juízo mais claro sobre algumas canções. Foi o que nos impeliu a dar mais espaço na seção "Destaques" a canções que o mereceram. Após cuidadosa análise, decidimos efetivar essa ascensão para 51 composições, 21 no volume 1, que atinge a sua 7ª edição, e 30 no volume 2, que chega à 6ª edição. Dessa maneira, somam-se agora 629 canções narradas e comentadas em ambos volumes, o que julgamos sublinhar a grandeza da música popular brasileira.

São os seguintes os verbetes adicionados na nova edição do volume 1: "Eu Ouço Falar" (1929), "Gago Apaixonado" (1931), "Tem Francesa no Morro" (1932), "Até Amanhã" e "Vitória" (1933), "Na Batucada da Vida" (1934), "Cortina de Veludo" (1935), "E o Mundo Não Se Acabou" (1938), "A Jangada Voltou Só" (1941), "Emília" (1942), "Mensagem" (1946), "Felicidade" (1947), "Bahia com H" (1948), "Errei Sim" (1950), "Zum-Zum" (1951), "De Cigarro em Cigarro" (1953), "O Xote das Meninas" (1953), "Se Eu Morresse Amanhã" (1953), "Escurinho" (1955), "Hoje Quem Paga Sou Eu" (1955) e "Laura" (1957).

*Jairo Severiano e Zuza Homem de Mello*

# A CANÇÃO NO TEMPO

## 85 ANOS DE MÚSICAS BRASILEIRAS

Vol. 1: 1901-1957

Aos que musicaram a vida brasileira
com suas canções.

*Jairo e Zuza*

# APRESENTAÇÃO

O livro *A canção no tempo: 85 anos de músicas brasileiras - Vol. 1: 1901-1957* relaciona, classifica e analisa as canções que o povo brasileiro consagrou através dos anos, de 1901 a 1957 (*A canção no tempo - Vol. 2* cobrirá o período de 1958 a 1985) oferecendo uma abrangente visão musical de toda essa época. É, pode-se dizer, a história da música popular brasileira na primeira metade do século XX, contada por suas canções de maior sucesso. Das modinhas e lundus de Eduardo das Neves, Cadete e Baiano da Casa Edison às composições pré-bossa nova de Dolores Duran, Luís Bonfá e Antônio Carlos Jobim na década de 1950.

Dividido em quatro partes, cada uma correspondendo a uma determinada fase de nossa música, o livro apresenta 35 capítulos assim distribuídos: 1ª Parte: 1901 a 1916 — 3 capítulos; 2ª Parte: 1917 a 1928 — 3 capítulos; 3ª Parte: 1929 a 1945 — 17 capítulos; e 4ª Parte: 1946 a 1957 — 12 capítulos. Tendo em vista a ocorrência de um número menor de sucessos no começo do século, agrupam-se vários anos por capítulo na primeira e na segunda partes, passando, a partir de 1929, cada ano a corresponder a um capítulo. Na abertura de cada parte há um texto que conceitua as suas características.

A estrutura dos capítulos é dividida em cinco segmentos. No primeiro são apresentadas e comentadas as composições de maior destaque, por ordem alfabética. Seguem-se as relações de outros sucessos, de gravações representativas, de músicas estrangeiras que marcaram presença no Brasil e, por fim, uma cronologia geral. Complementam a obra índices remissivos das canções e das pessoas focalizadas.

Foram relacionadas neste volume 1.089 composições brasileiras de sucesso, das quais se destacaram e são comentadas 288. A esse número somaram-se 400 canções estrangeiras que alcançaram sucesso no Brasil, atingindo-se o total de 1.489 composições. Nessa seleção incluíram-se, basicamente, dois tipos de canções: as que obtiveram sucesso ao serem lançadas — não importando sua qualidade ou permanência — e as que não obtiveram sucesso imediato, mas que, em razão de sua qualidade, acabaram por merecer a consagração popular. Outra resolução adotada foi a de restringir a escolha aos sucessos de âmbito nacional, ignorando-se os exclusivamente regionais.

Para a localização das composições no tempo foram considerados os anos em que fizeram sucesso, os quais nem sempre correspondem aos anos em que foram compostas ou gravadas pela primeira vez. Isso acontece, por exemplo, com os habituais lançamentos de fim de ano (como o do repertório carnavalesco), cujas canções geralmente começam a se projetar nos primeiros meses dos anos seguintes. Há ainda os casos de composições do início do século — como a valsa "Saudades de Matão" e alguns tangos de Ernesto Nazareth — que se tornariam clássicos tempos depois, sem jamais se sobressaírem num ano determinado. Nesses casos decidiu-se pela localização nos anos em que foram compostas. No repertório internacional constatou-se o fato frequente de músicas — principalmente latino-americanas — que se popularizaram no Brasil vários anos depois de seu surgimento nos países de origem.

Considerando-se dispensável o levantamento de uma discografia completa das composições relacionadas, optou-se por uma seleção que constitui o segmento "Gravações representativas". São apresentados nessa seção 467 fonogramas, através dos quais pode-se acompanhar a trajetória dos principais cantores nacionais. Finalmente, achou-se importante acrescentar à obra uma cronologia que, além dos fatos musicais, registra acontecimentos ocorridos no país e no exterior.

Iniciados em 1986, os trabalhos de pesquisa e redação desta obra estenderam-se até 1997, com várias interrupções impostas por compromissos profissionais dos autores. Foram assim ouvidos muitos depoimentos de personagens que participam desta história — cantores, músicos, compositores — a maioria ao vivo, porém uma parte em gravações pertencentes aos acervos do Museu da Imagem e do Som do Rio de Janeiro, do Arquivo da Cidade do Rio de Janeiro, do Nirez-Museu Cearense da Comunicação e da Rádio Jornal do Brasil. Seria exaustivo citar os nomes de todos esses depoentes (91), mas, para dar uma ideia de sua importância, selecionamos alguns: Ataulfo Alves, Braguinha (João de Barro), Dorival Caymmi, Herivelto Martins, Ismael Silva, Jacob do Bandolim, Marília Batista, Marlene, Orlando Silva, Pixinguinha e Radamés Gnattali. Além dos depoimentos, houve muita conversa informal, não gravada, com outros personagens como Mário Lago, Tom Jobim, Fernando Lobo, Roberto Martins, Pedro Caetano, Roberto Paiva e Almirante, este em época anterior ao projeto.

A complementação da pesquisa seria realizada em dezenas de livros, jornais e revistas, consultados em suas coleções existentes na Biblioteca

Nacional, ou em centenas de recortes dos acervos dos autores e do Arquivo Almirante, no MIS do Rio de Janeiro. Em vários desses periódicos encontram-se publicadas as paradas de sucesso, a partir de 1946, de consulta indispensável para a escolha das composições. Também importantes foram as informações, críticas e sugestões de amigos que acompanharam o desenvolvimento do projeto como o professor Aloysio de Alencar Pinto, o compositor Klecius Caldas, o jornalista Carlos Alberto de Mattos e os pesquisadores Gracio Barbalho, Abel Cardoso Júnior, Miguel Ângelo de Azevedo (Nirez), Paulo César de Andrade, Vicente de Paula Machado e Vicente Salles.

Dedicando esta obra a todos os que amam a música popular brasileira, os autores se sentirão recompensados se o seu trabalho inspirar a realização de novos projetos que contribuam para o conhecimento, difusão e preservação de nossa memória musical.

*Jairo Severiano e Zuza Homem de Mello*

# AGRADECIMENTOS

Este livro não seria possível sem a generosa e eficiente colaboração de dezenas de pessoas que nos ajudaram a escrevê-lo.

Foi assim de especial importância para a seleção final das canções a opinião dos pesquisadores Vicente de Paula Machado, Gracio Barbalho e Vicente Salles, do professor Aloysio de Alencar Pinto e do compositor Klecius Caldas, este, principalmente, para a definição do repertório estrangeiro. A esses amigos se juntam os também pesquisadores Paulo César de Andrade, Abel Cardoso Júnior e Miguel Ângelo de Azevedo (Nirez), cuja colaboração contribuiu para a valorização da obra com inestimáveis informações.

Importantes ainda foram as participações do jornalista Carlos Alberto de Mattos — que teve a paciência de ler os originais, contribuindo com sugestões para a melhoria do texto —, de Yacoff Sarkovas, ex-proprietário da Informasom, que nos preparou os boletins sobre as músicas mais executadas em rádio, do maestro Roberto Gnattali e, novamente, de Aloysio de Alencar Pinto na área musicológica.

Muito enriquecedoras foram as informações prestadas por três grandes personagens do próprio livro — Dorival Caymmi, Mário Lago e Roberto Martins — não só sobre suas canções, mas, também, sobre o meio musical em que se consagraram.

Finalmente, completa a relação dos colaboradores, com as mais diversas informações, as figuras de Ary Vasconcelos, Arthur Loureiro de Oliveira Filho, Biliu de Campina (Severino Xavier de Sousa), Candeias/Jota Júnior (Joaquim Antônio Candeias Júnior), Carlos José (Carlos José Ramos dos Santos), Carolina Cardoso de Menezes, Dóris Monteiro, Fernando Lobo, Mestre Dino (Horondino Silva), I. Barroso de Pinho, Inezita Barroso, J. C. Costa Neto, João Luís Ferrete, João Máximo, Johnny Alf (Alfredo José da Silva), Jonjoca (João de Freitas Ferreira), Jorginho do Pandeiro (Jorge José da Silva), José Edmilson Rodrigues, José Batista Alves, José Manoel de Lemos Pereira, José Maria Manzo, José Nêumanne Pinto, José Silas Xavier, Lauro Gomes de Araújo, Lena Lebendiguer, Luiz Carlos Saroldi, Luiz Cláudio de Castro, Maria das Graças (da EMI), Miltinho (Milton Santos de Almeida), Mozart de Araújo, Paulo Tapajós, Pedro Caetano, Pedro Cruz, Raul de Barros, Roberto Paiva, Rômulo Cavalcanti Nóbrega, Ronoel Simões, Sabá (Sebastião Oliveira da Paz), Sérgio Cabral, Suetônio Valença, Tárik de Souza e Tom Jobim.

A todos os nossos sinceros agradecimentos.

*Jairo Severiano e Zuza Homem de Mello*

# 1ª Parte: 1901 a 1916

Compositora, pianista, maestrina, Chiquinha Gonzaga foi a primeira mulher a se destacar em nossa música popular.

# INTRODUÇÃO

A música popular brasileira do período 1901-1916 repete basicamente as características que já predominavam no final do século XIX. São os mesmos gêneros — valsa, modinha, cançoneta, chótis, polca —, as mesmas maneiras de cantar e tocar, as mesmas formações instrumentais, a mesma predileção pelo piano. Também continua a predominar a influência musical europeia, principalmente a francesa. Uma importante novidade, porém, aconteceria na área tecnológica: o advento do disco brasileiro em agosto de 1902. E será o repertório registrado nesses discos que, em complementação às partituras, ensejará uma melhor avaliação da produção musical da época.

Entre os compositores do período, destacam-se três das maiores figuras da música popular brasileira: Ernesto Nazareth, Chiquinha Gonzaga e Anacleto de Medeiros. Nazareth, estilizador da música dos chorões, é autor de extensa e requintada obra, na divisa do popular com o erudito; Chiquinha Gonzaga (Francisca Edwiges Neves Gonzaga), primeira mulher a se sobressair em nossa música popular, possui também vasta obra, voltada sobretudo para o teatro; e, por fim, Anacleto, instrumentista eclético e organizador de várias bandas, e o responsável por algumas das mais belas composições do período. Embora tenham se tornado conhecidos no século XIX, os três viveram o auge da carreira no início dos 1900. Outros compositores importantes dessa fase são Ernesto de Souza, Eustórgio Wanderley, Pedro de Alcântara, Paulino Sacramento e o então iniciante Marcelo Tupinambá.

Já os letristas aparecem em número bem menor. Além da presença esporádica de alguns poetas (Hermes Fontes, Adelmar Tavares) e autores do teatro de revista (Bastos Tigre), sobra apenas a figura polêmica de Catulo da Paixão Cearense. Em que pesem as restrições que se fazem à sua poesia, Catulo ainda é o mais importante letrista brasileiro de sua geração. "Incapaz de escrever uma célula melódica", segundo Villa-Lobos, ele se especializaria em fazer letras para melodias consagradas de seus contemporâneos. Assim, de carona no sucesso alheio, Catulo reforçou sua própria glória, embora em alguns casos tenha contribuído para ampliar a popularidade das canções.

Na área da música instrumental há muitas bandas (Banda Escudero, Banda Paulino Sacramento, Banda Carioca) e muitos conjuntos de choro e seresta (Grupo do Malaquias, Grupo Lulu o Cavaquinho, Grupo O Passos no Choro) que gravaram mais da metade dos discos da época. Quase não há, porém, solistas de sucesso, constituindo-se exceções o grande flautista Patápio Silva, morto prematuramente, o também flautista Agenor Benz e os pianistas Artur Camilo e Ernesto Nazareth, este principalmente pela interpretação de suas próprias composições. Em plano mais modesto, sem terem jamais chegado ao disco, estavam os pianistas populares, os chamados pianeiros. Esses músicos eram sempre convidados para tocar em reuniões sociais, batizados, casamentos, aniversários. Além de mais baratos que as orquestras, eles conheciam bem o gosto da classe média e tocavam o instrumento de sua preferência. Não havia família mais ou menos remediada que não ostentasse um piano na sala de visitas. Foram pianeiros famosos no Rio de Janeiro Antônio dos Santos Chirol, Garcia Cristo, Porfírio da Alfândega e Aurélio Cavalcanti, que chegou a ser capa da revista O Malho.

Também reduzido, não mais do que seis, é o número de cantores que fizeram sucesso no início do século: Baiano, Cadete, Eduardo das Neves, Mário Pinheiro, Nozinho e Geraldo Magalhães. Embora seja difícil julgá-los, em razão da sonoridade deficiente dos discos da época, pode-se apontar Baiano (Manoel Pedro dos Santos) e Mário Pinheiro como os melhores. Não é assim por acaso que os dois foram os mais populares e os que mais gravaram. Baiano, que teve a honra de gravar o primeiro disco brasileiro (Zon-O-Phone 10001 — "Isto é Bom"), cantava qualquer tipo de música, das alegres cançonetas às modinhas sentimentais. Já Mário Pinheiro, embora versátil também, preferia o repertório romântico, mais adequado à sua bela voz de barítono. Tendo estudado canto, participou do espetáculo de inauguração do Teatro Municipal do Rio de Janeiro, em 1909. Mas, se os cantores eram escassos, inexistente era o naipe das cantoras. A rigor, não há no Brasil uma só cantora popular de sucesso antes dos anos 1920. Deve-se o fato, simplesmente, à não existência dessa profissão em nossa sociedade machista de então. O que havia eram atrizes do teatro musicado que às vezes gravavam. As exceções seriam talvez as duas moças que, no suplemento inicial de discos da Casa Edison, aparecem cerimoniosamente tratadas como Srta. Odete e Srta. Consuelo. Sobre essas moças, as primeiras brasileiras a gravarem, tem-se apenas uma informação biográfica: eram senhoritas.

Com a deflagração da I Guerra Mundial, em 1914, entram em declínio as tendências que caracterizaram nossa belle époque musical, o que coincide com o final, também, de um ciclo de ideias e costumes que imperou na virada do século.

20                                                                              1ª Parte: 1901 a 1916

# I. 1901-1905

## DESTAQUES

### 1901

**"Ó Abre Alas"** (marcha-rancho), Chiquinha Gonzaga

Continuava em moda no primeiro ano do século um repertório herdado de décadas anteriores, não se destacando uma só canção datada de 1901. São composições como "As Laranjas da Sabina", "O Gondoleiro do Amor", "Perdão Emília" e uma marcha-rancho intitulada "Ó Abre Alas", composta por Chiquinha Gonzaga em 1899. Esta despretensiosa marcha ("Ó abre alas/ que eu quero passar/ eu sou da lira/ não posso negar") dedicada ao cordão Rosa de Ouro, tem todavia importância especial na obra de Chiquinha, pois lhe dá o pioneirismo da produção carnavalesca, antecipando-se em vinte anos à fixação do gênero. De acordo com Almirante, "Ó Abre Alas" foi a composição preferida dos foliões de 1901 e dos anos seguintes, até 1910 pelo menos.

### 1902

**"A Conquista do Ar"** (**"Santos Dumont"**) (marcha),
Eduardo das Neves

O feito de Alberto Santos Dumont, contornando a Torre Eiffel em seu balão nº 6, no dia 19/10/1901, inspirou diversas composições, entre as quais a marcha "A Conquista do Ar", sucesso de 1902. Uma criação de Eduardo das Neves, a canção glorifica o inventor da aviação em versos desbragadamente ufanistas, que o público da época adorou ("A Europa curvou-se ante o Brasil/ e clamou parabéns em meigo tom/ brilhou lá no céu mais uma estrela/ apareceu Santos Dumont"). Palhaço de circo, poeta, compositor e principalmente cantor, Eduardo das Neves foi o nosso artista negro mais popular no início do século. Pai do também compositor Cândido da Neves, deixou modinhas, lundus, cançonetas, sendo de sua autoria os versos em homenagem ao encouraçado Minas Gerais, feitos sobre a melodia da valsa

"Vieni sul Mar", do folclore veneziano. Aliás, ainda sobre a mesma melodia, o radialista Paulo Roberto escreveria, em 1945, nova letra exaltando o estado mineiro ("Lindos campos batidos de sol/ ondulando num verde sem fim..."), mantendo porém o refrão popular ("Ó Minas Gerais/ ó Minas Gerais/ quem te conhece não esquece jamais..."). No auge da carreira, Dudu das Neves apresentava-se nos palcos de *smoking* azul e chapéu de seda.

## 1904

### "Corta-Jaca" ("Gaúcho") (tango), Chiquinha Gonzaga

Conhecido desde 1895, quando foi lançado na opereta-burlesca "Zizinha Maxixe", o tango "Corta-Jaca", cujo título original é "Gaúcho", teve a popularidade redobrada nove anos depois, ao reaparecer na revista *Cá e Lá*. Comprovam o sucesso as oito gravações que recebeu entre 1904 e 1912 e sua apresentação, em 26/10/1914, numa recepção oficial no Palácio do Catete, então sede do Governo Federal. Na ocasião, foi interpretado pela primeira dama, Sra. Nair de Teffé, fato explorado como escândalo pela oposição. "Corta-Jaca" ou "Dança do Corta-Jaca", como está classificado em uma de suas edições, é na verdade um maxixe bem sacudido, característica que muito contribuiu para o seu êxito. A fim de ser cantado em *Cá e Lá*, ganhou letra de Tito Martins e Bandeira de Gouveia, autores da peça ("Ai! Ai! Que bom cortar a jaca/ Ai! Sim, meu bem ataca, sem descansar...").

### "Primeiro Amor" (valsa), Patápio Silva

Flautista excepcional e muito bom compositor, Patápio Silva começou ainda adolescente atuando em bandas do interior, cursando a seguir o Instituto Nacional de Música, onde se formou em 1903. A partir de então, desenvolveu uma vitoriosa carreira, que seria interrompida pela morte aos 27 anos. A popularidade de Patápio era tão grande que seus discos permaneceram em catálogo por mais de duas décadas. Um de seus maiores sucessos foi a graciosa valsa "Primeiro Amor", um clássico do repertório flautístico brasileiro, que dá bem uma ideia do estilo musical do autor, situado na fronteira do popular com o erudito. É provável que Patápio optasse pela música de concerto se tivesse vivido por mais tempo.

### "Rato Rato" (polca), Casemiro Rocha e Claudino Costa

Para combater a peste bubônica que se alastrava pelo Rio de Janeiro em 1903, o diretor da Saúde Pública, Osvaldo Cruz, determinou uma desratização da cidade. Dentro dos limitados recursos que dispunha, organizou uma brigada de exterminadores, dando a cada um de seus integrantes a tarefa de apresentar o mínimo de cinco ratos mortos por dia. O que excedia a esse número era gratificado à razão de 300 réis por cabeça... E lá saíam eles pelas ruas, carregando grandes latas e apregoando a compra de ratos: "Rato! rato!". Tal pregão motivou Casemiro Rocha, pistonista da Banda do Corpo de Bombeiros, a compor a polca "Rato Rato", sucesso que depois ganhou letra de Claudino Costa — "Rato, rato, rato/ Por que motivo tu roeste meu baú?". Em tempo: a guerra aos ratos deu certo. Em 4 de abril de 1904, foi anunciado oficialmente o fim da peste.

**"Saudades de Matão" ("Francana")** (valsa), Jorge Galati
Até 1920, quando "Saudades de Matão" já se tornara bem conhecida, pouco se sabia sobre sua autoria, sendo por alguns considerada tema popular. Então, através da revista *A Lua*, de São Paulo, Jorge Galati foi identificado como autor da composição. Nascido na província de Catanzaro (Itália) em 1885, ele chegou ao Brasil cinco anos depois, quando a família transferiu-se da Europa para São Carlos do Pinhal (SP). Daí em diante, até sua morte em 1969, viveria em diversas cidades paulistas sempre levado por suas atividades musicais. Assim, após estudar música em São José do Rio Pardo, já exercia com apenas 19 anos a função de mestre da Banda Ítalo-Brasileira de Araraquara. Foi aí, em 1904, que compôs a celebre valsa, originalmente intitulada "Francana" e que depois, à sua revelia, passou a chamar-se "Saudades de Matão". A troca do título aconteceu por volta de 1912, sendo responsável pela mudança Pedro Perches de Aguiar, na época músico em Taquaritinga. Em 1949, quando "Saudades de Matão" transformada em sucesso nacional já rendia bons dividendos artísticos e pecuniários, o mesmo Perches resolveu reivindicar sua autoria, estabelecendo-se grande polêmica na imprensa e no rádio. O assunto mereceu de Almirante rigorosa pesquisa, havendo em seu arquivo variada documentação a favor de Jorge Galati. Há, por exemplo, uma declaração, registrada em cartório, do Sr. Pio Corrêa de Almeida Morais, prefeito de Araraquara em 1904, que afirma ter ouvido muitas vezes naquele ano Galati interpretar a valsa "Francana". Mas, segundo Galati, apareceram ainda no decorrer do tempo outros pretendentes à autoria da valsa, como Antonio Carreri, José Carlos Piedade, Protásio Tomás de Carvalho, José Stabile e Antenógenes Silva, sendo que este último registrou um arranjo sobre o tema. Popularizada como peça instrumental, "Saudades de Matão" recebeu letra de Raul Torres em 1938.

I. 1901-1905

## 1905

**"Terna Saudade" ("Por um Beijo") (valsa),**
Anacleto de Medeiros e Catulo da Paixão Cearense
Muita música instrumental de sucesso recebeu letra de Catulo da Paixão Cearense, que assim se fez parceiro de grandes compositores de sua geração. Entre estes está Anacleto de Medeiros, autor da valsa "Terna Saudade", que o poeta transformou na pomposa canção "Por Um Beijo": "Ó ri, meu doce amor/ sofri lágrimas de flor/ teu sorriso inspira a lira/ que afinei por teu falar...". Embora o melhor de "Terna Saudade" seja a melodia, seu autor é citado pelo jornalista Guimarães Martins, no livro *Modinhas*, como "colaborador de Catulo na parte musical". Herdeiro dos direitos do poeta, Martins procurava sempre minimizar o trabalho de seus parceiros, tachando-os de meros colaboradores.


### OUTROS SUCESSOS

**1902**
"O Arame" (cançoneta), Ernesto de Souza
"Os Boêmios"[1] ("O Boêmio") (tango), Anacleto de Medeiros e Catulo
    da Paixão Cearense
"Borboleta Gentil" (valsa), autor desconhecido
"Me Compra Ioiô" (cançoneta), Ernesto de Souza

**1903**
"O Fadário" ("Medrosa") (canção), Anacleto de Medeiros e Catulo da
    Paixão Cearense
"Quem Inventou a Mulata" (cançoneta), Ernesto de Souza

**1904**
"Alvorada das Rosas" (romança), Júlio Reis
"Margarida" (mazurca), Patápio Silva
"Serenata do Amor" (romança), Patápio Silva
"Sonho" (romança), Patápio Silva

---

[1] Sucesso instrumental que recebeu letra de Catulo da Paixão Cearense.

**1905**

"Escovado" (tango), Ernesto Nazareth
"Farrula" (valsa), Anacleto de Medeiros
"Maxixe Aristocrático" (maxixe), José Nunes
"Meu Assobio" (cançoneta), Eustórgio Wanderley
"Talento e Formosura"[2] (modinha), Edmundo Otávio Ferreira e Catulo da Paixão Cearense

GRAVAÇÕES REPRESENTATIVAS

BAIANO
Zon-O-Phone, X-526, "O Arame"

BANDA DA CASA EDISON
Odeon, 40069, "Santos Dumont"

MÁRIO PINHEIRO
Odeon, 40151, "Talento e Formosura"

MÁRIO PINHEIRO E PEPA DELGADO
Odeon, 40392, "Corta-Jaca"

PATÁPIO SILVA
Odeon, 40051, "Alvorada das Rosas"
Odeon, 40045, "Margarida"
Odeon, 40053, "Primeiro Amor"

MÚSICAS ESTRANGEIRAS DE SUCESSO NO BRASIL

**1901**

"Fado Hilário" (motivo popular português)
"Frou-Frou", Henri Chatou, Monreal e Blondeau

**1902**

"Amoureuse", Adolphe Berger

---

[2] Sucesso instrumental que recebeu letra de Catulo da Paixão Cearense.

O prestígio de Patápio Silva — morto prematuramente em 1907 — era tão forte, que seus discos permaneceram em catálogo por mais de vinte anos.

**1904**
"Serenata", Gaetano Braga
"Serenata Oriental", Ernesto Kohler

**1905**
"Quand l'Amour Meurt", Octave Cremieux
"Les Millions d'Arlequin", Richard Drigo (lançado em 1901)


## CRONOLOGIA

### 1901

17/01: Nasce no Rio de Janeiro (RJ) o compositor Eratóstenes Frazão.

25/06: Edward VII é proclamado Rei da Inglaterra.

09/07: Nasce no Rio de Janeiro (RJ) o letrista Jorge Faraj.

06/09: É assassinado em Buffalo (NY-EUA) o presidente dos Estados Unidos, William Mc-Kinley, assumindo o poder o vice-presidente Theodore Roosevelt.

19/10: Alberto Santos Dumont ganha o Prêmio Deutsche de la Meurthe, ao contornar a Torre Eiffel, pilotando seu balão n° 6.

10/12: Realiza-se pela primeira vez a entrega do Prêmio Nobel.

12/12: Marconi efetua a primeira transmissão transoceânica de telegrafia sem fio. A transmissão é realizada entre a Inglaterra e os Estados Unidos.

24/12: Nasce no Rio de Janeiro (RJ) o cantor/compositor J. B. de Carvalho (João Paulo Batista de Carvalho).


### 1902

18/03: O tenor Enrico Caruso grava o seu primeiro disco.

01/04: Nasce no Rio de Janeiro (RJ) o cantor Moreira da Silva (Antônio Moreira da Silva).

26/05: Nasce em São Caetano (PE) o compositor Osvaldo Santiago.

07/07: Nasce em Valença (RJ) a cantora Clementina de Jesus.

21/07: É fundado no Rio de Janeiro o Fluminense Futebol Clube.

25/07: Nasce em Niterói (RJ) o compositor/percussionista Alcebíades Barcelos.

02/08: A Casa Edison do Rio de Janeiro lança o primeiro suplemento de discos gravados no Brasil.

03/08: Nasce no Rio de Janeiro (RJ) o compositor Carlos Cachaça (Carlos Moreira de Castro).

27/08: Nasce no Rio de Janeiro (RJ) o compositor Alberto Ribeiro (Alberto Ribeiro da Vinha).

14/10: Nasce no Rio de Janeiro (RJ) o compositor/percussionista Armando Marçal.

I. 1901-1905

27/10: É inaugurado no Rio de Janeiro o bondinho aéreo do Pão de Açúcar.

15/11: Francisco de Paula Rodrigues Alves toma posse na presidência da República.

09/12: Nasce em Bonito (PE) o compositor Nelson Ferreira (Nelson Ferreira Alves).

## 1903

14/03: Nasce em Macaé (RJ) o flautista e compositor Benedito Lacerda.

30/04: A Victor grava nos Estados Unidos o primeiro disco Red Seal, o selo dos grandes intérpretes.

07/11: Nasce em Ubá (MG) o compositor Ary Barroso (Ary Evangelista Barroso).

17/11: Brasil e Bolívia assinam o Tratado de Petrópolis, que incorpora o Acre ao território brasileiro.

23/11: Enrico Caruso estreia nos Estados Unidos.

## 1904

10/01: Nasce no Rio de Janeiro (RJ) o compositor Lamartine Babo (Lamartine de Azeredo Babo).

08/03: São iniciadas as obras de abertura da Avenida Central (depois Avenida Rio Branco) no Rio de Janeiro (RJ).

31/03: Nasce no Rio de Janeiro (RJ) a cantora Araci Cortes (Zilda de Carvalho Espíndola).

18/06: Nasce em Porto Alegre (RS) o flautista/compositor Dante Santoro.

23/07: Nasce em Niterói (RJ) o compositor/instrumentista Gadé (Osvaldo Chaves Ribeiro).

28/07: Nasce em Recife (PE) o bandolinista/compositor Luperce Miranda (Luperce Bezerra Pessoa de Miranda).

12/08: Nasce no Rio de Janeiro (RJ) o compositor/baterista Valfrido Silva (Valfrido Pereira da Silva).

08/09: Realizam-se em Saint-Louis (Missouri-EUA) os III Jogos Olímpicos.

28/10: Nasce em Surubim (PE) o compositor Capiba (Lourenço da Fonseca Barbosa).

14/11: A Escola Militar do Rio de Janeiro revolta-se em apoio à rebelião popular contra a vacinação obrigatória.

## 1905

15/02: Nasce em Belém (PA) o compositor Valdemar Henrique (Valdemar Henrique da Costa Pereira).

11/05: Nasce no Rio de Janeiro (RJ) a cantora Bidu Sayão (Balduína de Moreira Sayão).

12/08: Nasce no Rio de Janeiro (RJ) o compositor Leonel Azevedo.

14/09: Nasce em Niterói (RJ) o compositor Ismael Silva.

28/12: Realiza-se em Viena (Áustria) a *première* mundial da opereta *A Viúva Alegre* (*Die lustige Witwe*).

# II. 1906-1910

DESTAQUES

### 1906

**"Casinha Pequenina"** (modinha), autor desconhecido

A modinha, o gênero mais lírico e sentimental de nosso cancioneiro, é também o mais antigo, existindo desde o século XVIII. E entre todas as modinhas surgidas nesse longo espaço de tempo, nenhuma seria tão cantada e gravada como a "Casinha Pequenina". Lançada em disco por Mário Pinheiro em 1906, teria dezenas de gravações figurando no repertório dos mais variados intérpretes, de Bidu Sayão e Beniamino Gigli a Cascatinha e Inhana, de Sílvio Caldas e Nara Leão aos maestros Radamés Gnattali, Lyrio Panicalli e Rogério Duprat. Atribuída a autor desconhecido, a "Casinha Pequenina" teve a origem pesquisada pelo musicólogo Vicente Salles, que acredita ser seu criador o paraense Bernardino Belém de Souza. Carteiro e pianista, Bernardino tocou durante algum tempo em navios que faziam a linha Rio-Manaus, aproveitando as viagens para divulgar suas composições no sul do país. Outra autoria possível, mas não comprovada, seria a dos atores Leopoldo Fróes e Pedro Augusto. Segundo Íris Fróes, biógrafa do primeiro, Leopoldo teria recebido de Pedro a letra da "Casinha Pequenina" pronta, e composto a melodia em 1902. A verdade é que nenhum deles jamais reivindicou a paternidade da canção, apesar do sucesso.

**"Vem Cá Mulata"** (tango-chula),
Arquimedes de Oliveira e Bastos Tigre

Embora existindo desde 1902, "Vem Cá Mulata" só ficou famosa em 1906 quando se destacou como sucesso carnavalesco. Aliás, sucesso duradouro, uma vez que continuou alegrando mais dois ou três carnavais, tornando-se uma das músicas mais populares da década. O motivo por que caiu no gosto dos foliões está em seu caráter bastante animado — o que não é de se admirar tendo como um dos autores Arquimedes de Oliveira, carnavalesco adepto do Clube dos Democráticos. A classificação de "Vem Cá Mulata" ora como tango-chula, ora como polca-chula, merece uma observação: muitas das classificações que aparecem em discos e partituras do começo do século carecem de precisão. Geralmente são meros rótulos dados por funcionários subalternos das editoras. Isso numa fase de nossa música em que alguns gêneros ainda não estavam bem definidos.

## 1907

**"Choro e Poesia"** (**"Ontem ao Luar"**) (polca),
Pedro de Alcântara e Catulo da Paixão Cearense
Por sua semelhança com a canção "Love Story", do filme homônimo, a polca "Choro e Poesia" voltou a ser sucesso na década de 1970. Esse retorno rendeu-lhe mais de dez gravações, só que com um detalhe: todas traziam apenas o título "Ontem ao Luar", que recebeu de Catulo da Paixão Cearense quando, em 1913, o poeta lhe pôs uma letra, à revelia do autor. E o que é pior, várias dessas gravações tal como edições da partitura, somente registravam o nome de Catulo, omitindo o de Pedro de Alcântara. Em 1976, graças aos esforços de uma neta de Alcântara, sua autoria foi restabelecida através de uma decisão judicial. "Choro e Poesia" tem duas partes, ambas construídas com variações de um mesmo motivo, usado com muita engenhosidade especialmente na segunda parte, em tom maior.

**"Iara"** (**"Rasga o Coração"**) (chótis),
Anacleto de Medeiros e Catulo da Paixão Cearense
"Melodia espontânea e escorreita; harmonização singela com alguns acordes arpejados, principalmente no tempo fraco dos compassos." Assim o maestro Batista Siqueira analisa o chótis "Iara", por ele considerado "uma obra prima de beleza e simplicidade". Composto por volta de 1896, em homenagem a um barco homônimo, campeão de regatas, "Iara" só seria gravada em 1907, ano da morte de seu autor Anacleto de Medeiros. Tempos depois, quando já era peça obrigatória no repertório de bandas, recebeu letra de Catulo que a rebatizou de "Rasga o Coração". Essencialmente instrumental, o chótis perdeu em graça e leveza ao ser transformado em canção, embora os versos de Catulo tenham-lhe aumentado a popularidade. Esses versos, aliás, são tão numerosos que mereceram de Guimarães Martins (no livro *Modinhas*) a curiosa e acaciana recomendação: "O cantor que não desejar interpretar todas estas estrofes escolherá as que mais lhe agradarem". Admirador de Anacleto de Medeiros, Heitor Villa-Lobos aproveitou o tema de "Iara" em seu *Choro nº 10*.

# 1909

**"No Bico da Chaleira"** (polca),
Juca Storoni (João José da Costa Júnior)
Diariamente, o Morro da Graça no bairro de Laranjeiras no Rio de Janeiro era frequentado por dezenas de pessoas — senadores, deputados, juízes, empresários ou, simplesmente, candidatos a cargos públicos ou mandatos eletivos. A razão da romaria era que no alto do morro morava o general-senador José Gomes Pinheiro Machado, líder do Partido Republicano Conservador, que dominou a política nacional no início do século. Pois foi para satirizar o comportamento desses bajuladores que o maestro Costa Júnior fez a animada polca "No Bico da Chaleira", sucesso do carnaval de 1909: "Iaiá me deixe subir nessa ladeira/ eu sou do grupo que pega na chaleira...". E tamanha foi a popularidade da composição que acabou por consagrar o uso dos termos "chaleira" e "chaleirar" como sinônimos de bajulador e bajular. Isso porque, dizia-se na época, o pessoal que subia a ladeira da Graça disputava acirradamente o privilégio de segurar a chaleira que supria de água quente o chimarrão do chefe. Com a morte de Pinheiro Machado, assassinado por um débil mental em 1915, deram seu nome à Rua Guanabara, onde começava a subida para sua casa, na qual passou a funcionar o Colégio Sacre Coeur e tempos depois uma empresa construtora.

# 1910

**"Odeon"** (tango), Ernesto Nazareth
Ernesto Nazareth ouviu os sons que vinham da rua, tocados por nossos músicos populares, e os levou para o piano, dando-lhes roupagem requintada. Sua obra se situa, assim, na fronteira do popular com o erudito, transitando à vontade pelas duas áreas. Em nada destoa se interpretada por um concertista, como Arthur Moreira Lima, ou um chorão como Jacob do Bandolim. O espírito do choro estará sempre presente, estilizado nas teclas do primeiro ou voltando às origens nas cordas do segundo. E é esse espírito, essa síntese da própria música de choro, que marca a série de seus quase cem tangos-brasileiros, à qual pertence "Odeon". Obra-prima no gênero, este tango é apenas mais uma das inúmeras peças de Nazareth em que "melodia, harmonia e ritmo se entrosam de maneira quase espontânea, com refinamento de expressão", como opina o pianista-musicólogo Aloysio de Alencar Pinto. "Odeon" é dedicado à empresa Zambelli & Cia., dona do cinema homenageado no título, onde o autor tocou na sala de espera. Localizado na

Avenida Rio Branco nº 137, possuía duas salas de projeção e era considerado um dos "mais *chics* cinematógrafos do Rio de Janeiro". Em 1968, a pedido de Nara Leão, Vinicius de Moraes fez uma letra para "Odeon".

Com o crescente reconhecimento da obra de Nazareth, este tango se tornou uma de suas peças indispensáveis em recitais e discos. Nestes, cabe destacar as versões de Maria José Carrasqueira e André Mehmari.

## OUTROS SUCESSOS

### 1906
"Os Olhos Dela"[3] (chótis), Irineu de Almeida e Catulo da Paixão Cearense
"Sou Teu Escravo" (modinha), Neco (Manoel Ferreira Capellani)
"Três Estrelinhas"[4] ("O Que Tu És") (polca), Anacleto de Medeiros e Catulo da Paixão Cearense

### 1907
"Amor Perdido" (valsa), Patápio Silva
"Clélia"[5] ("Ao Desfraldar da Vela") (valsa), Luís de Souza e Catulo da Paixão Cearense
"Favorito" (tango), Ernesto Nazareth
"O Vatapá" (tango), Paulino Sacramento, Bastos Tigre e João Foca
"Zinha" (polca), Patápio Silva
"A Pequenina Cruz do Teu Rosário" (modinha), Fernando Weyne e Roberto Xavier de Castro

### 1908
"Constelações" (modinha), Cupertino de Menezes e Hermes Fontes
"Fado Liró" (fado), Nicolino Milano

### 1910
"Estela" (modinha), Abdon Lira e Adelmar Tavares

---

[3] Sucesso instrumental que recebeu letra de Catulo da Paixão Cearense.

[4] Idem.

[5] Idem.

"Meu Casamento" ("Olhos de Veludo") (chótis), Pedro Galdino e Gutenberg Cruz
"Monteiro no Sarilho" (polca), Albertino Pimentel


## GRAVAÇÕES REPRESENTATIVAS

Banda da Casa Edison
Odeon, 108132, "Choro e Poesia"
Odeon, 108111, "Iara"

Os Geraldos
Odeon, 108290, "Vem Cá Mulata"

Mário Pinheiro
Odeon, 40472, "Casinha Pequenina"
Odeon, 10281, "Estela"

Patápio Silva
Odeon, 10011, "Zinha"


## MÚSICAS ESTRANGEIRAS DE SUCESSO NO BRASIL

**1906**
"La Mattchiche", C. Clerc, P. Briollet e L. Lelièvre

**1907**
"La Petite Tonkinoise", Vincent Scotto, Georges Villard e Henri Christine

**1908**
"Un Peu d'Amour", Lao Silezu

**1909**
"L'Adieu du Matin", Emile Pessard
"Valsa da Viúva Alegre" ("Die lustige Witwe Walzer"), Franz Lehar

Ernesto Nazareth estilizou a música dos chorões, situando-a na divisa do popular com o erudito.

**1910**

"Ciribiribin", A. Pestalozza

"La Valse Brune", Georges Krier e Georges Villard

## CRONOLOGIA

### 1906

08/01: Nasce em Muriaé (MG) o compositor Alcir Pires Vermelho.

27/01: Nasce em Porto Alegre (RS) o pianista/compositor/arranjador Radamés Gnattali.

21/03: Nasce no Rio de Janeiro (RJ) o compositor André Filho (André de Sá Filho).

18/04: Grande terremoto arrasa a cidade de São Francisco (Califórnia-EUA).

03/05: É iniciado o primeiro campeonato de futebol do Rio de Janeiro.

26/06: Nasce em Queluz (SP) o instrumentista/arranjador Lyrio Panicalli.

11/07: Nasce em Botucatu (SP) o cantor/compositor Raul Torres (Raul Montes Torres).

23/10: Alberto Santos Dumont torna-se o primeiro homem a voar em um veículo mais pesado que o ar, decolando em seu avião 14-BIS do campo de Bagatelle em Paris.

30/10: Nasce em Uberaba (MG) o acordeonista/compositor Antenógenes Silva.

15/11: Afonso Pena toma posse na presidência da República.

19/11: É executado pela primeira vez o "Hino à Bandeira" (música de Francisco Braga, letra de Olavo Bilac), composto sob encomenda de Francisco Pereira Passos, prefeito do Rio de Janeiro.

### 1907

05/03: Lee D. Forrest, que em 1905 inventara a válvula termiônica, realiza em Nova York (NY-EUA) a primeira transmissão experimental de um programa radiofônico.

29/03: Nasce no Rio de Janeiro (RJ) o compositor João de Barro (Carlos Alberto Ferreira Braga).

29/04: Morre em Florianópolis (SC) o flautista/compositor Patápio Silva.

05/06: Nasce no Rio de Janeiro (RJ) o cantor Jorge Fernandes (Jorge de Oliveira Fernandes).

24/06: Nasce em Conceição (PB) o maestro/compositor José Siqueira.

14/08: Morre no Rio de Janeiro (RJ) o maestro/compositor Anacleto de Medeiros.

31/08: Nasce em Tietê (SP) o cantor/compositor Ariovaldo Pires que, como cantor, usava o pseudônimo de Capitão Furtado.

01/11: Nasce em Tietê (SP) o maestro/compositor Camargo Guarnieri (Mozart Camargo Guarnieri).

16/12: Nasce no Rio de Janeiro (RJ) o compositor Dunga (Valdemar de Abreu).

31/12: Nasce no Rio de Janeiro (RJ) o cantor Mário Reis (Mário da Silveira Reis).

## 1908

06/01: Nasce no Rio de Janeiro (RJ) o compositor Zé da Zilda (José Gonçalves).

16/01: É inaugurada em San Diego (Califórnia-EUA) a primeira emissora de rádio dos Estados Unidos.

31/01: Nasce em Santa Luzia do Norte (AL) o instrumentista e chefe de orquestra Fon-Fon (Otaviano Romero).

19/02: Nasce no Rio de Janeiro (RJ) o cantor/radialista Almirante (Henrique Foreis Domingues).

18/04: Nasce em São Paulo (SP) o compositor/arranjador Vicente Paiva (Vicente Paiva Ribeiro).

23/05: Nasce no Rio de Janeiro (RJ) o cantor/compositor Sílvio Caldas (Sílvio Narciso de Figueiredo Caldas).

26/07: Realiza-se em São Paulo (SP) o Circuito de Itapecerica, a primeira prova automobilística efetuada na América do Sul.

08: Realizam-se em Londres os IV Jogos Olímpicos da Era Moderna.

11/10: Nasce no Rio de Janeiro (RJ) o compositor Cartola (Angenor de Oliveira).

## 1909

29/01: Nasce no Rio de Janeiro (RJ) o compositor Roberto Martins.

09/02: Nasce em Marco de Canavezes (Portugal) a cantora Carmen Miranda (Maria do Carmo Miranda da Cunha).

12/02: Nasce em Salto (SP) o pianista/arranjador Gaó (Odmar Amaral Gurgel).

06/04: O americano Robert Edwin Peary torna-se o primeiro explorador a atingir o Polo Norte.

02/05: Nasce em Miraí (MG) o compositor/cantor Ataulfo Alves (Ataulfo Alves de Souza).

07/05: Nasce em Sabará (MG) o cantor/ator Castro Barbosa (Joaquim Silvério de Castro Barbosa).

14/06: Morre o presidente Afonso Pena. Assume a chefia do Governo o vice-presidente Nilo Peçanha.

14/07: É inaugurado o Teatro Municipal do Rio de Janeiro. Nasce em Juiz de Fora (MG) o compositor Mano Décio da Viola (Décio Antônio Carlos).

## 1910

08/01: Nasce em São Paulo (SP) o compositor/radialista Cristóvão de Alencar (Armando de Lima Reis).

03/03: Nasce em São Paulo (SP) o instrumentista Copinha (Nicolino Copia).

01/04: Nasce em Paraibuna (SP) o compositor/instrumentista Claudionor Cruz (Claudionor José da Cruz).

25/04: Nasce no Rio de Janeiro (RJ) o compositor/pianista Custódio Mesquita (Custódio Mesquita de Pinheiro).

24/06: Nasce em São Paulo (SP) o compositor/pianista Vadico (Osvaldo Gogliano).

07/07: Nasce no Rio de Janeiro (RJ) o cantor Luís Barbosa (Luís dos Santos Barbosa).

27/07: Nasce no Rio de Janeiro (RJ) o compositor Haroldo Lobo.

06/08: Nasce em Valinhos (SP) o compositor Adoniran Barbosa (João Rubinato).

01/09: Nasce em Santos (SP) a cantora Leny Eversong (Hilda Campos Soares da Silva). É fundado em São Paulo o Sport Clube Corinthians Paulista.

27/09: Nasce em Cabo (PE) o cantor/compositor Manezinho Araújo (Manoel Pereira de Araújo).

05/10: É proclamada a república em Portugal.

28/10: Nasce no Rio de Janeiro (RJ) o compositor Nelson Cavaquinho (Nelson Antônio da Silva).

11/11: Nasce no Rio de Janeiro (RJ) o compositor/caricaturista Nássara (Antônio Gabriel Nássara).

15/11: Hermes da Fonseca toma posse na presidência da República.

22/11: Liderada pelo marinheiro João Cândido, a esquadra se revolta na Baía de Guanabara contra o chamado "regime da chibata", então em voga na Marinha.

06/12: Nasce no Rio de Janeiro (RJ) o cantor Jorge Veiga (Jorge de Oliveira Veiga).

11/12: Nasce no Rio de Janeiro (RJ) o compositor Noel Rosa (Noel de Medeiros Rosa).

Catulo da Paixão Cearense, nosso mais famoso letrista do início do século.

# III. 1911-1916

DESTAQUES

### 1912

**"Flor do Mal"** (**"Saudade Eterna"**) (canção),
Santos Coelho e Domingos Correia
O poeta Domingos Correia suicidou-se no dia 6 de maio de 1912, bebendo um copo do desinfetante Lisol, numa casa de chope no Rio de Janeiro. Antes, porém, perpetuou nos versos da canção "Flor do Mal" o motivo do suicídio: sua paixão não correspondida por Arminda Santos, uma jovem pernambucana que então iniciava carreira artística nos palcos da cidade — "Oh! Eu me recordo ainda/ desse fatal dia/ em que tu me disseste, Arminda,/ indiferente e fria/ eis do meu romance o fim...". Como não era compositor, fez esses versos tristíssimos em cima da melodia, mais triste ainda, de "Saudade Eterna", uma valsa do violonista Santos Coelho, autor de um método de guitarra portuguesa, muito usado na época. Tendo recebido em 1909 letra de Catulo da Paixão Cearense (sob o título de "Ó como a saudade dorme num luar de calma"). "Saudade Eterna" era apenas razoavelmente conhecida, tornando-se grande sucesso ao transformar-se em "Flor do Mal", talvez até pelo impacto da tragédia. Segundo o historiador Ary Vasconcelos (em *Panorama da música popular brasileira na belle époque*), Domingos Correia "era branco, baixo e tinha uma cabeça enorme", o que lhe valeu o apelido de Boneco nos meios boêmios onde "bebia e cantava com voz possante". Com tal figura, era mesmo tarefa impossível ao Boneco conquistar a bela Arminda.

### 1913

**"Caboca de Caxangá"** (batuque sertanejo),
Catulo da Paixão Cearense
Em entrevista a Joel Silveira, nos idos de 1940, Catulo da Paixão Cearense declarou-se "um sertanejo sem sertão", ressaltando o mérito de saber descrevê-lo muito bem, apesar de não conhecê-lo.

Parte desse mérito ele deveria creditar ao violonista João Pernambuco (João Teixeira Guimarães), com quem conviveu por diversos anos e que lhe forneceu, além de alguns temas musicais, um variado vocabulário sertanejo que usaria em seus versos. Um exemplo dessa colaboração é a composição "Caboca de Caxangá", que entrou para a história assinada apenas pelo poeta. Inspirado numa toada que João lhe mostrara e que teria melodia do violonista, composta sobre versos populares, Catulo escreveu extensa letra, impregnada de nomes de árvores (taquara, oiticica, imbiruçu...), animais (urutau, coivara, jaçanã...), localidades (Jatobá, Cariri, Caxangá, Jaboatão...) e gírias do sertão nordestino, daí nascendo em 1913 a embolada "Caboca de Caxangá", classificada no disco como batuque sertanejo. E nasceu para o sucesso, que se estenderia ao carnaval de 1914, para desgosto de Catulo, que achava depreciativo o uso da composição pelos foliões.

**"Subindo ao Céu"** (valsa), Aristides Borges
Chegando ao Brasil com a família real portuguesa, no início do século XIX, a valsa de salão popularizou-se, passando a ser um gênero de execução obrigatória em bailes, confeitarias e retretas. Na virada do século, adotada pelos conjuntos de choro, tornou-se seresteira, influenciando a tradicional modinha, que tomou ritmo ternário. Um bom exemplo de valsa de nossa *belle époque* é a elegante "Subindo ao Céu", obra prima do pianista Aristides Manuel Borges (1884-1946), que resiste ao tempo permanecendo no repertório de nossos instrumentistas. Uma prova disso é a sua discografia que, além de pianistas como Arthur Moreira Lima, Antônio Adolfo e Mário de Azevedo, inclui flautistas (Altamiro Carrilho, Dante Santoro), acordeonistas (Luiz Gonzaga), bandolinistas (Jacob) e violonistas (Dilermando Reis, Edson José Alves). Composta no formato A-B-A-C-A, "Subindo ao Céu" proporciona certa liberdade rítmica de interpretação, o que lhe acrescenta um especial encanto.

## 1914

**"Luar do Sertão"** (toada), Catulo da Paixão Cearense
A toada "Luar do Sertão" é um dos maiores sucessos de nossa música popular em todos os tempos. Fácil de cantar, está na memória de cada brasileiro, até dos que não se interessam por música. Como a maioria das canções que fazem apologia da vida campestre, encanta principalmente pela ingenuidade dos versos e simplicidade da melodia. Embora tenha defendido com veemência pela vida afora sua condição de autor único de "Luar do Ser-

tão", Catulo da Paixão Cearense deve ser apenas o autor da letra. A melodia seria de João Pernambuco ou, mais provavelmente, de um anônimo, tratando-se assim de um tema folclórico — o coco "É do Maitá" ou "Meu Engenho é do Humaitá" —, recolhido e modificado pelo violonista. Este coco integrava seu repertório e teria sido por ele transmitido a Catulo, como tantos outros temas. Pelo menos, isso é o que se deduz dos depoimentos de personalidades como Heitor Villa-Lobos, Mozart de Araújo, Sílvio Salema e Benjamin de Oliveira, publicados por Almirante no livro *No tempo de Noel Rosa*. Há ainda a favor da versão do aproveitamento de tema popular, uma declaração do próprio Catulo (em entrevista a Joel Silveira) que diz: "Compus o 'Luar do Sertão' ouvindo uma melodia antiga (...) cujo estribilho era assim: 'É do Maitá! É do Maitá'". A propósito, conta o historiador Ary Vasconcelos (em *Panorama da música popular brasileira na belle époque*) que teve a oportunidade de ouvir "Luperce Miranda tocar ao bandolim duas versões do 'É do Maitá': a original e 'outra modificada por João Pernambuco', esta realmente muito parecida com 'Luar do sertão'". Homem humilde, quase analfabeto, sem muita noção do que representavam os direitos de uma música célebre, João Pernambuco teve dois defensores ilustres — Heitor Villa-Lobos e Henrique Foreis Domingues, o Almirante — que, se não conseguiram o reconhecimento judicial de sua condição de autor de "Luar do Sertão", pelo menos deram credibilidade à reivindicação. Ainda do mesmo Almirante foi a iniciativa de tornar o "Luar do Sertão" prefixo musical da Rádio Nacional do Rio de Janeiro, a partir de 1939.

**"Urubu Malandro"** (samba), autor desconhecido
Com o título de "Samba do Urubu" e classificado como "dança característica", o "Urubu Malandro" foi gravado pela primeira vez em 1914. O disco (Phoenix nº 70589) tinha como intérprete Lourival Inácio de Carvalho, o Louro, compositor, instrumentista e solista do grupo (clarinete, cavaquinho e violão) que levava o seu nome. Este mesmo Louro, a quem é geralmente atribuída a autoria da composição, é na verdade somente o autor das variações que a popularizaram. O "Urubu Malandro" é um antigo tema folclórico da região norte do estado do Rio de Janeiro. Tema, aliás, excelente para improvisos, sendo um dos preferidos de Pixinguinha e outros mestres do choro como Benedito Lacerda e Altamiro Carrilho, ambos nascidos na mesma região onde surgiu o curioso tema.

III. 1911-1916

**1915**

**"Apanhei-te Cavaquinho"** (polca), Ernesto Nazareth

A polca "Apanhei-te Cavaquinho" é a segunda composição mais gravada de Ernesto Nazareth, perdendo apenas para "Odeon". De andamento rápido (o autor recomendava semínima = 100 para as polcas e semínima = 80 para os tangos) é muitas vezes executada em velocidade vertiginosa por músicos exibicionistas, que presumem assim mostrar habilidade virtuosística. Composta em 1915 e gravada no mesmo ano pelo grupo O Passos no Choro, "Apanhei-te Cavaquinho" foi dedicada a Mário Cavaquinho (Mário Álvares da Conceição), um exímio cavaquinista, amigo de Nazareth (segundo Ary Vasconcelos, ele inventou o cavaquinho de cinco cordas e a bandurra de 14 cordas). Em 1930 o autor gravou esta composição em disco de grande valor documental, que passou a servir de referência para novas execuções. Já classificado como choro, ganhou letra de Darci de Oliveira, em 1943, para ser gravado por Ademilde Fonseca.

**"Pierrô e Colombina"** (valsa), Oscar de Almeida

Antes do advento do samba e da marchinha, fazia sucesso no carnaval qualquer tipo de música, nem sempre alegre, como é o caso de "Pierrô e Colombina". Também chamada de "Desespero de Pierrô" e "Paixão de Pierrô", esta valsa de versos ("A vós que acabais de ouvir meu pranto, meu padecer/ quero um pedido fazer/ tenham dó do meu carpir...") e melodia carregados de tristeza, tomou conta do Rio de Janeiro nos carnavais de 1915 e 16, por paradoxal que possa parecer. Embora atribuída em algumas publicações à dupla Oscar de Almeida-Eduardo das Neves, "Pierrô e Colombina" é só de Almeida, segundo Almirante em sua coluna no jornal O Dia: "'Pierrô e Colombina' é letra e música de Oscar de Almeida dos Correios; o Edu das Neves somente a gravou". Como vários personagens da música popular brasileira no início do século, Almeida era funcionário dos Correios e Telégrafos.

OUTROS SUCESSOS

**1911**
"Dor Suprema" (valsa), J. F. de Almeida
"Lua Branca" (modinha), Chiquinha Gonzaga

"O Sairá" (marcha-rancho), José Rebelo da Silva e Antenor de Oliveira

"Sorrir Dormindo" (valsa), Juca Kalut

**1912**
"Ameno Resedá" (polca), Ernesto Nazareth
"Amor Ingrato" ("Descrente") (modinha), Neco (Manoel Ferreira Capellani)
"O Forrobodó" (tango), Chiquinha Gonzaga
"Pudesse Esta Paixão" (valsa), Chiquinha Gonzaga e Álvaro Colas

**1913**
"Bambino" (tango), Ernesto Nazareth
"Dengo Dengo" (polca), Emílio Duque Estrada Faria
"Lágrimas e Risos" (valsa), Eustórgio Wanderley e A. Tavares
"Língua de Preto" (polca), Honorino Lopes
"Saudades de Iguape" (valsa), João Batista do Nascimento

**1914**
"Moleque Vagabundo" (samba), Louro (Lourival de Carvalho)
"São Paulo Futuro" (maxixe), Marcelo Tupinambá e Danton Vampré

**1915**
"Ai, Filomena" (marcha), J. Carvalho Bulhões
"Flor do Abacate" (polca), Álvaro Sandim
"Os Que Sofrem" ("Valsa dos que Sofrem") (valsa), Alfredo Gama e Armando Oliveira

**1916**
"O Meu Boi Morreu" (toada), autor desconhecido


GRAVAÇÕES REPRESENTATIVAS

BAIANO
Odeon, 120988, "Ai, Filomena"
Odeon, 120986, "São Paulo Futuro"

O Baiano da Casa Edison — Manoel Pedro dos Santos —, que gravou o primeiro disco brasileiro (o lundu "Isto É Bom").

Banda da Casa Edison
Odeon, 120410, "Língua de Preto"

Eduardo das Neves
Odeon, 120521, "Caboca de Caxangá"
Odeon, 120921, "Luar do Sertão"

Grupo Chiquinha Gonzaga
Odeon, 120586, "Pudesse Esta Paixão"

Grupo do Louro
Phoenix, 70589, "Samba do Urubu" ("Urubu Malandro")

Grupo O Passos no Choro
Odeon, 121136, "Apanhei-te Cavaquinho"

Vicente Celestino
Odeon, 121052, "Flor do Mal" ("Saudade Eterna")


## MÚSICAS ESTRANGEIRAS DE SUCESSO NO BRASIL

**1912**
"Sobre las Olas" (Sobre as Ondas), Juventino Rosas
"Vassourinha", Felipe Duarte

**1913**
"Caraboo", Sam Marshall
"Suplication" (Último Beijo), W. C. Peans

**1914**
"Destiny", Sidney Baines
"Fremito d'Amore", Alfredo Barbirolli

**1916**
"Row, Row, Row", James V. Monaco e William Jerome

# CRONOLOGIA

## 1911

21/01: Nasce em Maceió (AL) o compositor Peterpan (José Fernandes de Paula).

01/02: Nasce em Bananal (SP) o compositor Pedro Caetano (Pedro Walde Caetano).

07/02: Nasce em Jacareí (SP) o compositor José Maria de Abreu.

14/03: Nasce em Juiz de Fora (MG) o compositor Sinval Silva (Sinval Machado da Silva).

19/03: Nasce em Santo Amaro (BA) o compositor Assis Valente (José de Assis Valente).

23/05: Nasce em Petrópolis (RJ) o letrista Mário Rossi.

26/08: Nasce no Rio de Janeiro (RJ) o compositor Antônio Almeida.

11/09: É inaugurado o Teatro Municipal de São Paulo.

30/09: Nasce em São Paulo (SP) o arranjador/regente Leo Peracchi.

26/11: Nasce no Rio de Janeiro (RJ) o compositor/ator Mário Lago.

22/12: O cantor Al Jolson (Asa Yoelson) grava seu primeiro disco ("The Haunting Melody" e "Rum-Tum-Tiddle").

## 1912

30/01: Nasce em Engenheiro Paulo de Frontin (RJ) o compositor Herivelto Martins (Herivelto de Oliveira Martins).

03/02: Nasce em Fortaleza (CE) o pianista/musicólogo Aloysio de Alencar Pinto.

14/04: O navio Titanic choca-se com um iceberg e naufraga no Atlântico Norte.

28/06: Nasce em Iguatu (CE) o maestro/compositor Eleazar de Carvalho.

29/06 a 22/07: Realizam-se em Estocolmo (Suécia) os V Jogos Olímpicos da Era Moderna.

07/07: Realiza-se no Rio de Janeiro (RJ) o primeiro Fla x Flu. Resultado: Fluminense 3 x 2.

06/11: Nasce em Fortaleza (CE) o compositor/pianista Lauro Maia.

23/11: Nasce no Rio de Janeiro (RJ) o compositor J. Cascata (Álvaro Nunes).

13/12: Nasce em Exu (PE) o compositor/cantor/acordeonista Luiz Gonzaga (Luiz Gonzaga do Nascimento).

21/12: É prensado pela primeira vez um disco no Brasil. O fato marca o início das atividades da Fábrica Odeon, instalada no Rio de Janeiro (RJ).

## 1913

09/04: Nasce no Rio de Janeiro (RJ) o compositor Evaldo Rui (Evaldo Rui Barbosa).

24/04: Nasce em Buenos Aires (Argentina) o cantor Carlos Galhardo (Catello Carlos Galliardi).

12/05: Nasce no Rio de Janeiro (RJ) o cantor Jamelão (José Bispo Clementino dos Santos).

28/05: Nasce no Rio de Janeiro (RJ) o cantor Ciro Monteiro.

03/07: Nasce em Campos (RJ) o compositor Wilson Batista (Wilson Batista de Oliveira).

21/07: Nasce em São Paulo (SP) o radialista/compositor/cantor Silvino Neto (Silvério Silvino Neto).

01/08: Nasce no Rio de Janeiro (RJ) o compositor Arlindo Marques Júnior.

19/10: Nasce no Rio de Janeiro (RJ) o poeta/compositor Vinicius de Moraes (Marcus Vinicius da Cruz de Melo Moraes).

20/10: Nasce no Rio de Janeiro (RJ) o cantor/compositor/radialista Paulo Tapajós (Paulo Tapajós Gomes).

## 1914

10/01: Nasce no Rio de Janeiro (RJ) o cantor Déo (Ferjalla Rizkalla).

03/02: Nasce em Viçosa (MG) o compositor/instrumentista Hervê Cordovil.

18/03: Nasce em Petrópolis (RJ) o compositor/maestro César Guerra Peixe.

19/04: Nasce em Recife (PE) o compositor Armando Cavalcanti (Armando Cavalcanti de Albuquerque).

30/04: Nasce em Salvador (BA) o compositor/cantor Dorival Caymmi.

05/05: Nasce no Rio de Janeiro (RJ) o compositor/instrumentista Djalma Ferreira (Djalma Neves Ferreira).

23/06: Nasce no Rio de Janeiro (RJ) o cantor João Petra de Barros.

28/06: É assassinado em Sarajevo o arquiduque Francisco Ferdinando da Áustria. O atentado serve de estopim à deflagração da I Guerra Mundial.

03/07: O aviador Edu Chaves realiza o primeiro voo sem escala entre as cidades de São Paulo e Rio de Janeiro.

28/07: O Império Austro-Húngaro declara guerra à Sérvia, iniciando a I Guerra Mundial.

08: São iniciadas as hostilidades nos Bálcãs e nas frentes Oriental e Ocidental.

15/08: É inaugurado o Canal do Panamá.

19/08: Nasce no Rio de Janeiro (RJ) a cantora Araci de Almeida (Araci Teles de Almeida).

10/09: Nasce em Porto Alegre (RS) o compositor Lupicínio Rodrigues.

15/11: Wenceslau Brás toma posse na presidência da República.

30/12: Nasce no Rio de Janeiro (RJ) o cantor/compositor Aloisio de Oliveira.

## 1915

04/01: Nasce em São Paulo (SP) o cantor Ruy Rey (Domingos Zeminian).

15/01: Nasce em Iguatu (CE) o compositor Humberto Teixeira.

15/02: Nasce em Coramandel (MG) o instrumentista/compositor Abel Ferreira.

21/03: Nasce no Rio de Janeiro (RJ) o compositor/radialista Haroldo Barbosa.

15/04: Nasce no Rio de Janeiro (RJ) o cantor Gilberto Alves (Gilberto Alves Martins). Nasce no Rio de Janeiro (RJ) a cantora Aurora Miranda (Aurora Miranda da Cunha).

06/05: Nasce no Rio de Janeiro (RJ) o compositor/violonista Luís Bittencourt (Luís Gonzaga Bittencourt).

III. 1911-1916

28/06: Nasce em São Paulo (SP) o instrumentista/compositor Garoto (Aníbal Augusto Sardinha).

18/07: Nasce em São Leopoldo (ES) o compositor Jair Amorim (Jair Pedrinha de Carvalho Amorim).

26/07: Nasce em Recife (PE) o compositor/jornalista/radialista Fernando Lobo (Fernando de Castro Lobo).

09/08: Nasce no Rio de Janeiro (RJ) o compositor Roberto Roberti.

25/09: Nasce no Rio de Janeiro (RJ) o cantor Orlando Silva (Orlando Garcia da Silva).

18/10: Nasce em Uberlândia (MG) o ator/compositor Grande Otelo (Sebastião Bernardes de Souza Prata).

11: Pela primeira vez na história da fonografia um disco ultrapassa a marca de um milhão de exemplares vendidos: o Red Seal "Carry me to Old Virginia", com a soprano Alma Glück.

25/11: Nasce no Rio de Janeiro (RJ) o instrumentista/compositor Raul de Barros (Raul Machado de Barros).

19/12: Nasce em Paris (França) a cantora/compositora Edith Piaf (Edith Giovanna Gassion).


## 1916

04/04: Nasce no Rio de Janeiro (RJ) o compositor Newton Teixeira (Newton Carlos Teixeira).

05: Albert Einstein publica a primeira exposição completa de Teoria Geral da Relatividade, que muda a concepção humana do Universo.

27/05: Nasce no Rio de Janeiro (RJ) a pianista/compositora Carolina Cardoso de Menezes.

31/05: Ingleses e alemães enfrentam-se na Batalha Naval da Jutlândia.

02/07: Nasce em São Paulo (SP) o violonista/compositor Antônio Rago.

18/07: Nasce em Bom Jardim (RJ) o compositor Marino Pinto (Marino do Espírito Santo Pinto).

12/08: Nasce em Manaus (AM) a cantora/violonista Olga Praguer Coelho.

22/09: Nasce em Guaratinguetá (RJ) o violonista/compositor Dilermando Reis.

04/10: Nasce no Rio de Janeiro (RJ) o compositor Silas de Oliveira (Silas de Oliveira Assunção).

11: Terminam sem vencedores as batalhas de Verdun e do Somme, as mais sangrentas da I Guerra Mundial.

13/12: Nasce em Jaguarão (RS) o instrumentista/compositor Edu da Gaita (Eduardo Nadruz).

# 2ª Parte: 1917 a 1928

Os Batutas: Pixinguinha é o segundo (da esquerda para a direita) em pé, com a flauta, e Donga é o quinto, sentado.

# INTRODUÇÃO

Entre 1917 e 1928, a música popular brasileira vive um período de transição e modernização, ao qual se seguiria sua primeira grande fase. Marcado pela onda de renovação de costumes que impera no pós-guerra, é um período de formação de novos gêneros musicais e implantação de inventos tecnológicos relacionados com a área do lazer.

Assim, o fato mais importante que acontece à nossa música popular é o advento do samba e da marchinha, iniciando o ciclo da canção carnavalesca. Até 1917 não se fazia música para o carnaval. O sucesso nesse ano do samba "Pelo Telefone" despertou a atenção dos compositores, que passaram a fazer sambas e, logo em seguida, marchas carnavalescas. Em pouco tempo a moda pegou, criando o hábito dos foliões cantarem nos bailes.

Tendo o samba se tornado o principal gênero musical popular brasileiro, é o seu sistematizador, José Barbosa da Silva, o Sinhô, o grande nome do período. Compositor nato, intuitivo, embora de parcos conhecimentos teóricos, ele deu forma ao samba, por meio de uma produção intensa que, melhorando a cada ano, contribuiu decisivamente para a cristalização do gênero. Já a marchinha evoluiu para a sua fixação através do trabalho de três outras grandes figuras da época, os compositores Eduardo Souto, Freire Júnior e José Francisco de Freitas.

Ao contrário do samba, um produto mestiço, resultante da fusão da melodia e harmonia europeias com a rítmica afro-brasileira, a marchinha é uma descendente da polca-marcha, que incorpora algumas características das marchas portuguesas e de certos ritmos americanos, em moda na ocasião. Aliás, é um fenômeno marcante do pós-Guerra Mundial a expansão avassaladora da música popular dos Estados Unidos, que passa a influenciar não apenas a música brasileira, mas a de todo o mundo ocidental. O nosso meio é então invadido por uma série de danças e gêneros musicais americanos, como o *shimmy*, o *charleston*, o *black-bottom* e, principalmente, o *fox-trot* — que vai inspirar, ainda nos anos 1920, o aparecimento dos primeiros foxes brasileiros.

Além dos citados, destacam-se no período 1917-1928 os compositores Pedro de Sá Pereira, Zequinha de Abreu, Américo Jacomino (Canhoto), o nosso conhecido Marcelo Tupinambá e os jovens Hekel Tavares e Pixinguinha — este, na época, já autor de "Rosa", "Sofres Porque Queres", "Um a Zero" etc. Na área do samba aparecem Caninha (Oscar José Luís de Morais), Careca (Luís Nunes Sampaio) e Donga (Ernesto dos Santos). Embora autores de apenas uma música de sucesso, merecem citação, pela importância de suas composições, os paulistas Erotides de Campos, Angelino de Oliveira e Alberto Marino.

Como na fase anterior, o período é pobre de letristas. A rigor, salvam-se somente Luís Peixoto, ainda iniciante e, num plano diferente, Sinhô que, mesmo não sendo poeta, desenvolve um estilo original e pitoresco, misturando versos ingênuos com imagens rebuscadas. Quanto aos demais, não passam de eventuais escrevinhadores de letras, sem qualquer criatividade. Há ainda uns poucos poetas, remanescentes de outras eras — como Catulo da Paixão Cearense — que assinam algumas canções. O preconceito então existente contra a música popular deve ser o responsável por essa carência de valores.

Com as empresas fonográficas entrando na onda da música americana, cai o número de gravações de bandas e conjuntos de choro, proliferando as das chamadas *jazz-bands*. Só na Casa Edison gravam a Jazz Band do Batalhão Naval, a Orquestra Ideal Jazz Band, a American Jazz Band Sílvio de Souza e, sobretudo, a Jazz Band Sul Americana de Romeu Silva. Em compensação, fazem sucesso fora do Brasil (França e Argentina) os Oito Batutas, conjunto organizado e dirigido por Pixinguinha, que assim inicia sua carreira de arranjador e chefe de orquestra, paralelamente à de instrumentista, que já exercia desde adolescente. Outro músico de muito sucesso é o já citado violonista Américo Jacomino (Canhoto), que fez dezenas de gravações.

Prenunciando uma fase de culto à voz, que atingiria o auge em todo o país nos anos 1930, aumenta a partir de 1927 a produção de discos cantados, que passam a superar por larga margem os instrumentais. O fato tem tudo a ver com a chegada neste ano ao Brasil do sistema eletromagnético de gravação do som, um dos grandes inventos tecnológicos do pós-guerra. Liberados das limitações da gravação mecânica, que os obrigava quase a gritar para registrarem suas vozes, os cantores podem agora cantar de forma mais natural, além de terem um som de muito melhor qualidade na reprodução das gravações.

Com isso cresce o numero dos ouvintes de disco e, naturalmente, a popularidade dos dois mais importantes cantores da época, Francisco Alves e Vicente Celestino. Alves, por exemplo, somente em 1928 grava 141 fonogramas, o equivalente a doze elepês, façanha que praticamente repete nos três anos seguintes. Atuando ao mesmo tempo na Odeon e Parlophon, grava tanto que, para variar, aparece na segunda com o pseudônimo de Chico Viola. Estreantes no disco, respectivamente em 1917 e 1920, Celestino e Alves desenvolveriam longas carreiras, prestigiadas pelos fãs até o final. Ainda se sobressaem no período o veterano Baiano, Fernando Albuquerque — que aparece nos discos só como Fernando —, Patrício Teixeira, Pedro Celestino, irmão de Vicente, e o paulista Paraguaçu. Por fim, entram em cena, em 1928, Mário Reis e Gastão Formenti, com imediata aceitação do público.

É na década de 1920 que o Brasil ganha, afinal, sua primeira grande cantora popular, a carioca Araci Cortes (Zilda de Carvalho Espíndola), projetada pelo teatro de revista, que na época reunia o que havia de melhor no meio artístico. Possuidora de voz aguda, cheia de musicalidade, mas de extensão reduzida, Araci sabia tirar partido de sua sensualidade e encanto pessoal para reinar no palco (principalmente) e no disco, chegando a influenciar cantoras da geração que se seguiu, como Carmen Miranda e Odete Amaral. A uma razoável distância de Araci, brilham também suas contemporâneas Zaíra de Oliveira e Otília Amorim, esta quase que exclusivamente no teatro.

Além da gravação elétrica do som, chegam ao Brasil nos anos 1920 mais dois inventos muito importantes para a difusão da música: o rádio e o cinema falado. O rádio a 7 de setembro de 1922, numa transmissão histórica que inaugura a Exposição do Centenário da Independência; e o cinema falado, em 13 de abril de 1929, com a estreia no Cine Paramount, em São Paulo, do filme *Alta Traição*, o primeiro longa-metragem sonoro sincronizado a ser exibido no Brasil.

Ao terminar o ano de 1928, termina também esse período de transição em que as novidades do século XX passam a ditar os rumos de nossa música popular. Estávamos prontos para entrar em nossa primeira grande fase, a chamada Época de Ouro.

Sinhô, o sistematizador do samba.

# IV. 1917-1920

## DESTAQUES

### 1917

**"Pelo Telefone"** (samba), Donga e Mauro de Almeida

Primeira composição classificada como samba a alcançar o sucesso, "Pelo Telefone" marca o início do reinado da canção carnavalesca. É a partir de sua popularização que o carnaval ganha música própria e o samba começa a se fixar como gênero musical. Desde o lançamento, quando apareceram vários pretendentes à sua autoria, e mesmo depois, quando já havia sido reconhecida sua importância histórica, o "Pelo Telefone" seria sempre objeto de controvérsia, tornando-se uma de nossas composições mais polêmicas em todos os tempos. Quase tudo que a este samba se refere é motivo de discussão: a autoria, a afirmação de que foi o primeiro samba gravado, a razão da letra e até sua designação como samba. Todas essas questões, algumas irrelevantes, acabaram por se integrar à sua história, conferindo-lhe mesmo um certo charme. "Pelo Telefone" tem uma estrutura ingênua e desordenada: a introdução instrumental é repetida entre algumas de suas partes (um expediente muito usado na época) e cada uma delas tem melodias e refrões diferentes, dando a impressão de que a composição foi sendo feita aos pedaços, com a junção de melodias escolhidas ao acaso ou recolhidas de cantos folclóricos. O refrão da quarta parte, por exemplo ("Ai, se a rolinha/ Sinhô, Sinhô..."), teria origem no folclore nordestino. Aliás, este refrão já havia sido apresentado na burleta *O Marroeiro*, de Inácio Raposo, Catulo Cearense e Paulino Sacramento, encenada no Rio no início de 1916. Resumindo: "Pelo Telefone" é, digamos, um samba de terreiro, de ritmo amaxixado, com quatro linhas melódicas distintas. Cada uma dessa linhas possui três letras diferentes, focalizando assuntos diferentes, somando assim um total de doze partes... Por tudo isso é difícil acreditar que dois compositores tenham se reunido para, conscientemente, produzir obra tão disparatada, sem o menor sentido de unidade. Bem mais verossímil seria a possibilidade de "Pelo Telefone" ter surgido numa roda de samba, com diversos participantes improvisando versos e melodias. E essa roda de samba existiu na casa da baiana

Tia Ciata (Hilária Batista de Almeida), na rua Visconde de Itaúna, nº 117, no Rio de Janeiro, onde — informa o historiador Edigar de Alencar, no livro *Nosso Sinhô do samba* —, "na noite de 6 de agosto de 1916 foi ouvido, em meio a outras cantigas, o refrão versejado de improviso musical que aludia à perseguição ao jogo (...) que então se anunciava. (...) O estribilho era de João da Mata e fora composto no Morro de Santo Antônio. (...) No samba [que se formou], foram acrescentadas outras partes, inclusive cantigas folclóricas. (...) A composição voltou a ser cantada em noites sucessivas e, entusiasmado com seu sucesso, (...) Donga, que também nela colaborara, (...) a registrou com o título de 'Pelo Telefone'" (na casa da Tia Ciata a música era conhecida como "O Roceiro"). Participavam dessa roda de samba, além de Donga, os seguintes sambistas: Germano Lopes da Silva, Hilário Jovino Ferreira, João da Mata, Sinhô e a própria Tia Ciata. Essas mesmas pessoas, logo depois do sucesso da composição, reivindicaram sua autoria, tendo em vista que Donga a registrara em seu nome. Outra versão, relatada por Donga a Ary Vasconcelos e ao jornalista E. Sucupira Filho, é a de que "Pelo Telefone" teria surgido de uma estrofe a ele transmitida por um tal Didi da Gracinda, elemento ligado ao grupo de Hilário Jovino. Já Mauro de Almeida, que parece nunca ter-se preocupado em afirmar sua participação na autoria, declarou, em carta ao jornalista Arlequim, ser apenas o "arreglador" dos versos, o que corresponderia à verdade. "Pelo Telefone" foi lançado em discos Odeon, em dezembro de 1916, simultaneamente pelo cantor Baiano e a Banda da Casa Edison.

## 1918

### "Quem São Eles" (samba/carnaval), Sinhô

A carreira de Sinhô começa já com um sucesso, o samba "Quem São Eles", cantado no carnaval de 1918. Com seus versos pitorescos ("A Bahia é boa terra/ ela lá e eu aqui..."), o samba era dedicado a um bloco homônimo, ligado ao Clube dos Fenianos. Como os ânimos no meio musical continuassem agitados com a polêmica do "Pelo Telefone", o título "Quem São Eles" acabou sendo tomado como uma provocação pelos adversários de Sinhô, causando nova polêmica. Proposital ou não, esta provocação apenas prenunciava outras tantas que se sucederiam na vida do irrequieto sambista, ajudando-o em sua permanente busca de promoção. "Quem São Eles" já revela o talento rítmico de Sinhô especialmente no habilidoso uso das síncopes naturais na letra, independentemente da música, presente nos "que" dos versos "Não era assim *que* meu bem chorava" e "Não precisa pedir *que* eu vou dar". No entanto, seu estilo como compositor só iria se definir a partir de 1920.

**"O Matuto"** (cateretê), Marcelo Tupinambá e Cândido Costa

A partir de meados dos anos 1910, a música rural paulista saiu do âmbito regional, espalhando-se pelo país. Para isso foi decisivo o trabalho do compositor Marcelo Tupinambá, estilizador do gênero. Com toadas, cateretês e tanguinhos — preferia usar o diminutivo para diferenciar seus tangos dos de Nazareth —, ele reinou no meio musical até o início da década de 1920. Um de seus maiores sucessos é o cateretê "O Matuto", em que conta o desejo de um cearense desgarrado de voltar à sua terra: "Pro sertão do Ceará/ tomara já vortá/ tomara já vortá...". A escolha de um tema como este, ligado a outro estado, parece indicar uma aspiração do autor a se popularizar além das fronteiras paulistas. Natural de Tietê, filho de uma família de músicos, Marcelo Tupinambá chamava-se realmente Fernando Lobo, tendo adotado o pseudônimo em razão dos preconceitos que existiam na época contra a música popular. A mudança de nome aconteceu por volta de 1915 em consequência do sucesso do maxixe "São Paulo Futuro", de sua autoria. Ele contava que na ocasião, cursando a Escola Politécnica de São Paulo, onde se formou no ano seguinte, foi chamado ao gabinete do diretor Paula Souza, que o censurou: "Não permito que aluno meu ande fazendo maxixes. Quem vai confiar num engenheiro que faz maxixes?". Depois desta advertência, Fernando Lobo virou Marcelo Tupinambá.

## 1919

**"O Despertar da Montanha"** (tango de salão), Eduardo Souto

"Você acaba de fazer o seu 'Danúbio Azul'", disse o professor Guilherme Fontainha a Eduardo Souto, quando este lhe mostrou, ao piano, "O Despertar da Montanha". Peça essencial do repertório pianístico brasileiro, típica dos saraus do início do século, "O Despertar da Montanha" é a obra mais conhecida de Souto. Lançada em 1919, com sucesso imediato, tem na capa da edição inicial curioso desenho, que mostra uma cena pastoril de natureza europeia: ao pé de suntuosa montanha, um pastor descansa tocando flauta, enquanto seu cão vigia um rebanho de quinze ovelhas... Mas, se a cena é europeia, a composição é bem brasileira, tendo ajudado até a fixar uma forma de tango, que Eduardo Souto chama de tango de salão, diferente dos tangos de Nazareth, mais próximos do choro. "O Despertar da Montanha" tem uma letra de Francisco Pimentel, que nada lhe acrescenta.

IV. 1917-1920

"**Já Te Digo**" (samba/carnaval), Pixinguinha e China

Considerando-se atingidos pelo "Quem São Eles", os irmãos Pixinguinha e China (Otávio da Rocha Viana) revidaram com o "Já Te Digo", em que achincalham o rival Sinhô. Terceira resposta ao "Quem São Eles", esta foi também a de maior sucesso e a mais cruel ("Ele é alto, magro e feio/ e desdentado/ ele fala do mundo inteiro/ e já está avacalhado..."), sendo as outras o "Fica Calmo que Aparece", de Donga, e "Não És Tão Falado Assim", de Hilário Jovino. O curioso é que, a rigor, a polêmica foi gratuita, pois não havia no samba de Sinhô qualquer alusão ofensiva aos adversários. Pela repercussão alcançada no carnaval de 1919, "Já Te Digo" projetou Pixinguinha como compositor. Com uma forma musical mais definida do que a maioria criada por seus contemporâneos, ele extravasava em suas composições um conhecimento teórico de música superior. "Já Te Digo" tem a forma A-B-A-C-A-D-A, sendo que cada grupo de quatro compassos é repetido sempre ao longo de cada segmento. A composição é ainda o primeiro exemplo da extraordinária capacidade de Pixinguinha de prender ouvinte já na introdução, um primor neste caso. Mais tarde, como arranjador de música alheia, isso se repetiria constantemente. Por coincidência, "Já Te Digo" e "Quem São Eles" foram lançados pelo mesmo cantor, o Baiano da Casa Edison.

## 1920

"**Fala Meu Louro**" (samba/carnaval), Sinhô

Uma sátira à derrota de Rui Barbosa na eleição presidencial de 1919 — em que obteve menos da metade dos votos do vencedor, Epitácio Pessoa —, "Fala Meu Louro" é o melhor samba da fase inicial de Sinhô. Mas a letra, referindo-se à terra de Rui ("A Bahia não dá mais coco/ pra botar na tapioca...") e ao súbito mutismo do conselheiro, sempre tão falante ("Papagaio louro/ do bico dourado/ tu falavas tanto/ qual a razão que vives calado..."), acabou por irritar os baianos ligados ao samba, que se julgaram atingidos. Assim, o revide foi imediato através de "Entregue o Samba aos Seus Donos", composição de Hilário Jovino Ferreira, que já havia alfinetado Sinhô no ano anterior com "Não És Tão Falado Assim". Só que agora Mestre Hilário partia para o ataque direto, acusando-o de plagiário. Naturalmente nada impede, e é até provável, que ao fazer "Fala Meu Louro", Sinhô tenha pretendido provocar ao mesmo tempo Rui e os baianos liderados por Jovino, um pernambucano criado em Salvador.

"O Pé de Anjo" (marcha/carnaval), Sinhô

Sinhô apreciava tanto a valsa francesa "Geny" ("C'Est Pas Difícile") que acabou plagiando-a na marchinha "O Pé de Anjo". E deu certo, pois "O Pé de Anjo" caiu nas graças do povo, tornando-se o maior sucesso do carnaval de 1920 e até originando uma revista musical que adotou o seu título. Foi, ainda, a primeira música gravada por Francisco Alves, sendo lançada juntamente com "Fala Meu Louro" no suplemento inaugural do selo Popular, de efêmera duração. Quanto ao título, tratava-se de uma zombaria aos pés enormes do China, dando assim continuidade à interminável rixa entre Sinhô e seus desafetos preferidos: os irmãos China e Pixinguinha.


OUTROS SUCESSOS

**1917**
"Franqueza Rude" (modinha), Belchior da Silveira (Caramuru) e João B. Fittipaldi
"Maricota Sai da Chuva" (tanguinho), Marcelo Tupinambá e Arlindo Leal
"Viola Cantadeira" (tanguinho), Marcelo Tupinambá e Arlindo Leal

**1918**
"A Baratinha" (marcha), Mário de São João Rabelo
"O Boi no Telhado" (tango), José Monteiro
"Coração Que Implora" (valsa), José Ribas
"O Malhador" (samba), Pixinguinha, Donga e Mauro de Almeida
"Nhá Maruca Foi S'imbora" (catira), Américo Jacomino (Canhoto)
"Pierrô" (tanguinho), Marcelo Tupinambá
"Que Sodade" (tanguinho), Marcelo Tupinambá e Arlindo Leal
"Vamo Maruca Vamo" (cateretê), Juca Castro e Paixão Trindade

**1919**
"Confessa Meu Bem" (samba/carnaval), Sinhô
"A Rolinha do Sertão" (samba/carnaval), J. Rezende e Mirandela
"Seu Derfim Tem que Vortá" (maxixe), Eduardo Souto e Norberto Bittencourt
"Tristeza de Caboclo" (tanguinho), Marcelo Tupinambá e Arlindo Leal

IV. 1917-1920

**1920**
"Alivia Esses Olhos" ("Eu Queria Saber O Que É") (samba), Sinhô
"Bê-A-Bá" (samba), Careca
"Cangerê" (samba/carnaval), Francisco Antônio da Rocha
"Pois Não" (marcha/carnaval), Eduardo Souto e Filomeno Ribeiro
"Quem Vem Atrás Fecha a Porta" ("Me Leve, Me Leve, Seu Rafael")
     (samba/carnaval), Caninha
"Vou Me Benzer" (samba), Sinhô


## GRAVAÇÕES REPRESENTATIVAS

BAIANO
Odeon, 121535, "Já Te Digo"
Odeon, 121322, "Pelo Telefone"
Odeon, 121445, "Quem São Eles"

BAIANO E IZALTINA
Odeon, 121729, "Quem Vem Atrás Fecha a Porta"

EDUARDO DAS NEVES
Odeon, 121528, "Confessa Meu Bem"

FRANCISCO ALVES
Popular, 1009, "Fala Meu Louro"
Popular, 1008, "O Pé de Anjo"

GRUPO O PASSOS NO CHORO
Odeon, 121515, "Maricota Sai da Chuva"

MÁRIO PINHEIRO
Odeon, 121354, "O Matuto"


## MÚSICAS ESTRANGEIRAS DE SUCESSO NO BRASIL

**1917**
"Estrellita", Manuel M. Ponce (lançada em 1914)
"It's a Long Long Way to Tipperary", Jack Judge e Harry Williams

**1918**
"Over There", George M. Cohan
"Poor Butterfly", Raymond Hubbell e John Golden

**1919**
"Hindustan", Harold Weeks e Oliver G. Wallace
"Smiles", Lee M. Roberts e J. Will Callahan

**1920**
"Dardanella", Felix Bernard, Johnny S. Black e Fred Fisher
"Tell Me", Max Kortlander e J. Will Callahan

## CRONOLOGIA

### 1917

01/01: Nasce em Jaú (SP) o letrista David Nasser.

20/01: Nasce em Taipu (RN) o instrumentista/compositor K-Ximbinho (Sebastião de Barros).

24/02: A Original Dixieland Jazz Band (ODJB) grava o seu primeiro disco, que é também o primeiro disco gravado por um grupo de jazz ("Dixie Jazz Band One Step" e "Livery Stable Blues").

08/03: Distúrbios e greves marcam o início da Revolução Russa.

06/04: Os Estados Unidos declaram guerra à Alemanha.

23/04: Nasce em Limoeiro (PE) o instrumentista/arranjador/compositor Severino Araújo (Severino Araújo de Oliveira).

28/04: Nasce em Niterói (RJ) a cantora Odete Amaral.

05/05: Nasce em Rio Claro (SP) a cantora Dalva de Oliveira (Vicentina de Paiva Oliveira).

02/09: Nasce em Miracatu (SP) o violonista/compositor Laurindo de Almeida.

28/09: Nasce no Rio de Janeiro (RJ) o cantor Dilermando Pinheiro.

27/10: O Brasil declara guerra à Alemanha. Entra em combate na I Guerra Mundial a Força Expedicionária dos Estados Unidos.

07/11: Lênin assume o poder e anuncia a vitória da Revolução Socialista Russa.

### 1918

14/02: Nasce no Rio de Janeiro (RJ) o bandolinista/compositor Jacob do Bandolim (Jacob Pick Bittencourt).

28/03: Nasce na Cidade do Porto (Portugal) o compositor Adelino Moreira (Adelino Moreira de Castro).

13/04: Nasce no Rio de Janeiro (RJ) a cantora/compositora Marília Batista (Marília Monteiro de Barros Batista).

23/04: Nasce em Juiz de Fora (MG) o compositor/cantor Geraldo Pereira (Geraldo Teodoro Pereira).

05/05: Nasce no Rio de Janeiro (RJ) o violonista/compositor Horondino José da Silva (Mestre Dino).

10/05: Nasce em Conselheiro Lafaiete (MG) o instrumentista/compositor Moacir Silva.

15/05: Nasce em Rio Grande (RS) o cantor Alcides Gerardi (José Alcides Gerardi). Inicia-se a era da aviação comercial nos Estados Unidos, com a inauguração da linha Nova York-Filadélfia-Washington.

12/09: Nasce em Campinas (SP) o cantor/compositor Bob Nelson (Nelson Roberto Perez).

10: A epidemia da "gripe espanhola" atinge o auge no Brasil.

11/11: Termina a I Guerra Mundial, com a assinatura do armistício na cidade de Compiègne (França).

15/11: O vice-presidente Delfim Moreira toma posse na presidência da República, em lugar do presidente eleito Rodrigues Alves, vitimado pela "gripe espanhola".

30/11: Nasce em Curitiba (PR) o compositor/regente Alceu Bocchino (Alceu Ariosto Bocchino).


## 1919

16/01: Morre no Rio de Janeiro (RJ) o presidente Rodrigues Alves.

30/01: Nasce em Rio Novo (MG) o instrumentista Valdir Calmon (Valdir Calmon Gomes).

18/03: Nasce no Rio de Janeiro (RJ) a cantora Zilda do Zé (Zilda Gonçalves).

20/03: O cantor Maurice Chevalier grava o seu primeiro disco.

13/04: Epitácio Pessoa vence a eleição presidencial extraordinária, convocada em razão da morte de Rodrigues Alves.

06/05: Nasce no Rio de Janeiro (RJ) o compositor Klecius Caldas (Klecius Pennafort Caldas).

16/05: O tenente Albert C. Read realiza o primeiro voo transatlântico (da Terra Nova aos Açores), pilotando um hidroavião da marinha americana.

29/05: O Brasil vence no Rio de Janeiro o Campeonato Sul-Americano de Futebol. E o primeiro título internacional do futebol brasileiro.

14/06: Nasce em São Paulo (SP) a cantora Linda Batista (Florinda Grandino de Oliveira).

21/06: Nasce em Santana do Livramento (RS) o cantor Nelson Gonçalves (Antônio Gonçalves Sobral).

29/06: Nasce em Paranaguá (PR) o compositor Paulo Soledade (Paulo Gurgel do Amaral Valente Soledade).

28/07: Epitácio Pessoa toma posse na presidência da República.

31/08: Nasce em Alagoa Grande (PB) o cantor/compositor Jackson do Pandeiro (José Gomes Filho).

11/11: Morre no Rio de Janeiro (RJ) o cantor/compositor Eduardo das Neves.

13/11: Nasce em Manaus (AM) o compositor/violinista Cláudio Santoro.

05/12: Nasce em Pinhal (SP) o cantor Blecaute (Otávio Henrique de Oliveira).

## 1920

05/01: Nasce em Trajano de Morais (RJ) a cantora Carmen Costa (Carmelita Madriaga).

17/01: Entra em vigor nos Estados Unidos a chamada Lei Seca, que proíbe a venda e o consumo de bebidas alcoólicas em todo o país.

09/04: Nasce no Rio de Janeiro (RJ) o cantor Roberto Silva (Roberto Napoleão da Silva).

16/07: Nasce no Rio de Janeiro (RJ) a cantora Elizeth Cardoso (Elizeth Moreira Cardoso).

08/09: Realizam-se em Antuérpia (Bélgica) os VII Jogos Olímpicos da Era Moderna.

25/09: Nasce em Viana (MA) a cantora/compositora Dilu Melo (Maria de Lourdes Argolo Oliver).

16/10: Morre no Rio de Janeiro (RJ) o compositor Alberto Nepomuceno.

16/11: Nasce no Rio de Janeiro (RJ) o pianista/compositor Bené Nunes (Benedito Francisco José de Souza da Penha Nunes da Silva).

Autor de grandes sucessos, Eduardo Souto destacou-se também como editor musical.

# V. 1921-1924

DESTAQUES

**1921**

**"Esta Nega Qué Me Dá"** (samba/carnaval), Caninha e Lezute
A melodia é pobre, a letra apenas razoável, mas o título de duplo sentido acabaria por fazer deste samba um dos sucessos do carnaval de 1921. Seu autor, Caninha, aqui em parceria com o bailarino Lezute, foi um dos mais ativos compositores da primeira geração de sambistas, chegando a rivalizar com Sinhô no início dos anos 1920. Seus sucessos, porém, ficaram restritos a esse período, embora ele tenha vivido até 1961. Frequentador da casa da Tia Ciata, Caninha (Oscar José Luís de Morais) ganhou o apelido quando, adolescente, vendia rolete de cana nas imediações da Central do Brasil, no Rio de Janeiro.

**1922**

**"Ai Seu Mé"** (marcha/carnaval), Freire Júnior e Careca
No final de 1921, a campanha eleitoral para a sucessão do presidente Epitácio Pessoa empolgava o país. Eram candidatos Artur Bernardes, pela situação, e o dissidente Nilo Peçanha, pela oposição. Vítima de uma calúnia jornalística, Bernardes cairia na antipatia do povo, que passou a chamá-lo de "Carneiro", "Rolinha" e "Seu Mé". A razão dos apelidos era sua suposta passividade diante das maquinações políticas, defeito que lhe atribuíam os adversários. Acreditando numa derrota do candidato oficial, os compositores Freire Júnior e Careca (Luís Nunes Sampaio) decidiram, então, participar da campanha ridicularizando-o na marchinha "Ai Seu Mé": "Ai Seu Mé/ ai Seu Mé/ lá no Palácio das Águias, olé/ não hás de pôr o pé (...) Rolinha desista/ abaixe esta crista (...) a cacete/ não vais ao Catete/ não vais ao Catete...". Na realidade um plágio, uma espécie de colagem de três sucessos da época — o foxe "Salomé" (de R. Stolz e E. Neri, que teve uma versão em português com o título de "Abajur"); a canção "Mimosa" (de Leopoldo

Fróes); e a marcha "Ai Amor" (do próprio Freire Júnior) — o "Ai Seu Mé" caiu imediatamente nas graças do público, tornando-se o grande sucesso do carnaval de 1922, apesar da proibição da polícia, que chegou a recolher os discos gravados pelo Baiano e a Orquestra Augusto Lima. Contrariando o prognóstico dos autores, "Seu Mé" foi eleito, empossado e passou quatro anos no Palácio das Águias, governando sob estado de sítio. E de nada valeu a precaução de assinarem a composição com o pseudônimo de "Canalha das Ruas", pois Freire Júnior acabou sendo "preso e recolhido à solitária por duas ou três vezes" (segundo o historiador Ary Vasconcelos), enquanto Careca, mais esperto, passava uma temporada escondido, fora do Rio. Se Mário de Andrade fosse comentar esta história, diria certamente: "mas isso é tão Brasil...".

**"Luar de Paquetá"** (tango-fado), Freire Júnior e Hermes Fontes
"Luar de Paquetá" é a mais conhecida das composições sobre a bucólica ilha, que inspirou tantas outras canções e até um romance célebre, *A moreninha*, de Joaquim Manoel de Macedo. E merece essa popularidade muito mais pela melodia de Freire Júnior do que pelos versos de Hermes Fontes. Um exagerado simbolista, o poeta impregnou a canção de imagens afetadas como "nereidas incessantes", "hóstia azul fervendo em chamas", "noites olorosas"... Aliás, a propósito desta imagem, há algumas gravações em que os intérpretes (entre os quais Francisco Alves) trocam o adjetivo e cantam "nessas noites dolorosas". Lançado em 1922, "Luar de Paquetá" estendeu seu sucesso ao ano seguinte, quando deu nome a uma revista teatral.

**"Tristezas do Jeca"** (toada-paulista), Angelino de Oliveira
Conhecida também como "Tristeza do Jeca", esta toada nasceu em Botucatu em 1918, popularizando-se no interior paulista por volta de 1922. Então, gravada pela Orquestra Brasil-América (1924) e pelo cantor Patrício Teixeira (1926), ganhou o país, convertendo-se num dos maiores clássicos de nossa música sertaneja. Importante centro econômico do estado de São Paulo, Botucatu registrava já àquele tempo uma razoável movimentação artística, reunindo cantadores e músicos, entre os quais o autor da composição, Angelino de Oliveira. "Era um humilde tocador de violão e guitarra portuguesa", dizia o compositor Ariovaldo Pires (Capitão Furtado), amigo pessoal de Angelino. Com sua melodia e letra pungentes, "Tristezas do Jeca" canta as mágoas de um matuto apaixonado.

## 1923

**"Tatu Subiu no Pau"** (samba à moda paulista), Eduardo Souto

Ao compor o "Tatu Subiu no Pau", que classificou como "samba à moda paulista", Eduardo Souto mostrava a intenção de diversificar o repertório com uma peça bem ao estilo vitorioso de Marcelo Tupinambá. E acertou em cheio, pois criou uma composição tipicamente caipira, baseada em motivos folclóricos e que, apesar dessa característica, apareceu com destaque no carnaval. Para isso, contribuiriam seus métodos de divulgação, que incluíam a execução repetida das músicas nos pianos da Casa Carlos Gomes, com distribuição das letras aos transeuntes, e até a criação de um bloco que frequentava a Festa da Penha. Para fora do Rio iam os discos de sua orquestra, gravados pela Casa Edison, da qual foi diretor artístico por vários anos. Ao iniciar-se a década de 1930, quando o samba e outras bossas começaram a tomar conta de nossa música, deixaram de brilhar as estrelas de Souto e de alguns de seus contemporâneos, como Freire Júnior e José Francisco de Freitas. O fato é curioso porque os três eram bastante versáteis para se adaptar às novas modas.

## 1924

**"Ave Maria"** (valsa), Erotides de Campos

Esta valsa-serenata foi a primeira "Ave Maria" a fazer sucesso na música popular brasileira. Seu autor é Erotides de Campos, um paulista de Cabreúva que passou a maior parte da vida em Piracicaba, compondo, tocando vários instrumentos e... ensinando física e química na Escola Normal Sud Mennucci. De sobrenome Neves pelo lado materno, ele usava o pseudônimo Jonas Neves quando fazia letras, como é o caso desta canção, que muitos pensam ser de duas pessoas. Composta em 1924 e lançada em disco em 1926, por Pedro Celestino, "Ave Maria" somente ganhou sua gravação ideal em 1939, quando Augusto Calheiros soube valorizar o clima de nostalgia e misticismo romântico que marca a composição. Uma prova do sucesso nacional de "Ave Maria" é a valsa "Cheia de Graça", escrita em Recife, no final dos anos 1920, por Nelson Ferreira e Eustórgio Wanderley, em homenagem a Erotides de Campos. O curioso em "Cheia de Graça" é que a canção repete as notas iniciais da "Ave Maria", só que em escala descendente, ao contrário do original.

**"Branca"** (valsa), Zequinha de Abreu

"Aurora", "Branca" e "Elza" são os nomes femininos que intitulam três das mais conhecidas valsas de Zequinha de Abreu. Dessas, pelo menos "Branca" seria inspirada por uma musa verdadeira, a jovem Branca Barreto, filha do chefe da estação ferroviária de Santa Rita do Passa Quatro, no interior de São Paulo, terra do compositor. Conta João Bento Saniratto — amigo de Zequinha, citado por Almirante num artigo publicado em *O Dia* — que a valsa foi composta de improviso, na presença de um grupo que conversava à porta do Grêmio Literário Recreativo. Como na ocasião a moça passasse pelo local, o autor (que era seu admirador) resolveu homenageá-la na composição. "Branca" é uma bela valsa sentimental, de melodia triste, uma característica predominante na música de Zequinha de Abreu. Composta por volta de 1918, ganhou popularidade a partir de 1924, quando teve a sua primeira edição. Mas, ao que se sabe, somente seria gravada em 1931, no mesmo disco que lançou o "Tico-Tico no Fubá". Tem uma letra de Duque de Abramonte (Décio Abramo), embora seja uma valsa essencialmente instrumental.

**"O Cigano"** (foxe-canção),
Marcelo Tupinambá e João do Sul (Gastão Barroso)

Nem só de música sertaneja se constitui a obra de Marcelo Tupinambá. Um bom exemplo de seu lado cosmopolita é "O Cigano", uma das primeiras composições brasileiras a receberem a designação de foxe-canção. Seguindo a moda de músicas sobre motivos exóticos, que imperava na época, Marcelo Tupinambá fez em estilo andaluz esta canção, que trata da transitoriedade do amor, através do canto de um misterioso cigano. Com uma bela melodia (que lembra a composição "Oriental", de Patápio Silva) vestindo esta fantasia de gosto duvidoso, "O Cigano" fez sucesso em 1924, quando foi gravado por Vicente Celestino, e 22 anos depois, ao ser revivido por Francisco Alves. Até então, segundo Tupinambá, as edições impressas da canção já haviam vendido mais de cem mil exemplares, o dobro de "O Matuto", seu segundo maior sucesso. Gastão Barroso, que assina a letra com o pseudônimo de João do Sul, era um amigo de Tupinambá desde os tempos de mocidade.

## OUTROS SUCESSOS

### 1921
"Ai Amor" (marcha/carnaval), Freire Júnior
"Do Sorriso da Mulher Nasceram as Flores" (tango de salão), Eduardo Souto
"Mimosa" (canção), Leopoldo Fróes
"Paixão de Artista" (canção), Eduardo Souto
"Pemberê" (chula à moda baiana), Eduardo Souto e Filomeno Ribeiro
"Sá Miquelina" (samba/carnaval), Antônio Rodrigues de Jesus e Junquilho Lourival

### 1922
"Alvinitente" (marcha-rancho), Romeu Silva e D. Paulo
"Coração Divinal" (marcha-rancho), J. Rezende
"A Espingarda" ("Pa-Pa-Pá") (embolada), Jararaca (José Luís Calazans)
"Eu Só Quero é Beliscá" (marcha/carnaval), Eduardo Souto
"Fala Baixo" (marcha/carnaval), Sinhô
"Papagaio Come Milho" (samba), Francisco A. Rocha
"Sai da Raia" (marcha/carnaval), Sinhô
"Sete Coroas" (samba), Sinhô
"Sururu na Cidade" (choro), Zequinha de Abreu
"Triste Carnaval" (valsa), Américo Jacomino (Canhoto) e Arlindo Leal

### 1923
"Cabeça Inchada" (marcha), Sinhô
"Caiubi" ("Canção da Cabocla Bonita") (canção), Pedro de Sá Pereira
"Goiabada" (marcha/carnaval), Eduardo Souto
"Macaco Olha o Teu Rabo" (samba), Francisco A. Santos
"Macumba Gegê" (samba/carnaval), Sinhô
"Não Olhe Assim" (marcha/carnaval), Freire Júnior
"Só Teu Amor" (marcha-rancho), Eduardo Souto
"Vênus" (fox-trot), José Francisco de Freitas
"Vida Apertada" (marcha-batuque), Sinhô

### 1924
"O Casaco da Mulata" (samba/carnaval), Careca
"Fubá" (maxixe), Romeu Silva (sobre motivo popular)
"Miserê" (samba), José Francisco de Freitas

V. 1921-1924

"Não Sei Dizê" (marcha/carnaval), Eduardo Souto
"Pai Adão" (marcha/carnaval), Eduardo Souto
"Quem Quiser Ver" (samba), Eduardo Souto
"A Vida é um Jardim Onde as Mulheres São as Flores" (fado-tango),
    Zeca Ivo e José Francisco de Freitas


GRAVAÇÕES REPRESENTATIVAS

BAIANO
Odeon, 122115, "Ai Seu Mé"
Odeon, 121968, "Esta Nega Que Me Dá"
Odeon, 122332, "Goiabada"
Odeon, 122064, "Luar de Paquetá"
Odeon, 122333, "Tatu Subiu no Pau"

BAIANO E MARIA MARZULO
Odeon, 122369, "O Casaco da Mulata"

FERNANDO
Odeon, 122761, "O Fubá"

LEOPOLDO FRÓES
Odeon, 122028, "Mimosa"

ORQUESTRA EDUARDO SOUTO
Odeon, 122652, "Pai Adão"

VICENTE CELESTINO
Odeon, 122749, "Caiubi" ("Canção da Cabocla Bonita")
Odeon, 122748, "O Cigano"
Odeon, 122214, "Triste Carnaval"


MÚSICAS ESTRANGEIRAS DE SUCESSO NO BRASIL

**1921**
"Hold Me", Art Hickman e Ben Black
"Mon Homme", Maurice Yvain, Jacques Charles e Albert Willemetz

"Salome" (Abajur), R. Stolz e Ennio Neri
"Whispering", Vincent Rose, Richard Coburn e John Schonberger

**1922**
"Machinalment", Maurice Yvain
"Three O'Clock in the Morning", Julian Robledo e Dorothy Terriss

**1923**
"Chicago", Fred Fisher
"Ka-lu-a", Jerome Kern e Anne Caldwell
"The Sheik of Araby", Ted Snyder, Harry B. Smith e Francis Wheeler
"Some Sunny Day", Irving Berlin

**1924**
"Charleston", James P. Johnson e Cecil Mack
"Gigolette", Franz Lehar e A. M. Willner
"Yes, We Have No Bananas", Frank Silver e Irving Cohn

## CRONOLOGIA

**1921**

08/02: Nasce no Rio de Janeiro (RJ) o cantor Roberto Paiva (Helin Silveira Neves).

19/02: Nasce no Rio de Janeiro (RJ) o violinista Fafá Lemos (Rafael Lemos Júnior).

27/02: Nasce em Carnaíba (PE) o compositor Zé Dantas (José de Souza Dantas Filho).

04/03: Nasce em Vitória de Santo Antão (PE) a cantora Ademilde Fonseca.

17/03: Nasce em Recife (PE) o compositor/jornalista/radialista Antônio Maria (Antônio Maria de Araújo Morais).

18/03: Nasce em São Paulo (SP) o cantor/compositor Risadinha (Francisco Ferraz Neto).

06/05: Nasce em Itararé (SP) o instrumentista/arranjador Lindolfo Gaya.

02/08: Morre em Nápoles (Itália) o cantor Enrico Caruso.

06/09: Nasce em Jardim (CE) o instrumentista/compositor José Menezes (José Menezes de França).

06/10: Nasce no Rio de Janeiro (RJ) o compositor Zé Kéti (José Flores de Jesus).

14/11: Nasce no Rio de Janeiro (RJ) o cantor/pianista Dick Farney (Farnésio Dutra e Silva).

**1922**

03/01: Nasce no Rio de Janeiro (RJ) o compositor Guilherme de Brito (Guilherme de Brito Bollhorst).

V. 1921-1924

13/02 a 17/02: Realiza-se em São Paulo (SP) a Semana de Arte Moderna.

20/03: Nasce no Rio de Janeiro (RJ) a cantora Nora Ney (Iracema de Souza Ferreira).

24/03: Nasce no Rio de Janeiro (RJ) o compositor Miguel Gustavo (Miguel Gustavo Werneck de Souza Martins).

13/04: Nasce no Rio de Janeiro (RJ) a compositora/cantora Ivone Lara.

07/05: Nasce em São Paulo (SP) a cantora Dircinha Batista (Dirce Grandino de Oliveira).

05/07: Unidades do Exército rebelam-se contra o Governo Federal, no Rio de Janeiro e Mato Grosso.

06/07: Dezoito militares e um civil, revoltosos do Forte de Copacabana, marcham pela Avenida Atlântica em desafio ao Governo e são atacados à bala pela tropa legalista.

07/09: Inaugura-se no Rio de Janeiro (RJ) a Exposição Internacional do Centenário da Independência. Na ocasião é realizada a primeira transmissão de rádio no Brasil.

17/10: Nasce no Rio de Janeiro (RJ) o violonista/compositor Luís Bonfá (Luís Floriano Bonfá).

30/10: Benito Mussolini assume o poder na Itália.

07/11: Nasce em Lavras da Mangabeira (CE) o cantor/compositor Gilberto Milfont (João Milfont Rodrigues).

15/11: Artur Bernardes toma posse na presidência da República.

## 1923

10/01: Morre no Rio de Janeiro (RJ) o cantor Mário Pinheiro.

27/01: Nasce no Rio de Janeiro (RJ) o instrumentista/compositor Waldir Azevedo.

26/02: Nasce em São Paulo (SP) a cantora Isaura Garcia.

03: Louis Armstrong grava o seu primeiro disco, "Southern Stomp" (integrando a King Oliver's Jazz Band).

16/05: Nasce em São Paulo (SP) o cantor Vassourinha (Mário Ramos).

01/07: Nasce em Manaus (AM) a cantora Violeta Cavalcanti.

01/08: Nasce em Recife (PE) o cantor Orlando Dias (José Adauto Michiles).

31/08: Nasce no Rio de Janeiro (RJ) a cantora Emilinha Borba (Emília Savana da Silva Borba).

01/11: Nasce em Belém (PA) o compositor Jota Júnior (Joaquim Antônio Candeias Júnior).

08/11: Nasce em São Paulo (SP) o cantor Francisco Petrônio (Francisco Perrone).

25/12: Nasce em Recife (PE) o compositor/cantor Luís Bandeira.

## 1924

18/01: Nasce no Rio de Janeiro (RJ) a cantora Heleninha Costa (Helena Costa).

12/02: Paul Whiteman realiza com sua orquestra e convidados um concerto de jazz sinfônico no Aeolian, em Nova York. Na ocasião, é executada em primeira audição a "Rhapsody in Blue", de George Gershwin, que participa do concerto, ao piano.

25/04: Nasce em São Paulo (SP) o compositor Paulo Vanzolini (Paulo Emílio Vanzolini).

08/05: Nasce em Belém (PA) o compositor Billy Blanco (William Blanco de Abrunhosa Trindade).

05: H. C. Harrison, da Western Electric, patenteia o processo de gravação elétrica do som. Ao mesmo tempo, B. J. Grisby inicia a fabricação dos primeiros alto-falantes.

07: Realizam-se em Paris (França) os VIII Jogos Olímpicos da Era Moderna.

05/07: Começa a Revolução Tenentista em São Paulo.

18/07: Nasce em Curitiba (PR) a cantora Stellinha Egg (Stella Maria Egg).

25/07: Nasce no Rio de Janeiro (RJ) o compositor Nelson Sargento (Nelson Matos).

11: Duke Ellington grava o seu primeiro disco ("Choo-Choo" e "Rainy Nights").

04/11: Nasce no Rio de Janeiro (RJ) o compositor Monsueto Menezes (Monsueto Campos Menezes).

22/12: Nasce em Santo Antônio de Pádua (RJ) o flautista/compositor Altamiro Carrilho (Altamiro de Aquino Carrilho).

V. 1921-1924

Freire Júnior, pianista e compositor carioca, foi um dos criadores da marchinha.

# VI. 1925-1928

## DESTAQUES

### 1925

**"Abismo de Rosas"** (valsa), Américo Jacomino (Canhoto)
O grande violonista Canhoto tinha apenas 16 anos quando compôs "Abismo de Rosas", em 1905. A composição era um desabafo a uma decepção amorosa, pois o autor acabara de ser abandonado pela namorada, filha de um escravo. Canhoto realizou três gravações desta valsa: a primeira, com o nome de "Acordes do Violão", lançada no disco Odeon nº 121249, em meados de 1916; a segunda, já como "Abismo de Rosas", no disco Odeon nº 122932, em 1925; e, finalmente, a terceira no disco Odeon nº 10021-a, que fazia parte do suplemento de agosto de 1927, um dos primeiros da era da gravação elétrica no Brasil. Ressalta nesta terceira gravação seu vibrato característico e inigualável, que ele tirava de um violão de corpo mais fino e braço não muito rígido. Peça obrigatória no repertório de nossos violonistas — de Dilermando Reis a Baden Powell —, "Abismo de Rosas" é considerada o hino nacional do violão brasileiro pelo professor Ronoel Simões, uma autoridade no assunto.

**"Chuá, Chuá"** (canção), Pedro de Sá Pereira e Ari Pavão
"Deixa a cidade formosa morena/ linda pequena/ e volta ao sertão..." Estes versos sintetizam o tema de "Chuá, Chuá" — o eterno confronto cidade/sertão —, tema que se repete em vários outros clássicos do repertório nacional. Destaca-se, porém, nesta canção um estribilho forte ("E a fonte a cantá/ chuá, chuá/ e a água a corrê/ chuê, chuê..."), fácil de cantar em terças, residindo aí, talvez, o motivo maior de sua popularidade. "Chuá, Chuá" foi composto para a revista *Comidas, Meu Santo*, encenada com sucesso no Teatro Recreio, no Rio de Janeiro, de junho a setembro de 1925. Participantes dessa revista, os autores Pedro de Sá Pereira e Ari Pavão sempre tiveram seus nomes ligados ao meio teatral, o primeiro como maestro e compositor e o segundo como libretista.

## 1926

**"Zizinha"** (marcha/carnaval),
José Francisco de Freitas, Carlos Bittencourt e Cardoso de Menezes
A melodia simples, o ritmo alegre, saltitante, a letra satírica, bem humorada, com pitadas de malícia, enfim, as principais características da marcha carnavalesca já estão presentes em "Zizinha" e outras peças do gênero lançadas na década de 1920. De diferente mesmo das marchas que vieram nas décadas seguintes, pode-se notar somente uma certa analogia rítmica com o *fox-trot* e o *charleston*. "Zizinha" tem entre seus autores José Francisco de Freitas, um dos principais responsáveis pela fixação da marchinha.

## 1927

**"Ora Vejam Só"** (samba/carnaval), Sinhô
No final dos anos 1920, Francisco Alves era a estrela maior da Odeon, firmando-se como recordista em gravações e vendagem de discos. Assim, não foi por acaso que se tornou o maior lançador das músicas de Sinhô, o compositor da década. Uma dessas músicas é o samba "Ora Vejam Só", que Chico gravou duas vezes, sendo a primeira em disco da fase mecânica. Sucesso absoluto no carnaval de 1927, "Ora Vejam Só" explora o tema "amor *versus* malandragem", muito em voga na época — "Ora vejam só/ a mulher que eu arranjei/ ela me faz carinhos até demais/ chorando ela me pede/ meu benzinho/ deixa a malandragem se és capaz...". Só que este estribilho (juntamente com a primeira parte de outro samba, o "Gosto que me Enrosco") teve sua autoria reivindicada por Heitor dos Prazeres, em acirrada polêmica, que acabou originando os sambas acusatórios "Olha Ele, Cuidado" e "Rei dos Meus Sambas", de Heitor, e a conhecida frase de Sinhô: "Samba e passarinho são de quem pegar primeiro". De qualquer maneira, Heitor dos Prazeres ainda chegou a receber, a título de indenização, a quantia de 38 mil-réis, em prestações interrompidas com a morte de Sinhô, segundo o historiador Edigar de Alencar.

**"Pinião"** (embolada), Augusto Calheiros e Luperce Miranda
A música do Nordeste já era conhecida dos cariocas através do violonista João Pernambuco e do conjunto Turunas Pernambucanos, com o qual chegaram ao Rio, em 1922, Jararaca e Ratinho. Bem mais difundida, entretanto, ficaria a partir de 1927, quando tomou conta da cidade um novo grupo recifense, os Turunas da Mauriceia, que trazia entre seus componentes

o cantor Augusto Calheiros, logo celebrizado como Patativa do Norte. Foi surpreendente o sucesso desses nordestinos, não se devendo o fato apenas ao exotismo de suas vestes, ou à rusticidade de seu canto, mas, principalmente, à qualidade de suas canções. E entre estas se destacou a embolada "Pinião", cuja popularidade atravessou todo o ano de 27 e a tornou a composição mais cantada no carnaval de 28. O curioso é que "Pinião" nada tem de carnavalesco, sendo somente uma cantiga sertaneja de provável origem folclórica. Sua graça está na letra sobre as façanhas de um gavião atrevido que, além de atacar pintos e sabiás, belisca a própria mulher do cantador.

**"Rapaziada do Brás"** (valsa-choro), Alberto Marino
Nenhuma música evoca melhor a velha São Paulo provinciana do início do século do que a valsa "Rapaziada do Brás". Composta em 1917 pelo futuro maestro Alberto Marino, então um menino de quinze anos, "Rapaziada do Brás" se tornaria conhecida no final da década seguinte, quando teve seu primeiro disco. Muito bem estruturada no gênero em que foi concebida — nem parece obra de um principiante —, a composição é essencialmente instrumental, forma em que aparece na maioria das gravações, embora possua letra. Uma homenagem à rapaziada do bairro de infância e adolescência do autor, serviu ainda de inspiração a outras valsas bairristas, como "Rapaziada da Mooca" e "Rapaziada do Bom Retiro".

## 1928

**"Amar a Uma Só Mulher"** (samba/carnaval), Sinhô
Em "Amar a Uma Só Mulher" Sinhô faz a apologia da fidelidade no amor, virtude que jamais praticou. E o faz na forma de sempre, com versos pitorescos, impregnados de um lirismo simplório, bem característico de seu estilo: "Quem pintou o amor foi um ceguinho/ mas não disse a cor que ele tem/ penso que só Deus dizer-nos vem ensinando com carinho/ a pura cor do querer bem...". Dedicado ao poeta Álvaro Moreira, cuja casa em Copacabana era frequentada por Sinhô, este samba foi lançado na revista *Língua de Sogra*, em janeiro de 1928, ao mesmo tempo em que era gravado por Francisco Alves. "Amar a Uma Só Mulher" assemelha-se nos compassos iniciais à canção "La Vie en Rose". Mas, se plágio existe no caso, é de Pierre Louiguy, autor da melodia francesa, composta dezesseis anos depois da morte de Sinhô.

**"A Favela Vai Abaixo"** (samba), Sinhô

Contratado pelo prefeito Prado Júnior, o urbanista Alfred Agache elaborou, em 1927, um extenso plano de remodelação da cidade do Rio de Janeiro, que incluía a demolição do morro da Favela, situado próximo da zona portuária. Muito discutido pela imprensa, o projeto inspiraria o samba "A Favela Vai Abaixo", no qual Sinhô protestava contra a ameaça de desabrigo dos moradores: "Minha cabrocha, a Favela vai abaixo/ quanta saudade tu terás deste torrão/ (...)/ vê agora a ingratidão da humanidade/ (...)/ impondo o desabrigo ao nosso povo da Favela". Contava o poeta Luís Peixoto que o compositor, valendo-se de sua popularidade, chegou a pedir a um ministro de estado sua intercessão junto ao prefeito para que a demolição não se realizasse. Sendo uma das melhores melodias de Sinhô, "A Favela Vai Abaixo" foi destaque numa revista teatral de nome idêntico. Contrastando com a pesada versão original de Francisco Alves, a composição ganhou uma graça especial, bem mais fiel ao estilo do autor, na gravação realizada por Mário Reis, em 1951 (álbum de três discos sobre Sinhô, com preciosos arranjos de Radamés Gnattali). Isso leva a crer que, na dupla formada pelos dois cantores, nos idos de 1930, foi benéfica a influência de Mário sobre Chico, ajudando-o a se desfazer do ranço operístico, incompatível com a interpretação de sambas como este.

**"A Voz do Violão"** (canção), Francisco Alves e Horácio Campos

Em julho de 28, a Companhia Trololó, de Jardel Jercolis, estreou no Teatro Carlos Gomes, no Rio de Janeiro, a revista *Não é Isso que Eu Procuro*. Muito ruim, a peça saiu logo de cartaz, deixando, porém, uma canção, "A Voz do Violão", da maior importância no repertório de seu criador, Francisco Alves. Esta composição nasceu quase por acaso, a partir de uns versos de Horácio Campos, libretista da peça, que chegaram ao conhecimento de Chico através de Jardel. Entusiasmado com o poema, o cantor pegou o violão e só sossegou quando dias depois aprontou a melodia, por sinal muito boa. Aliás, em que pese o fato de ter comprado sambas no início da carreira, Francisco Alves deixou algumas boas canções realmente de sua autoria. "A Voz do Violão" foi gravada comercialmente por Alves quatro vezes: a primeira na Parlophon, em 1928, e as três seguintes na Odeon, sendo a última em 1951. Há ainda uma quinta gravação, realizada num programa da Rádio Nacional que foi editada em disco pela empresa Collector's.

OUTROS SUCESSOS

## 1925
"Caneca de Couro" (maxixe/carnaval), Sinhô
"Cigana de Catumbi" (maxixe), J. Rezende
"Comidas, Meu Santo" (samba), Costinha
"De Cartola e Bengalinha" (maxixe), Freire Júnior
"Dor de Cabeça" (samba/carnaval), Sinhô
"Está na Hora" (marcha/carnaval), Caninha
"Nosso Ranchinho" (toada), Donga e De Chocolat
"Os Passarinhos da Carioca" (marcha/carnaval), Careca
"Quando Me Lembro" (marcha), Eduardo Souto e João da Praia
"Sai Cartola" (samba), Raul Silva
"Sandália de Couro" (maxixe), Pedro de Sá Pereira, Ari Pavão e Marques Porto
"Suspira, Nega Suspira" (canção-maxixe), Pedro de Sá Pereira

## 1926
"Amor Sem Dinheiro" (samba), Sinhô
"Café Com Leite" (maxixe/carnaval), Freire Júnior
"Eu Vi Lili" (marcha/carnaval), José Francisco de Freitas
"Luar do Sul" (canção), Zeca Ivo e J. Carneiro Ribas
"Morro de Mangueira" (samba/carnaval), Manoel Dias
"Papagaio no Poleiro" (samba/carnaval), Sinhô
"Pinta, Pinta Melindrosa" (marcha/carnaval), Freire Júnior
"Revendo o Passado" (valsa), Freire Júnior
"Rosa Meu Bem"[6] (samba), J. Tomas

## 1927
"Braço de Cera" (samba/carnaval), Nestor Brandão
"Os Calças Largas" (marcha/carnaval), Lamartine Babo e Gonçalves de Oliveira
"Cristo Nasceu na Bahia" (maxixe), Sebastião Cirino e Duque
"Dondoca" (marcha/carnaval), José Francisco de Freitas
"Helena" (samba), Componentes do grupo Turunas da Mauriceia

[6] "Rosa Meu Bem" teria sido composto por Antonico do Samba em 1919, segundo Almirante.

VI. 1925-1928

"Indurinha de Coqueiro" (samba), Componentes do grupo Turunas da
 Mauriceia
"Malandrinha" (canção), Freire Júnior
"Passarinho de Má" (samba), Duque
"Paulista de Macaé" (samba), Pedro de Sá Pereira
"O Pequeno Tururu" (samba), Augusto Calheiros e Luperce Miranda
"Salve Jaú" (marcha), Salvador Correia
"Samba de Caná" (samba), Componentes do grupo Turunas da Mau-
 riceia

**1928**
"Adios Mis Farras" (tango), Raul Roulien
"Ai Eu Queria" (samba/carnaval), Pixinguinha e Augusto do Amaral
 (Vidraça)
"Caridade" (samba/carnaval), Sebastião Santos Neves e Anísio Mota
"Deus Nos Livre do Castigo das Mulheres" (samba), Sinhô
"Eu Fui no Mato Crioula" (marcha/carnaval), José Gomes Júnior
"Eu Quero é Nota" (samba), Artur Faria
"Lamento" (choro), Pixinguinha
"A Malandragem" (samba/carnaval), Alcebíades Barcelos e Francisco
 Alves
"As Manhãs do Galeão" (tango), Freire Júnior
"Me Faz Carinhos" (samba), Ismael Silva e Francisco Alves
"Não Quero Saber Mais Dela" (samba), Sinhô
"Olhos Japoneses" (valsa), Freire Júnior
"Sabiá" (samba), Sinhô
"Suçuarana" (toada), Hekel Tavares e Luís Peixoto

GRAVAÇÕES REPRESENTATIVAS

ARTUR CASTRO
Odeon, 123124, "Cristo Nasceu na Bahia"

FERNANDO (FERNANDO ALBUQUERQUE)
Odeon, 12294, "Chuá, Chuá"
Odeon, 122832, "Nosso Ranchinho"
Odeon, 122942, "Zizinha"

Francisco Alves
Odeon, 10119-b, "Amar a Uma Só Mulher"
Odeon, 10096-a, "A Favela Vai Abaixo"
Odeon, 123273, "Ora Vejam Só"
Parlophon, 12823-a, "A Voz do Violão"

Gastão Formenti
Odeon, 10171-a, "Suçuarana"

Mário Reis
Odeon, 10257-b, "Deus Nos Livre do Castigo das Mulheres"

Pedro Celestino
Odeon, 122977, "Eu Vi Lili"
Odeon, 123312, "Malandrinha"

Turunas da Mauriceia
Odeon, 10068-a, "Helena"
Odeon, 10066-b, "Indurinha de Coqueiro"
Odeon, 10067-a, "Pinião"


## MÚSICAS ESTRANGEIRAS DE SUCESSO NO BRASIL

**1925**
"Amapola", Joseph M. Lacalle
"Ay, Ay, Ay", Osman Perez Freire
"Casita de la Sierra"[7] (Casinha da Colina) (tema popular mexicano)
"Cielito Lindo"[8] (tema popular mexicano)
"Sweetheart Lane", Caminho dos Namorados), Louis A. Hirsch
"Who", Jerome Kern e Otto Harbach
"Yes Sir, That's My Baby", Walter Donaldson e Gus Kahn

---

[7] "Casita de la Sierra" é um tema popular mexicano que, em arranjo de Pedro de Sá Pereira e letra em português de Luís Peixoto, fez grande sucesso com o título de "Casinha da Colina".

[8] "Cielito Lindo" foi grande sucesso no carnaval de 1942, num arranjo de Rubens Campos e Henricão, em tempo de samba, com o título de "Está Chegando a Hora".

**1926**

"Always", Irving Berlin
"Dinah", Harry Akst, Sam M. Lewis e Joe Young
"Fumando Espero", J. Villadomat
"Tea for Two", Vincent Youmans e Irving Caesar
"Titina", Leo Daniderff
"Valentine", Henri Christine e Albert Willemetz

**1927**

"A Media Luz", Carlos C. Lenzi e Eduardo Donato
"Ain't She Sweet", Milton Ager e Jack Yellen
"Baby Face", Harry Akst e Benny Davis
"Ça C'est Paris", José Padilla, Lucien Boyer, Fred Pearly e Jacques Charles
"La Cumparsita", Gerardo Matos Rodriguez, Pascual Contursi e Enrique P. Maroni
"In a Little Spanish Town", Mabel Wayne, Sam M. Lewis e Joe Young
"Someone to Watch Over Me", George Gershwin e Ira Gershwin
"Valencia", José Padilla

**1928**

"Caminito", Gabino Coria Peñaloza e Juan de Dios Filiberto
"Charmaine", Erno Rapee e Lew Pollack
"Che Papusa, Oi", Gerardo Matos Rodriguez e Enrico Cadicamo
"C-o-n-s-t-a-n-t-i-n-o-p-l-e", Harry Carlton
"Diane", Erno Rapee e Lew Pollack
"Esta Noche Me Emborracho", Enrique S. Discepolo
"Mano a Mano", Carlos Gardel, José Razzano e Celedonio E. Flores
"My Blue Heaven", Walter Donaldson e George Whiting
"Negro", A. Mondino e Victor Solino
"Noche de Reyes", Pedro Maffia e Jorge Curi
"Ramona", Mabel Wayne e L. Wolfe Gilbert

# CRONOLOGIA

## 1925

25/02: A Columbia efetua nos Estados Unidos, com o pianista Art Gillam, a primeira sessão de gravação elétrica do som.

04/03: Nasce em São Paulo (SP) a cantora/folclorista Inezita Barroso (Inês Madalena Aranha de Lima).

04: A Victor lança nos Estados Unidos os primeiros discos comerciais gravados pelo sistema elétrico, marcando assim o início de uma nova era na história da fonografia.

16/06: Nasce em Bauru (SP) a cantora Elza Laranjeira.

29/07: É lançado no Rio de Janeiro o número inicial do jornal *O Globo*.

24/12: Entra em vigor a lei que institui no Brasil o período de férias obrigatórias de quinze dias anuais aos empregados do comércio, indústria e estabelecimentos bancários.

## 1926

06/01: Nasce no Rio de Janeiro (RJ) o cantor Jorge Goulart (Jorge Neves Bastos).

03/03: Nasce em Taquara (RS) o cantor/compositor Teixeirinha (Vitor Mateus Teixeira).

31/03: Nasce em São Luís (MA) o compositor/pianista Luís Reis (Luís Abdenago dos Reis).

08/05: Nasce em São Vítor o arranjador/instrumentista Luís Arruda Paes (Luís Gonzaga Arruda Paes).

17/05: Nasce no Rio de Janeiro (RJ) a cantora Helena de Lima.

06/08: É apresentado no Teatro Warner, em Nova York, o primeiro filme sincronizado, com o emprego de discos (Processo Vitaphone).

03/09: Nasce em Manhuaçu (MG) a cantora Zezé Gonzaga (Maria José Gonzaga).

18/10: Bing Crosby grava o seu primeiro disco ("I've Got the Girl").

15/11: Washington Luís toma posse na presidência da República.

## 1927

25/01: Nasce no Rio de Janeiro (RJ) o compositor/pianista Antônio Carlos Jobim (Antônio Carlos Brasileiro de Almeida Jobim).

28/01: Nasce em Cataguases (MG) o cantor/compositor Lúcio Alves (Lúcio Ciribelli Alves).

03/02: A Coluna Prestes entra em território boliviano e depõe armas, depois de uma marcha de mais de 20 mil quilômetros.

07/02: Nasce no Rio de Janeiro (RJ) o cantor Paulo Fortes (Paulo Gomes de Paiva Barata Ribeiro Fortes).

14/02: Nasce no Rio de Janeiro (RJ) o compositor/pianista Newton Mendonça (Newton Ferreira de Mendonça).

23/03: Nasce em São Paulo (SP) o compositor Osvaldo Lacerda.

20/05: Charles Lindbergh realiza o primeiro voo transatlântico, sem escalas, indo de Long Island (Nova York-EUA) a Paris (França).

07: A Odeon lança o primeiro suplemento de discos brasileiros gravados pelo sistema elétrico.

06/10: É realizada a *première* mundial de O *Cantor de Jazz*, filme da Warner, com Al Jolson, primeiro longa-metragem sonoro.

12/10: Nasce em Campinas (SP) o cantor João Dias (João Dias Rodrigues Filho).

## 1928

23/01: Benny Goodman grava o seu primeiro disco ("Wolverine Blues").

31/01: Nasce no Rio de Janeiro (RJ) o cantor Miltinho (Milton Santos de Almeida).

14/02: Tommy Dorsey e Jimmy Dorsey (The Dorsey Brothers Orchestra) gravam o seu primeiro disco.

21/02: Nasce em Belém (PA) o arranjador/instrumentista Severino Filho (Severino de Araújo Silva Filho).

17/03: Nasce em Buarque (SC) o compositor Edino Krieger.

05/04: Nasce no Rio de Janeiro (RJ) o cantor Francisco Carlos (Francisco Rodrigues Filho).

10/04: Nasce em Pirapetinga (MG) o cantor Noite Ilustrada (Mário Souza Marques Filho).

13/05: Nasce em Macaé (RJ) a cantora Ângela Maria (Abelim Maria da Cunha).

19/05: Nasce em Princesa Isabel (PB) o instrumentista Canhoto de Paraíba (Francisco Soares de Araújo).

05/06: Nasce em Caxambu (MG) o cantor/compositor Ivon Curi (Ivon José Curi).

12/08: Sambistas do bairro do Estácio de Sá (Rio de Janeiro) fundam a primeira escola de samba, a "Deixa Falar".

18/08: É inaugurado na Avenida Rio Branco (Rio de Janeiro) o Café Nice, que se tornaria o principal ponto de encontro de cantores e compositores populares.

07/09: Morre em São Paulo (SP) o violonista/compositor Américo Jacomino (Canhoto).

12/10: Nasce em Caruaru (PE) o compositor/cantor Luís Vieira (Luís Rattes Vieira Filho).

11: Walt Disney cria o Camundongo Mickey (Mickey Mouse), um de seus personagens mais populares.

07/11: Nasce em Santa Cruz do Sul (RS) o instrumentista/compositor Chiquinho do Acordeom (Romeu Seibel).

3ª Parte: 1929 a 1945

O compositor Custódio Mesquita e as irmãs Carmen Miranda e Aurora Miranda, que lançaram várias de suas músicas.

# INTRODUÇÃO

A música popular brasileira tem sua primeira grande fase no período 1929-1945. É a chamada Época de Ouro, em que se profissionaliza, vive uma de suas etapas mais férteis e estabelece padrões que vigorarão pelo resto do século.

A Época de Ouro originou-se da conjunção de três fatores: a renovação musical iniciada no período anterior com a criação do samba, da marchinha e de outros gêneros; a chegada ao Brasil do rádio, da gravação eletromagnética do som e do cinema falado; e, principalmente, a feliz coincidência do aparecimento de um considerável número de artistas talentosos numa mesma geração. Foi a necessidade de preenchimento dos quadros das diversas rádios e gravadoras surgidas na ocasião que propiciou o aproveitamento desses talentos.

Destacam-se na geração inicial do período os seguintes artistas:

COMPOSITORES E LETRISTAS: Ary Barroso, Noel Rosa, Lamartine Babo, João de Barro (Braguinha), Custódio Mesquita, Joubert de Carvalho, Assis Valente, Vadico (Osvaldo Gogliano), Ismael Silva, Alcebíades Barcelos, Armando Marçal, Antônio Nássara, Orestes Barbosa e Alberto Ribeiro;

CANTORES: Mário Reis, Sílvio Caldas, Gastão Formenti, Augusto Calheiros, Almirante (Henrique Foreis Domingues), Castro Barbosa, Carlos Galhardo, Moreira da Silva, Carmen e Aurora Miranda, Marília Batista, a dupla Joel e Gaúcho e o conjunto Bando da Lua;

MÚSICOS: Luís Americano (clarinete e sax-alto), Benedito Lacerda e Dante Santoro (flauta), Bonfiglio de Oliveira (trompete), Josué de Barros e Rogério Guimarães (violão), Luperce Miranda (bandolim), Radamés Gnattali, Gaó (Odmar Amaral Gurgel), Nonô (Romualdo Peixoto) e Carolina Cardoso de Menezes (piano) e Luciano Perrone (bateria).

Vindos do período anterior, juntam-se a esses artistas os cantores Francisco Alves, Vicente Celestino e Araci Cortes, os compositores Hekel Tavares e Cândido das Neves, os letristas Luís Peixoto e Olegário Mariano e o compositor, instrumentista e arranjador Pixinguinha (Alfredo da Rocha Viana Filho).

Introdução                                                                                                      87

O primeiro artista a se destacar na Época de Ouro é o cantor Mário Reis. Aproveitando as vantagens oferecidas pela gravação eletromagnética, Mário Reis criou um estilo coloquial para a interpretação da música popular, rompendo com a tradição do bel-canto italiano, que imperava até então. Com isso simplificou nossa maneira de cantar, que se tornou mais natural, mais espontânea. Sua atuação foi tão importante, que se pode dividir a história do canto popular no Brasil em duas partes: antes e depois de Mário Reis.

O início dos anos 1930 é marcado pelo processo de cristalização e expansão do samba e da marchinha. Livre da herança do maxixe, através de modificações realizadas pelos fundadores da primeira escola de samba — a chamada Turma do Estácio —, o samba torna-se, no período 1931-1940, o nosso gênero mais gravado, ocupando 32,45% do repertório registrado em disco (2.176 sambas em um total de 6.706 composições). Menor, mas também expressivo, é o numero de marchinhas (1.225) que, somado ao dos sambas, atinge o total de 3.401 fonogramas, ou seja 50,71% do repertório gravado.

Desempenham papel importante no desenvolvimento desses gêneros os compositores Noel Rosa, Lamartine Babo e João de Barro. Noel, que revolucionou a poética de nossa música popular, usou preferencialmente o samba em sua obra. Possuidor de uma prodigiosa capacidade para compor versos e melodias, ele deixou, em apenas sete anos de atividade, mais de 250 composições, das quais cerca de 60% são sambas. Já Lamartine e João de Barro podem ser considerados como os fixadores da marchinha.

Ainda na fase inicial da Época de Ouro, destacam-se os trabalhos de dois arranjadores — Pixinguinha e Radamés Gnattali — que, consagrados como instrumentistas e compositores, entram também para a história como criadores de padrões de orquestração para a música popular brasileira.

A partir do sucesso do filme *A Voz do Carnaval*, lançado em 1933, desencadeia-se no cinema brasileiro o ciclo da comédia musical, que reinaria por mais de vinte anos. Um lucrativo negócio, esses filmes tinham como chamariz a apresentação na tela de nossos cantores populares, na maioria das vezes interpretando música carnavalesca. Não existindo na época a televisão, o cinema era o veículo ideal para mostrar a imagem desses cantores, conhecida pelo grande público somente através de fotografias publicadas na imprensa.

O cinema nacional contribuiu ainda para a consolidação do prestígio, alcançado no rádio e no disco, da cantora Carmen Miranda, a mais importante figura feminina da Época de Ouro. Dona de um estilo personalíssimo

Alcir Pires Vermelho, Roberto Martins, Lamartine Babo, Paulo Barbosa e Ataulfo Alves, em uma reunião na União Brasileira de Compositores.

Araci Cortes, a grande estrela do teatro musicado.

de cantar, ao mesmo tempo ingênuo, malicioso, brejeiro e sensual, Carmen soube explorar ao máximo não apenas a voz, mas seu carisma, sua capacidade de fascinar pessoas. Isso lhe permitiu desenvolver uma carreira vitoriosa que, no espaço de dez anos, transformou-a em estrela internacional.

Em sua segunda metade, a Época de Ouro vive sua fase mais importante, especialmente entre os anos de 1937 e 1942, quando os talentos revelados no começo da década atingem o auge de suas carreiras e recebem o reforço de um contingente de valores ainda mais numeroso.

Destacam-se nesse novo grupo os seguintes artistas:

COMPOSITORES E LETRISTAS: Ataulfo Alves, Dorival Caymmi, Wilson Batista, Herivelto Martins, Geraldo Pereira, J. Cascata (Álvaro Nunes), Roberto Martins, Mário Lago, Lupicínio Rodrigues, Pedro Caetano, Alcir Pires Vermelho, Haroldo Lobo, Marino Pinto, David Nasser, Roberto Roberti, Jorge Faraj, Cristóvão de Alencar, Newton Teixeira e Arlindo Marques Júnior;

CANTORES: Ciro Monteiro, Déo (Ferjalla Rizkalla), Ademilde Fonseca, Araci de Almeida, Carmen Costa, Dalva de Oliveira, Linda e Dircinha Batista, Gilberto Alves, Isaura Garcia, Jorge Veiga, Nelson Gonçalves, Orlando Silva, Odete Amaral, Roberto Paiva, o Trio de Ouro e os conjuntos Anjos do Inferno e Quatro Ases e um Coringa;

MÚSICOS: Garoto (Aníbal Augusto Sardinha) e José Menezes (vários instrumentos de cordas dedilhadas), Horondino Silva (Mestre Dino), Jaime Florence (Meira), Laurindo de Almeida, Claudionor Cruz e Dilermando Reis (violão), Jacob do Bandolim (Jacob Pick Bittencourt), K-Ximbinho (Sebastião de Barros) e Severino Araújo (clarinete), Abel Ferreira (clarinete e sax-alto), Nicolino Copia (flauta, clarinete e sax-alto), Raul de Barros (trombone), Fats Elpídio (Elpídio Pessoa, piano), Luiz Gonzaga (acordeão) e Edu da Gaita (Eduardo Nadruz).

É nessa fase que se desenvolve no país um acentuado culto à voz, reflexo, talvez, do retumbante sucesso do cantor Orlando Silva, que em poucos anos de atividade se tornaria o primeiro ídolo de massa produzido pela MPB. Orlando Silva possuía uma voz privilegiada em timbre, tessitura e afinação, que, aliada a uma extraordinária sensibilidade, permitia-lhe interpretar com perfeição os mais variados gêneros. Durou pouco, entretanto, essa fase de sua carreira. Em consequência de uma vida desregrada, logo perdeu a excepcionalidade da voz, declinando para sempre o seu prestígio. Ao lado de Orlando Silva, brilham também no período os cantores Francisco Alves, Sílvio Caldas e Carlos Galhardo, chamados pela imprensa de "Os Quatro Grandes".

Representando o auge de um processo de refinamento do samba, empreendido por Ary Barroso, é lançada, em 1939, "Aquarela do Brasil". Caracterizada por um ufanismo exagerado, que romanticamente exaltava as belezas e grandezas do Brasil, a composição vinha ao encontro dos interesses do Estado Novo, ganhando assim o apoio e a simpatia oficiais. Por seu sucesso, "Aquarela do Brasil" acabou estimulando o aparecimento de um novo tipo de samba, o chamado samba-exaltação.

Entra em cena, ainda em 1939, o compositor-cantor Dorival Caymmi. E o faz de forma excepcional, lançado simultaneamente no cinema, no rádio e no disco pela estrela Carmen Miranda, cantando o seu samba "O Que é Que a Baiana Tem". Autor de obra originalíssima, ligada aos encantos e mistérios de seu estado, o baiano Caymmi seria uma das figuras que mais iriam se sobressair no final da Época de Ouro.

Ao chegarem os anos 1940, ressalta-se a atuação de quatro sambistas — Ataulfo Alves, Wilson Batista, Herivelto Martins e o então novato Geraldo Pereira —, autores de algumas das melhores composições do gênero nessa fase, como "Ai Que Saudades da Amélia" (Ataulfo e Mário Lago), "Emília" (Wilson e Haroldo Lobo), "Praça Onze" (Herivelto e Grande Otelo) e "Falsa Baiana" (Geraldo Pereira).

Marcando o final da II Guerra Mundial e, entre nós, da ditadura do Estado Novo, o ano de 1945 marca também o final da Época de Ouro. Isso acontece em razão do declínio da maioria dos artistas que pertenciam à geração de 1930, refletido em seus trabalhos por uma insistência no uso de fórmulas já esgotadas. Por outro lado, não há na ocasião uma renovação de valores à altura dos que começavam a sair de cena. Iniciava-se, então, a era do baião e do pré-bossanovismo que levaria a MPB à modernidade.

Introdução

Cantores já consagrados, Francisco Alves e Mário Reis
tiveram a popularidade aumentada ao gravarem
em dueto uma série de discos.

# VII. 1929

## DESTAQUES

**"Casa de Caboclo"** (canção), Hekel Tavares e Luís Peixoto
Mote desta canção, os versos "Numa casa de caboco/ um é pouco/ dois é bom/ três é demais", consagraram-se como um verdadeiro dito popular. Este fato, por si só, comprova a grande popularidade alcançada pela composição, que tornou conhecido o seu lançador, o então jovem cantor Gastão Formenti. Autores de "Casa de Caboclo", Hekel Tavares e Luís Peixoto acabaram inspirando, juntamente com Joubert de Carvalho, uma onda de canções sobre motivos sertanejos, que proliferou no final dos anos 1920. Como acontece muitas vezes a músicas de sucesso, houve à época do lançamento quem considerasse "Casa de Caboclo" plágio de um tema de Chiquinha Gonzaga, levando a discussão aos jornais. Daí a informação que figura em algumas de suas regravações: "Canção baseada em motivos de Chiquinha Gonzaga".

**"Dorinha, Meu Amor"** (samba/carnaval), José Francisco de Freitas
Depois de obter vários sucessos em tempo de marcha — todos com nomes femininos: "Zizinha", "Dondoca", "Lili" —, José Francisco de Freitas resolveu mudar de gênero, apresentando em ritmo de samba "Dorinha, Meu Amor", sua heroína para o carnaval de 29. E tal como as antecessoras, "Dorinha" foi grande sucesso, com um detalhe a mais: ressuscitou 28 anos depois, numa reedição da gravação original de Mário Reis, entrando por algumas semanas na relação das mais tocadas nas rádios. Além de usar o teatro de revista, Freitinhas tinha um método muito eficaz para divulgar suas composições: percorria o corso e as batalhas de confete da cidade, com uma bandinha executando as músicas e distribuindo as letras aos foliões.

**"Eu Ouço Falar"** (samba-canção), Sinhô
Na noite de 19 de maio de 1929, Sinhô se apresentou no Teatro Municipal de São Paulo num recital, organizado pelo Clube da Antropofagia, em apoio a candidatura de Júlio Prestes à presidência da República. Na ocasião,

lançou cantando ao piano "Eu Ouço Falar", um samba (logo gravado por Francisco Alves) em que exaltava bem ao seu estilo a figura do candidato: "Eu ouço falar/ que para o nosso bem/ Jesus já designou/ que seu Julinho é que vem...". E nos momentos em que dizia "Jesus já designou", passava a mão no queixo, insinuando o cavanhaque de Washington Luís, o mentor da candidatura que, aliás, rompeu a chamada "política do café-com-leite" que revezava paulistas e mineiros na presidência. Depois do espetáculo, o casal Tarsila do Amaral-Oswald de Andrade ofereceu em sua residência uma festinha, tendo como convidado de honra "Seu Julinho", que, em dado momento, surpreendeu a todos tirando a cozinheira de Tarsila para dançar um animado cateretê, ao som do piano de Sinhô. E o fez muito bem, justificando os versos do samba que diziam "O caboclo é da fuzarca/ e só trabalha para o bem...".

Eleito, Prestes recebeu a seguinte carta de Sinhô, datada de 23/04/1930: "Ilmo. e Exmo. Sr. Dr. Júlio Prestes. José Barbosa da Silva, 'Sinhô', seu afilhado, cumprimenta-o e felicita-o pela bem merecida vitória alcançada, pois V. Excia. deve bem recordar que vão fazer doze meses que seu afilhado 'Sinhô' lançou a candidatura de V. Excia...". E após várias linhas de elogios, finalizava pedindo para "V. Excia. não esquecer seu afilhado em qualquer lugar indicado por V. Excia., pois que tenho numerosa família e vivo somente de música e com grandes dificuldades...". Infelizmente para o "afilhado", o "padrinho" não pôde atender ao pedido, pois, além da vitoriosa Revolução de 30 impedir-lhe a posse, o infortunado Sinhô morreu em 4 de agosto daquele ano.

### "Gavião Calçudo" (samba), Pixinguinha

Autor principalmente de música instrumental, Pixinguinha deixou poucos sambas, dentre os quais se destaca "Gavião Calçudo". Com muito espírito e alguma malícia, a letra — atribuída a Cícero de Almeida — trata de um "gavião marvado", que rouba a mulher do protagonista. Para completar, critica a liberalidade de alguns maridos descuidados: "Os culpado disso tudo/ são os marido d'agora/ as mulhé anda na rua/ com as canela de fora/ o gavião toma cheiro/ vem descendo sem demora/ garra ela pelo bico/ bate asa e vão-se embora...". O samba foi sucesso na voz de Patrício Teixeira, que o gravou duas vezes em 1929.

### "Gosto Que Me Enrosco" (samba), Sinhô

Este samba, cuja autoria foi reivindicada por Heitor dos Prazeres, teve uma versão inicial com letra de Bastos Tigre, intitulada "Cassino Maxixe", lançada na comédia *Sorte Grande*, que inaugurou o Teatro Cassino no ano de 1926. Tempos depois, Sinhô — o único letrista possível para as suas composições — aprontou-lhe novos versos, superiores aos originais, dando ao samba o nome de "Gosto Que Me Enrosco". Curiosamente, alguns desses versos contrariavam o espírito machista, dominante nas letras da época: "Gosto que me enrosco de ouvir dizer/ que a parte mais fraca é a mulher/ mas o homem com toda fortaleza/ desce da nobreza e faz o que ela quer...". Gravado por Mário Reis, acompanhado por dois violões (um dos quais provavelmente tocado por Sinhô), "Gosto Que Me Enrosco" fez grande sucesso em 1929.

**"Jura"** (samba), Sinhô
"Jura" é o maior sucesso de Sinhô. Bem representativo da última e melhor fase do compositor, mostra algumas características marcantes de seu estilo, como a repetição de palavras no início do estribilho — "Jura, jura, jura..." —, com orações que transbordam de um verso para outro, e o decantado pernosticismo, presente, mais uma vez, na atrevida imagem do "beijo puro da catedral do amor". Tudo isso sobre um fraseado musical simples, original, ao mesmo tempo alegre e sentimental, entrecortado de síncopes, uma herança do maxixe. Lançado por Araci Cortes na revista *Microlândia*, reprisado em *Miss Brasil*, e gravado simultaneamente por Araci e Mário Reis, em fins de 1928, "Jura" foi uma das músicas mais cantadas no Brasil nos anos seguintes. O jornalista Jota Efegê (João Ferreira Gomes), que assistiu a estreia de "Jura" no teatro, relembrou o fato em interessante artigo publicado em *O Jornal*, muitos anos depois. Conta Efegê que a plateia exigiu a repetição do numero várias vezes, tendo Sinhô subido ao palco onde, abraçado a Araci, recebeu do público verdadeira consagração. Detalhe pitoresco ressaltado pelo jornalista foi a maneira como o espanhol Antônio Rada, maestro do espetáculo, "conduzia a orquestra, dançando e fazendo vibrar uma espécie de chocalho, comunicando aos músicos seu *allegro molto vivo*". A propósito, era comum a presença de músicos estrangeiros nas orquestras de nosso teatro de revista nos anos 1920. Houve até alguns que aqui se radicaram, como os russos Simon Bountman e Inácio Kolman.

**"Linda Flor"** (**"Ai, Ioiô"**) (**"Iaiá"**) (samba-canção),
Henrique Vogeler, Luís Peixoto e Marques Porto
Além de ser uma bela composição, "Linda Flor" entra para a história da música popular brasileira como o primeiro samba-canção a fazer sucesso. Mas até conquistar a preferência do público, esta composição recebeu

VII. 1929

três versões de diferentes letristas: a primeira, de Cândido Costa, com o título de "Linda Flor", lançada por Dulce de Almeida na comédia *A Verdade do Meio-Dia* e gravada por Vicente Celestino; a segunda, de Freire Júnior, com o título de "Meiga Flor", gravada por Francisco Alves; e a terceira e definitiva, de Luís Peixoto, cantada por Araci Cortes na revista *Miss Brasil* e no disco, com o título de "Iaiá", mas que se tornou conhecida como "Ai, Ioiô". Na realidade, essa terceira versão só existiu porque Araci rejeitou as anteriores. Como a canção estava no repertório de *Miss Brasil*, o libretista da peça, Luís Peixoto, teve de criar às pressas os novos versos, que foram escritos no intervalo de um ensaio, em pleno palco do Teatro Recreio. Bem feminina, "Linda Flor" tem entre suas intérpretes algumas deusas da canção brasileira como Isaura Garcia, Elizeth Cardoso, Ângela Maria, Dalva de Oliveira, Zezé Gonzaga e, naturalmente, Araci Cortes, que a popularizou. Como curiosidade, para os que acham que o termo "samba-canção" só surgiu em meados dos anos 1930, reproduzimos uma nota publicada no nº 16, de 30 de março de 1929, da revista *Phonoarte*: "'Iaiá' ('Linda Flor'), o samba canção que todos conhecem e que, no último carnaval, foi um dos seus mais ruidosos sucessos, acha-se impresso pela Casa Vieira Machado".

## OUTROS SUCESSOS

"Amor de Malandro" (samba), Ismael Silva e Francisco Alves
"Aurora" (valsa), Zequinha de Abreu e Salvador Morais
"Cansei" (samba), Sinhô
"O Destino Deus é Quem Dá" (samba), Nilton Bastos
"É Sim Senhor" (samba/carnaval), Eduardo Souto
"História Triste de uma Praieira" (canção), motivo popular, versos de Adelmar Tavares
"Hula" (valsa), Joubert de Carvalho e Olegário Mariano
"Lua Nova" (canção), Francisco Alves e Luís Iglesias
"Medida do Senhor do Bonfim" (samba), Sinhô
"Meu Amor Vou Te Deixar" (samba), Orlando Vieira
"Novo Amor" (samba), Ismael Silva
"Seu Doutor" (marcha/carnaval), Eduardo Souto
"Sou da Fuzarca" (marcha/carnaval), Vantuil de Carvalho
"Tu Qué Tomá Meu Nome" (samba), Ary Barroso e Olegário Mariano
"Tutu Marambá" (canção), Joubert de Carvalho e Olegário Mariano

Luís Peixoto, o grande parceiro de Ary Barroso e Hekel Tavares.

"Vadiagem" (samba/carnaval), Francisco Alves
"Vamos Deixar de Intimidade" (samba), Ary Barroso
"Vou À Penha" (samba), Ary Barroso
"Zomba" (samba), Francisco Alves e Luís Iglesias


## GRAVAÇÕES REPRESENTATIVAS

ARACI CORTES
Parlophon, 12926-a, "Iaiá" ("Linda Flor")
Parlophon, 12868-a, "Jura"

FRANCISCO ALVES
Odeon, 10424-a, "Malandro" ("Amor de Malandro")
Odeon, 10341-a, "Lua Nova"

GASTÃO FORMENTI
Parlophon, 12863-a, "Casa de Caboclo"
Odeon, 10333-a, "Tutu Marambá"

MÁRIO REIS
Odeon, 10357-b, "O Destino Deus é Quem Dá"
Odeon, 10299-a, "Dorinha, Meu Amor"
Odeon, 10278-b, "Gosto Que Me Enrosco"
Odeon, 10357-a, "Novo Amor"
Odeon, 10414-a, "Vamos Deixar de Intimidade"

PATRÍCIO TEIXEIRA
Odeon, 10436-a, "Gavião Calçudo"

STEFANA DE MACEDO
Columbia, 5093, "História Triste de uma Praieira"


## MÚSICAS ESTRANGEIRAS DE SUCESSO NO BRASIL

"Angela Mia", Erno Rapee e Lew Pollack
"Broadway Melody", Nacio Herb Brown e Arthur Freed
"Chiquita", Mabel Wayne e L. Wolfe Gilbert

"Cicatrizes", Enrique P. Maroni e Adolfo R. Aviles

"I Can't Give You Anything But Love", Jimmy McHugh e Dorothy Fields

"Jeannine, I Dream of Lilac Time", Nathaniel Shilkret e L. Wolfe Gilbert

"Lady Divine", Nathaniel Shilkret e Richard Kountz

"Makin' Whoopee", Walter Donaldson e Gus Kahn

"Marie", Irving Berlin

"Pagan Love Song", Nacio Herb Brown e Arthur Freed

"Princesita", José Padilla e M. E. Palomero

"You Were Meant for Me", Nacio Herb Brown e Arthur Freed

## CRONOLOGIA

11/02: O Tratado de Latrão cria o Estado do Vaticano, independente e sob plena posse do Papado.

02: Representada por Byington & Cia., a Columbia volta a gravar no Brasil.

14/02: Nasce no Rio de Janeiro (RJ) a cantora Carmélia Alves.

12/04: Nasce em São Paulo (SP) a cantora Zilá Fonseca (Iolanda Ribeiro Angarano).

13/04: Estreia no Cine Paramount, em São Paulo, o filme *Alta Traição*, o primeiro longa-metragem sonoro, sincronizado, a ser exibido no Brasil.

19/05: Nasce no Rio de Janeiro (RJ) o compositor/instrumentista/cantor Johnny Alf (Alfredo José da Silva).

20/06: Estreia no Cine Palácio Teatro o filme *Broadway Melody*, o primeiro longa-metragem sonoro, sincronizado, a ser exibido no Rio de Janeiro.

12/07: Nasce em Pirajuí (SP) o cantor/compositor Tito Madi (Chauki Maddi).

30/09: A BBC realiza em Londres a primeira emissão experimental de televisão.

08/10: Nasce em Campinas (SP) o violonista/compositor Paulinho Nogueira (Paulo Artur Mendes Nogueira).

27/10: Nasce no Rio de Janeiro (RJ) o compositor Ronaldo Bôscoli (Ronaldo Fernando Esquerdo Bôscoli).

29/10: Acontece o grande *crack* da Bolsa de Nova York, que provoca longa recessão na economia americana.

11: As gravadoras Victor e Brunswick iniciam suas atividades no Brasil.

01/12: Nasce em Serraria (PE) o cantor Roberto Luna (Valdemar Farias).

08/12: Nasce no Rio de Janeiro (RJ) a cantora Lenita Bruno.

11/12: A cantora Jeanette MacDonald grava o seu primeiro disco ("March of the Grenadiers" e "Dream Love").

VII. 1929

Aos vinte anos, Pixinguinha já era autor de obras-primas como "Sofres Porque Queres" e "Rosa".

# VIII. 1930

## DESTAQUES

**"Dá Nela"** (marcha/carnaval), Ary Barroso
Um incidente de rua em que populares gritavam "Dá nela!", ameaçando bater numa mulher, acabou fornecendo o mote para Ary Barroso escrever esta marchinha, vencedora do concurso de músicas para o carnaval de 30. Embora longe de ser um primor de composição — foi escrita às pressas, no dia do concurso —, "Dá Nela" caiu logo no gosto do povo, sendo aproveitada num espetáculo de revista a que deu nome. Mas, como sempre acontece em competições musicais, houve quem não gostasse de sua vitória, no caso o polêmico Sinhô que, com o pseudônimo de Zé Baião, replicou com o samba "Dá Nele", que começava com o verso "Esses mineiros vem pra cá com a mania de abafar".

**"Dor de Recordar"** (foxe-canção),
Joubert de Carvalho e Olegário Mariano
Trazida principalmente pelo cinema falado, a música americana invadiu nossas lojas de disco no final dos anos 20, implantando a moda do *fox-trot*. Nossos compositores mostraram, então, que também eram capazes de fazer música de estilo semelhante, fixando um novo gênero, o foxe-canção brasileiro, muito apreciado pela alta classe média. Um dos primeiros foxes a alcançar sucesso nacional foi este "Dor de Recordar", da refinada dupla Joubert de Carvalho e Olegário Mariano — na ocasião, no auge da carreira. Pela beleza da melodia, "Dor de Recordar" nada fica a dever aos melhores foxes americanos da época como "My Blue Heaven" e "You Were Meant for Me".

**"Hino a João Pessoa"** (hino), Eduardo Souto e Osvaldo Santiago
Quando, em agosto de 30, Eduardo Souto e Osvaldo Santiago compuseram o "Hino a João Pessoa" (líder político recém-assassinado), estavam longe de prever o sucesso que, três meses depois, a composição iria obter. Isso porque nesse ínterim aconteceu a revolução que levou ao poder os parti-

dários do homenageado, logo elevado à condição de mártir do movimento. Assim, quando o disco gravado por Francisco Alves foi lançado, em pleno período de euforia dos vitoriosos, passou imediatamente a vender aos milhares, tornando-se o grande sucesso do ano. Apesar dos versos empolados de Santiago ("Lá do Norte um herói altaneiro/ que da pátria o amor conquistou/ foi um vivo farol que ligeiro/ acendeu e depois apagou"), o "Hino a João Pessoa" é, no gênero, uma peça de muito boa qualidade.

**"Na Pavuna"** (samba/carnaval), Homero Dornelas e Almirante

Almirante dizia que não chegou a se entusiasmar quando Dornelas lhe mostrou o samba "Na Pavuna", pedindo-lhe para completar a letra e, possivelmente, gravá-lo com o Bando de Tangarás. Depois, analisando melhor, ele concluiu que, apesar de seu aspecto simplório, a composição prestava-se muito bem para um tipo de acompanhamento, ainda inédito em gravações, e que consistia no uso de muita percussão, com instrumentos utilizados em blocos carnavalescos. Foi assim que, em clima de grande animação, realizou-se a gravação deste samba com pandeiros, cuícas, tamborins, surdo e ganzá, percutidos por componentes de escolas de samba, gente que entendia do assunto. O amplo sucesso de "Na Pavuna", a preferida do público no carnaval de 1930, veio provar que Almirante tinha razão ao levar para o estúdio aqueles instrumentos que, a partir daí, tiveram lugar certo nas orquestras brasileiras. O disco derrubou ainda um tabu da época, de que o som de surdos e tamborins "sujava" as gravações. Detalhe curioso: "Na Pavuna" está classificado no selo do disco como "choro de rua no carnaval".

**"Pra Você Gostar de Mim"** ("Taí") (marcha/carnaval),
Joubert de Carvalho

Embora pouco afeito ao gênero, foi numa marchinha que Joubert de Carvalho pensou no momento em que, apresentado a Carmen Miranda, prometeu uma música para ela gravar. E essa marchinha, feita em menos de 24 horas, chamou-se "Pra Você Gostar de Mim", título logo substituído pelo público por "Taí", a expressão com que se inicia o seu estribilho. Na verdade, ao procurar criar uma música que tivesse tudo a ver com a personalidade da jovem cantora, Joubert acertou em cheio, pois a marchinha, além de tornar Carmen conhecida em todo o país, acabou por constituir um marco em sua carreira, acompanhando-a até o fim da vida. Lançada às vésperas do carnaval de 1930, "Taí" foi sucesso durante o ano todo, sendo ainda uma das músicas mais cantadas no carnaval de 1931, até mesmo mais do que no de 1930.

## OUTROS SUCESSOS

"Adda" (valsa), Mário Ramos e Salvador Morais
"Canção das Infelizes" (canção), Donga, Luís Peixoto e Marques Porto
"Coca" (valsa), Francisco Mignone (sob o pseudônimo de Chico Bororó)
"Dolorosa Saudade" (valsa), Jararaca e Ratinho
"Dona Antonha" (marcha/carnaval), João de Barro
"É Sopa" (marcha), Eduardo Souto
"Eu Sou do Amor" (samba/carnaval), Ary Barroso
"Guriatã de Coqueiro" (cantiga), Ratinho
"Iaiá, Ioiô" (marcha/carnaval), Josué de Barros
"Já é Demais" (samba), Sinhô
"Quebra, Quebra Gabiroba" (marcha/carnaval), Plínio Brito
"Samba no Rocha" (samba), Teobaldo Marques da Gama
"Sarambá" (samba), J. Tomas e Duque
"Saxofone Por Que Choras?" (choro), Ratinho
"Seu Julinho Vem" (marcha), Freire Júnior
"Tardes de Lindoia" (valsa), Zequinha de Abreu e Pinto Martins
"Trepa no Coqueiro" (embolada), Ari Kerner Veiga de Castro


## GRAVAÇÕES REPRESENTATIVAS

Almirante e o Bando de Tangarás
Parlophon, 13089-a, "Na Pavuna"

Carmen Miranda
Victor, 33259-a, "Iaiá, Ioiô"
Victor, 33263-b, "Pra Você Gostar de Mim" ("Taí")

Francisco Alves
Odeon, 10558-a, "Dá Nela"
Odeon, 10509-a, "Dor de Recordar"
Odeon, 10484-a, "É Sopa"
Odeon, 10700-a, "Hino a João Pessoa"

VIII. 1930

MÁRIO REIS
Odeon, 10614-b, "Já é Demais"

PATRÍCIO TEIXEIRA
Odeon, 10489-a, "Trepa no Coqueiro"

RATINHO (SEVERINO RANGEL)
Odeon, 10656-a, "Guriatã de Coqueiro"
Odeon, 10656-b, "Saxofone Por Que Choras?"


## MÚSICAS ESTRANGEIRAS DE SUCESSO NO BRASIL

"Adios Muchachos", Cesar F. Vedani e Julio C. Sanders
"Breakaway", Con Conrad, Archie Gottler e Sidney Mitchell
"Dream Lover", Victor Schertzinger e Clifford Grey
"Garufa", J. Collazo, R. Fontaina e V. Solino
"I Kiss Your Hand, Madame", Ralph Erwin, Sam M. Lewis e Joe
    Young
"If I Had a Talking Picture of You", Ray Henderson, Buddy De Sylva
    e Lew Brow
"J'ai Deux Amours", Vincent Scotto, Geo Koger e Henri Varna
"Mona", Con Conrad, Archie Gottler e Sidney Mitchell
"Singin' in the Rain", Nacio Herb Brown e Arthur Freed
"Walking with Susie", Con Conrad, Archie Gottler e Sidney Mitchell
"With a Song in My Heart", Richard Rodgers e Lorenz Hart


## CRONOLOGIA

01/03: É realizada a eleição presidencial, com a vitória do candidato do governo, Júlio Prestes, sobre o oposicionista Getúlio Vargas.

03: Inaugura-se no Rio de Janeiro (RJ) a Rádio Philips.

26/05: Nasce em Itabaiana (PB) o instrumentista/compositor Sivuca (Severino Dias de Oliveira).

02/06: Nasce em Matias Barbosa (MG) o compositor Mauro Duarte (Mauro Duarte de Oliveira).

07/06: Nasce no Rio de Janeiro (RJ) a cantora/compositora Dolores Duran (Adélia Silva da Rocha).

07/07: Nasce em São Paulo (SP) o instrumentista/compositor Mário Gennari Filho.

10/07: Nasce em Aracati (CE) o pianista Jacques Klein. Nasce no Rio de Janeiro (RJ) o compositor Elton Medeiros (Elto Antônio de Medeiros).

26/07: É assassinado em Recife (PE) o líder político oposicionista João Pessoa.

30/07: O Uruguai vence em Montevidéu o Primeiro Campeonato Mundial de Futebol, derrotando na final a Argentina por 4 x 2.

04/08: Morre no Rio de Janeiro (RJ) o compositor Sinhô (José Barbosa da Silva).

08/08: Nasce em Iguatu (CE) o compositor/cantor Evaldo Gouveia (Evaldo Gouveia de Oliveira).

02/09: Nasce em Mesquita (MG) a cantora Maria Lúcia Godoy.

07/09: Nasce no Rio de Janeiro (RJ) o percussionista Marçal (Nilton Delfino Marçal).

10/09: Nasce em São Luís (MA) o poeta Ferreira Gullar (José Ribamar Ferreira).

03/10: Irrompe no Rio Grande do Sul, Minas Gerais, Pernambuco e Paraíba a chamada Revolução de 30.

24/10: É deposto o presidente Washington Luís.

03/11: Getúlio Vargas assume o poder, como Chefe do Governo Provisório.

03/12: Nasce no Rio de Janeiro (RJ) o percussionista Jorginho do Pandeiro (Jorge José da Silva).

19/12: Nasce no Rio de Janeiro (RJ) o violonista Manoel da Conceição (Manoel da Conceição Chantre).

VIII. 1930

Zequinha de Abreu, autor de "Tico-Tico no Fubá", o choro mais gravado no exterior.

# IX. 1931

DESTAQUES

**"Canção Para Inglês Ver"** (foxe-humorístico), Lamartine Babo
Nenhuma antologia da canção humorística brasileira pode ignorar "Canção Para Inglês Ver", uma obra-prima no gênero. Espirituosa, crítica, brincalhona, esta composição é uma sátira ao uso de palavras e expressões estrangeiras que se tornou moda entre nós, quando da chegada do cinema falado. Empregando o recurso do *nonsense*, Lamartine Babo construiu os versos mais absurdos, através dos quais rimou "I love you" com "Itapiru"; "Independence Day" com "me estrepei" e outros disparates. Tudo isso sobre uma bela melodia, ao melhor estilo dos foxes americanos. Gravada pelo autor, "Canção Para Inglês Ver" fez sucesso no país inteiro e ainda estimulou outros compositores a desenvolverem peças sobre o tema, como "Não Tem Tradução" (de Noel Rosa) e "Good-Bye" (de Assis Valente).

**"Com Que Roupa"** (samba/carnaval), Noel Rosa
"Com Que Roupa" foi o primeiro sucesso de Noel Rosa. Um sucesso enorme que inspirou anúncios comerciais, paródias, charges, crônicas, entrevistas e até ajudou a fixar a expressão "com que roupa" como dito popular. Um verdadeiro achado, essa expressão se repete ao final de cada estrofe da composição, sendo uma das razões principais de seu êxito. Tudo indica, porém, que Noel não percebeu de início o potencial de "Com Que Roupa", pois, além de mantê-la inédita por um ano, vendeu-lhe os direitos pela quantia de 180 mil-réis, irrisória já na época. Segundo seus biógrafos, João Máximo e Carlos Didier, Noel confessou certa vez a um tio que "Com Que Roupa" retratava de forma metafórica o Brasil — "um Brasil de tanga, pobre e maltrapilho". Daí, talvez, a semelhança de seus compassos iniciais com os do Hino Nacional Brasileiro (problema corrigido pelo músico Homero Dornelas ao passar a melodia para a pauta).

**"De Papo Pro Á"** (cateretê), Joubert de Carvalho e Olegário Mariano
Em 1931, os românticos Joubert de Carvalho e Olegário Mariano realizaram uma incursão na área sertaneja com o cateretê "De Papo pro Á". A

composição expõe com muita graça a "filosofia" de um caipira esperto que leva a vida pescando e "tocando viola de papo pro á". Curiosamente, este cateretê vem pelos anos afora sendo cantado com um erro na letra. O fato foi descoberto nos anos 1950 pelo pesquisador Paulo Tapajós, que estranhava os versos: "Se compro na feira feijão, rapadura/ pra que trabalhar?". Quem compra geralmente trabalha... Foi o próprio Olegário quem lhe esclareceu: "O verso correto é 'se ganho na feira feijão, rapadura'. Acontece que, na primeira gravação, Gastão Formenti cantou 'se compro', cristalizando-se o erro a partir desse disco".

### "Gago Apaixonado" (samba), Noel Rosa

Noel Rosa tinha um bisavô, um avô e um tio médicos, o que fazia sua família desejar que ele fosse continuador dessa tradição. Tal situação o obrigou ao sacrifício de, aos vinte anos, submeter-se a um vestibular para medicina, em que foi aprovado com média 3,6, pouco acima do mínimo exigido. Isso numa ocasião em que sua presença era reclamada nos ensaios de *Café com Música*, uma peça musical que incluia oito canções suas, cinco delas, inclusive o sucesso "Com que Roupa", já gravadas, e três inéditas: "Vaidosa", "Quem dá Mais" e "Gago Apaixonado". Esta última uma obra-prima, original e espirituosa, em que o "discurso" sincopado do gago integra-se com perfeição na rítmica da composição, funcionando como uma sucessão de bossas sambísticas: "Mu... mu... mulher/ em mim fi... fizeste um estrago/ eu de nervoso/ esto... tou fi... ficando gago/ não po... posso/ com a cru... crueldade/ da saudade/ que... que mal... maldade/ vi.... vivo sem afago...". E adiante, assusta o ouvinte com a ameaça de um fecho pornográfico, que não se realiza: "Teu co... coração/ me entregaste/ de... de... pois... pois.../ de mim tu to... toma... maste/ tu... tua falsi... si... sidade/ é profu... funda/ tu... tu... tu... tu... tu... tu... tu... tu.../ tu vais.. fi... fi... ficar corcunda!". Conta Almirante no livro *No tempo de Noel Rosa* que "Gago Apaixonado" foi composto numa noite de outubro de 1930, em plena Revolução, num banco da Praça Sete, atual Barão de Drummond, inspirado na gagueira aflita de Barreirinha (Manuel Barreiros), um amigo de Noel, ao lamentar o "fora" recebido de uma namorada. Cantado no palco pelo cômico Mesquitinha, protagonista com Araci Cortes e Ítala Ferreira de *Café com Música*, o samba foi gravado pelo autor (e seu melhor intérprete) no início de 1931, na Columbia, acompanhado pelos músicos Napoleão Tavares (trompete com surdina) e Luís Americano (clarinete), e pelo cantor Luís Barbosa, de forma especial, batucando o ritmo com um lápis nos dentes. Tempos depois, perguntado numa entrevista sobre qual era a sua composição preferida, Noel respondeu:

108                                                                    3ª Parte: 1929 a 1945

"É o samba 'Gago Apaixonado', porque além de original, os meus vizinhos e os seus papagaios não conseguirão cantá-lo".

**"No Rancho Fundo"** (samba-canção), Ary Barroso e Lamartine Babo
Este samba foi lançado pela cantora Araci Cortes em junho de 30, na revista *É do Outro Mundo*. Na ocasião chamava-se "Este Mulato Vai Ser Meu" (com o subtítulo "Na Grota Funda"), e tinha letra do caricaturista J. Carlos (José Carlos de Brito Cunha), autor da revista. Ouvindo a composição, Lamartine Babo achou ruins os versos "Na Grota Funda/ na virada da montanha/ só se conta uma façanha/ do mulato da Raimunda". Autorizado por Ary Barroso, escreveu nova letra ("No Rancho Fundo/ bem pra lá do fim mundo/ onde a dor e a saudade/ contam coisas da cidade..."), sendo o samba gravado por Elisa Coelho, no ano seguinte.

O lirismo nostálgico, que predomina na composição, já aparece na introdução instrumental dessa gravação, com o próprio Ary Barroso ao piano. A melodia, por sua vez, caminha suavemente em frases descendentes para um final melancólico, em perfeita sintonia com a letra. Quem não gostou da nova versão foi J. Carlos, que julgou a rejeição de sua letra uma desfeita, rompendo com Ary.

**"Se Você Jurar"** (samba/carnaval),
Ismael Silva, Nilton Bastos e Francisco Alves
O samba adotou uma nova forma, livrando-se da herança do maxixe, no final da década de 1920. Para isso concorreu decisivamente a necessidade, percebida por compositores ligados à pioneira escola de samba Deixa Falar, de "amaciar" o ritmo usado na época, adaptando-o a um padrão menos sincopado que facilitasse a fluidez do desfile. Dessa chamada "Turma do Estácio" faziam parte Ismael Silva e Nilton Bastos, autores de "Se Você Jurar", composição que, sintetizando as novas características, iria se tornar um dos principais modelos dos sambas dos anos 1930. Grande sucesso do carnaval de 31, nas vozes de Francisco Alves e Mário Reis, "Se Você Jurar" tem uma melodia expressiva, especialmente na segunda parte, que retorna à primeira através de dois acordes preparatórios de passagem, incomuns nas canções da época. Já a letra explora o tema da regeneração do malandro, muito em moda na ocasião. Só que neste caso o malandro não parece muito seguro do motivo da mudança, considerando-o um jogo meio arriscado: "A mulher é um jogo/ difícil de acertar/ e o homem como um bobo/ não se cansa de jogar/ o que eu posso fazer/ é se você jurar/ arriscar a perder/ ou desta vez então ganhar...". Baseado em informação de Ismael, Hermínio Bello de Carva-

IX. 1931

lho assegura em artigo publicado em 1963: "A primeira parte é do Nilton, com a ajuda de Ismael, e a segunda toda de Ismael". Contrariam essa informação Orestes Barbosa (no livro *Samba*) e Mário Reis, que afirmam ser a composição somente de Nilton, enquanto Francisco Alves (em sua autobiografia) atribui o estribilho a Nilton mas se diz autor da segunda parte.

**"Tico-Tico no Fubá"** (choro), Zequinha de Abreu

Vibrante, buliçoso e ao mesmo tempo sentimental, o "Tico-Tico no Fubá" é o exemplo perfeito do choro clássico, em três partes, composto na melhor tradição do gênero. Predestinado ao sucesso, impressionou logo em sua primeira apresentação, em 1917, num baile em Santa Rita do Passa Quatro, quando ganhou o nome de "Tico-Tico no Farelo". Razão do nome: a animação dos pares que dançavam em grande alvoroço, provocando o comentário do autor: "até parece tico-tico no farelo...". Depois, talvez porque já existisse um choro homônimo (de Américo Jacomino), passou a "Tico-Tico no Fubá".

Mas, apesar dessa estreia vitoriosa, a obra-prima de Zequinha de Abreu só chegaria ao disco quatorze anos mais tarde, ocasião em que foi gravada pela Orquestra Colbaz, criada e dirigida pelo maestro Gaó. Sucesso absoluto, este disco permaneceu em catálogo até a década de 1940, época em que a composição alcançou o auge da popularidade. Contribuiu para isso a sua internacionalização comandada pelos americanos que, no curto espaço de cinco anos, incluíram-na em cinco filmes: *Alô Amigos* (1943), *A Filha do Comandante* (1943), *Escola de Sereias* (1944), *Kansas City Kitty* (1944) e *Copacabana* (1947), sendo que neste último era cantada por Carmen Miranda. A partir de então, recebeu dezenas de gravações, tornando-se uma das músicas brasileiras mais gravadas de todos os tempos, no país e no exterior, salientando-se entre seus intérpretes a organista Ethel Smith, que a levou ao *hit-parade* americano. "Tico-Tico no Fubá" é executado por veteranos pianistas de Nova Orleans com a regularidade de uma peça local, embora sofrendo algumas alterações melódicas e rítmicas, que se assemelham a um tango, bem ao estilo da segunda parte de "Saint Louis Blues". Essencialmente instrumental, tem letras de Eurico Barreiros e Aloisio de Oliveira (além de uma versão em inglês, de Ervin Drake), que não vingaram, apesar do relativo sucesso alcançado pelas gravações de Ademilde Fonseca, em sua estreia em disco, e as de Carmen Miranda nos Estados Unidos.

## OUTROS SUCESSOS

"Abandonado" (samba), Jonjoca (João de Freitas)
"Apanhando Papel" (samba), Getúlio Marinho e Ubiratan Silva
"Batente" (samba/carnaval), Almirante
"Batucada" (marcha/carnaval), Eduardo Souto e João de Barro
"Cadê Viramundo" (batuque), J. B. de Carvalho
"Cor de Prata" (samba/carnaval), Lamartine Babo
"Deixa Essa Mulher Chorar" (samba), Brancura (Sílvio Fernandes)
"Deusa" (valsa), Freire Júnior
"Eu Vou Pra Vila" (samba), Noel Rosa
"Faceira" (samba), Ary Barroso
"Lágrimas de Virgem" (valsa), Luís Americano
"Mulata Fuzarqueira" (samba), Noel Rosa
"Nem é Bom Falar" (samba), Ismael Silva, Nilton Bastos e Francisco
    Alves
"O Que Será de Mim" (samba), Ismael Silva, Nilton Bastos e Francis-
    co Alves
"Tormento" (canção), Francisco Alves e Luís Iglesias
"Zíngara" (canção-rumba), Joubert de Carvalho e Olegário Mariano


## GRAVAÇÕES REPRESENTATIVAS

ELISA COELHO
Victor, 33444-a, "No Rancho Fundo"

FRANCISCO ALVES
Odeon, 10815-a, "Deusa"
Odeon, 10745-a, "Nem é Bom Falar"

FRANCISCO ALVES E MÁRIO REIS
Odeon, 10715-a, "Deixa Essa Mulher Chorar"
Odeon, 10780-b, "O Que Será de Mim"
Odeon, 10747-b, "Se Você Jurar"

GASTÃO FORMENTI
Victor, 33469-a, "De Papo pro Á"
Victor, 33469-b, "Zíngara"

IX. 1931

LAMARTINE BABO
Odeon, 10804-a, "Canção Para Inglês Ver"

NOEL ROSA
Parlophon, 13245-a, "Com Que Roupa"
Columbia, 22023, "Gago Apaixonado"

ORQUESTRA COLBAZ
Columbia, 22029, "Tico-Tico no Fubá"

SÍLVIO CALDAS
Victor, 34446-a, "Faceira"

## MÚSICAS ESTRANGEIRAS DE SUCESSO NO BRASIL

"Dancing With Tears in My Eyes", Joe Burke e Al Dubin
"El Manicero" ("The Peanut Vendor"), Moises Simon
"On the Sunny Side of the Street", Jimmy McHugh e Dorothy Fields
"Parlez Moi d'Amour", J. Lenoir
"Three Little Words", Harry Ruby e Bert Kalmar
"Time on My Hands", Vincent Youmans, Harold Adamson e Mack
    Gordon
"Yira, Yira", Enrique Discepolo
"You Will Remember Vienna", Sigmund Romberg e Oscar Hammer-
    stein II

## CRONOLOGIA

28/01: Nasce em Porto Alegre (RS) o compositor Breno Blauth.

05/02: Nasce no Rio de Janeiro (RJ) a cantora Lana Bittencourt (Irlan Figueiredo Passos).

03: É lançado o primeiro disco do Bando da Lua (Brunswick, 10163, "Que Tal a Vida"
    e "Tá de Mona").

06/03: Nasce em Orobó (PE) o compositor/instrumentista Nelson de Macedo (Nelson Ba-
    tista de Macedo).

17/03: A RCA Victor efetua nos Estados Unidos a demonstração de um disco *long-playing*
    (33 1/3 rpm) contendo a gravação da 5ª Sinfonia de Beethoven. O produto deixa de
    ser comercializado por falta de agulha adequada à leitura do microssulco.

31/03: Duas grandes empresas fonográficas, a Gramophone Co. e a Columbia Graphophone Co., unem-se para formar a Electric & Musical Industries (EMI), com sede na Inglaterra.

04: Realizam-se eleições gerais na Espanha com a vitória dos republicanos, fato que determina a queda da monarquia no país.

08/05: Nasce em São Paulo (SP) a cantora/acordeonista Adelaide Chiozzo.

09/06: Morre no Rio de Janeiro (RJ) o compositor/pianista Henrique Oswald.

10/06: Nasce em Juazeiro (BA) o cantor/violonista João Gilberto (João Gilberto do Prado Pereira de Oliveira).

22/08: Nasce em Maputo (Moçambique) o cineasta/compositor Ruy Guerra.

05/09: Nasce em Lvov (Polônia) o maestro Henrique Morelenbaum (Saul Herz Morelenbaum).

08/09: Morre no Rio de Janeiro (RJ) o compositor Nilton Bastos.

23/09: Nasce em São Paulo (SP) o pianista/arranjador José Briamonte.

12/10: É inaugurada no alto do morro do Corcovado, no Rio de Janeiro, a estátua do Cristo Redentor.

29/10: Morre no Rio de Janeiro (RJ) o compositor/pianista Luciano Gallet.

30/10: Nasce em São Paulo (SP) o compositor/instrumentista Mário Albanese.

05/11: Nasce no Rio de Janeiro (RJ) o instrumentista Tião Neto (Sebastião Costa Carvalho Neto).

30/11: Moreira da Silva realiza sua primeira gravação (Odeon, 10878-a, "Ererê"). O lado "b" do disco ("Rei de Umbanda") seria gravado nove dias depois. Estreia no Rio de Janeiro (Cine Eldorado) o filme *Coisas Nossas*, primeiro musical brasileiro em longa-metragem.

05/12: Nasce em Petrópolis (RJ) o cantor/compositor Silvinho (Sílvio Lima).

IX. 1931

Grande compositor carnavalesco, Lamartine Babo muito contribuiu para a fixação da marchinha.

# X. 1932

## DESTAQUES

**"A.E.I.O.U."** (marcha/carnaval), Lamartine Babo e Noel Rosa
Com versos brincalhões, recheados de disparates, "A.E.I.O.U." dá bem uma mostra da verve de seus criadores, Lamartine Babo e Noel Rosa. Embora seja tarefa impraticável descobrir-se a contribuição de cada um na feitura da composição pode-se, talvez, atribuir ao primeiro uma maior participação, tendo em vista o estilo dos versos e da melodia. Classificada pela dupla como "marcha colegial", "A.E.I.O.U." fez grande sucesso em 1932, só suplantado naquele ano pelo de "O Teu Cabelo Não Nega", também de Lamartine.

**"Coisas Nossas"** (samba), Noel Rosa
Com a gradual implantação do som no cinema brasileiro, Wallace Downey, um americano ligado à nossa indústria fonográfica, percebeu que a produção de filmes musicais poderia ser um negócio muito lucrativo. Assim apoiado pela empresa Byington & Cia., de São Paulo, realizaria em 1931 o curta-metragem *Mágoa Sertaneja* e o longa *Coisas Nossas*, os musicais pioneiros do nosso cinema. Inspirado, talvez, pelo título deste último, Noel Rosa compôs o samba homônimo (também conhecido por "São Coisas Nossas"), em que "filosofa" espirituosamente sobre hábitos, manias e "outras bossas" tipicamente brasileiras — "O samba, a prontidão e outras bossas/ são nossas coisas, são coisas nossas...". "Coisas Nossas" e mais outros quatro sambas foram lançados por Noel em discos Columbia, empresa que na época havia instalado um estúdio de gravação no Rio de Janeiro.

**"Loura ou Morena"** (foxe-canção),
Vinicius de Moraes e Haroldo Tapajós
No início de 1932, Vinicius de Moraes tinha dezoito anos, era aluno da Faculdade de Direito da rua do Catete, do Centro de Preparação de Oficiais da Reserva (CPOR) e compunha foxes românticos com os irmãos Haroldo e Paulo Tapajós, seus colegas de bairro (Botafogo) e geração. Foi um desses

foxes, "Loura ou Morena", que marcou naquele ano a estreia em disco de Vinicius, como letrista, e dos Irmãos Tapajós, como intérpretes. E o importante é que "Loura ou Morena", uma composição ingênua, amadorística, tornou-se um êxito em todo o país. Após provar o gosto desse sucesso, Vinicius se afastaria da música popular, a ela só retornando vinte anos mais tarde, quando já era diplomata de carreira e poeta consagrado pela crítica.

**"Maringá"** (toada), Joubert de Carvalho

É comum no mundo inteiro cidades emprestarem seus nomes a canções. Difícil é uma canção inspirar o nome de uma cidade, como foi o caso de "Maringá". O fato ocorreu em 1947, quando Elizabeth Thomas, esposa do presidente da Companhia de Melhoramentos do Norte do Paraná, sugeriu que a composição desse nome a uma cidade recém-construída pela empresa, e que em breve se tornaria uma das mais prósperas do estado. O curioso é que a canção jamais teria existido se seu autor Joubert de Carvalho não fosse, quinze anos antes, um frequentador assíduo do gabinete do então ministro da viação, José Américo de Almeida. Joubert, formado em medicina, pleiteava uma nomeação para o serviço público. Numa dessas visitas, aconselhado pelo oficial de gabinete Rui Carneiro, o compositor resolveu agradar o ministro, que era paraibano, escrevendo uma canção sobre o flagelo da seca que na ocasião assolava o Nordeste. Surgia assim a toada "Maringá", uma obra-prima que conta a tragédia de uma bela cabocla, obrigada a deixar sua terra numa leva de retirantes. Em tempo: alguns meses após o lançamento vitorioso de "Maringá", Joubert de Carvalho foi nomeado para o cargo de médico do Instituto dos Marítimos, onde fez carreira chegando a diretor do hospital da classe.

**"Noite Cheia de Estrelas"** (tango-canção), Cândido das Neves

Contrastando com o humor irreverente de Noel Rosa e Lamartine Babo, 1932 teve também o romantismo derramado de Cândido das Neves em "Noite Cheia de Estrelas". Filho do palhaço, cantor e compositor Eduardo das Neves, Cândido — conhecido como Índio, apesar de ser negro — foi um seguidor de Catulo da Paixão Cearense, notabilizando-se como autor de canções seresteiras. Exemplo disso é "Noite Cheia de Estrelas", um tango-canção cheio de imagens rebuscadas e palavras escolhidas no dicionário: "As estrelas tão serenas/ qual dilúvio de falenas/ andam tontas ao luar/ todo astral ficou silente/ para escutar/ o teu nome entre endechas/ as dolorosas queixas/ ao luar...". Gravada por Vicente Celestino, a canção é um clássico dos repertórios do cantor e do autor.

**"Para Me Livrar do Mal"** (samba), Ismael Silva e Noel Rosa

A parceria Ismael Silva-Noel Rosa começou num encontro casual em que Ismael mostrou um estribilho que acabara de fazer: "Estou vivendo com você/ num martírio sem igual/ vou largar você de mão, com razão/ para me livrar do mal". Noel, então, ofereceu-se para completar o samba e, dias depois, apresentou duas segundas partes, logo aprovadas por Ismael e Francisco Alves, que gravaria "Para Me Livrar do Mal". Esse encontro seria muito importante para Ismael (esta parceria rendeu 18 composições, conforme João Máximo e Carlos Didier, biógrafos de Noel), que acabara de perder o parceiro Nilton Bastos, morto prematuramente em 8 de setembro de 1931.

**"Pierrô"** (canção), Joubert de Carvalho e Pascoal Carlos Magno

O teatrólogo Pascoal Carlos Magno procurava uma canção inédita para a abertura de sua peça *Pierrô*, prestes a estrear. Além de romântica, a canção deveria explorar o timbre agudo de Jorge Fernandes, o cantor escolhido para interpretá-la. Todos esses requisitos seriam preenchidos por Joubert de Carvalho, que compôs a tempo, sobre uma letra de Pascoal, a dramática canção "Pierrô" ("Arranca a máscara da face, Pierrô/ para sorrir do amor/ que passou..."), sucesso no palco e no disco.

**"Tem Francesa no Morro"** (samba), Assis Valente

Protético e desenhista com alguns trabalhos publicados em revistas, Assis Valente iniciou suas atividades como compositor profissional no final de 1932, quando Araci Cortes gravou "Tem Francesa no Morro", sua primeira composição lançada em disco. Comentarista original e espirituoso de fatos e costumes, ele já mostra essa qualidade no samba de estreia em que ironiza a moda de estrangeirismos: "Doné muá si vu plé/ lonér de dancê aveque muá/ dance ioiô/ dance iaiá/ si vu frequentê macumbê/ entrê na virada e finí pur sambá/ dance ioiô/ dance iaiá/ (...)/ vian, petite fraceze/ dancê le classique/ an cime da meze...". O surpreendente é que a vaidosa estrela Araci Cortes, ao ser abordada no Teatro Recreio por Assis, um desconhecido candidato a compositor, concordou em ouvir o samba sem nada prometer. Contam Francisco Duarte Silva e Dulcinéa Nunes Gomes, no livro *A jovialidade trágica de José de Assis Valente*, que dias depois desse encontro, "Assis foi convidado (e exibia o telegrama vaidosamente) a comparecer à gravadora Columbia para assinar contrato, assistir a ensaios e ouvir a gravação" (de "Tem Francesa no Morro"). No ano seguinte, o sucesso das marchas "Good-Bye" (no início) e "Boas Festas" (no fim) tornaram o nome do baiano Assis Valente conhecido no meio musical carioca.

X. 1932

**"O Teu Cabelo Não Nega"** (marcha/carnaval),
Irmãos Valença e Lamartine Babo

A marchinha carnavalesca já existia desde a década de 1920, com características definidas por seus sistematizadores. O prestígio do gênero, porém, somente se consolidou a partir de 1932, com o lançamento de "O Teu Cabelo Não Nega", uma das maiores marchas de todos os tempos.

A história de "O Teu Cabelo Não Nega" é curiosa. Em sua forma original — um frevo intitulado "Mulata", dos irmãos pernambucanos Raul e João Valença —, a composição foi oferecida à gravadora Victor para eventual aproveitamento em disco. Aprovando em parte a melodia, mas achando que a letra tinha um teor excessivamente regional, a direção da gravadora encarregou, então, Lamartine Babo de adaptar "Mulata" ao gosto carioca. Especialista na arte de melhorar canções alheias, ele logo pôs mãos à obra, transformando o frevo na vitoriosa marchinha.

Conforme análise do maestro Roberto Gnattali, que comparou as partituras, o trabalho de Lamartine Babo pode ser resumido no seguinte: "Na primeira parte a letra é a mesma, sendo as notas quase todas iguais, salvo as quatro últimas do verso final que Lamartine, muito sabidamente, ao invés de descer, como no original, subiu, encerrando a estrofe 'para cima'. O ritmo é semelhante, mas o adaptador lhe deu mais balanço, através de antecipações rítmicas, quebrando a quadratura do original. A harmonia é idêntica, estando as melodias construídas com apenas dois acordes: tônica (I) e dominante ($V^7$). Na segunda parte, letra e música são diferentes, com exceção de cinco notas do 9º para o 10º compasso (início da segunda frase musical) que Lamartine aproveitou. Aliás, é o melhor momento da música dos Valença nesta parte ('mulata, mulatinha, meu amor...'), sendo a do Lamartine toda boa... A harmonia é praticamente a mesma (pelo menos nos pontos 'chave', nas cadências). As introduções são completamente diferentes".

Como se vê, Lamartine aproveitou o que tinha de aproveitar — como o excelente estribilho —, substituindo o que não prestava. Por exemplo, não há termo de comparação entre o humor pobre dos versos desprezados ("Tu nunca morre de fome/ que os home/ te dá sapato de sarto/ bem arto/ pra tu abalançá o gererê...") e a letra de Lamartine ("Quem te inventou/ meu pancadão/ teve uma consagração/ a lua te invejando fez careta/ porque mulata tu não és deste planeta..."). "Pancadão" e "não é do planeta" eram gírias da época, significando, respectivamente, "mulherão" e "pessoa ou coisa excepcionalmente valiosa".

Concluída a marchinha, o compositor ofereceu-a à dupla Jonjoca e Castro Barbosa, que gravava na Victor. A propósito, conta João de Freitas, o

Jonjoca: "'O Teu Cabelo Não Nega' nos foi mostrada por Lamartine num encontro casual na Cinelândia. Achamos uma beleza. Então ele disse: 'É de vocês, podem gravá-la!'. Dias depois, como íamos gravar também o 'Bandonô', de minha autoria, ocorreu-me a infeliz ideia de propor: 'Ô Castro, vamos gravar essas músicas individualmente. Você fica com uma e eu com a outra'. Quanto à escolha, decidimos num cara ou coroa. Deu cara e eu fiquei com 'Bandonô'...". Quem também se interessou pelo "O Teu Cabelo Não Nega" foi Almirante. Depois de conhecer a marcha através do cantor Minona Carneiro, ele chegou a pedir à direção da Victor para gravá-la. Mas era tarde, o disco já fora gravado no dia 21 de dezembro de 1931 por Castro Barbosa, acompanhado pelo Grupo da Guarda Velha, na ocasião composto de piano, dois saxofones, trompete, banjo, baixo, prato, cabaça, omelê, tantã e coro de seis vozes masculinas e uma feminina. O arranjo e a direção musical eram de Pixinguinha. As primeiras tiragens do disco omitiram, por culpa da gravadora, a coautoria dos Irmãos Valença na composição. O fato gerou uma questão judicial, com repercussão na imprensa, que acabou por fazer valer os direitos dos reclamantes.

<u>OUTROS SUCESSOS</u>

"Adeus" (samba), Ismael Silva, Noel Rosa e Francisco Alves
"Andorinha Preta" (embolada), Breno Ferreira
"Bandonô" (samba), Jonjoca (João de Freitas)
"É Mentira Oi" (samba), Ary Barroso
"Gegê" (marcha/carnaval), Eduardo Souto e Getúlio Marinho
"Gosto, Mas Não é Muito" (marcha/carnaval), Ismael Silva e Francisco Alves
"Uma Jura Que Fiz" (samba), Ismael Silva, Noel Rosa e Francisco Alves
"Marchinha do Amor" (marcha/carnaval), Lamartine Babo
"Meu Brasil" (canção), Pedro de Sá Pereira e Olegário Mariano
"Mulato Bamba" (samba), Noel Rosa
"Mulher de Malandro" (samba), Heitor dos Prazeres
"A Razão Dá-se a Quem Tem" (samba), Ismael Silva, Noel Rosa e Francisco Alves
"Um Samba em Piedade" (samba), Ary Barroso
"Se Ela Perguntar" (valsa), Sivan Castelo Neto
"Só Dando com uma Pedra Nela" (samba/carnaval), Lamartine Babo

X. 1932

"Sofrer é da Vida" (samba/carnaval), Ismael Silva e Francisco Alves
"Tristezas Não Pagam Dívidas" (samba), Ismael Silva
"Valsa Verde" (valsa), Capiba e Ferreira dos Santos

## GRAVAÇÕES REPRESENTATIVAS

ARACI CORTES
Columbia, 22148, "Tem Francesa no Morro"

CASTRO BARBOSA
Victor, 33514-a, "O Teu Cabelo Não Nega"

FRANCISCO ALVES
Parlophon, 13375-a, "Gosto, Mas Não é Muito"
Odeon, 10870-b, "Mulher de Malandro"
Odeon, 10922-b, "Para Me Livrar do Mal"

GASTÃO FORMENTI
Victor, 33568-b, "Maringá"

IRMÃOS TAPAJÓS
Columbia, 22138, "Loura ou Morena"

JONJOCA E CASTRO BARBOSA
Victor, 33548-b, "Adeus"

JORGE FERNANDES
Columbia, 22080, "Pierrô"

LAMARTINE BABO
Victor, 33503-a, "A.E.I.O.U."

MÁRIO REIS
Odeon, 10928-a, "Uma Jura que Fiz"

NOEL ROSA
Columbia, 22089, "Coisas Nossas"

Joubert de Carvalho, dublê de médico e compositor, autor de "Maringá".

VICENTE CELESTINO
Columbia, 22105, "Meu Brasil"
Columbia, 22105, "Noite Cheia de Estrelas"

## MÚSICAS ESTRANGEIRAS DE SUCESSO NO BRASIL

"Aquellos Ojos Verdes", Nilo Menendez e Adolfo Utrera (lançada em
1929)
"The Cuban Love Song", Jimmy McHugh, Herbert Stothart e Dorothy
Fields
"Dancing in the Dark", Arthur Schwartz e Howard Dietz
"Delishius", George Gershwin e Ira Gershwin
"The Kiss Waltz", Joe Burke e Al Dubin
"Please", Leo Robin e Ralph Rainger
"Star Dust", Hoagy Carmichael e Mitchell Parish
"Too Late", Victor Young e Sam M. Lewis
"You're Driving Me Crazy", Walter Donaldson

## CRONOLOGIA

15/01: Marília Batista grava seu primeiro disco (Victor, 33533, "Me Larga" e "Pedi... Implorei").

02: Realiza-se na Praça Onze o primeiro desfile-competição das escolas de samba do Rio de Janeiro. A prefeitura do Rio de Janeiro oficializa os concursos para a escolha das melhores músicas carnavalescas.

07/02: Nasce no Rio de Janeiro (RJ) o maestro/arranjador Rogério Duprat.

08/02: Realiza-se o primeiro baile de gala carnavalesco do Teatro Municipal do Rio de Janeiro.

14/02: Estreia o *Programa Casé* (na Rádio Philips), criado por Ademar Casé, que revolucionaria a programação radiofônica brasileira.

02/03: Morre em Davos (Suíça) o ator/compositor Leopoldo Fróes.

25/04: Nasce em São Paulo (SP) o cantor Agostinho dos Santos (Augustinho dos Santos).

12/05: Nasce em Recife (PE) o instrumentista Walter Wanderley (Walter José Wanderley).

21/05: Pela primeira vez uma mulher, a aviadora norte-americana Amelia Earhart, cruza o Atlântico em voo solitário.

29/05: Nasce no Rio de Janeiro (RJ) o instrumentista/compositor Maurício Einhorn (Moisés David Einhorn).

31/05: Nasce em Fortaleza (CE) o instrumentista/compositor Ed Lincoln (Eduardo Lincoln Barbosa Saboia).

18/06: Nasce em Marília (SP) o compositor/cantor Sérgio Ricardo (João Mansur Lufti).

09/07: Começa a Revolução Constitucionalista, em que São Paulo se levanta contra o governo federal.

15/07: Nasce em São José do Rio Preto (SP) o instrumentista/compositor Paulo Moura (Paulo Gonçalves de Moura).

23/07: Aviões legalistas bombardeiam o Campo de Marte, em São Paulo. Suicida-se em Santos (SP) Alberto Santos Dumont.

30/07 a 14/08: Realizam-se em Los Angeles (Califórnia-EUA) os X Jogos Olímpicos da Era Moderna.

19/08: Nasce em Recife (PE) o cantor Claudionor Germano (Claudionor Germano da Hora).

10: É publicado o Manifesto da Ação Integralista Brasileira.

02/10: Termina a Revolução Constitucionalista com a vitória das forças federais. Morre em Recife (PE) o compositor Misael Domingues.

03/12: Nasce no Rio de Janeiro (RJ) a cantora Araci Costa (Araci Costa de Almeida).

12/12: Nasce no Rio de Janeiro (RJ) o compositor/instrumentista Noca da Portela (Osvaldo Alves Pereira).

X. 1932

Noel Rosa: seus versos permanecem no tempo como modelo de poesia popular.

# XI. 1933

DESTAQUES

**"Arrasta a Sandália"** (samba/carnaval),
Aurélio Gomes e Osvaldo Vasques (Baiaco)
O primeiro grande sucesso de Moreira da Silva é "Arrasta a Sandália", lançado para o carnaval de 1933, quando ele ainda não era o rei do samba de breque. Com um estribilho curto ("Arrasta a sandália aí/ morena/ arrasta a sandália aí/ morena"), que se repete, intercalado por "respostas" ao estilo de partido-alto, o samba caiu no gosto do povo, permanecendo como um clássico do gênero. Seus autores são Aurélio Gomes e Osvaldo Vasques, o Baiaco, *doublé* de malandro e compositor, embora Ismael Silva lhe negasse esta última condição. Dessa opinião discorda Moreira da Silva que, em depoimento para o Arquivo da Cidade do Rio de Janeiro, forneceu as seguintes informações: "Baiaco era um compositor de mão cheia. Bom de música e de papo, dava uma sorte danada com o mulheril, que sempre entregava o dinheiro pra ele". Malandro batuqueiro (a expressão é do Moreira), Baiaco pode ser considerado bamba do Estácio, onde viveu e atuou.

**"Até Amanhã"** (samba/carnaval), Noel Rosa
**"Vitória"** (samba), Noel Rosa e Romualdo Peixoto
Entusiasmado com o sucesso dos Ases do Samba — Francisco Alves, Mário Reis e Lamartine Babo — em apresentações nos cinemas paulistanos Eldorado e Mascote, em março de 1933, Francisco Alves resolveu levar o trio para uma temporada nos estados do Sul. Só que, não podendo contar com Lamartine, adoentado, e os músicos Tute (violão) e Luperce Miranda (bandolim) em razão de compromissos profissionais, teve que substituí-los por Noel Rosa (canto e violão) e Nonô (Romualdo Peixoto), um pianista de "mão cheia", que tocava samba como ninguém. Profissional exemplar, Francisco Alves seria então quase levado ao desespero ao tentar impor responsabilidade e disciplina aos boêmios Noel e Nonô. Os problemas começaram já na estreia em Porto Alegre, na noite de 29 de abril, no Cine-Teatro Imperial, quando Noel Rosa apresentou-se num pavoroso terno branco, ignorando a

exigência de *smoking*, imposta por Chico Alves, e prosseguiram até o final da excursão, com a repetição de ameaçadores atrasos à realização dos espetáculos. Entretanto, como os números de Noel (especialmente o "Gago Apaixonado") eram sempre muito aplaudidos e o piano do Nonô valia por uma orquestra, o melhor foi relevar os abusos... Felizmente, a temporada sulina acabou rendendo também a feitura de dois novos sambas pelo inesgotável Noel Rosa: "Até Amanhã" e "Vitória". No primeiro, inspirado pela súbita paixão do compositor por uma vizinha da pensão onde ele se hospedara em Porto Alegre, canta sua despedida da musa — responsável, aliás, por alguns de seus atrasos — e acena com uma breve possibilidade de reencontro: "Até amanhã, se Deus quiser/ se não chover eu volto pra te ver/ oh, mulher/ de ti gosto mais que outra qualquer/ não vou por gosto/ o destino é quem quer...". Gravado por João Petra de Barros, "Até Amanhã" entrou para o rol de nossas canções de despedida, tendo mais de setenta gravações desde então.

Já "Vitória" é uma provocação de Noel e Nonô à "prepotência" do "patrão" Chico Alves apelidado o Rei da Voz: "Antes da vitória/ não se deve cantar glória/ você criou fama/ deitou-se na cama/ e eu que não estou dormindo/ vou subindo, vou subindo.../ enquanto você vai caindo...". Preocupado em amaciar seu relacionamento com Noel, abalado na excursão, Francisco Alves "levou na esportiva" a vingança do amigo, aparecendo de surpresa no estúdio para reforçar o coro na gravação do samba que Sílvio Caldas realizou para a Victor.

### "Boas Festas" (marcha), Assis Valente

"Boas Festas" foi composta no Natal de 32 por um Assis Valente solitário e saudoso da família, no quarto onde então morava na Praia de Icaraí (Niterói). Lançada por Carlos Galhardo com grande sucesso um ano depois, logo se tornaria nossa canção natalina mais conhecida, uma das poucas no gênero que conseguiram sobreviver. Seu sucesso foi muito importante para Valente e Galhardo (que a regravou várias vezes), ambos em início de carreira a época do lançamento.

### "Chegou a Hora da Fogueira" (marcha), Lamartine Babo

Ao contrário dos balões — que, mesmo proibidos, continuam subindo —, as marchas juninas desapareceram do repertório musical. Mas, para animar os festejos dos três santos (Pedro, Antônio e João), restaram os clássicos, na maioria lançados na década de 1930, que eram assinados por compositores como João de Barro, Alberto Ribeiro, Ary Barroso, Benedito Lacerda e Lamartine Babo, este último o mais prolífico de todos no gênero. Dele é "Chegou a Hora da Fogueira" ("Chegou a hora da fogueira/ é noite de São João..."), gravado inicialmente pela dupla Carmen Miranda e Mário Reis, sustentada por um arranjo excepcional de Pixinguinha.

**"Feitio de Oração"** (samba), Noel Rosa e Vadico
O compositor Vadico (Osvaldo Gogliano) era um jovem de 22 anos e trabalhava no Rio havia pouco tempo, quando foi apresentado por Eduardo Souto a Noel Rosa, nos estúdios da Odeon. Razão da apresentação: o maestro acabara de ouvi-lo tocar ao piano uma música de sua autoria, ainda sem letra, e achara que o encontro poderia render uma boa parceria. Noel, então, impressionado com a beleza e o clima místico da melodia, fez a letra de "Feitio de Oração", iniciando com uma obra-prima a parceria desejada. Pertence a esta letra os famosos versos: "Batuque é um privilégio/ ninguém aprende samba no colégio...". A dupla Noel e Vadico durou quatro anos, deixando onze composições.

**"Fita Amarela"** (samba/carnaval), Noel Rosa
Noel Rosa compôs "Fita Amarela" a partir de uma batucada, conhecida nas rodas de samba, atribuída a Mano Edgar (Edgar Marcelino dos Passos), um bamba do Estácio. A batucada era assim: "Quando eu morrer/ não quero choro nem nada/ eu quero ouvir um samba/ ao romper da madrugada". Na mesma época (fins de 1932), Donga e Aldo Taranto usavam o tema para compor o samba "Quando Você Morrer", gravado por Carmen Miranda. A diferença era que enquanto Noel aproveitava apenas a ideia, Donga e Taranto copiavam também a melodia, segundo Almirante, que registrou o fato em sua coluna "Cantinho das Canções" (*O Dia*, 11/02/1973). O curioso é que, com o sucesso de "Fita Amarela", Donga protestou nos jornais, acusando Noel de plagiar seu samba. Já Mano Edgar não tinha como se manifestar. Havia sido assassinado num jogo de ronda em 24/12/1931. De qualquer maneira, "Fita Amarela" é um ótimo samba em que ressalta mais uma vez o lado espirituoso de Noel Rosa. Marca ainda, juntamente com "Até Amanhã", sua presença no carnaval de 33, ano pródigo em que teve mais de trinta composições gravadas.

**"Linda Morena"** (marcha/carnaval), Lamartine Babo
A partir do sucesso de "O Teu Cabelo Não Nega", cresceu bastante a presença da marchinha no repertório carnavalesco. Houve mesmo uma certa supremacia sobre o samba, que durou até o início dos anos 1940. Assim, em 1933, reinaram quase sem concorrência "Formosa" (que era samba e vi-

rou marcha, por sugestão de Francisco Alves), "Good-Bye", "Segura Esta Mulher", "Moreninha da Praia", "Trem Blindado", "Moleque Indigesto", "Ai, Hein!", "Boa Bola" e "Linda Morena", as quatro últimas de autoria de Lamartine Babo. Ingênua, alegre, sentimental, bem representativa do estilo lamartinesco, "Linda Morena" foi um dos grandes sucessos do ano, tendo inspirado até várias paródias, o que na época valia como comprovante de popularidade de uma canção.

**"Maria"** (samba-canção), Ary Barroso e Luís Peixoto

A necessidade urgente de uma música inédita para a peça teatral *Me Deixa Ioiô* fez Luís Peixoto criar os versos deste samba-canção sobre a melodia de "Bahia", uma composição pouco conhecida da Ary Barroso. O nome Maria, que muito bem substituiu o do samba original, era uma homenagem à estrela da peça, a bela atriz portuguesa Maria Sampaio, famosa também pelo seu talento. Esforçando-se para impressionar a homenageada, Peixoto caprichou nos versos, sendo Maria uma de suas melhores produções. Só o início — "Maria, o teu nome principia/ na palma da minha mão..." — já vale por um poema, e dos bons. Gravado duas vezes por Sílvio Caldas, este samba foi sucesso em 1934 e 1940.

**"Moreninha da Praia"** (marcha/carnaval), João de Barro

O costume de abolir o uso das meias, adotado pelas cariocas no início dos anos 1930, foi motivo de preocupação para os vendedores da mercadoria e de protesto de jornalistas conservadores como João Luso, Viriato Correia e Sílvia Patrícia. Em compensação, inspirou "Moreninha da Praia": "Moreninha querida/ da beira da praia/ que mora na areia/ todo o verão/ que anda sem meia/ em plena avenida/ varia como as ondas/ o teu coração...". Com "Moreninha da Praia" e "Trem Blindado", Braguinha (João de Barro) colheu seus primeiros sucessos como compositor de carnaval. Essas marchinhas serviram ainda para fixar os dois polos que norteariam sua extensa produção carnavalesca: a exaltação da mulher e a crônica do cotidiano. Esses temas ele desenvolveria num estilo que mistura simplicidade e bom gosto com doses certas de lirismo, humor e malícia. Uma curiosidade: a retirada das meias era o primeiro ato de um *strip-tease* efetuado pelas musas do compositor e que culminaria, 33 anos depois, com a "garota nerisquíni" da marcha "Ilha do Sol".

## OUTROS SUCESSOS

"Ai, Hein!" (marcha/carnaval), Lamartine Babo e Paulo Valença
"Alma de Tupi" (canção), Jararaca
"Desacato" (samba), Wilson Batista, Murilo Caldas e P. Vieira
"Dileta" (tango-canção), Cândido das Neves
"Dona da Minha Vontade" (valsa), Francisco Alves e Orestes Barbosa
"Favela" (canção), Hekel Tavares e Joracy Camargo
"Formosa" (marcha/carnaval), Antônio Nássara e J. Rui
"Good-Bye" (marcha/carnaval), Assis Valente
"Guacira" (canção), Hekel Tavares e Joracy Camargo
"Lola" (canção-blue), Lamartine Babo
"Moleque Indigesto" (marcha/carnaval), Lamartine Babo
"Na Serra da Mantiqueira" (canção), Ari Kerner Veiga de Castro
"Nanci" (valsa-canção), Bruno Arelli e Luís Lacerda
"Não Tem Tradução" (samba), Noel Rosa
"Onde Está a Honestidade" (samba), Noel Rosa
"Pálida Morena" (canção), Freire Júnior
"Quando o Samba Acabou" (samba-canção), Noel Rosa
"Segura Esta Mulher" (marcha/carnaval), Ary Barroso
"Trem Blindado" (marcha/carnaval), João de Barro
"A Tua Vida é um Segredo" (samba/carnaval), Lamartine Babo
"Vai Haver Barulho no Chatô" (samba), Noel Rosa e Valfrido Silva
"Você Só... Mente" (fox-trot), Noel Rosa e Hélio Rosa


## GRAVAÇÕES REPRESENTATIVAS

ALMIRANTE
Victor, 33623-a, "Moreninha da Praia"

CARLOS GALHARDO
Victor, 33723, "Boas Festas"

CARMEN MIRANDA E LAMARTINE BABO
Victor, 33620-a, "Moleque Indigesto"

CARMEN MIRANDA E MÁRIO REIS
Victor, 33671-a, "Chegou a Hora da Fogueira"

XI. 1933

FRANCISCO ALVES
Odeon, 11057-a, "Não Tem Tradução"

FRANCISCO ALVES E CASTRO BARBOSA
Odeon, 11042-a, "Feitio de Oração"

FRANCISCO ALVES E MÁRIO REIS
Odeon, 10961-b, "Fita Amarela"
Odeon, 10957-a, "Formosa"

JOÃO PETRA DE BARROS
Odeon, 10951-b, "Até Amanhã"

MÁRIO REIS E LAMARTINE BABO
Victor, 33614-a, "Linda Morena"

MOREIRA DA SILVA
Columbia, 22165, "Arrasta a Sandália"

RAUL ROULIEN
Victor, 33631-a, "Favela"

SÍLVIO CALDAS
Victor, 33594-a, "Maria"

VICENTE CELESTINO
Columbia, 22167, "Dileta"


MÚSICAS ESTRANGEIRAS DE SUCESSO NO BRASIL

"How Deep is the Ocean", Irving Berlin
"Love Me Tonight", Richard Rodgers e Lorenz Hart
"Lover", Richard Rodgers e Lorenz Hart
"Melodia de Arrabal", Carlos Gardel, Alfredo Le Pera e Mário Battis-
    tella
"Shadow Waltz", Harry Warren e Al Dubin
"Silencio", Carlos Gardel, Alfredo Le Pera e Horacio Petorossi
"Tell Me Tonight", Mischa Spoliansky

# CRONOLOGIA

26/01: Carlos Galhardo grava o seu primeiro disco (Victor, 33625, "Você Não Gosta de Mim" e "Que é Que Há").

30/01: Adolf Hitler assume o cargo de chanceler da Alemanha.

27/02: É incendiado em Berlim o edifício da Assembleia Nacional Alemã (Reichstag).

04/03: Franklin Roosevelt toma posse na presidência dos Estados Unidos (1º mandato).

06/03: Estreia no Rio de Janeiro (Cine Odeon) o filme *A Voz do Carnaval*, musical pioneiro que estabeleceu o esquema básico do gênero no Brasil.

04: O Monte Everest é sobrevoado pela primeira vez por um avião.

25/04: Almirante grava "Sexta-Feira", primeira composição de Ataulfo Alves registrada em disco (Victor, 33662-b).

27/04: Nasce no Rio de Janeiro (RJ) a cantora Marisa "Gata Mansa" (Marisa Vertullo Brandão).

03/05: É realizada eleição para a Assembleia Constituinte Nacional. Pela primeira vez no Brasil a mulher tem direito ao voto.

13/05: Nasce em Caitité (BA) o cantor/compositor Waldick Soriano (Eurípedes Waldick Soriano).

22/05: Aurora Miranda grava (ao lado de Francisco Alves) seu primeiro disco (Odeon, 11018, "Cai, Cai Balão" e "Toque de Amor").

08: Realiza-se no Hipódromo da Gávea (Rio de Janeiro) o I Grande Prêmio Brasil, vencido por Moçoró. A fama do cavalo é registrada no samba "Moçoró, Minha Nega", de Ary Barroso, gravado por Murilo Caldas.

10/08: É inaugurada a Rádio Guanabara do Rio de Janeiro.

17/08: Nasce no Rio de Janeiro (RJ) o compositor Monarco (Hildemar Diniz).

08/10: É realizada pela primeira vez a prova automobilística Grande Prêmio da Cidade do Rio de Janeiro (Circuito da Gávea), sendo seu ganhador o piloto brasileiro Manoel de Teffé.

18/11: Os Estados Unidos reconhecem oficialmente o governo da União das Repúblicas Socialistas Soviéticas, dezesseis anos depois da ascensão dos comunistas ao poder.

27/11: Billie Holiday grava seu primeiro disco ("Your Mother's Son-in-Law").

05/12: É decretado o fim da chamada "Lei Seca" nos Estados Unidos.

09/12: Nasce em São Paulo (SP) o compositor/arranjador Erlon Chaves.

XI. 1933

Aurora Miranda, aos dezenove anos de idade, quando lançou "Cidade Maravilhosa".

# XII. 1934

DESTAQUES

**"Agora é Cinza"** (samba/carnaval),
Alcebíades Barcelos e Armando Marçal
Vindo da legendária Turma do Estácio, Bide (Alcebíades Maia Barcelos) se juntou a Marçal (Armando Vieira Marçal) para formar uma das mais homogêneas parcerias da música popular brasileira. Sua produção nos anos 1930 tem especial importância no processo de fixação do samba. Autores de música e letra, eles se salientavam principalmente pelas melodias, do que é exemplo "Agora é Cinza", campeão do carnaval de 1934 e um dos melhores sambas de todos os tempos. Nesta, como em outras composições, cada parte foi composta por um dos parceiros, uma característica da dupla, que preferia trabalhar assim. Depois de prontas, as partes se ajustavam com facilidade, graças a uma perfeita identidade de estilos. Além de compositores, Bide e Marçal foram percussionistas, sendo este último pai do também percussionista Nilton Delfino Marçal, o Mestre Marçal.

**"Uma Andorinha Não Faz Verão"** (marcha/carnaval),
João de Barro e Lamartine Babo
Esta andorinha teve dois verões. O primeiro em 1931, com letra e música de João de Barro, gravada por Alvinho, e o segundo em 1934, quando Lamartine Babo entrou na parceria e a marchinha tornou-se sucesso na voz de Mário Reis. A reunião dos dois maiores autores de marchas carnavalescas deu-se por iniciativa de Lamartine que, admirador do refrão ("Vem moreninha/ vem tentação/ não andes assim tão sozinha/ que uma andorinha/ não faz verão"), propôs a Braguinha fazer uma nova segunda parte. Proposta aceita, ele prontamente cumpriu a tarefa, apresentando música e letra que complementavam com perfeição o estribilho. Na verdade, as românticas estrofes originais eram boas, mas muito extensas. Lamartine preferiu compor versos mais carnavalescos, sobre uma melodia de oito compassos (o original tinha dezesseis), o que sem dúvida contribuiu para o sucesso.

"Cidade Maravilhosa" (marcha), André Filho

A própria introdução parece ter sido feita para preceder um hino, com as notas do acorde fundamental de um clarim. É um chamamento alegre, até imponente, porém sem a sisudez de uma marcha militar, o que não lhe tirou a vez de ser escolhida como hino oficial do Rio de Janeiro trinta anos depois de seu lançamento. Mas, "Cidade Maravilhosa" é também um dos hinos do carnaval brasileiro, cantado com muito empenho nos salões, pois, quando a fanfarra ataca a introdução, avisa a todos que o baile esta chegando ao fim. No início da década de 1930, o Rio era embelezado com a estátua do Cristo Redentor e a modernização de vários trechos da cidade, criando maiores condições para deixar o turista maravilhado. Foi nesta ocasião que, motivado por uma promoção chamada Festa da Mocidade, em que se elegia a Rainha da Primavera, André Filho compôs "Cidade Maravilhosa". O título reproduzia uma expressão consagrada pelo escritor Coelho Neto. Gravada em 04/09/1934, a marcha teve como intérprete Aurora Miranda, acompanhada pelo autor. A escolha de Aurora, uma iniciante de dezenove anos, refletia de certo modo a tendência de romper com uma constante da época: a hegemonia masculina na gravação do repertório carnavalesco. Já favorita do público, "Cidade Maravilhosa" foi inscrita no concurso de marchas para o carnaval de 35, obtendo somente o segundo lugar, resultado que indignou André Filho. O esquecimento total relegado à vencedora, "Coração Ingrato" (de Nássara e Frazão), provaria a injustiça do julgamento. Evocativa na segunda parte, que retorna à primeira numa modulação singela, a composição é vibrante no refrão. Este não se repete de modo rigorosamente igual, seguindo, assim, um esquema próprio dos grandes compositores populares: na repetição, os compassos finais sofrem uma alteração melódica que induz a primeira parte do refrão a duas de suas funções primordiais, sejam elas, a preparação para a segunda parte e o encerramento. Acusada por alguns de ter sido inspirada num trecho do 3º ato da ópera *La Bohème*, de Puccini, "Cidade Maravilhosa" permanece no tempo, cantada por gerações successivas, já fazendo parte da memória musical brasileira como um dos seus clássicos mais conhecidos.

"Mimi" (valsa), Uriel Lourival

A valsa "Mimi" é o grande sucesso de Uriel Lourival, um rio grandense do norte, funcionário da Central do Brasil, que nas horas vagas era seresteiro e compositor. Seus versos rebuscados tinham por modelo os de Cândido das Neves, o Índio, por coincidência, também um ferroviário. Só que em matéria de imagens pernósticas, de gosto duvidoso, o discípulo superava o mestre, o que se pode constatar na estrofe inicial de "Mimi": "Dentro d'alma dolorida/ eu tenho um riso teu/ meu amor/ teu sorriso de lindo albor/ uma existência, um céu/ tens na boca embelecida pérolas de luz/ rubra ilusão do astral/ perolário a iluminar/ um eclipse do Sol com o luar...". Seguem-se mais quatro estrofes de feitio idêntico, todas sobre melodia difícil, cheia de graves e agudos. Além desta, houve mais duas "Mimis" na música brasileira dos anos 1930, as das marchinhas "Linda Mimi" (João de Barro) e "Cadê Mimi" (João de Barro e Alberto Ribeiro). Bem diferentes da valsa, essas "Mimis" tiveram como musa uma bela chinesinha, vendedora de uma loja de discos.

**"Na Batucada da Vida"** (samba-canção), Ary Barroso e Luís Peixoto
Destacadas figuras do teatro de revista nos anos 1930, o revistógrafo/letrista Luís Peixoto e o diretor musical/compositor Ary Barroso iniciaram num banco da Cinelândia uma nova parceria que seria terminada de madrugada no piano do teatro Alhambra. Por não ser alegre, o samba-canção "Na Batucada da Vida" não era propriamente adequado ao repertório típico de uma revista, mas foi, ainda assim, levado à cena na voz da estrela Araci Cortes e gravado por outra estrela, Carmen Miranda. Conta Sérgio Cabral em sua biografia sobre Ary, que na gravação, Carmen "teve muita dificuldade para cantá-la no estúdio da Victor, chegando a queixar-se de que Ary Barroso utilizou-se de toda a escala musical para compor o samba". O fato é que ali foram registrados pela primeira vez os versos da melodia que terminava assim: "Agora que eu sou mesmo da virada/ que não tenho nada, nada/ e por Deus fui esquecida/ irei cada vez mais me esmulambando/ seguirei sempre cantando/ na batucada da vida". O destino da composição se consubstanciaria, porém, muitos anos depois, quando Tom Jobim mostrou para Elis Regina, em Los Angeles, o conteúdo harmônico de um dos mais belos sambas-canção de Ary Barroso. Mais que depressa, tão logo retornou ao Brasil, a cantora tratou de gravar a música em exemplar arranjo de César Camargo Mariano, dando a ela seu verdadeiro sentido. O preço desse procedimento, talvez precipitado, de Elis, teria sido a frustração de um projeto de Tom Jobim, que pensava em gravar um disco em homenagem a Ary.

**"O Orvalho Vem Caindo"** (samba/carnaval), Noel Rosa e Kid Pepe
Do romântico "Agora é Cinza" ao espirituoso "O Orvalho Vem Caindo", o repertório do carnaval de 34 ofereceu opções para todos os gostos. Explorando um estilo que lhe rendera o bem sucedido "Com Que Roupa", Noel Rosa apresenta aqui um personagem boêmio que dorme ao relento,

XII. 1934

passa mal e canta a própria miséria de forma engraçada, parecendo não ligar para o azar. Mas este samba curioso tem em sua história um enigma jamais esclarecido: por que razão Kid Pepe — que até tinha fama de falso compositor — entrou na parceria? Entrevistado na época sobre o assunto, Noel desconversou: "Não devemos dizer. É segredo nosso".

**"Tu"** (samba-canção), Ary Barroso
Embora o forte de Ary Barroso sejam as melodias, vez por outra ele acertava em cheio nas letras, como acontece no samba-canção "Tu", uma das raras composições não carnavalescas a se destacarem em 1934. Simples, quase uma miniatura, econômico até no título, "Tu" dá o seu recado de maneira sintética, em linguagem telegráfica, um primor de concisão ("O mais lindo luar: tu/ a beleza do mar: tu..."), contrastando na forma e no bom gosto com o romantismo prolixo de tantas canções da época.

OUTROS SUCESSOS

"Alô, Alô" (samba), André Filho
"Alvorada" (samba), Sinval Silva
"Balança Coração" (marcha), André Filho
"Caco Velho" (samba-canção), Ary Barroso
"Carolina" (marcha/carnaval), Bonfiglio de Oliveira e Hervê Cordovil
"O Correio Já Chegou" (samba/carnaval), Ary Barroso
"Folhas ao Vento" (valsa), Milton Amaral
"Há uma Forte Corrente Contra Você" (marcha/carnaval), Francisco
    Alves e Orestes Barbosa
"História do Brasil" (marcha/carnaval), Lamartine Babo
"Isto é Lá com Santo Antônio" (marcha), Lamartine Babo
"Linda Lourinha" (marcha/carnaval), João de Barro
"Mané Fogueteiro" (samba-canção), João de Barro
"Maria Rosa" (marcha/carnaval), Antônio Nássara
"A Mulher Que Ficou na Taça" (valsa), Francisco Alves e Orestes Barbosa
"Na Aldeia" (samba), Sílvio Caldas, Carusinho e De Chocolat
"Por Teu Amor" (valsa), Francisco Alves e Orestes Barbosa
"Primavera no Rio" (marcha), João de Barro
"Quero Morrer Cantando" (samba), Valfrido Silva
"Ride Palhaço" (marcha/carnaval), Lamartine Babo

"Se a Lua Contasse" (marcha/carnaval), Custódio Mesquita
"O Sol Nasceu para Todos" (marcha/carnaval), Lamartine Babo
"Tipo Sete" (marcha/carnaval), Antônio Nássara e Alberto Ribeiro


GRAVAÇÕES REPRESENTATIVAS

ALMIRANTE
Victor, 33734-b, "O Orvalho Vem Caindo"

AURORA MIRANDA
Odeon, 11074-b, "Se a Lua Contasse"

AURORA MIRANDA E ANDRÉ FILHO
Odeon, 11154-a, "Cidade Maravilhosa"

CARMEN MIRANDA
Victor, 33820-a, "Primavera no Rio"

CARMEN MIRANDA E MÁRIO REIS
Victor, 33746-b, "Alô, Alô"
Victor, 33789-a, "Isto é Lá Com Santo Antônio"

FRANCISCO ALVES
Odeon, 11080-b, "O Correio Já Chegou"
Victor, 33808-b, "A Mulher Que Ficou na Taça"
Victor, 33766-b, "Por Teu Amor"

GASTÃO FORMENTI
Victor, 33761-b, "Folhas ao Vento"

MÁRIO REIS
Victor, 33728-a, "Agora é Cinza"
Victor, 33742-a, "Uma Andorinha Não Faz Verão"

SÍLVIO CALDAS
Victor, 33727-a, "Mimi"
Victor, 33767-a, "Tu"

XII. 1934

## MÚSICAS ESTRANGEIRAS DE SUCESSO NO BRASIL

"Boulevard of Broken Dreams", Harry Warren e Al Dubin

"By a Waterfall", Sammy Fain e Irving Kahal

"Carioca", Vincent Youmans, Gus Kahn e Edward Eliscu

"Champagne Waltz", Ben Oakland, Con Conrad e Milton Drake

"Cocktails for Two", Arthur Johnston e Sam Coslow

"I'll String Along With You", Harry Warren e Al Dubin

"Let's Fall in Love", Ted Koehler e Harold Arlen

"Looks Like a Beautiful Day", Pete Wendling, George W. Meyer e Eugene West

"Ninon", Bronislaw Kaper e Walter Jurman

"Orchids in the Moonlight", Vincent Youmans, Gus Kahn e Edward Eliscu


## CRONOLOGIA

01: É lançado o primeiro disco da cantora Araci de Almeida (Columbia, 22258, "Em Plena Folia").

06/01: É inaugurada a Rádio Difusora (da prefeitura do Rio de Janeiro), depois Rádio Roquette Pinto.

04/02: Morre no Rio de Janeiro (RJ) o compositor/pianista Ernesto Nazareth.

03: Francisco Alves deixa a Odeon e passa a gravar na Victor.

02/05: É inaugurada a Rádio Cruzeiro do Sul do Rio de Janeiro.

05-06: A Itália vence o II Campeonato Mundial de Futebol, realizado na própria Itália, vencendo na final a Tchecoslovaquia por 2 x 1. Eliminado pela Espanha nas oitavas de final, o Brasil tem neste ano sua pior atuação em copas do mundo.

01/06: É inaugurada a Rádio Transmissora do Rio de Janeiro.

16/07: A Assembleia Constituinte promulga a nova Constituição Brasileira e elege Getúlio Vargas presidente da República, com mandato de quatro anos.

08/08: Nasce em Milão (Itália) o teatrólogo/ator/letrista Gianfrancesco Guarnieri.

17/08: Nasce em Rio Branco (AC) o compositor/instrumentista João Donato (João Donato de Oliveira).

19/08: Adolf Hitler assume poderes de chefe de estado na Alemanha.

23/08: Nasce no Rio de Janeiro (RJ) o instrumentista Raul de Souza (João José Pereira de Souza).

27/08: Nasce no Rio de Janeiro (RJ) a cantora Sylvia Telles.

22/09: Nasce em São Paulo (SP) o cantor Carlos José (Carlos José Ramos dos Santos).

10: Mao Tse-Tung e seus seguidores iniciam a chamada "Grande Marcha", que mudaria o curso da história da China.

11/10: Nasce em Pedreiras (MA) o compositor João do Vale (João Batista do Vale).

21/10: Nasce no Rio de Janeiro (RJ) a cantora Dóris Monteiro (Adelina Dóris Monteiro).

11: Sílvio Caldas deixa a Victor e passa a gravar na Odeon.

14/11: Morre no Rio de Janeiro (RJ) o compositor Cândido das Neves, o Índio.

12: O Palestra Itália (depois Sociedade Esportiva Palmeiras) sagra-se tri-campeão paulista de futebol (1932/33/34).

14/12: A dupla Joel e Gaúcho grava o seu primeiro disco (Odeon, 11190, "Amor de Carnaval" e "Fiz um Samba pro Meu Amor").

27/12: Nasce em São Paulo (SP) o maestro Isaac Karabtchevsky.

XII. 1934

Uma rara fotografia de Orestes Barbosa, ainda muito jovem, dedicada ao também poeta Olegário Mariano.

# XIII. 1935

DESTAQUES

**"Adeus Batucada"** (samba), Sinval Silva

Entusiasmada com o samba "Coração", Carmen Miranda propôs ao autor, Sinval Silva: "Se você me trouxer uma música que alcance a metade do sucesso de 'Coração', eu lhe darei três contos de réis". E Sinval trouxe-lhe "Adeus Batucada", que suplantaria "Coração" e outros sucessos, tornando-se um dos números mais representativos de seu repertório. Choroso, sentimental, um belo canto de despedida ("Adeus! Adeus! Meu pandeiro do samba/ tamborim de bamba, já é de madrugada/ vou-me embora chorando..."), "Adeus Batucada" foi executado no carrilhão da Mesbla, por ocasião do funeral de Carmen Miranda.

**"Conversa de Botequim"** (samba), Noel Rosa e Vadico

Não existe em nossa música popular crônica mais espirituosa sobre uma cena do cotidiano que a realizada por Noel Rosa em "Conversa de Botequim". Localizada em um café, ambiente que o autor conhecia como ninguém, a crônica tem como personagem principal um freguês desabusado que, ao preço de uma simples média com pão e manteiga, acha-se no direito de agir como se estivesse em sua casa. Assim, em ordens sucessivas, ele exige do garçom atendimento rápido e eficiente — "Seu garçom faça o favor/ de me trazer depressa/ uma boa média que não seja requentada/ um pão bem quente com manteiga à beça/ um guardanapo/ um copo d'água bem gelada..." —, que inclui ainda o fornecimento de "caneta, tinteiro, envelope, cartão, cigarro, isqueiro, cinzeiro, revistas, o resultado do futebol" e até "o empréstimo de algum dinheiro", pois deixara o seu com o bicheiro. Tudo isso fiado, pois, para terminar, o sujeito ordena: "Vá dizer ao seu gerente/ que pendure essa despesa/ no cabide ali em frente".

Completa esta obra-prima uma melodia sincopada de Vadico, que se casa com a letra de forma primorosa, como se as duas tivessem sido feitas ao mesmo tempo, por uma mesma pessoa. Noel Rosa é o melhor intérprete de "Conversa de Botequim", uma de suas composições mais gravadas. No seu jeito simples de cantar, ele "diz" a letra com a naturalidade com que um malandro daria todas aquelas ordens a um garçom de botequim.

**"Cortina de Veludo"** (valsa-canção),
Paulo Barbosa e Osvaldo Santiago

Eclético, como a maioria dos cantores de sua geração, Carlos Galhardo consagrou-se como o principal intérprete da valsa brasileira nas décadas de 1930 e 1940, período em que o gênero exerceu a hegemonia de nossa canção amorosa. Isso porém não foi percebido pelos dirigentes da Victor e da Columbia, empresas onde atuou nos dois anos iniciais de sua carreira, só tendo a oportunidade de gravar uma valsa, "Cortina de Veludo", em seu décimo nono disco. Até então gravara dezessete marchas e dezesseis sambas. Conforme recordou no programa *Noturno Especial*, da Rádio Jornal do Brasil, em setembro de 1973, ele conheceu "Cortina de Veludo" ao ouvi-la do autor Paulo Barbosa, que a considerava ideal para a sua voz. Gravada com acompanhamento de piano e cordas, num arranjo de Francisco Mignone, a composição tem uma bela melodia de Barbosa e versos de Osvaldo Santiago: "No apartamento azul/ do nosso coração/ há rosas de Istambul/ em vasos do Japão/ é um sonho oriental/ de mágico esplendor/ aurora boreal na aurora do amor...". Em que pese o pomposo estilo da letra, "Cortina de Veludo", primeira de uma extensa série de valsas lançadas por Galhardo, é um marco na carreira do cantor.

**"Feitiço da Vila"** (samba), Noel Rosa e Vadico

Noel Rosa amou Vila Isabel, o bairro onde nasceu, viveu e morreu. Não é assim de admirar que imortalizasse esse amor em uma de suas melhores composições, o clássico "Feitiço da Vila". Sobre uma melodia de Vadico, muito bem elaborada, ele desenvolveu versos que a enaltecem, ressaltando sua ligação com o samba ("São Paulo dá café/ Minas dá leite/ e a Vila Isabel dá samba"), samba que enfeitiça e dignifica ("Tendo o nome de princesa/ transformou o samba/ num feitiço decente/ que prende a gente"), uma Vila Isabel, enfim, a que o poeta se orgulha de pertencer ("Paixão não me aniquila/ mas tenho que dizer/ modéstia à parte/ meus senhores, eu sou da Vila"). Tudo isso dito assim de forma clara, objetiva, mas sem prejuízo do lirismo, é bem característico da poesia de Noel. Lançado em dezembro de 1934, em meio ao repertório carnavalesco, "Feitiço da Vila" é dedicado a Lela Casatle, uma beldade do bairro, então eleita Rainha da Primavera. Como se vê, a Vila não dava apenas samba...

**"Grau Dez"** (marcha/carnaval), Ary Barroso e Lamartine Babo

Apesar do predomínio do samba enredo a partir da década de 1970, há em quase todo baile carnavalesco um momento em que a orquestra toca antigos sucessos, sempre presentes na memória dos foliões. Desse repertório fazem parte obrigatória as marchinhas de exaltação a tipos femininos, como "Grau Dez", a nota que Ary Barroso e Lamartine Babo deram à morena no carnaval de 35. Eleita nos versos "rainha da cabeça aos pés", a morena recebe ainda galanteios de vários gringos, como o inglês, o francês e o alemão, que diz "iá corraçon", uma tirada típica de Lamartine.

Uma das mais cativantes melodias carnavalescas de todos os tempos, "Grau Dez" foi gravada por Francisco Alves com a participação do próprio Lamartine, com sua vozinha fanhosa na segunda parte, além da magistral orquestração de Pixinguinha.


**"Implorar"** (samba/carnaval),
Kid Pepe, Germano Augusto e João da Silva Gaspar

Um dos maiores sambas dos anos 1930 é "Implorar", vencedor do carnaval de 1935. Com uma letra comum, sobre um amor contrariado ("Implorar só a Deus/ mesmo assim às vezes não sou atendido..."), "Implorar" tem na melodia da primeira parte a razão de seu sucesso.

Assinado por Kid Pepe, Germano Augusto e João da Silva Gaspar, teve a autoria contestada na imprensa, assim que começou a aparecer. Numa reportagem do jornal *Correio da Noite* foi divulgado que o verdadeiro autor seria Cedar Silva, o Cedá, um sambista falecido que dirigira a escola de samba Mocidade Louca, do Morro de São Roque. A seguir, noutro jornal, um primo de Cedá chamado Divino dizia-se coautor e acusava João Gaspar de haver roubado o samba para vendê-lo a Kid Pepe por trinta mil réis. O dramático da situação era que Divino estava doente, num leito de hospital. Mas, como sempre ocorria em casos dessa natureza, ninguém possuía provas para a acusação, acabando por prevalecer a versão de Kid Pepe: "João Gaspar me mostrou um estribilho que gostei. Consegui então autorização dele, por escrito, para consertar o estribilho (que estava quebrado) e compor uma segunda parte e a introdução. Desse jeito fizemos 'Implorar'. Agora, se provarem que o coro apresentado pelo Gaspar não lhe pertence, darei à família do falecido a parte dele".

A gravação original é de Moreira da Silva.

"**Inquietação**" (samba), Ary Barroso

Fez muito sucesso em 1935 o filme *Favela dos Meus Amores*, dirigido por Humberto Mauro, cuja história se passava num morro carioca. Estrelado por Rodolfo Mayer, Carmen Santos, Armando Louzada e com Sílvio Caldas atuando como cantor e ator, o filme apresentava uma rica trilha sonora, em que se destacavam os futuros clássicos "Torturante Ironia" e "Quase Que Eu Disse" (de Sílvio Caldas e Orestes Barbosa) e o extraordinário samba "Inquietação", de Ary Barroso: "Quem se deixou escravizar/ e num abismo despencar/ de um amor qualquer...". Infelizmente, as imagens de *Favela dos Meus Amores*, um marco do início de nosso cinema falado, perderam-se para sempre, só restando as canções que foram gravadas.

Em modo menor na primeira parte e maior na segunda, "Inquietação" tem passagens inovadoras na melodia e uma construção harmônica original. Como curiosidade para o anedotário, o samba seria apresentado por um calouro no programa do próprio Ary. O calouro disse que iria cantar "'Escrava Isaura', de Ary Barroso". Contendo seu habitual mau humor, Ary estranhou e pediu-lhe para cantar os primeiros versos. Em vez de "Quem se deixou escravizar", o candidato se saiu com esta pérola: "Quem se deixou escrava Isaura...".

"**Minha Palhoça**" (samba), J. Cascata

Todas as delícias da vida campestre — o pomar, o riachão, a passarada, a fonte ao pé do monte — são aqui oferecidas à mulher amada, para ela trocar a cidade pelo sertão. Mas, por via das dúvidas, o convite é reforçado com a promessa de alguns bens da civilização — um rádio, uma Kodak... — pois, afinal, conforto nunca faz mal a ninguém.

Seguindo a linha de "No Rancho Fundo", tão em moda na época, "Minha Palhoça" consagrou-se como um dos melhores sambas do gênero, enriquecendo simultaneamente o repertório de dois cantores: Luís Barbosa, que o popularizou no rádio, e Sílvio Caldas, que o gravou em disco. Luís Barbosa, considerado por muitos o grande sambista de sua geração, teve a carreira quase restrita ao rádio, gravando somente 21 discos nos seus breves 28 anos de vida.

"**Serenata**" (canção), Sílvio Caldas e Orestes Barbosa

Uma das primeiras composições da dupla Sílvio Caldas-Orestes Barbosa, "Serenata" foi adotada por Sílvio como marca musical de suas audições para o resto da carreira. Pela beleza de sua letra, carregada de romantismo — "Dorme, fecha este olhar entardecente/ não me escutes nostálgico a cantar/ pois não sei se feliz ou infelizmente/ não me é dado, beijando, te acordar" —, muito bem musicada por Sílvio, "Serenata" é exemplo de modinha do século XX, indispensável em qualquer seresta de bom gosto. Seu sucesso, em 1935, abriu a grande safra de canções de amor que imperaria nos anos seguintes.

**"A Última Estrofe"** (canção), Cândido das Neves
Além de ter a melhor letra e a melhor melodia de Cândido das Neves, "A Última Estrofe" é sua canção mais popular. Não há seresteiro que a desconheça, com seus versos apaixonados ("Lua, vinha perto a madrugada/ quando em ânsias minha amada/ nos meus braços desmaiou..."), tão representativos do parnasianismo exarcebado de seu autor. E por falar em seresteiro, coube a Orlando Silva uma participação importante na história de "A Última Estrofe". Gravada inicialmente por Fernando Castro Barbosa, foi na voz de Orlando que a composição tornou-se um sucesso, acompanhando-o por toda a carreira.

OUTROS SUCESSOS

"Arrependimento" (samba), Sílvio Caldas e Cristóvão de Alencar
"Boneca" (valsa), Benedito Lacerda e Aldo Cabral
"Coração" (samba), Sinval Silva
"A Cuíca Tá Roncando" (batucada/carnaval), Raul Torres
"Deixa a Lua Sossegada" (marcha/carnaval), João de Barro e Alberto Ribeiro
"Estão Batendo" (samba), Valfrido Silva e Gadé
"Eva Querida" (marcha/carnaval), Benedito Lacerda e Luís Vassalo
"Foi Ela" (samba), Ary Barroso
"João Ninguém" (samba), Noel Rosa
"Lágrimas" (valsa), Cândido das Neves
"Lalá" (marcha), João de Barro e Alberto Ribeiro
"Linda Mimi" (marcha), João de Barro
"Ouvindo-te" (tango-canção), Vicente Celestino
"Por Causa Dessa Cabocla" (samba), Ary Barroso e Luís Peixoto
"Quase Que Eu Disse" (valsa), Sílvio Caldas e Orestes Barbosa
"Rasguei a Minha Fantasia" (marcha/carnaval), Lamartine Babo
"Rasguei o Teu Retrato" (tango-canção), Cândido das Neves

Apesar da pose de craques, Francisco Alves e Sílvio Caldas foram bem melhores como cantores.

Orlando Silva, Cristóvão de Alencar, Antônio Nássara, Roberto Martins e Evaldo Rui em uma mesa do legendário Café Nice.

"Sonho de Papel" (marcha), Alberto Ribeiro
"Tic-Tac do Meu Coração" (samba), Alcir Pires Vermelho e Valfrido
    Silva
"Torturante Ironia" (valsa), Sílvio Caldas e Orestes Barbosa
"Vou Me Casar no Uruguai" (samba-choro), Valfrido Silva e Gadé


GRAVAÇÕES REPRESENTATIVAS

ALMIRANTE
Victor, 33882-b, "Deixa a Lua Sossegada"

CARMEN MIRANDA
Odeon, 11285-a, "Adeus Batucada"
Odeon, 11228-a, "Sonho de Papel"

FRANCISCO ALVES
Victor, 33880-a, "Foi Ela"

FRANCISCO ALVES E LAMARTINE BABO
Victor, 33880-b, "Grau Dez"

JOÃO PETRA DE BARROS
Odeon, 11175-b, "Feitiço da Vila"

MÁRIO REIS
Victor, 33887-a, "Rasguei a Minha Fantasia"

MOREIRA DE SILVA
Columbia, 8114, "Implorar"

NOEL ROSA
Odeon, 11257-b, "Conversa de Botequim"

ORLANDO SILVA
Victor, 33975-a, "A Última Estrofe"

SÍLVIO CALDAS
Odeon, 11251-a, "Boneca"

XIII. 1935

Odeon, 11255-a, "Inquietação"
Odeon, 11271-a, "Minha Palhoça"

VICENTE CELESTINO
Victor, 33969-a, "Ouvindo-te"


## MÚSICAS ESTRANGEIRAS DE SUCESSO NO BRASIL

"Ah, Sweet Mistery of Life", Victor Herbert e Rida Johnson Young
"El Dia Que Me Quieras", Carlos Gardel e Alfredo Le Pera
"I Only Have Eyes for You", Harry Warren e Al Dubin
"I Won't Dance", Jerome Kern, Otto Harbach e Oscar Hammerstein II
"Isle of Capri", Will Grosz e Jimmy Kennedy
"June in January", Ralph Rainger e Leo Robin
"Lovely to Look At", Jerome Kern, Dorothy Fields e Jimmy McHugh
"Lullaby of Broadway", Harry Warren e Al Dubin
"One Night of Love", Victor Schertzinger e Gus Kahn
"Parlami d'Amore Mariu", C. A. Bixio
"Smoke Gets in Your Eyes", Jerome Kern e Otto Harbach
"Stormy Weather", Harold Arlen e Ted Koehler


## CRONOLOGIA

01: É lançado o primeiro disco de Orlando Silva (Columbia, 8111, "Olha a Baiana" e "Ondas Curtas").

01/01: Nasce no Rio de Janeiro (RJ) o compositor/cantor Chico Feitosa (Francisco Libório Feitosa).

08/01: Nasce em East Tupelo (Mississippi-EUA) o cantor Elvis Presley (Elvis Aaron Presley).

22/01: Morre em São Paulo (SP) o compositor/instrumentista Zequinha de Abreu (José Gomes de Abreu).

26/01: Nasce no Rio de Janeiro (RJ) o compositor/instrumentista Durval Ferreira (Durval Inácio Ferreira).

04/02: Morre no Rio de Janeiro (RJ) o violonista Quincas Laranjeiras (Joaquim Francisco dos Santos).

10/02: Nasce em Niterói (RJ) o cantor Cauby Peixoto (Cauby Peixoto Barros)

28/02: Morre no Rio de Janeiro (RJ) a compositora/maestrina Chiquinha Gonzaga (Francisca Edwiges Neves Gonzaga).

15/03: Nasce em São Paulo (SP) o instrumentista Caçulinha (Rubens Antônio da Silva).

22/03: Nasce em Curvelo (MG) o cantor Luís Cláudio (Luís Cláudio de Castro)

28/03: Nasce no Rio de Janeiro (RJ) o poeta/compositor Hermínio Bello de Carvalho.

04: Carmen Miranda deixa a Victor e passa a gravar na Odeon.

23/04: Nasce no Rio de Janeiro (RJ) o baterista Milton Banana (Antônio de Souza).

25/04: A Orquestra de Glenn Miller grava seu primeiro disco ("A Blues Serenade" e "Moonlight on the Ganges").

01/05: Nasce em Recife (PE) o instrumentista Heraldo do Monte.

04/06: É inaugurada a Rádio Ipanema do Rio de Janeiro.

24/06: Morre em um desastre de aviação em Medellin (Colômbia) o cantor Carlos Gardel.

22/07: Estreia a *Hora do Brasil*, programa radiofônico do Governo Federal, que depois passaria a chamar-se *A Voz do Brasil*.

17/08: Nasce no Rio de Janeiro (RJ) o compositor Candeia (Antônio Candeia Filho).

12/09: Nasce em João Pessoa (PB) o compositor/cantor Geraldo Vandré (Geraldo Pedrosa de Araújo Dias).

14/09: É inaugurada a Rádio Tupi do Rio de Janeiro.

30/09: Realiza-se a estreia mundial (no Colonial Theatre de Boston) da ópera *Porgy and Bess*, de George Gershwin.

03/10: A Itália fascista invade a Etiópia.

24/11: Nasce em Cachoeira do Itapemirim (ES) o compositor Carlos Imperial (Carlos Eduardo Corte Imperial).

27/11: Irrompe no Rio de Janeiro uma rebelião comunista, com levantes fracassados do 3º R. I. e Escola de Aviação Militar.

08/12: Nasce no Rio de Janeiro (RJ) a cantora Alaíde Costa (Alaíde Costa Silveira).

10/12: Ciro Monteiro grava seu primeiro disco (Odeon, 11309, "Perdoa" e "Vê Se Desguia").

11/12: Morre no Rio de Janeiro (RJ) o violonista Henrique Brito.

XIII. 1935

O dramático tenor Vicente Celestino, cuja carreira
se estendeu por mais de meio século.

# XIV. 1936

DESTAQUES

**"Boa Noite Amor"** (valsa), José Maria de Abreu e Francisco Matoso

A presença de Francisco Alves no rádio está marcada por esta valsa, prefixo e sufixo de suas audições. Além de gravada por ele duas vezes — em 1936 e 1950 —, a canção tem, na condição de prefixo, outras gravações suas de programas radiofônicos, como o realizado no Largo da Concórdia em São Paulo, em 26/09/1952, que foi o último de sua vida. No dia seguinte, um sábado, um caminhão que trafegava pela Via Dutra, à altura de Pindamonhangaba, chocou-se violentamente com seu automóvel, um Buick azul, tendo o cantor morte instantânea. Chico, que não gostava de viajar de avião, estava com uma certa pressa de chegar ao Rio, a fim de se apresentar descansado em seu programa na Rádio Nacional, domingo ao meio-dia. (Curioso o horário do programa, sempre anunciado pomposamente pela locutora Lúcia Helena: "Ao se encontrarem os ponteiros na metade do dia...".) "Boa Noite Amor" é a mais conhecida composição da dupla José Maria de Abreu e Francisco Matoso, sendo típica de um pianista (Abreu), como se percebe pelo detalhe harmônico nos compassos 13 a 16 ("Se eu souber que o sonho teu/ foi o mesmo sonho meu...") de preparação à ideia principal, que é explorada de três maneiras diferentes. Tem também uma introdução cantada, o recitativo, marcante na obra de Abreu e provavelmente herdada da música americana. Já a letra, de Francisco Matoso, sobre uma despedida apaixonada, não foge ao trivial romântico da época. "Boa Noite Amor" teve uma gravação importante em 1972, que encerra emocionalmente o disco do ano de Elis Regina, em brilhante arranjo de César Camargo Mariano (ao piano), com orquestra de cordas. Embora pouca gente saiba, "Boa Noite Amor" possui uma letra em inglês, de Maria C. Rego, editada pela Vitale ("Good-night sweetheart/ my love divine/ my dreams belong to you...").

**"É Bom Parar"** (samba/carnaval), Rubens Soares

O samba mais cantado no carnaval de 1936 foi "É Bom Parar", também conhecido como "Por que bebes tanto assim, rapaz", verso inicial de seu estribilho: "Por que bebes tanto assim, rapaz?/ chega, já é demais/ se é por causa de mulher é bom parar/ porque nenhuma delas sabe amar". Este estribilho foi mostrado a Francisco Alves pelo autor, Rubens Soares, um boxeador, campeão carioca e brasileiro dos pesos médios. Então, sem nada informar a Rubens, Chico procurou Noel Rosa, que, pela quantia de 200 mil-réis, completou o samba com duas segundas partes primorosas, em que se destacam versos como "de ti não terei mais pena/ é bom parar por aí/ quem não bebe te condena/ quem bebe zomba de ti" e "não crês, conforme suponho/ nesses versos de canção/ 'mais cresce a mulher no sonho/ na taça e no coração'" — os dois últimos, uma irônica alusão à valsa "A Mulher que Ficou na Taça", de Chico e Orestes Barbosa, que foi sucesso em 1934. Embora essa história (relatada por João Máximo e Carlos Didier em *Noel Rosa: uma biografia*) fosse bem conhecida no meio musical da época, o samba "É Bom Parar" ficou sem o nome de Noel na parceria. Rubens Soares é autor de outros sucessos como "Nega do Cabelo Duro" e "Solteiro é Melhor".

### "O Ébrio" (canção), Vicente Celestino

O sucesso permanente da canção "O Ébrio" inspiraria, dez anos depois de seu lançamento, a realização do filme homônimo, recordista de bilheteria em todo o país. Impressionado com o personagem, o público chegaria mesmo a identificá-lo com seu criador, o abstêmio Celestino. Com efeito, o tema e principalmente a forma declamada da interpretação foram fatores decisivos para que se chegasse a tal exagero. A letra dramática, repleta de desventuras e imagens beirando a pieguice, é perfeita para o enredo de um filme, desde o prólogo falado à parte musical propriamente dita. Nesta, o contraste da primeira parte, no modo menor, com a segunda, no modo maior, contribui para ressaltar a tragédia do protagonista. "O Ébrio", que também inspirou uma peça de teatro (em 1936) e uma novela de televisão (na TV Paulista, em 1965), foi lançado no terceiro disco de Celestino na Victor, gravadora onde ele permaneceu por 33 anos, até sua morte em 1968.

### "Favela" (samba), Roberto Martins e Valdemar Silva

A gravação de uma canção pode algumas vezes depender de circunstâncias que nada têm a ver com seus méritos artísticos. Este é o caso de "Favela", o belo samba de Roberto Martins e Valdemar Silva, que se tornou um clássico de nossa música popular. Martins já estava cansado de ter "Favela" rejeitada por Francisco Alves quando, num almoço em casa de uma amiga comum, o cantor se interessou por uma cadelinha pertencente à anfitriã. Conhecendo a história da rejeição, a moça propôs: "Grave 'Favela' que eu lhe dou a cachorrinha". Três dias depois, Alves tirou "Favela" do ineditismo. A esta gravação, seguiram-se muitas outras — é a música mais gravada de Roberto Martins —, que têm intérpretes como Carlos Galhardo, Sílvio Caldas, Ataulfo Alves, Maysa, o internacional Carlos Ramirez, e orquestras rivais como as de Zaccarias e Severino Araújo. Aliás, devem-se essas e outras gravações instrumentais ao fato de a composição se prestar otimamente a execuções dançantes. Uma homenagem ao legendário morro carioca, "Favela" foi precedida em três anos por uma canção homônima, de Hekel Tavares e Joracy Camargo, também de muito sucesso.

"**No Tabuleiro da Baiana**" (samba-batuque), Ary Barroso
Um dos maiores sucessos de Ary nos anos 1930, algo, aliás, que o surpreendeu, conforme confessou à revista *Carioca*, em 23/10/1937: "'No Tabuleiro da Baiana' foi a primeira música que vendi, tão descrente eu estava do seu mérito. Foi-me encomendada por Jardel Jercolis, que pretendia incluí-la em uma das revistas de sua companhia. A música foi mais 'fabricada' que inspirada; produzi-a mais ou menos à força e acabei compondo-a nos moldes de um batuque feito por mim há vários anos" (o samba "Batuque", gravado por Sílvio Caldas e Elisa Coelho em 1931). Mas, embora assim classificada, "No Tabuleiro da Baiana" é uma excelente composição, bem ao estilo Ary Barroso, já mostrando várias daquelas inovações que ele começava a incorporar ao samba. Sua introdução instrumental é tão adequada que faz parte integrante da música. A letra dialogada entre homem e mulher, muito bem construída, ideal para um quadro cômico-musical, têm interferências que funcionam como breques, alguns improvisados na gravação original — por exemplo, o breque "Mentirosa, mentirosa, mentirosa..." foi introduzido pelo cantor Luís Barbosa. A seção "Juro por Deus, pelo Senhor do Bonfim..." quase *ad libitum*, no meio da música, antecipa um procedimento que Ary usaria outras vezes e que sem duvida, valoriza o retorno ao ritmo marcado, como em "Os Quindins de Iaiá" (1941) e na segunda versão de "No Morro" ("Eh, Eh!"), rebatizada de "Boneca de Piche" (1938). Comprador dos direitos de "No Tabuleiro da Baiana", para uso exclusivo no teatro, Jardel Jercolis o incluiu na revista *Maravilhosa* (outubro de 36), na qual era cantado e dançado pela dupla Déo Maia e Grande Otelo. Em 31/12, a composição voltou à cena, na revista *É Batatal*, da mesma companhia, desta vez apresentada por Oscarito e a menina Isa Rodrigues, então chamada de "Shirley Temple brasileira" e que faria carreira no teatro e na televisão. Antes porém da estreia teatral, "No Tabuleiro da Baiana" já estava gravado por Carmen Miranda e Luís Barbosa, sendo revivido em 1980 por Gal Costa e Caetano Veloso e em 1983 por Maria Bethânia e João Gilberto.

"**Palpite Infeliz**" (samba), Noel Rosa

Em 1935 Wilson Batista era um jovem compositor que lutava para aparecer no meio musical. Assim, quando "Feitiço da Vila" se projetou como um dos grandes sucessos do ano, ele achou que poderia tirar proveito do fato, provocando Noel Rosa com o samba "Conversa Fiada" ("É conversa fiada/ dizerem que os sambas/ na Vila têm feitiço..."). De certa forma a provocação funcionou, pois Noel respondeu com "Palpite Infeliz", reacendendo uma polêmica, iniciada em 1933, com "Lenço no Pescoço" (Wilson), contestado por Noel em "Rapaz Folgado", seguindo-se "Mocinho da Vila" (Wilson) e o citado "Feitiço da Vila" (Noel e Vadico), que pretendia apenas louvar Vila Isabel. Mas enquanto Wilson revidava "Palpite Infeliz" com "Frankenstein da Vila" e "Terra de Cego", baixando o nível da discussão, Noel se desinteressava do assunto, que morreria num encontro dos dois num café da Rua Evaristo da Veiga. Na ocasião, Noel escreveu os versos de "Deixa de Ser Convencido", sobre a melodia de "Terra de Cego", tornando-se assim parceiro do contendor. Na realidade, houve com o passar do tempo uma valorização dessa polêmica que, segundo Almirante, não chegou a entusiasmar o público da época. Rendeu porém excelentes sambas, como este "Palpite Infeliz" que se tornou sucesso de carnaval, embora não tenha sido feito para esse fim. Sua letra, além de exaltar Vila Isabel, oferece um inventário dos principais redutos sambísticos cariocas nos anos 1930 (Estácio, Salgueiro, Mangueira, Osvaldo Cruz e Matriz), que respeitam a Vila e "sabem muito bem" que ela "não quer abafar ninguém". Lançado por Araci de Almeida (que o regravou em 1950), "Palpite Infeliz" fazia parte da trilha musical de *Alô, Alô Carnaval*, onde deveria ser interpretado pela cantora, no papel de uma lavadeira estendendo roupa num varal. Mas a cena acabou excluída do filme, por exigência de Araci, que a considerou depreciativa.

"**Pierrô Apaixonado**" (marcha/carnaval),
Noel Rosa e Heitor dos Prazeres

Heitor dos Prazeres fez o estribilho e Noel Rosa as segundas partes de "Pierrô Apaixonado", a melhor marcha do carnaval de 36 ("Um pierrô apaixonado/ que vivia só cantando/ por causa de uma colombina/ acabou chorando/ acabou chorando..."). Gravada por Joel e Gaúcho, com um belo acompanhamento da orquestra Diabos do Céu, em arranjo de Pixinguinha, foi também incluída no filme *Alô, Alô Carnaval*, com os mesmos intérpretes. A melodia envolvente, simultaneamente carnavalesca e sentimental, e os versos românticos/brincalhões de Noel ("Um grande amor tem sempre um triste fim/ com o Pierrô aconteceu assim/ levando este grande chute/ foi tomar vermute/ com amendoim") deram um charme especial à história de Pierrô, Colombina e Arlequim, o trio oriundo da *commedia dell'arte*, elevando a marchinha à categoria de clássico. Embora já bastante enfermo na época, Noel mantinha vivo seu humor de sempre.

OUTROS SUCESSOS

"A-M-E-I" (marcha/carnaval), Antônio Nássara e Eratóstenes Frazão
"Caboclo Abandonado" (samba), Benedito Lacerda e Herivelto Martins
"Cadê Mimi" (marcha/carnaval), João de Barro e Alberto Ribeiro
"Cantores de Rádio" (marcha), Lamartine Babo, João de Barro e Alberto Ribeiro
"Cem Mil-Réis" (samba), Noel Rosa e Vadico
"Dama do Cabaré" (samba), Noel Rosa
"De Babado" (samba), Noel Rosa e João Mina
"História Joanina" (canção), J. Cascata e Leonel Azevedo
"Italiana" (valsa), José Maria de Abreu, Paulo Barbosa e Osvaldo Santiago
"Lembro-me Ainda" (valsa), Joubert de Carvalho
"Longe dos Olhos" (samba), Djalma Ferreira e Cristóvão de Alencar
"Mágoas de Caboclo" (canção), J. Cascata e Leonel Azevedo
"Marchinha do Grande Galo" (marcha/carnaval), Lamartine Babo e Paulo Barbosa
"Maria Boa" (samba/carnaval), Assis Valente
"Menos Eu" (samba-canção), Roberto Martins e Jorge Faraj
"Na Virada da Montanha" (samba), Ary Barroso e Lamartine Babo
"Pelo Amor Que Tenho a Ela" (samba), Ataulfo Alves e Antônio Almeida
"Pirata" (marcha/carnaval), João de Barro e Alberto Ribeiro
"Querido Adão" (marcha/carnaval), Benedito Lacerda e Osvaldo Santiago
"Reflorir de Minha Vida" (canção), Saint-Clair Sena
"Saudade Dela" (samba), Ataulfo Alves
"Sonhos Azuis" (valsa), João de Barro e Alberto Ribeiro
"Teus Ciúmes" (valsa), Laci Martins e Aldo Cabral
"'X' do Problema" (samba), Noel Rosa

XIV. 1936

## GRAVAÇÕES REPRESENTATIVAS

ALMIRANTE
Victor, 34011-a, "Marchinha do Grande Galo"

ARACI DE ALMEIDA
Victor, 34007-a, "Palpite Infeliz"

BANDO DA LUA
Victor, 34009-a, "Maria Boa"

CARLOS GALHARDO
Victor, 34079-b, "Italiana"
Odeon, 11411-b, "Sonhos Azuis"

CARMEN MIRANDA
Odeon, 11297-a, "Querido Adão"

CARMEN MIRANDA E LUÍS BARBOSA
Odeon, 11402-b, "No Tabuleiro da Baiana"

FRANCISCO ALVES
Victor, 34052-a, "Boa Noite Amor"
Victor, 34038-b, "É Bom Parar"
Victor, 34059-a, "Favela"
Victor, 33995-b, "Na Virada da Montanha"

JOEL E GAÚCHO
Victor, 34007-a, "Pierrô Apaixonado"

ORLANDO SILVA
Victor, 34067-a, "História Joanina"
Victor, 34067-b, "Mágoas de Caboclo"

SÍLVIO CALDAS
Odeon, 11353-a, "Teus Ciúmes"

VICENTE CELESTINO
Victor, 34091-a, "O Ébrio"

Araci de Almeida, a grande intérprete de Noel Rosa
e uma de nossas maiores cantoras de samba.

## MÚSICAS ESTRANGEIRAS DE SUCESSO NO BRASIL

"Blue Moon", Richard Rodgers e Lorenz Hart
"Cheek to Cheek", Irving Berlin
"The Continental", Con Conrad e Herb Magidson
"I'm Sittin' High on a Hilltop", Arthur Johnston e Gus Kahn
"Just One of Those Things", Cole Porter
"Night and Day", Cole Porter (lançado em 1932)
"The Piccolino", Irving Berlin
"San Francisco", Bronislaw Kaper, Walter Donaldson e Gus Kahn

## CRONOLOGIA

20/01: Morre o Rei George V da Grã-Bretanha, sendo sucedido no trono por Edward VIII.

24/02: Nasce em São Paulo (SP) o cantor Tony Campello (Sérgio Beneli Campello).

03/04: Nasce no Rio de Janeiro (RJ) o pianista/compositor Luís Eça (Luís Mainzl da Cunha Eça).

11/05: Nasce no Rio de Janeiro (RJ) o compositor/cantor Carlos Lyra (Carlos Eduardo Lyra Barbosa).

06/06: Nasce em São Paulo (SP) a cantora/compositora Maysa (Maysa Figueira Monjardim).

22/06: Nasce em Arapiraca (AL) o instrumentista/compositor Hermeto Pascoal.

18/07: Inicia-se a Guerra Civil Espanhola.

28/07: Nat 'King' Cole grava o seu primeiro disco (tocando piano no conjunto de Eddie Cole).

08: Realizam-se em Berlim (Alemanha) os XI Jogos Olímpicos da Era Moderna.

14/08: Nasce em Raul Soares (MG) o cantor/compositor Sílvio César (Sílvio Rodrigues Silva).

12/09: É inaugurada a Rádio Nacional do Rio de Janeiro.

11/10: Nasce em Irará (BA) o compositor/cantor Tom Zé (Antônio José Santana Martins).

16/10: Nasce Caratinga (MG) o cantor Agnaldo Timóteo.

19/11: A Orquestra Filarmônica de Londres realiza em Ludwigshafen (Alemanha) a primeira gravação de um concerto em fita magnética. Ella Fitzgerald grava seu primeiro disco ("Organ's Grinder Swing" e "Shine").

30/11: É inaugurado no Rio de Janeiro o Aeroporto Santos Dumont.

10/12: Edward VIII abdica ao trono da Grã-Bretanha.

12/12: Nasce no Rio de Janeiro (RJ) o compositor Wilson Moreira (Wilson Moreira Serra).

# XV. 1937

DESTAQUES

**"Carinhoso"** (samba-choro), Pixinguinha e João de Barro

O "Carinhoso" tem uma história que começa de forma inusitada, com o autor mantendo-o inédito por mais de dez anos. Esse ineditismo é justificado por Pixinguinha, no depoimento que concedeu ao Museu da Imagem e do Som do Rio de Janeiro em 1968: "Eu fiz o 'Carinhoso' em 1917. Naquele tempo o pessoal nosso da música não admitia choro assim de duas partes (choro tinha que ter três partes). Então, eu fiz o 'Carinhoso' e encostei. Tocar o 'Carinhoso' naquele meio! Eu não tocava... ninguém ia aceitar". Portanto, o "Carinhoso" foi 'encostado' porque só tinha (e tem) duas partes. O jovem Pixinguinha, então com 20 anos, não se atrevia a contrariar o esquema adotado nos choros da época, a forma rondó (A-B-A-C-A), herdada da polca. Ele mesmo esclarece, no depoimento, que "o 'Carinhoso' era uma polca, polca lenta. O andamento era o mesmo de hoje e eu classifiquei de polca lenta ou polca vagarosa. Mais tarde mudei para chorinho".

Assim, composto na mesma época de "Sofres Porque Queres" (um choro em três partes) e a valsa "Rosa" — gravados na Casa Edison em 1917 —, "Carinhoso" só chegaria ao disco em dezembro de 1928, interpretado pela orquestra Típica Pixinguinha-Donga, na Parlophon. Sobre essa gravação, um crítico pouco versado em jazz publicou o seguinte comentário na revista *Phonoarte* (nº 11, de 15/01/1929): "Parece que o nosso popular compositor anda sendo influenciado pelos ritmos e melodias do jazz. É o que temos notado, desde algum tempo e mais uma vez neste seu choro, cuja introdução é um verdadeiro *fox-trot* e que, no seu decorrer, apresenta combinações de música popular *yankee*. Não nos agradou". Ainda sem letra, "Carinhoso" teria mais duas gravações, a primeira (em 1929) pela Orquestra Victor-Brasileira, dirigida por Pixinguinha, e a segunda (em 1934) pelo bandolinista Luperce Miranda, figurando em ambos os discos, por erro de grafia, com o título de "Carinhos".

Apesar das três gravações e das execuções em programas de rádio e rodas de choro, "Carinhoso" continuava em meados dos anos 1930 ignorado pelo grande público. Em outubro de 1936, porém, um acontecimento iria contribuir de forma acidental para uma completa mudança no curso de sua história. Encenava-se naquele mês no Teatro Municipal do Rio de Janeiro o espetáculo *Parada das Maravilhas*, promovido pela primeira dama, Darcy Vargas, em benefício da obra assistencial Pequena Cruzada. Convidada a participar do evento, a atriz e cantora Heloísa Helena pediu a Braguinha uma canção nova que marcasse sua presença no palco. Não possuindo nenhuma na ocasião, o compositor aceitou então a sugestão da amiga para que pusesse versos no choro "Carinhoso". "Procurei imediatamente o Pixinguinha", relembra Braguinha, "que me mostrou a melodia num *dancing* (o Eldorado) onde estava atuando. No dia seguinte entreguei a letra a Heloísa que, muito satisfeita, me presenteou com uma bela gravata italiana."

Surgia assim, escrita às pressas e sem maiores pretensões, a letra de "Carinhoso", uma letra simples (não chega a alcançar o melhor nível de João de Barro), mas que se constituiu em fator primordial para a popularização da composição. Pode-se mesmo dizer que o "Carinhoso" só se tornaria um dos maiores clássicos da MPB a partir do momento em que pôde ser cantado. Comprova a afirmação o número de gravações — mais de 200 — que recebeu desde o dia (28/05/1937) em que Orlando Silva o registrou em disco. É ainda Pixinguinha, em depoimento ao MIS, quem conta a história dessa gravação: "A maioria não estava interessada em gravar o 'Carinhoso'. Todos queriam gravar a valsa 'Rosa'. Primeiro foi chamado Francisco Alves, que não se interessou. O Galhardo também falhou (deixando de comparecer na data marcada). Então Mr. Evans (diretor da Victor) disse: 'Ah, não! Não grava mais. Não veio no dia, não grava mais'. Aí chamou o Orlando, que gravou o 'Carinhoso' e a valsa 'Rosa'". Parece entretanto que, antes de gravá-los, o cantor não fazia fé nos versos de Braguinha. Pelo menos, isso foi o que deu a entender seu irmão Edmundo, encomendando ao compositor Pedro Caetano outra letra para o choro. Comentando essa letra inédita ("Na mansidão do teu olhar/ meu coração viu passear/ uma feliz e meiga bonança" etc.) em seu livro de memórias, publicado em 1984, Pedro a considerou "piegas, sem graça e com várias palavras caídas em desuso". Editados no mesmo disco (Victor nº 34181), "Carinhoso" e "Rosa" tiveram sucesso imediato, que somado ao de "Lábios Que Beijei" iria acelerar mais ainda o ritmo da carreira do futuro "Cantor das Multidões", já na época em franca ascensão. "Carinhoso", inclusive, seria adotado por Orlando como prefixo musical de suas audições.

Ostentando o mérito de ser uma das composições mais gravadas de nossa música popular, "Carinhoso" detém ainda o recorde de gravações nos repertórios de Pixinguinha e João de Barro. Além, naturalmente, dos autores e de Orlando Silva, incluem-se em sua relação de intérpretes em discos figuras como Sílvio Caldas, Ângela Maria, Elizeth Cardoso, Elis Regina, Dalva de Oliveira, Maria Bethânia, Radamés Gnattali, Antônio Carlos Jobim, Arthur Moreira Lima, Garoto, Baden Powell, Jacob do Bandolim, Hermeto Pascoal e muitos outros. "Carinhoso" foi também vencedor de enquete promovida pela *Cigarra-Magazine*, em 1949, intitulada "Os Dez Maiores Sambas Brasileiros". Quatro décadas depois, seria a música mais indicada pelos participantes da série de programas *As Dez Mais de Sua Vida*, produzida e apresentada por Luís Carlos Saroldi nas rádios MEC e JB. Orlando Silva declarou em várias entrevistas ser ele o responsável pela iniciativa de pedir a Braguinha uma letra para o "Carinhoso". A versão de Orlando, porém, foi desmentida por Pixinguinha e Braguinha, encerrando o assunto.

**"Chão de Estrelas"** (canção), Orestes Barbosa e Sílvio Caldas
Numa visita ao poeta Guilherme de Almeida, em 1935, Sílvio Caldas mostrou-lhe uma canção inédita, intitulada "Foste a Sonoridade Que Acabou". Terminada a apresentação, a canção recebeu um novo nome: "Chão de Estrelas". Aconteceu a mudança por sugestão de Guilherme, tomado de súbito entusiasmo pelos versos, que eram de Orestes Barbosa. Sobre o fato, ele escreveria trinta anos depois (em crônica incluída no livro *Chão de estrelas*, de Orestes): "Nem de nome eu conhecia o autor. Mas o que então dele pensei e disse, hoje o repito: uma só dessas duas imagens — o varal das roupas coloridas e as estrelas no chão (...) — é quanto basta para que ainda haja um poeta sobre a terra". Mas não para em Guilherme de Almeida o fascínio despertado por "Chão de Estrelas" entre nossos poetas. Em 1956, numa crônica em louvor a Orestes, Manuel Bandeira terminava assim: "Se se fizesse aqui um concurso (...) para apurar qual o verso mais bonito de nossa língua, talvez eu votasse naquele de Orestes: 'tu pisavas os astros distraída...'". Composto por Sílvio Caldas sobre um poema em decassílabos — que Orestes relutou em consentir que fosse musicado —, "Chão de Estrelas" é a obra-prima da dupla, que produziu um total de quinze canções, a maioria de muito boa qualidade ("Quase Que Eu Disse", "Suburbana", "Torturante Ironia" etc.). Essas composições cantam amores perdidos ou impossíveis, tratados do ponto de vista masculino e quase sempre localizados em cenários urbanos — arranha-céus, apartamentos, cinemas...
Embora tenha se destacado no seu lançamento em 1937, "Chão de Estrelas" só se tornaria um sucesso nacional na década de 1950, quando Sílvio Caldas a gravou pela segunda vez.

**"Coração Materno"** (tango-canção), Vicente Celestino

Todo o romantismo dramático, exarcebado, que caracteriza o estilo Celestino está em "Coração Materno", composição baseada numa lenda de mais de quinhentos anos, segundo o autor. Secular ou não, o fato é que a tal lenda inspirou a mais trágica (se levada a sério) ou mais ridícula canção de nossa música popular. Uma canção sobre as desventuras de um sujeito que mata a própria mãe e lhe extrai o coração, para oferecê-lo a namorada, que assim o exige como prova de sua paixão... E quando volta correndo para completar a missão junto à amada, o desastrado matricida tropeça e cai, quebrando a perna. Nesse momento, o coração materno salta-lhe da mão e, rolando pelo chão, exclama: "Magoou-se, pobre filho meu?/ vem buscar-me que ainda sou teu...". Pois esta inacreditável canção impressionou e comoveu os fãs de Vicente Celestino, constituindo-se em um de seus maiores e mais duradouros sucessos. Em 1968, "Coração Materno" foi utilizado com grande repercussão por Caetano Veloso, no disco *Tropicália*, simbolizando o culto ao cafona. Em flagrante contraponto à versão patética de Vicente Celestino, Caetano deu-lhe uma interpretação linear e fria, acompanhado por uma orquestração de Rogério Duprat, numa generosa e propositada caricatura do *kitsch* original. Assim como "O Ébrio", "Coração Materno" também virou filme, realizado em 1952 e estrelado por Vicente e sua mulher Gilda de Abreu. Só que no filme, Gilda, autora do argumento, amenizou a tragédia, cancelando o matricídio. Talvez por isso não tenha repetido o sucesso de "O Ébrio"...

**"Lábios Que Beijei"** (valsa), J. Cascata e Leonel Azevedo

É em 1937 que Orlando Silva se impõe como cantor, igualando-se aos maiores rivais. Para isso, concorre decisivamente sua gravação de "Lábios Que Beijei", valsa de enorme sucesso, num ano pródigo no gênero. Ocupando um disco que tinha na outra face o samba "Juramento Falso", a melancólica composição jamais encontrou outro intérprete tão perfeito quanto o jovem Orlando, então com 22 anos. É tamanha sua integração na história desta canção, que se poderia simbolicamente considerá-lo parceiro na autoria, ao lado de Cascata e Leonel Azevedo. Aliás, essa dupla deve boa parte de seu êxito a Orlando, que lançou várias de suas músicas. O disco inicial de "Lábios Que Beijei", com arranjo de Radamés Gnattali, destacando o naipe de cordas, acabou promovendo esse tipo de orquestração, que se tornaria a partir de então quase obrigatória na gravação do repertório romântico brasileiro.

"**Mamãe Eu Quero**" (marcha/carnaval), Jararaca e Vicente Paiva

Jararaca, um dos componentes da extraordinária dupla cômico-musical Jararaca (violão) e Ratinho (clarinete e sax-alto) —, remanescente do conjunto Turunas Pernambucanos, costumava participar dos carnavais com músicas em que misturava comicidade, malícia e *nonsense*. Dessa produção sobreviveu "Mamãe Eu Quero", uma das marchinhas mais cantadas em todos os tempos. Este imprevisível sucesso, porém, só seria gravado depois de muita insistência de Jararaca e quase como uma brincadeira (a gravação na época era barata), sob a responsabilidade de Vicente Paiva, que ganhou a parceria de presente. Na gravação, realizada em 17 de dezembro de 1936, aconteceram coisas não programadas como, por exemplo, o curioso prólogo em que Almirante dialoga de improviso com Jararaca. Tal diálogo foi acrescentado para alongar o tempo de gravação, que na tomada inicial havia ficado muito curto. Outra curiosidade foi a presença do casal Ciro Monteiro e Odete Amaral, além do citado Almirante, no coro. Já o conjunto que acompanhou era formado por Vicente Paiva (piano), Luís Americano (clarinete), José Alves (banjo), Canhoto (cavaquinho), Carlos Lentini e Nei Orestes (violões) e Russo do Pandeiro. Mas, voltando à composição, "Mamãe Eu Quero" tem um estribilho de uma simplicidade mágica, que se tornou um verdadeiro hino à folia. Além de gravada por inúmeros artistas brasileiros (Sílvio Caldas, Pixinguinha, Wilson Simonal), a marchinha ganhou o âmbito internacional, sob o título de "I Want My Mama", através de Carmen Miranda que a lançou no filme *Serenata Tropical* (1940). Ainda no exterior foi gravada por Bing Crosby e pelas Andrews Sisters, entre outros, e apresentada em filmes de Mickey Rooney e Jerry Lewis. A explicação para o êxito de "Mamãe Eu Quero" não pode ser encontrada apenas na pureza da melodia, elaborada com as notas básicas de uma sequência de acordes primários. Como "Jingle Bells" ou "Happy Birthday" ela tem um toque de ingenuidade óbvia na letra e na música, que não parecem ter sido criadas por um mortal qualquer. Mas, em contraste, tem também (como em quase tudo que Jararaca fez) o tal toque de malícia, presente na voz do adulto pedindo para mamar. No fundo, Jararaca assume na música popular o mesmo significado de um autor desconhecido, como se sua música pertencesse ao folclore, o que é uma glória raramente atingida.

"**Meu Limão, Meu Limoeiro**" (samba-sertanejo),
tema popular (arranjo de José Carlos Burle)

Não se sabe com segurança a origem deste tema folclórico, que o pernambucano José Carlos Burle aproveitou. O fato, porém, é que ele seria gravado várias vezes com sucesso, destacando-se as interpretações de Jorge Fernandes e da dupla Sílvio Caldas-Gidinho (em 1937) e, vinte anos depois, a de Inezita Barroso. Apesar de existir no selo do disco de Fernandes (Columbia nº 8335) a indicação "folclore recolhido na Bahia por O. Cardoso de Menezes e Francisco Pereira", há indícios de que sua origem seja europeia, sendo o tema conhecido na Alemanha e na Holanda (teria sido trazido para o Nordeste pelos holandeses?). Com o título de "Lemon Tree" e acentuações rítmicas adequadas ao gênero *country*, foi ainda gravado nos Estados Unidos. Existem duas letras para a segunda parte de "Meu Limão, Meu Limoeiro", a primeira provavelmente de Burle e a segunda, de acordo com Inezita Barroso, retirada de quadrinhas populares nordestinas. Mas a trajetória da composição não para por aí, prosseguindo vitoriosamente em 1966, quando Wilson Simonal, instigado pelo jornalista Sérgio Porto, regravou-a numa versão adaptada ao estilo "pilantragem", que o consagrara. Essa versão, em síntese, juntava uma roupagem dançante criada pelo cantor Chris Montez para os clássicos americanos, muito em voga na ocasião, a alterações melódicas que incluíam especialmente *blue notes*. Tal versão conquistou o público jovem, que sequer conhecia a melodia e a divisão originais.

**"Não Tenho Lágrimas"** (samba), Max Bulhões e Milton de Oliveira

Lançado em agosto de 1937, "Não Tenho Lágrimas" agradou de saída, estendendo seu sucesso ao carnaval seguinte, quando foi um dos sambas vencedores. Segundo se comentou no meio musical da época, este samba teria estribilho de Max Bulhões e segunda parte de Wilson Batista. Milton de Oliveira entrara no lugar de Wilson por ter conseguido a gravação. Como "indenização", Bulhões teria pago trinta mil-réis a Wilson. Igual a tantas outras, esta é apenas mais uma história de venda de samba, que ficou no disse- -me-disse, sem comprovação. A verdade, porém, é que "Não Tenho Lágrimas" (também chamado de "Quero Chorar") permaneceu e tornou-se um clássico. Gravado despretensiosamente no original pelo cantor e professor de violão Patrício Teixeira, possui extensa discografia que inclui intérpretes internacionais como Xavier Cugat e Nat King Cole. Nat o gravou em 1959 no elepê *A Mis Amigos*, com o título de "Come to Mardi Gras", graças à beleza de sua melodia. Teoricamente, os últimos quatro compassos do estribilho ("Só porque não sei chorar/ eu vivo triste a sofrer") parecem um rabicho colado ao tema principal. Na prática, a despeito de aumentarem para vinte os tradicionais dezesseis compassos, esses últimos quatro compassos são um fecho "tipo breque" de tal originalidade que dispensariam até a segunda parte, menos criativa.

**"Patativa"** (canção), Vicente Celestino

Apenas cinco meses (março a agosto de 37) separam os lançamentos de "Coração Materno" e "Patativa", dois dos maiores sucessos de Vicente Celestino. Seguindo a mesma linha de interpretação operística das anteriores, o sucesso desta canção, que também esbarra no grotesco, é mais um exemplo do gosto declarado de uma considerável faixa da população brasileira por um tipo de música, qualificado em épocas posteriores de cafona, brega ou, indevidamente, de popular romântico. Musicalmente, o contraste entre o modo menor da primeira parte e o maior da segunda é um expediente de grande efeito nesta área. Contudo, para muitos admiradores de Celestino, "Patativa" é considerada a sua melhor canção.

**"Rosa"** (valsa), Pixinguinha

Francisco Alves e Carlos Galhardo deixaram de lançar "Rosa" porque rejeitaram "Carinhoso", destinado ao lado "A" do mesmo disco. Sobrou, então, a valsa para Orlando Silva, que lhe deu interpretação magistral. Segundo Pixinguinha, "Rosa" é de 1917 e chamou-se originalmente "Evocação", só recebendo letra muito mais tarde. "O autor dessa letra" — esclarece ainda Pixinguinha — "é Otávio de Souza, um mecânico do Engenho de Dentro (bairro carioca) muito inteligente e que morreu novo". Sobre a gravação original, há um erro de concordância de Orlando, que canta "sândalos dolente". Aliás, o cantor abandonou esta música após a morte de sua mãe, dona Balbina, em 1968. Era sua canção favorita, e o sensível Orlando jamais conseguiu voltar a cantá-la sem chorar. "Rosa" é uma linda valsa "de breque", mas de difícil interpretação vocal, especialmente para o uso de legatos, já que as pausas naturais são preenchidas por segmentos que restringem os espaços para o cantor tomar fôlego. Quanto à letra, é também um exemplo do estilo poético rebuscado em moda na época: "Tu és divina e graciosa, estátua majestosa/ do amor, por Deus esculturada e formada com o ardor/ da alma da mais linda flor, de mais ativo olor/ que na vida é preferida pelo beija-flor...". O desafio de regravar "Rosa" foi tentado por alguns intérpretes, sendo talvez o melhor resultado o obtido por Marisa Monte, em 1990, com pequenas alterações melódicas.

**"Serra da Boa Esperança"** (samba-canção), Lamartine Babo

No início dos anos 1930, Lamartine Babo correspondeu-se com Nair, uma mineira de Dores de Boa Esperança, a quem dedicou esta canção. Tempos depois, visitando a cidade, ele descobriria que Nair era uma menina, sobrinha de um admirador seu, o dentista Carlos Alves Neto, verdadeiro autor das cartas. Este inspirado samba-canção mostrou-se propício a interpretações renovadoras, especialmente com criativas mudanças harmônicas, como a versão instrumental que lhe deram César Camargo Mariano e Wagner Tiso, em 1983, e a vocal de Eduardo Dusek, em 1984, num reverente resgate. A composição com 32 compassos (A-B) é desenvolvida sobre um motivo principal, de três notas e suas variações, usado quatro vezes a cada quatro compassos, e que é alterado de modo notável em duas ocasiões: na preparação para o final da primeira parte ("Meu-úl-ti-mo-bem") e no compasso 26 ("Ho-ra-do-adeus-vou-me"), quando em vez de ser repetido, prossegue o movimento descendente direto, um procedimento que volta a ser usado nas oito notas que precedem o arremate. Com letra e música de Lamartine, "Serra da Boa Esperança" é um exemplo bem expressivo de sua arte, em que o poeta e o compositor se igualam em competência e bom gosto.

<u>OUTROS SUCESSOS</u>

"A Você" (valsa), Ataulfo Alves e Aldo Cabral

"Acorda Escola de Samba" (samba/carnaval), Benedito Lacerda e Herivelto Martins

"Amigo Leal" (samba), Benedito Lacerda e Aldo Cabral

"Apanhei um Resfriado" (samba-choro), Leonel Azevedo

"Arranha-Céu" (valsa), Orestes Barbosa e Sílvio Caldas

"Até Breve" (samba), Ataulfo Alves e Cristóvão de Alencar

"Bate, Bate Coração" (marcha), Roberto Martins e Mário Lago

"Boêmio" (samba), Ataulfo Alves e Wilson Falcão (sob o pseudônimo de J. Pereira)

"Cachorro Vira-Lata" (samba), Alberto Ribeiro

"Ciribiribi Quá-Quá" (marcha/carnaval), Ary Barroso e Antônio Nássara

"Como 'Vais' Você" (marcha/carnaval), Ary Barroso

"E o Destino Desfolhou" (valsa), Gastão Lamounier

"Faustina" (samba-choro), Gadé

"Juramento Falso" (samba), J. Cascata e Leonel Azevedo

"Lágrimas de Rosa" (valsa-canção), Dante Santoro e Kid Pepe

"Lig-Lig-Lig-Lé" (marcha/carnaval), Paulo Barbosa e Osvaldo Santiago

"Mais uma Valsa... Mais uma Saudade" (valsa), José Maria de Abreu
    e Osvaldo Santiago
"Misteriosos Amor" (valsa), Saint-Clair Sena
"Quero-te Cada Vez Mais" (valsa), João de Freitas e Zeca Ivo
"Risoleta" (samba), Raul Marques e Moacir Bernardino
"Sabiá Laranjeira" (samba), Max Bulhões e Milton de Oliveira
"Só Nós Dois no Salão (e Esta Valsa)" (valsa), Lamartine Babo
"Solidão" (samba-canção), José Maria de Abreu e Francisco Matoso
"Última Canção" (foxe-canção), Guilherme A. Pereira
"Vou Deixar Meu Ceará" (toada), José de Sá Roris


## GRAVAÇÕES REPRESENTATIVAS

ALMIRANTE
Odeon, 11484-a, "Faustina"

CARLOS GALHARDO
Odeon, 11458-a, "A Você"
Odeon, 11468-a, "E o Destino Desfolhou"

FRANCISCO ALVES
Victor, 34150-a, "Misterioso Amor"
Victor, 34174-a, "Serra da Boa Esperança"
Victor, 34174-b, "Só Nós Dois no Salão (e Esta Valsa)"

JARARACA
Odeon, 11449-a, "Mamãe Eu Quero"

ORLANDO SILVA
Victor, 34172-b, "Amigo Leal"
Victor, 34181-a, "Carinhoso"
Victor, 34157-b, "Lábios Que Beijei"
Victor, 34181-b, "Rosa"
Victor, 34213-a, "Última Canção"

PATRÍCIO TEIXEIRA
Victor, 34193-a, "Não Tenho Lágrimas"

Sílvio Caldas
Odeon, 11475-a, "Arranha-Céu"
Odeon, 11475-b, "Chão de Estrelas"

Sílvio Caldas e Gidinho
Odeon, 11487-a, "Meu Limão, Meu Limoeiro"

Vicente Celestino
Victor, 34156-b, "Coração Materno"
Victor, 34188-a, "Patativa"


## MÚSICAS ESTRANGEIRAS DE SUCESSO NO BRASIL

"Blue Hawaii", Leo Robin e Ralph Rainger
"Flor de Lys", Agustin Lara
"Goodnight My Love", Harry Revel e Mack Gordon
"I've Got You Under My Skin", Cole Porter
"Moonlight and Shadows", Leo Robin e Frederick Hollander
"Rosalie", Cole Porter
"Someone to Care for Me", Bronislaw Kaper e Walter Jurmann
"Tiger Rag", componentes da Original Dixieland Jazz Band (lançada
    em 1917)
"Too Marvelous for Words", Johnny Mercer e Richard A. Whiting
"Vous Qui Passez Sans Me Voir", Charles Trenet, Johnny Hesse e Paul
    Misraki
"The Way You Look Tonight", Jerome Kern e Dorothy Fields
"You Turned the Tables on Me", Louis Alter e Sidney D. Mitchell


## CRONOLOGIA

26/04: Na Guerra Civil Espanhola, bombardeiros alemães arrasam a cidade de Guernica.

04/05: Morre no Rio de Janeiro (RJ) o compositor Noel Rosa.

06/05: Explode em Lakehurst (New Jersey-EUA) o dirigível Hindenburg, no maior desastre aéreo da década de 1930.

12/06: George VI é coroado Rei da Grã-Bretanha.

02/06: Joe Louis conquista o título de Campeão Mundial de Boxe (peso-pesado), ao vencer por nocaute James J. Bradock, em Chicago (Illinois-EUA).

23/06: Nasce no Rio de Janeiro (RJ) a cantora Elza Soares (Elza da Conceição Gomes). Nasce no Rio de Janeiro (RJ) o compositor/pianista João Roberto Kelly.

01/07: Dalva de Oliveira grava (com a Dupla Preto e Branco) o seu primeiro disco (Victor, 34206, "Itaquari" e "Ceci e Peri").

11/07: Morre em Beverly Hills (California-EUA) o compositor George Gershwin.

06/08: Nasce em Itaperuna (RJ) o violonista/compositor Baden Powell (Baden Powell de Aquino).

13/10: Nasce no Rio de Janeiro (RJ) o bandolinista Joel Nascimento.

25/10: Nasce em Vitória (ES) o compositor/violonista Roberto Menescal.

27/10: Nasce no Rio de Janeiro (RJ) o cantor Pery Ribeiro (Pery de Oliveira Martins).

31/10: Nasce no Rio de Janeiro (RJ) a cantora Claudette Soares (Claudette Colbert Soares).

10/11: O presidente Getúlio Vargas fecha o Congresso e assume poderes ditatoriais, criando o chamado Estado Novo.

12: Walt Disney lança nos Estados Unidos *Branca de Neve e os Sete Anões*, o primeiro desenho animado em longa-metragem.

01/12: A Orquestra de Harry James grava o seu primeiro disco.

Em 1938, Carmen Miranda vivia o auge da popularidade, cantando sucessos como "Camisa Listrada", "Na Baixa do Sapateiro" e "Boneca de Piche".

# XVI. 1938

DESTAQUES

**"Abre a Janela"** (samba/carnaval),
Arlindo Marques Júnior e Roberto Roberti
O samba "Abre a Janela" defende a regalia masculina de "cair na orgia", com direito ao perdão da mulher, passado o carnaval. E o amante folião anuncia e justifica o seu projeto de liberação ao pé da janela da namorada, como se fizesse uma serenata: "Abre a janela formosa mulher/ e vem dizer adeus a quem te adora/ apesar de te amar/ como sempre amei/ na hora da orgia eu vou embora". Em seguida, sugere uma solução conciliatória, ofertando-lhe em penhor o coração e prometendo voltar para a sua companhia, assim que a orgia terminar... Ótimo na letra e na melodia, "Abre a Janela" foi o primeiro grande sucesso de Arlindo Marques Júnior e Roberto Roberti, uma boa dupla de autores carnavalescos. Este sucesso seria ajudado ainda pela interpretação de seu lançador Orlando Silva.

**"Camisa Listrada"** (samba-choro), Assis Valente
Foi pensando em Carmen Miranda, e seu estilo brejeiro e malicioso, que Assis Valente criou o melhor segmento de sua obra: os 25 sambas e marchinhas que a cantora gravou no período 1933-1940. Figuram nesse repertório alguns de seus maiores sucessos como "Camisa Listrada", um dos sambas preferidos pelos foliões de 1938. Num flagrante da vida cotidiana, a composição descreve a aventura de um sujeito que aproveita o carnaval para, comportando-se de forma irreverente, libertar-se de suas preocupações. O tal sujeito improvisa uma vestimenta feminina — com uma camisa listrada e um pedaço de cortina servindo de saia — e, de "canivete no cinto e pandeiro na mão", sai pelas ruas cantando "Mamãe Eu Quero Mamar". O curioso é que Assis, muito mais letrista do que compositor, veste esta alegre crônica carnavalesca com uma melodia triste, toda ela no modo menor. Rejeitado pela Victor (que chegou a registrá-lo em disco não lançado, com as Irmãs Pagãs), "Camisa Listrada" permanecia inédito já havia algum tempo, quando Carmen Miranda resolveu gravá-lo, por insistência do compositor, o único que acreditava em seu sucesso. Embora a palavra "listrada" no tí-

tulo tenha sido grafada em alguns casos "listada", dicionários editados em Portugal e no Brasil confirmam que ambas são válidas.

**"E o Mundo Não Se Acabou"** (samba-choro), Assis Valente

Um simples eclipse solar ocorrido em 2 de dezembro de 1937 provocou pânico. Por incrível que possa parecer, o fato de o Sol ter ficado por alguns momentos parcialmente escondido pela Lua, resultando a visão de um anel luminoso à volta do satélite da Terra, foi visto e reportado como o prenúncio de uma tragédia: era o fim do mundo. O compositor Assis Valente, um dos maiores fornecedores do repertório de Carmen Miranda, pegou no ar o óbvio malogro daquele prognóstico surreal para desenvolver uma de suas mais criativas e deliciosas crônicas sob a forma de samba. Inventou um personagem feminino que cuidou de fazer tudo que fosse possível antes que o mundo acabasse: "Acreditei nessa conversa mole/ pensei que o mundo ia se acabar/ e fui tratando de me despedir/ e sem demora fui tratando de aproveitar/ beijei na boca de quem não devia/ peguei na mão de quem não conhecia/ dancei um samba em traje de maiô/ e o tal do mundo não se acabou". Logicamente os planos da moça foram por água abaixo, mas o resultado foi uma nova obra bem-humorada de Assis Valente gravada por sua cantora favorita, Carmen Miranda. Em seu livro *História sexual da MPB*, Rodrigo Faour aponta que o verso "beijei na boca de quem não devia" se relaciona ao comportamento de um gay que tenta esconder sua homossexualidade, precisamente o caso do talentoso Assis. Seu samba foi gravado posteriormente por vários intérpretes, destacando-se Maria Bethânia, Ney Matogrosso e Adriana Calcanhotto.

**"Na Baixa do Sapateiro"** (samba), Ary Barroso

Ary Barroso conheceu a Bahia em janeiro de 1929, quando integrava como pianista a orquestra de Napoleão Tavares. Conheceu e por ela se apaixonou imediatamente, conforme confessou em entrevista à *Manchete* em 1962: "Eu me descobri na Bahia. Os seus ritmos, seus candomblés, suas capoeiras, sua gente (...) foram uma revelação para mim. Fiquei de tal modo impressionado que o jeito foi exteriorizar a minha admiração através da música". E exteriorizou muito bem, exaltando os encantos da Bahia em várias canções como "No Tabuleiro da Baiana", "Faixa de Cetim" e o clássico "Na Baixa do Sapateiro", sua segunda composição mais gravada. Uma velha rua de Salvador, de nome pitoresco (aliás o nome certo é Baixa dos Sapateiros, sendo oficialmente chamada Rua Dr. J. J. Seabra) inspirou o título do samba, além de servir de cenário a uma historinha romântica, contada na letra, na verdade mero pretexto para falar da Bahia — "Oi, Bahia, ai, ai/ Bahia que não me sai do pensamento, ai, ai".

Gravado por Carmen Miranda, deveria ser por ela cantado no filme *Banana da Terra*, o que não aconteceu em razão de um desentendimento do compositor com o produtor Wallace Downey. Em compensação, se tornaria sucesso internacional, com o título de "Bahia", a partir de sua inclusão em outro filme, *Você Já Foi à Bahia?* (*The Three Caballeros*), de Walt Disney, e interpretada em inglês pelo brasileiro Nestor Amaral. Uma de suas obras -primas e sua primeira composição totalmente inovadora, ela é iniciada com um recitativo cuja letra é uma reflexão sobre o amor ("Oi, o amô, ai, ai..."). Segue-se a letra de uma lembrança da Bahia com a mesma melodia anterior, mas um final que prenuncia algo que deve acontecer na canção: "vou contá". Essa é precisamente a característica do recitativo: a melodia fica propositadamente numa suspensão, não se resolve, pede uma continuidade. Aí surge o segundo tema melódico da canção, descrevendo na letra uma paixão não correspondida por uma baiana que o autor encontrou há tempos: "Na Baixa do Sapateiro/ eu encontrei um dia....". O que se segue é uma terceira melodia, um novo tema que se resolve, ao mesmo tempo em que a letra, um pedido ao Santo da Bahia para arranjar outra morena igualzinha àquela, também se resolve: "Bahia, terra da felicidade/ Morena, eu ando louco de saudade/ Meu Sinhô do Bonfim/ Arranje uma morena igualzinha pra mim/ Ai, Bahia, ai, ai". Uma medida de seu sucesso é a cifra de mais de um milhão de execuções nos Estados Unidos em 1945. Um esclarecimento: a designação "samba-jongo", presente no disco e nas edições iniciais, nada tem a ver com as características da composição. Foi incluída somente por um capricho de Ary, que achava a palavra "instigante"...

**"Nada Além"** (foxe-canção), Custódio Mesquita e Mário Lago
No dia 09/07/1937, estreava no Teatro Recreio, no Rio de Janeiro, a revista *Rumo ao Catete*, título que aludia a uma eleição presidencial que Getúlio não deixou acontecer. Além de um elenco de primeira — Araci Cortes, Oscarito, Eva Tudor —, a peça tinha libreto e direção musical de dois grandes compositores, Custódio Mesquita e Mário Lago. Reunindo todos esses valores, *Rumo ao Catete* foi um sucesso, com mais de trezentas representações e, de quebra, ainda enriqueceu a música popular com duas belas composições, o foxe "Nada Além" e a valsa "Enquanto Houver Saudade". Maior sucesso da dupla Lago-Mesquita, "Nada Além" era motivo na peça de um quadro cômico-romântico: um homem de aparência simplória examinava, à porta de uma loja, várias mercadorias que lhe oferecia um vendedor. Vendo

que o suposto freguês não se decidia, o vendedor o interpelava: "Afinal, o que deseja o cavalheiro?", ao que o sujeito respondia, cantando: "Nada além, nada além de uma ilusão...". Apesar de aprovarem a interpretação operística dada no palco pelo tenor Armando Nascimento, os autores achavam que as canções se adaptavam melhor a uma voz popular, como a de Orlando Silva, à época no auge da fama. Então Custódio, sempre vaidoso, usou de um expediente para induzi-lo a gravá-las, sem correr o risco de uma rejeição, convidando-o a assistir a peça. E deu certo, pois ao final da sessão o cantor, entusiasmado, exigiu: "Custódio, me dá agora mesmo as partes de piano dessas músicas que eu quero gravá-las, o mais rápido possível". E assim o fez no início de 1938.

**"Pastorinhas"** (marcha/carnaval), João de Barro e Noel Rosa
"Linda Pequena" era uma marchinha despretensiosa, que um dia saiu do anonimato para, repentinamente, tornar-se grande sucesso. A biografia dessa "Cinderela" de nossa música popular começa numa tarde, em fins de 1934, quando Braguinha propõe a Noel Rosa, numa mesa do Café Papagaio: "Noel, vamos fazer uma música com aquele ritmo das pastorinhas que desfilam em Vila Isabel na noite dos Santos Reis?". Proposta aceita, pediram lápis, papel e cafezinho e, em pouco mais de meia hora, compuseram "Linda Pequena", com a participação dos dois tanto na letra como na melodia. Pouco tempo depois, a marcha seria gravada na Odeon por João Petra de Barros. A matriz de "Linda Pequena", não se sabe por quê, permaneceria então onze meses na "prateleira", para ser lançada em disco em novembro de 1935.

Não obtendo êxito, a composição chegaria ao final de 1937 praticamente desconhecida, ocasião em que Braguinha resolveu lançá-la como reforço à sua produção para o carnaval seguinte. Assim, sem mexer na melodia, mas substituindo duas palavras — "moreninhas" por "pastorinhas" e "pequena" por "pastora" — e o verso "pequena que tens a cor morena" por "morena da cor de Madalena", ele daria como pronta a nova versão que Sílvio Caldas gravou com o título de "Pastorinhas", em 13/12/1937.

Lançada no mês seguinte, logo começou a disputar a preferência do público com outras músicas, credenciando-se como forte concorrente ao prêmio de melhor marcha do carnaval de 1938. Na noite de sexta-feira, 25/02, véspera do carnaval, realizou-se no auditório da feira de amostras o concurso, promovido pela prefeitura do Rio de Janeiro, que teve o seguinte resultado: marchas — 1°) "Touradas em Madri" (João de Barro e Alberto Ribeiro); 2°) "Pastorinhas"; 3°) "Sereia" (Alvarenga e Ranchinho); sambas — 1°)

"Camisa Listrada" (Assis Valente); 2°) "Olá, Seu Nicolau" (Paulo Barbosa e Osvaldo Santiago); 3°) "Juro" (Haroldo Lobo e Milton de Oliveira). Somente por algumas horas, porém, valeria a dupla vitória de João de Barro. Já no domingo os jornais noticiavam a anulação do resultado "em virtude do não comparecimento" (ao julgamento) "do presidente da comissão nomeada no edital...". Na realidade, essa absurda alegação escondia o verdadeiro e não menos absurdo motivo da anulação: o atendimento a um recurso de alguns perdedores, que sustentavam ser "Touradas em Madri" não uma marcha, mas um *paso doble*, gênero musical estrangeiro, o que a incompatibilizava com o regulamento da competição. Realizou-se então novo concurso, na tarde de segunda-feira de carnaval (28/02), quando foram eleitas as seguintes composições: marchas — 1°) "Pastorinhas"; 2°) "O Cantar do Galo" (Benedito Lacerda e Darci de Oliveira); 3°) "Ali Babá" (Roberto Roberti e Arlindo Marques Júnior); sambas — 1°) "Juro"; 2°) "Sorrir" (Alcebíades Barcelos e Armando Marçal); 3°) "Camisa Listrada". Estavam portanto "cassados" "Sereia" e "Olá, Seu Nicolau", que nada tinham a ver com a "briga" e, naturalmente, "Touradas em Madri". Em compensação, premiava-se "Pastorinhas", resgatada do anonimato e consagrada, a partir de então, como um autêntico clássico de nossa música popular. Mas, a história desse concurso ficaria incompleta se se omitisse o relato de dois episódios ocorridos durante o julgamento final, que dão uma ideia do clima reinante na ocasião. Primeiro, a súbita invasão do recinto por Mário Lago, à frente de numeroso grupo de foliões, cantando "Pastorinhas" e torcendo por sua vitória; depois, um desentendimento entre Nássara e Braguinha, entrevero de pesos-pluma, imediatamente apartado pelos colegas Ary Barroso e Roberto Martins. Nássara, autor (com Sá Roris) de "Periquitinho Verde", concorrente ignorada pela comissão julgadora, provocara Braguinha dizendo que "foi a alma de Noel que ganhou o concurso". Produto da exaltação do momento, o incidente seria logo esquecido pelos contendores, tempos depois parceiros na marcha "Sereia d'Areia".

### "Se Acaso Você Chegasse" (samba),
Lupicínio Rodrigues e Felisberto Martins

Boêmio e conquistador inveterado, Lupicínio Rodrigues várias vezes transformou em samba episódios de sua vida sentimental. Assim, por exemplo, "Se Acaso Você Chegasse" é uma espécie de mensagem/sondagem que dirige a um amigo, Heitor Barros, de quem havia tomado a namorada. Lupicínio sabia que agira mal e temia perder o amigo, que muito prezava. Para evitar o rompimento, procurava convencê-lo de que a amizade dos dois era mais importante do que a mulher infiel ("Será que tinha coragem/ de trocar a nossa amizade/ por ela que já lhe abandonou..."), ao mesmo tempo em que lhe comunicava um fato consumado ("eu falo porque essa dona/ já mora no meu barraco...") e de difícil reversão ("de dia me lava roupa/ de noite me beija a boca/ e assim nós vamos vivendo de amor"). A verdade é que o poeta queria ficar com a mulher e o amigo, feito que acabou conseguindo, pois Heitor gostou do samba e perdoou a traição. Composto em 1936, de improviso, na calçada do Café Colombo, em Porto Alegre, "Se Acaso Você Chegasse" é um dos melhores sambas de todos os tempos. Possui ainda o mérito de ter projetado nacionalmente Lupicínio e Ciro Monteiro, seu intérprete inicial, em 1938, e Elza Soares, em 1959.

"Tenha Pena de Mim" (samba), Ciro de Souza e Babaú

Frequentadores do Café Nice faziam, vez por outra, incursões a um tal Clube da Malha, que ficava num barracão no alto do Morro de Mangueira. Lá bebiam e confraternizavam com os boêmios do lugar, formando animadas rodas de samba. Como nessas reuniões bebia-se muito, estava sempre a postos um rapaz, empregado da birosca que reabastecia o grupo. Para isso tinha, a todo o momento, que descer e subir o morro pois a birosca ficava lá embaixo. O tal rapaz — que se chamava Valdomiro José da Rocha, mas era conhecido como Babaú — tinha vocação musical e, um dia, aproveitando a presença dos visitantes, mostrou ao compositor Ciro de Souza um esboço de samba de sua autoria. Ao contrário do que acontece geralmente, o samba do principiante era muito bom: "Ai, Ai meu Deus/ tenha pena de mim/ (...)/ trabalho não tenho nada/ não saio do miserê/ ai, ai meu Deus/ isso é pra lá de sofrer...". Então, Ciro (segundo depoimento que realizou para o Arquivo da Cidade do Rio de Janeiro, em 09/08/1984) deu uma ajeitada nos versos, acrescentou-lhe uma segunda parte e logo o samba do Babaú estava fazendo sucesso no carnaval, cantado por Araci de Almeida. Tanto sucesso que até provocou um protesto de Sílvio Caldas, inconformado com o fato de Ciro de Souza ter entregue a música a Araci. Uma curiosidade: o nome original do samba era "Ai, Ai Meu Deus", que foi substituído por "Tenha Pena de Mim" por recomendação da censura, que vetava a palavra "Deus" em títulos de canções.

"Touradas em Madri" (marcha/carnaval),
João de Barro e Alberto Ribeiro

Quem foi ao Estádio do Maracanã na tarde de 13/07/1950, quando em disputa do Campeonato Mundial de Futebol o Brasil venceu a Espanha por

6 a l, teve a oportunidade de assistir a um fato emocionante. Empolgado pela exibição da seleção brasileira e sugestionado pelos gritos de "olé" da multidão, um grupo de torcedores começou a cantar — logo após o 4º gol, marcado por Chico aos onze minutos do 2º tempo — a marcha "Touradas em Madri". De repente, como num passe de mágica, a canção contagiou os 200 mil espectadores presentes, levando-os a transformar o espetáculo, que se supunha apenas futebolístico, numa das maiores demonstrações de canto coletivo de que se tem notícia até hoje. Era como se o coro dos torcedores atuasse em contraponto às jogadas dos craques brasileiros, as duas coisas se complementando num mesmo espetáculo. "Touradas em Madri" foi feita numa época em que, por causa da guerra civil, a Espanha era notícia em toda a imprensa, surgindo daí o tema da composição. É um dos três grandes sucessos de Braguinha no carnaval de 38, ao lado de "Pastorinhas" e "Yes, Nós Temos Bananas".

"Último Desejo" (samba), Noel Rosa

Desmentindo os que subestimam seu talento de melodista, Noel Rosa deixou mais de cem composições em que fez letra e música, das quais cerca de trinta têm melodia de ótima qualidade. Pertencem a esse repertório clássicos como "Palpite Infeliz", "Pela Décima Vez", "Três Apitos", "'X' do Problema" e a obra-prima "Último Desejo", que por si só lhe garantiria diploma de melodista. Nessas composições, mostra como era capaz de criar a música exata para a sua própria poesia, da mesma forma que sabia fazer versos adequados para melodias alheias.

"Último Desejo" foi escrita no período final de sua vida. Aliás, só seria passada para a pauta quando ele já se encontrava em seu leito de morte, mal podendo ditar a melodia ao amigo Vadico. É um samba autobiográfico, uma mensagem de despedida à amada Ceci (Juraci Correia de Morais), com quem viveu um atribulado caso sentimental e que lhe inspirou várias composições. Um belo exemplo de canção popular, ao mesmo tempo simples e requintada, "Último Desejo" dá a impressão de que a carreira de Noel começava a evoluir para uma nova fase, mais elaborada. Sua composição mais conhecida, teve a primeira gravação, realizada por Araci de Almeida, em 01/07/1937, sendo o disco lançado em março de 1938. Morto em maio de 37, Noel não pôde ouvi-lo. Perdeu-se assim a oportunidade de se conhecer sua opinião, que por certo evitaria a longa polêmica sustentada por Araci e Marília Batista, possuidoras de versões diferentes de "Último Desejo".

**"Yes, Nós Temos Bananas"** (marcha/carnaval),
João de Barro e Alberto Ribeiro

Ao ouvir casualmente um grego, dono de quitanda, dizer para um freguês a frase absurda e gramaticalmente incorreta "Yes, we have no bananas", os compositores Frank Silver e Irving Cohn tiveram a ideia de usá-la numa canção humorística, cheia de disparates: "Yes, we have no bananas/ we have no bananas today/ we've string beans/ and onions, cabbages and scallions/ and all kind of fruit..." ("Sim, nós não temos bananas/ não temos bananas hoje/ nós temos vagens/ e cebolas, repolho e alho poró/ e toda espécie de fruta..."). Lançada em 1923, a canção 'estourou' na voz do cômico Eddie Cantor, que a aproveitara na peça *Make It Snappy*. Daí espalhou-se pelo mundo como um dos sucessos dos "loucos anos 1920", quando a música dos Estados Unidos assumiu a hegemonia do mercado internacional. Quinze anos depois, partindo dos compassos iniciais de "Yes, We Have No Bananas", Braguinha e Alberto Ribeiro fariam a marchinha "Yes, Nós Temos Bananas". A composição era uma crítica bem humorada à empáfia dos americanos, que chamam de "Banana Republics" os países da América Latina: "Yes, nós temos bananas/ bananas pra dar e vender/ banana menina/ tem vitamina/ banana engorda e faz crescer". Segue-se uma segunda parte que, depois de referir-se às nossas exportações de algodão e café, termina com um desaforado "pro mundo inteiro/ homem ou mulher/ bananas pra quem quiser...". Sucesso carnavalesco. "Yes, Nós Temos Bananas" antecipa clima e motivos explorados pelo tropicalismo no final dos anos 1960.

OUTROS SUCESSOS

"Ainda uma Vez" (foxe-canção), José Maria de Abreu e Francisco Matoso
"Boneca de Piche" (samba), Ary Barroso e Luís Iglesias
"Caprichos do Destino" (valsa), Pedro Caetano e Claudionor Cruz
"Deusa do Cassino" (valsa), Newton Teixeira e Torres Homem
"Enquanto Houver Saudade" (valsa), Custódio Mesquita e Mário Lago
"Errei, Erramos" (samba), Ataulfo Alves
"Eu Sinto Vontade de Chorar" (samba), Valdemar de Abreu (Dunga)
"História de Amor" (samba-canção), J. Cascata e Humberto Porto
"Jardim de Flores Raras" (valsa), Romualdo Peixoto e Francisco Matoso
"Juro" (samba/carnaval), Haroldo Lobo e Milton de Oliveira

"Linda Borboleta" (valsa), João de Barro e Alberto Ribeiro
"Meu Coração a Teus Pés" (valsa), Benedito Lacerda e Jorge Faraj
"Meu Pranto Ninguém Vê" (samba), Ataulfo Alves e Zé da Zilda
"Meu Romance" (samba), J. Cascata
"Não Me Abandones Nunca" (valsa-canção), Joubert de Carvalho
"Neuza" (valsa), Antônio Caldas e Celso Figueiredo
"Página de Dor" (valsa), Pixinguinha e Cândido das Neves
"Periquitinho Verde" (marcha/carnaval), Antônio Nássara e José de Sá
    Roris
"Professora" (samba), Benedito Lacerda e Jorge Faraj
"Uma Saudade a Mais... Uma Esperança a Menos" (valsa), Silvino Ne-
    to e Carlos Morais
"Seu Condutor" (marcha/carnaval), Alvarenga, Ranchinho e Herivelto
    Martins
"Sorris da Minha Dor" (valsa), Paulo Medeiros
"Tudo Cabe num Beijo" (foxe-canção), Carolina Cardoso de Menezes
    e Osvaldo Santiago


GRAVAÇÕES REPRESENTATIVAS

ALMIRANTE
Odeon, 11550-b, "Touradas em Madri"
Odeon, 11550-a, "Yes, Nós Temos Bananas"

ARACI DE ALMEIDA
Victor, 34229-a, "Tenha Pena de Mim"
Victor, 34296-a, "Último Desejo"

CARMEN MIRANDA
Odeon, 11530-b, "Camisa Listrada"
Odeon, 11667-b, "Na Baixa do Sapateiro"

CARMEN MIRANDA E ALMIRANTE
Odeon, 11654-a, "Boneca de Piche"

CIRO MONTEIRO
Victor, 34360-a, "Se Acaso Você Chegasse"

XVI. 1938

DIRCINHA BATISTA
Odeon, 11553-b, "Periquitinho Verde"

ORLANDO SILVA
Victor, 34279-b, "Abre a Janela"
Victor, 34305-a, "Caprichos do Destino"
Victor, 34331-b, "Enquanto Houver Saudade"
Victor, 34308-a, "Meu Romance"
Victor, 34331-a, "Nada Além"
Victor, 34354-a, "Página de Dor"

SÍLVIO CALDAS
Odeon, 11557-a, "Pastorinhas"
Odeon, 11608-a, "Professora"


## MÚSICAS ESTRANGEIRAS DE SUCESSO NO BRASIL

"Bei Mir Bist du Schön", Sholum Secunda, Jacob Jacobs, Sammy Cahn
    e Saul Chaplin
"Caravan", Duke Ellington, Juan Tizol e Irving Mills
"The Donkey Serenade", Rudolf Friml, Robert Wright e Chet Forrest
"Heigh-Ho", Frank Churchill e Larry Morey
"Lambeth Walk", Noel Gay, Douglas Furber e Arthur Rose
"September Song", Kurt Weil e Maxwell Anderson
"Someday My Prince Will Come", Frank Churchill e Larry Morey
"That Old Feeling", Lew Brown e Sammy Fain
"Whistle While You Work", Frank Churchill e Larry Morey


## CRONOLOGIA

05/02: Adolf Hitler assume poderes absolutos na Alemanha.

12/02: Nasce em Duas Barras (RJ) o compositor/cantor Martinho da Vila (Martinho José Ferreira).

09/03: Nasce em Recife (PE) o cantor/compositor Bezerra da Silva (José Bezerra da Silva).

12/03: A Áustria é anexada ao III Reich.

24/03: Nasce em Salvador (BA) a cantora Ellen de Lima (Helenice Terezinha de Lima).

11/04: Almirante lança na Rádio Nacional a série *Curiosidades Musicais*, inaugurando na radiofonia brasileira a era do programa produzido, de sentido cultural.

16/04: Nasce em São Paulo (SP) o maestro Júlio Medaglia (Júlio Medaglia Filho).

03/05: Nasce no Rio de Janeiro (RJ) o cantor Agnaldo Rayol (Agnaldo Coniglio Rayol).

11/05: É debelada no Rio de Janeiro (RJ) uma revolta integralista, com ataques fracassados ao Palácio Guanabara e Ministério de Marinha.

06: A Itália ganha na França o III Campeonato Mundial de Futebol. Classificada em 3° lugar, a seleção brasileira tem como destaque o jogador Leonidas da Silva, artilheiro da competição.

02/06: Linda Batista grava o seu primeiro disco (Odeon, 11631, "Churrasco" e "Chimarrão").

07: O cangaceiro Lampião é morto pela polícia no interior de Sergipe.

30/09: É assinado o Acordo de Munique, segundo o qual França e Grã-Bretanha permitem à Alemanha ocupar parte do território tcheco.

08/10: Morre no Rio de Janeiro (RJ) o cantor Luís Barbosa.

22/10: Nasce no Rio de Janeiro (RJ) o compositor/cantor Juca Chaves (Jurandir Chavsky).

28/10: Estreia no Rio de Janeiro (RJ), com a peça *Romeu e Julieta*, o Teatro do Estudante, criado por Pascoal Carlos Magno. A companhia revolucionaria o teatro brasileiro com importantes inovações.

30/10: É transmitido pela rede CBS o programa radiofônico *A Guerra dos Mundos*, de Orson Welles, que descreve uma suposta invasão de marcianos levando ao pânico milhares de pessoas nos Estado Unidos.

XVI. 1938

Radialista, pianista, mas sobretudo compositor, Ary Barroso foi uma das figuras mais importantes da chamada Época de Ouro.

# XVII. 1939

<u>DESTAQUES</u>

**"Aquarela do Brasil"** (samba), Ary Barroso

Ary Barroso compôs "Aquarela do Brasil" no início de 1939, numa noite de chuva torrencial, que o obrigou a ficar em casa, contrariando seus hábitos. Antes que a chuva terminasse, ainda teve inspiração para compor outra obra-prima, a valsa "Três Lágrimas". Quase vinte anos depois, ele mesmo descreveria — de forma bombástica — a criação de "Aquarela do Brasil", em entrevista à jornalista Marisa Lira, do *Diário de Notícias*: "Senti iluminar-me uma ideia: a de libertar o samba das tragédias da vida, (...) do cenário sensual já tão explorado. Fui sentindo toda a grandeza, o valor e a opulência de nossa terra. (...) Revivi, com orgulho, a tradição dos painéis nacionais e lancei os primeiros acordes, vibrantes, aliás. Foi um clangor de emoções. O ritmo original (...) cantava na minha imaginação, destacando-se do ruído da chuva, em batidas sincopadas de tamborins fantásticos. O resto veio naturalmente, música e letra de uma só vez. Grafei logo (...) o samba que produzi, batizando-o de 'Aquarela do Brasil'. Senti-me outro. De dentro de minh'alma extravasara um samba que eu há muito desejara. (...) Este samba divinizava, numa apoteose sonora, esse Brasil glorioso".

Exageros à parte, "Aquarela do Brasil" é mais ou menos isso que Ary Barroso pretendeu fazer: uma declaração de amor ao Brasil, através de uma bela composição. É também a obra mais representativa da grande fase de sua carreira (1938-1943), em que ele completa um processo de refinamento de seu repertório, incorporando-lhe requintes até então inusitados em nossa música popular. E como foi preferencialmente um compositor de samba, é neste gênero que melhor empregará esses requintes, de forma especial nos chamados sambas-exaltação, um novo tipo de música do qual é inventor e "Aquarela do Brasil", o paradigma. Já mostrando o que o gênero ofereceria em qualidades e defeitos, esta composição sintetiza suas características fundamentais: os versos enaltecedores de nosso povo, nossas paisagens, tradições e riquezas naturais, a melodia forte, sincopada, de sonoridades brilhantes, tudo isso mostrado num crescendo, do prólogo ao final apoteótico, que procura transmitir uma visão romântica e ufanista da realidade brasileira. É possível que não fosse essa a intenção do compositor, mas a verdade é que, com tais características, o samba-exaltação vinha exatamente ao encontro dos interesses da ditadura getulista, que logo passou a incentivar a proliferação do gênero. O resultado foi o surgimento de composições como "Onde o Céu Azul é Mais Azul", "Canta Brasil", "Brasil Moreno" e outras mais, que se tornaram clássicos de nossa música popular.

"Aquarela do Brasil" foi lançada por Araci Cortes em 10/06/1939, na revista *Entra na Faixa*, de Ary e Luís Iglesias. Inadequada à voz da cantora, não fez sucesso. Um mês e meio depois, voltou a ser apresentada, desta vez de forma destacada, pelo barítono Cândido Botelho no espetáculo *Joujoux e Balangandãs*. Sua primeira gravação aconteceria em seguida (18/08) por Francisco Alves, acompanhado por orquestra que executava um arranjo de Radamés Gnattali, grandiloquente como exigia a composição. Com esta gravação iniciava-se sua monumental discografia que incluiria figuras como Sílvio Caldas, Antônio Carlos Jobim, Radamés Gnattali, Elis Regina, Gal Costa, João Gilberto, Caetano Veloso, o próprio Ary Barroso, as orquestras de Xavier Cugat, Morton Gould, Ray Conniff, Tommy e Jimmy Dorsey e os superastros Bing Crosby e Frank Sinatra.

A carreira internacional de "Aquarela do Brasil" começou por Hollywood em 1943, quando Walt Disney a incluiu no filme *Alô Amigos* (*Saludos Amigos*), com o título de "Brazil" e versos em inglês de S. K. Russell. No mesmo ano, gravada por Xavier Cugat, fez grande sucesso nos Estados Unidos, onde chegou a ultrapassar a marca de um milhão de execuções. A partir de então, popular no Brasil e no exterior, se consagraria como uma espécie de segundo hino de nossa nacionalidade.

Longe de prever todas essas glórias, Ary Barroso inscreveu "Aquarela do Brasil" no concurso de sambas para o carnaval de 1940, vencido por "Ó, Seu Oscar" (1º), "Despedida de Mangueira" (2º) e "Cai, Cai" (3º). Considerando-se injustiçado, Ary rompeu com Villa-Lobos, presidente da comissão julgadora, com quem só se reconciliaria em 1955. Nesse mesmo evento, disputando na categoria de marchas, recebeu menção honrosa uma marcha-rancho de Donga e David Nasser, intitulada "Meu Jardim". Anos depois, surpreendentemente, Nasser inventou uma história inverossímil sobre uma marcha-rancho (não cita o nome), sua e de Donga, que teria vencido "Aquarela do Brasil" num concurso julgado por Villa-Lobos, provocando o fato um rompimento entre Villa e Ary. Esta fantasia está publicada no livro póstumo de Nasser, *Parceiro da glória*.

"Camisa Amarela" (samba), Ary Barroso

Tal como "Camisa Listrada", "Camisa Amarela" é uma curiosa crônica de um episódio carnavalesco carioca. Na letra, uma das melhores de Ary Barroso, a protagonista narra as proezas do amante folião, que volta sempre aos seus braços, "passada a brincadeira". Procurando dar uma impressão de realidade à história, Ary chega a localizá-la no tempo e no espaço, com a citação de músicas do carnaval de 39 — "Florisbela" e "Jardineira" — e lugares do Rio — o Largo da Lapa, a Avenida (Rio Branco) e a Galeria (Cruzeiro). Entregue no disco de estreia à sua intérprete ideal, Araci de Almeida, "Camisa Amarela" tem ainda uma gravação notável do próprio Ary Barroso, cantando e se acompanhando ao piano, em 1956.

"Da Cor do Pecado" (samba), Bororó

Lançado por Sílvio Caldas na melhor fase de sua carreira, "Da Cor do Pecado" é um grande samba, o melhor do reduzido repertório do compositor Bororó (Alberto de Castro Simoens da Silva). Brejeiro, malicioso, possui uma das letras mais sensuais de nossa música popular: "Este corpo moreno/ cheiroso, gostoso/ que você tem/ é um corpo delgado/ da cor do pecado/ que faz tão bem...". Segundo o autor, "a musa desses versos chamava-se Felicidade, uma mulher de vida pregressa pouco recomendável", que trabalhava em frente ao Tribunal de Justiça e lhe foi apresentada por Jaime Távora, oficial de gabinete do ministro José Américo. Iniciou-se assim um romance de vários anos em que Bororó foi responsável pela mudança de vida da moça. Mais tarde ela se casaria com um médico, tendo morrido ainda jovem em consequência de uma gripe mal curada.

De melodia e harmonia elaboradas, acima da média dos sambas da época, "Da Cor do Pecado" tem seu aspecto mais interessante nas modulações da primeira para a segunda parte e na volta desta para a primeira. Ainda quanto à melodia, tal como se repetiria em "Curare", a frase final — "eu não sei bem por quê/ só sinto na vida o que vem de você" — é um primor de preparação para o acorde de dominante que conduz ao tom da primeira parte. "Da Cor do Pecado" permanece como um clássico, tendo regravações de artistas como Elis Regina, Nara Leão, João Gilberto, Ney Matogrosso e os instrumentistas Jacob do Bandolim e Luís Bonfá.

"Deusa da Minha Rua" (valsa), Newton Teixeira e Jorge Faraj

Na segunda metade dos anos 1930, o sucesso dos cantores românticos Orlando Silva, Francisco Alves, Sílvio Caldas e Carlos Galhardo — os chamados quatro grandes — estimulou o surgimento da maior safra de canções de amor de nossa música popular. Composta a maioria na forma ternária, essas canções são a versão moderna da modinha tradicional. Um dos melhores frutos dessa safra é a valsa "Deusa da Minha Rua". Além de uma bela melodia de Newton Teixeira, a composição tem letra excepcional de Jorge Faraj. Poeta dos amores impossíveis, em que a mulher é sempre adorada à distância, ignorando ser objeto de uma paixão, Faraj realiza sua melhor letra nesta valsa. Depois de descrever o contraste entre a beleza da musa e a pobreza da rua, ele estabelece um poético jogo de imagens, comparando a poça d'água, que "transporta o céu para o chão", a seus próprios olhos, "espelhos de sua mágoa", que sonham com o olhar da mulher inatingível. Mas essa obra-prima do romantismo que imperava na música da época deu trabalho para chegar ao disco, permanecendo inédita por três anos. Primeiro Faraj não aprovou a melodia, obrigando Newton Teixeira a refazê-la. Depois foi Sílvio Caldas que, escolhido para interpretá-la, mostrou-se desinteressado, achando sempre uma desculpa para adiar a gravação. "Até que um dia" — contou Newton ao pesquisador Lauro Gomes de Araújo — "perdendo a paciência, tive que tirar o Sílvio de uma roda no Nice e praticamente arrastá-lo ao estúdio." Mas o importante é que o disco foi um sucesso, com ótima interpretação do cantor. Detalhe: o afinado acordeom que participa da gravação é tocado pelo argentino Heriberto Muraro, mais conhecido como pianista.

### "A Jardineira" (marcha/carnaval), Benedito Lacerda e Humberto Porto

Quando "A Jardineira" despontou como uma das favoritas para o carnaval de 39, apareceram na imprensa reportagens contestando a autoria de Benedito Lacerda e Humberto Porto. Na verdade, "A Jardineira" é um antigo tema popular, originário da Bahia, que os dois adaptaram para lançar como marchinha. Segundo o jornalista Jota Efegê (em artigo publicado em *O Jornal*, em 23/01/1966) foi o legendário Hilário Jovino Ferreira quem introduziu "A Jardineira" no carnaval carioca, através do rancho homônimo, em 1899. Jovino aprendera a música com os ternos de reis que desfilavam na Bahia. Com o fato corrobora uma declaração do baiano Humberto Porto, que afirmara ter recolhido o refrão original na localidade de Mar Grande (BA) em dezembro de 37. Porto incluiria, ainda, nas primeiras edições da partitura, uma breve nota poética que aludia a uma certa "jardineira triste" que desfilava nos "ternos da Bahia". Mas, voltando ao carnaval carioca, o tema fez sucesso não apenas no rancho de Jovino, sendo adotado por outros — como "A Flor da Jardineira", "As Filhas da Jardineira" "O Triunfo da

Camélia" — que o tornaram muito conhecido ao final da primeira década do século. Essa popularidade estendia-se a vários estados, onde a música recebeu edições, conforme apurou Almirante em investigação que realizou para o seu programa *Curiosidades Musicais*. Apareceu até um outro "adaptador" do tema, o velho Candinho, que Jota Efegê identificou como um tradicional folião carioca, ligado a diversos ranchos. Candinho declarou a Almirante que aproveitara o refrão em algumas versões. Assim, não surpreende o rápido sucesso da marchinha — uma suave alegoria sobre uma frustração amorosa — quando lançada por Orlando Silva, tendo a ajudá-la a circunstância de já ser familiar a muita gente, principalmente aos que na época tinham mais de trinta anos. "A Jardineira" foi segunda colocada no concurso de marchas do carnaval de 1939. Possivelmente seria a campeã se Benedito Lacerda tivesse concordado em remunerar (como fizeram os colegas Roberto Martins e Nássara) uma equipe, digamos, de cabos eleitorais que atuou nos portões da feira de amostras, local do concurso. Ressabiados com os incidentes do ano anterior, os promotores haviam determinado que o concurso de 39 seria decidido pelo voto popular. Para isso colocaram urnas junto aos portões, cada urna correspondendo a uma música finalista. Resultado: os cabos eleitorais foram tão "eficientes" que elegeram por arrasadora maioria o samba "Meu Consolo é Você" (de Roberto Martins e Nássara) e a marcha "Florisbela" (de Nássara e Frazão). Por sorte, as vencedoras também eram ótimas.

**"Joujoux e Balangandãs"** (marcha), Lamartine Babo

Um grande sucesso no Rio de Janeiro, principalmente nos meios grã-finos, foi a realização do espetáculo beneficente *Joujoux e Balangandãs*, em julho e agosto de 1939. Classificado como uma *féerie* em dois atos e assinado pelo escritor Henrique Pongetti, o show reuniu no palco do Teatro Municipal mais de duzentos jovens da sociedade, apresentando *sketches* e números de canto e dança. Convidado a colaborar, Lamartine Babo compareceu com o samba "Voltei a Cantar" e a marcha "Joujoux e Balangandãs". Bem lamartinesca, cantada em estilo de cançoneta, a composição mostra um diálogo musical entre um brasileiro e uma francesa, papéis vividos no palco e no disco por Mário Reis e Mariah — pseudônimo da amadora Maria Clara Correia de Araújo. Lamartine usa na marcha a palavra "balangandãs" (adereços, enfeites), então uma novidade muito em moda, lançada por Caymmi no samba "O Que é Que a Baiana Tem". Já a palavra francesa *joujoux* significa brinquedos. A gravação de "Joujoux e Balangandãs" marcou o retorno de Mário Reis ao disco, após uma ausência de três anos e meio.

XVII. 1939

**"O Que é Que a Baiana Tem"** (samba), Dorival Caymmi

O filme *Banana de Terra* era mais uma produção do americano, radicado no Brasil, Wallace Downey, em que o argumento servia apenas de fio condutor para a apresentação de uma série de quadros musicais com os cantores da época. Rodadas as cenas iniciais, a direção preparava-se para filmar duas sequências importantes — em que Carmen Miranda interpretaria "Boneca de Piche" e "Na Baixa do Sapateiro", de Ary Barroso quando foi surpreendida por uma exigência do compositor. Ary arrependia-se do preço combinado e pedia o dobro para permitir a inclusão das canções no filme. Considerando a pretensão inaceitável, o produtor determinaria, então, que se providenciassem novos números para a cantora, mantendo-se os cenários e figurinos originais.

Mais facilmente do que se poderia supor, o problema seria logo resolvido, pois já existiam à disposição da produção duas composições que preenchiam os requisitos desejados: para substituir "Boneca de Piche" usava-se a marcha "Pirulito" (de João de Barro e Alberto Ribeiro), nas vozes de Carmen e Almirante, pintados de preto; no lugar de "Na Baixa do Sapateiro", entrava "O Que é Que a Baiana Tem", um samba que, parecendo feito sob medida para Carmen, iria sugerir a imagem de baiana por ela adotada em seguida, além de abrir as portas da fama ao seu autor: Dorival Caymmi.

Na ocasião, outubro de 1938, Caymmi começava a se tornar conhecido, cantando no rádio, seis meses depois de haver chegado ao Rio. A ideia de utilizar sua música no filme partiu do compositor Alberto Ribeiro, sendo logo endossada por Almirante e Braguinha. A propósito, recorda Mário Lago: "Estávamos numa reunião em casa de Almirante, quando ele, ouvindo Caymmi pela primeira vez, num programa da Transmissora, telefonou na hora para a rádio, procurando se informar sobre o cantor". Bastava, assim, uma primeira audição para Dorival Caymmi conquistar a admiração do radialista, que era um crítico dos mais exigentes. E foi Almirante quem o levou a casa de Carmen, para que ele lhe ensinasse "O Que é Que a Baiana Tem". Na ocasião, à medida que Carmen ia tomando conhecimento dos versos — "tem torso de seda tem/ tem brinco de ouro tem/ tem pano da Costa tem..." —, Caymmi lhe sugeria a postura, os gestos, as inflexões, que ela repetiria na filmagem, acrescentados do molho especial que sempre dava às suas interpretações.

O próprio Caymmi contou, em entrevista a *Vamos Ler*, em 30/12/1943: "'O Que é Que a Baiana Tem' foi inspirado naquelas mulheres que se vestiam ao rigor da moda e saíam à rua para saracotear nos dias de festa. (...) 'Fuçando' velharias, descobri uma estampa velhíssima onde se viam baianas autênticas com balangandãs e outros enfeites. Querendo divulgar como eram minhas patrícias do passado, criei o samba". Muito bem criado, por sinal, numa forma estilizada do samba de roda baiano, que o autor repetiria em outras composições.

Feita antes da mudança para o Rio, "O Que é Que a Baiana Tem" era na época a melhor canção de Caymmi e ele pretendia lançá-la em seu disco de estreia. Como Carmen insistiu em gravá-la, o compositor propôs que os dois a cantassem em dueto, o que realmente aconteceu.

"**Sertaneja**" (canção), René Bittencourt

De uma simplicidade comovente, este bucólico canto de amor à mulher sertaneja seria uma das composições mais cantadas em todo o Brasil nos anos seguintes ao seu lançamento, em julho de 39. Todo amador com pretensões a se tornar um novo "cantor das multidões", increvia-se num programa de calouros (que na época vivia o auge da popularidade) para cantar: "Sertaneja se eu pudesse/ se Papai do Céu me desse/ o espaço pra voar/ eu corria a natureza/ acabava com a tristeza/ só pra não te ver chorar...". Incluída entre os maiores sucessos de Orlando Silva, "Sertaneja" seria superada em popularidade apenas por três ou quatro canções de seu repertório, como "Carinhoso" e "Lábios Que Beijei". Curiosamente, seu autor, o compositor, jornalista e empresário artístico, René Bittencourt, não era do sertão, tendo nascido na Ilha de Paquetá e vivido no Rio de Janeiro.

OUTROS SUCESSOS

"Acorda Estela" (samba), Herivelto Martins e Benedito Lacerda
"Brasil" (samba), Benedito Lacerda e Aldo Cabral
"O Carreté do Coroné" (coco), Manezinho Araújo
"A Casta Suzana" (marcha/carnaval), Ary Barroso e Alcir Pires Vermelho
"Chorei Quando o Dia Clareou" (samba), Nelson Teixeira e David Nasser
"Dá-me Tuas Mãos" (foxe-canção), Roberto Martins e Mário Lago
"Era Ela" (samba/carnaval), Peterpan e Russo do Pandeiro
"Espelho do Destino" (samba-canção), Benedito Lacerda e Aldo Cabral
"Florisbela" (marcha/carnaval), Antônio Nássara e Eratóstenes Frazão
"Hino do Carnaval Brasileiro" (marcha/carnaval), Lamartine Babo

"O Homem Sem Mulher Não Vale Nada" (samba/carnaval), Arlindo Marques Júnior e Roberto Roberti

"Meu Consolo é Você" (samba/carnaval), Roberto Martins e Antônio Nássara

"Noites de Junho" (marcha), João de Barro e Alberto Ribeiro

"Número Um" (valsa), Benedito Lacerda e Mário Lago

"Pedro, Antônio e João" (marcha), Benedito Lacerda e Osvaldo Santiago

"Pedro Viola" (samba-canção), Laurindo de Almeida

"Pirulito" (marcha/carnaval), João de Barro e Alberto Ribeiro

"Por Quanto Tempo Ainda" (valsa), Joubert de Carvalho

"Por Ti" (valsa), José de Sá Roris e Leonel Azevedo

"Pra Que Mentir" (samba), Noel Rosa e Vadico (composto em 1937)

"Que Importa para Nós Dois a Despedida" (valsa), Silvino Neto

"Salão Grená" (valsa), Paulo Barbosa e Francisco Célio

"Sei Que é Covardia" (samba/carnaval), Ataulfo Alves e Claudionor Cruz

"Suburbana" (valsa), Sílvio Caldas e Orestes Barbosa

"Tiroleza" (marcha/carnaval), Paulo Barbosa e Osvaldo Santiago

"Uva de Caminhão" (samba), Assis Valente


GRAVAÇÕES REPRESENTATIVAS

ARACI DE ALMEIDA
Victor, 34445-a, "Camisa Amarela"

CARLOS GALHARDO
Victor, 34443-b, "Salão Grená"
Victor, 34401-a, "Sei Que é Covardia... Mas"

CARMEN MIRANDA E DORIVAL CAYMMI
Odeon, 11710-a, "O Que é Que a Baiana Tem"

DALVA DE OLIVEIRA
Columbia, 55074-b, "Noites de Junho"

FRANCISCO ALVES
Odeon, 11768-a/b, "Aquarela do Brasil"

MÁRIO REIS E MARIAH
Columbia, 55155-a, "Joujoux e Balangandãs"

ORLANDO SILVA
Victor, 34444-a, "Dá-me Tuas Mãos"
Victor, 34386-b, "A Jardineira"
Victor, 34386-a, "Meu Consolo é Você"
Victor, 34480-a, "Número Um"
Victor, 34455-a, "Por Ti"
Victor, 34455-b, "Sertaneja"

SÍLVIO CALDAS
Victor, 34485-b, "Da Cor do Pecado"
Victor, 34485-a, "Deusa da Minha Rua"
Victor, 34387-a, "Florisbela"


## MÚSICAS ESTRANGEIRAS DE SUCESSO NO BRASIL

"Alexander's Ragtime Band", Irving Berlin (lançada em 1911)
"Begin the Beguine", Cole Porter (lançada em 1935)
"Deep Purple", Peter De Rose e Mitchell Parish
"Farolito", Agustin Lara
"Ferdinand the Bull", Larry Morey e Albert Hay Malotto
"Marimba", Augustin Lara
"Nostalgias", Enrique Cadicamo e Juan Carlos Cobian
"Over the Rainbow", Harold Arlen e E. Y. Harburg
"Por Vos Yo Me Rompo Todo", Francisco Canaro
"Ti-Pi-Tin", Maria Grever


## CRONOLOGIA

06/02: Nasce em Igarapava (SP) o cantor Jair Rodrigues (Jair Rodrigues de Oliveira).

18/02: Nasce em Recife (PE) o compositor Marlos Nobre (Marlos Nobre de Almeida).

26/02: Nasce no Rio de Janeiro (RJ) o cantor Wilson Simonal (Wilson Simonal de Castro).

27/02: Dorival Caymmi grava (ao lado de Carmen Miranda) o seu primeiro disco (Odeon, 11710, "O Que é Que a Baiana Tem" e "A Preta do Acarajé").


XVII. 1939

02/03: Emilinha Borba grava o seu primeiro disco (Columbia, 55048, "Faça o Mesmo" e "Ninguém Escapa").

09/03: Nasce em Campos (RJ) o compositor Délcio Carvalho.

01/04: Termina a Guerra Civil Espanhola com a vitória dos franquistas.

20/04: Realiza-se em Nova York a primeira transmissão pública de televisão.

04/05: Carmen Miranda e o Bando da Lua embarcam para os Estados Unidos.

19/06: Estreia no Teatro Broadhurst, em Nova York, a peça musical *Street of Paris*, na qual atuam Carmen Miranda e o Bando da Lua.

13/07: Frank Sinatra grava o seu primeiro disco (atuando como vocalista da orquestra de Harry James — "From the Bottom of My Heart" e "Melancholy Moon").

28/07: Estreia no Teatro Municipal do Rio de Janeiro a peça *Joujoux e Balangandãs*.

23/08: Assinam um pacto de não agressão a Alemanha nazista e a União Soviética.

31/08: Nasce no Rio de Janeiro (RJ) o compositor/pianista Francis Hime (Francis Victor Walter Hime).

01/09: A Alemanha invade a Polônia, deflagrando a II Guerra Mundial.

27/10: É criado o Departamento de Imprensa e Propaganda (DIP), que tem como funções principais a promoção do Estado Novo e a censura aos meios de comunicação.

18/11: Nasce no Rio de Janeiro (RJ) o compositor/regente Ricardo Tacuchian.

15/12: Realiza-se em Atlanta (Georgia-EUA) a estreia mundial do filme *E o Vento Levou*.

26/12: Carmen Miranda realiza a sua primeira sessão de gravações nos Estados Unidos (a primeira música gravada foi "Mamãe Eu Quero", que saiu em seu terceiro disco na Decca).

# XVIII. 1940

## DESTAQUES

**"Acertei no Milhar"** (samba), Wilson Batista e Geraldo Pereira

Um pobretão sonha ter ganho 500 contos de réis no jogo do bicho, quantia fabulosa em 1940, suficiente para comprar três apartamentos de luxo ou cinco casas de dois pavimentos no bairro carioca de Copacabana. Este é o tema de "Acertei no Milhar", um samba de breque feito sob medida para o repertório de Moreira da Silva. Numa letra original e espirituosa, Wilson Batista descreve a alegria do premiado, ressaltando seus planos mirabolantes ("Eu vou comprar um avião azul/ para percorrer a América do Sul"), suas expectativas de ascenção social ("Vou comprar um nome, não sei onde/ vou ser barão..."), sem esquecer, porém, os compromissos cotidianos ("Me telefone pro Mané do armazém/ porque não quero ficar devendo nada a ninguém"). Mas, como alegria de pobre dura pouco, logo o sonhador volta à realidade, acordado pela mulher.

"Acertei no Milhar" tem letra e melodia de Wilson Batista, figurando Geraldo Pereira como parceiro — a pedido de Moreira da Silva — para "trabalhar" a música nas rádios. Na ocasião, Geraldo era um compositor iniciante com apenas um samba gravado.

**"Curare"** (samba), Bororó

"Curare" é o segundo sucesso de Alberto de Castro Simoens da Silva, o afamado boêmio carioca Bororó, violonista e compositor nas horas vagas, cuja obra praticamente se resume a duas músicas, ambas clássicos. Bororó foi o padrinho da carreira artística de Orlando Silva, que em 1939 ficou enciumado por não ter gravado "Da Cor do Pecado", o outro clássico, lançado por Sílvio Caldas. Então o compositor deu-lhe "Curare", como compensação. Além da letra brejeira, a construção harmônica da segunda parte, especialmente a frase final, uma sequência avançada para época, tornam este samba atraente para intérpretes, como João Gilberto, interessados em músicas de concepção mais elaborada.

**"Malmequer"** (marcha/carnaval),
Newton Teixeira e Cristóvão de Alencar

Embora gravada originalmente no andamento normal de marcha, "Malmequer" tem letra e melodia que a identificam com a marcha-rancho, o mais lírico dos gêneros carnavalescos — "Eu perguntei a um malmequer/ se meu bem ainda me quer/ e ele então me respondeu que não/ chorei, mas depois eu me lembrei/ que a flor também é uma mulher/ que nunca teve coração...". Essa temática florística estava em alta na época, estimulada pelo sucesso recente de "Florisbela" e "A Jardineira". Assim, concorrendo ao prêmio de melhor marcha para o carnaval de 1940, "Malmequer" iria encontrar como forte adversária a também florística "Dama das Camélias" (de João de Barro e Alcir Pires Vermelho). Realizado em 27/01/1940, no estádio do América, o concurso teve na comissão julgadora os jornalistas Eduardo Brown e Caribé da Rocha e as figuras ilustres de Luís Peixoto, Pixinguinha e Heitor Villa-Lobos, sendo este último quem a presidia. Apesar de receber o voto de Pixinguinha, "Malmequer" acabou em 3º lugar, precedida de "Pele Vermelha" (de Haroldo Lobo e Milton de Oliveira) e da campeã "Dama das Camélias", cuja melodia foi muito elogiada por Villa-Lobos.

**"Mulher"** (foxe-canção), Custódio Mesquita e Sadi Cabral

Considerado avançado para a sua época, Custódio Mesquita tem em "Mulher" uma de suas composições mais elaboradas. Talvez se possa considerar que este seria um prenúncio da melhor fase de sua carreira (1943-1945), que o credenciou como um precursor da moderna música brasileira, principalmente por seu sofisticado jogo harmônico. Em "Mulher" as modulações, os surpreendentes acordes menores e o final fora da tônica são bem representativos de suas concepções musicais. Apoiado por um arranjo sóbrio e elegante, este foxe foi gravado por Sílvio Caldas em disco que traz na outra face a valsa "Velho Realejo", também de Custódio e Sadi Cabral.

**"Ó Seu Oscar"** (samba/carnaval), Wilson Batista e Ataulfo Alves

Dizia Roberto Martins que o nome "Oscar" era muito usado na gíria do pessoal que frequentava o Café Nice como designativo de indivíduo tolo, paspalhão. Daí o seu aproveitamento por Ataulfo Alves para batizar o marido enganado, personagem deste samba. Mas, se pertence a Ataulfo o título e a segunda parte, é de Wilson Batista a ideia e o estribilho original da composição: "Cheguei cansado do trabalho/ quando a vizinha me chamou/ tá fazendo meia hora/ que sua mulher foi embora/ e um bilhete lhe deixou/ o bilhete assim dizia/ Não posso mais/ eu quero é viver na orgia...". Foi com estes versos, já musicados, que Wilson convidou Ataulfo para fazer a segunda parte. Conta Bruno Ferreira Gomes (no livro *Wilson Batista e sua época*) que Ataulfo, notando um "buraco" entre o segundo e o terceiro verso, sugeriu a inclução desse "Ó Seu Oscar" que, além de preencher o claro, acabou substituindo o título, que deveria ser "Está Fazendo Meia Hora". Apesar da importante participação de Ataulfo, "Ó Seu Oscar" é uma composição bem típica de Wilson Batista, um perspicaz cronista dos pequenos dramas do cotidiano. Vencedor do concurso de sambas para o carnaval de 40, é cronologicamente o segundo sucesso de seu lançador, Ciro Monteiro.

**"O Samba de Minha Terra"** (samba), Dorival Caymmi
Conta Dorival Caymmi que "'O Samba de Minha Terra' foi inspirado nos sambas de roda da Bahia, onde se cantam versos referentes ao 'bole-bole' e ao 'requebrado', sugestões nascidas do movimento sensual das ancas das sambistas". São de sua segunda-parte os famosos versos: "Quem não gosta de samba/ bom sujeito não é/ é ruim da cabeça/ ou doente do pé". Pertencente à fase inicial da carreira do autor, seria lançado pelo Bando da Lua em sua visita ao Brasil em 1940. Foi aliás o último fonograma registrado pelo Bando no Brasil. "O Samba de Minha Terra" foi regravado por João Gilberto em seu elepê de 1961, com o conjunto de Walter Wanderley, num arranjo que se inicia com uma marcante introdução de João, imitando um tamborim, numa demonstração inequívoca de que a bossa nova era fortemente enraizada no balanço do samba. João ainda gravaria "O Samba de Minha Terra", ao vivo, no Carnegie Hall, em 1964.

**"Súplica"** (valsa), Otávio Gabus Mendes, José Marcílio e Déo
Homem de intensa atividade na imprensa e no rádio paulistanos dos anos 1930, Otávio Gabus Mendes (pai do telenovelista Cassiano Gabus Mendes) ainda arranjou tempo para uma vitoriosa incursão na música popular, compondo com José Marcílio e o cantor Déo a valsa "Súplica". Sem demérito para os parceiros, o ponto alto desta valsa é a letra de Gabus Mendes, que, além de muito bem construída, não possui rimas, uma característica incomum nas canções da época: "Aço frio de um punhal/ foi teu adeus pra mim/ não crendo na verdade/ implorei, pedi/ as súplicas morreram sem eco, em vão/ batendo nas paredes frias do apartamento...". O curioso é que esse detalhe não é percebido pela maioria dos ouvintes, graças, talvez, à integração perfeita entre letra e melodia. Composta em 1938, "Súplica" permanecia inédita em disco quase dois anos depois, quando foi descoberta e gravada por Orlando Silva.

XVIII. 1940

## OUTROS SUCESSOS

"O Amor é Assim" (valsa), Sivan Castelo Neto

"Bahia, Oi Bahia!" (samba/carnaval), Vicente Paiva

"Briga de Amor" (samba), Lupicínio Rodrigues

"Cai, Cai" (batucada/carnaval), Roberto Martins

"Coqueiro Velho" (samba-canção), Fernando Martinez Filho e José Marcílio

"Dama das Camélias" (marcha/carnaval), João de Barro e Alcir Pires Vermelho

"Despedida de Mangueira" (samba/carnaval), Benedito Lacerda e Aldo Cabral

"Diz Que Tem" (samba), Vicente Paiva e Hanibal Cruz

"Encontrei Minha Amada" (samba/carnaval), Arlindo Marques Júnior e Roberto Roberti

"Eu Gosto de Samba" (samba), Ary Barroso

"Iaiá Boneca" (marcha/carnaval), Ary Barroso

"Inimigo do Batente" (samba), Wilson Batista e Germano Augusto

"Nana" (foxe-blue), Custódio Mesquita e Geysa Bôscoli

"Não" (valsa), Newton Teixeira e Cristóvão de Alencar

"Ora, Ora" (samba), Almanir Grego e Gomes Filho

"Passarinho do Relógio" ("Cuco") (marcha/carnaval), Haroldo Lobo e Milton de Oliveira

"A Primeira Vez" (samba/carnaval), Alcebíades Barcelos e Armando Marçal

"Roleta da Vida" (valsa), Heriberto Muraro e Osvaldo Santiago

"Romance de uma Caveira" (valsa humorística), Alvarenga, Ranchinho e Chiquinho Sales

"Serenata" (canção), Vicente Celestino

"Solteiro é Melhor" (samba/carnaval), Rubens Soares e Felisberto Silva

"Trá-Lá-Lá" (valsa-canção), Roberto Martins

"Última Inspiração" (canção), Peterpan

"Upa, Upa (Meu Trolinho)" (marcha/carnaval), Ary Barroso

"Velho Realejo" (valsa), Custódio Mesquita e Sadi Cabral

"Voltei pro Morro" (samba), Vicente Paiva e Luís Peixoto

## GRAVAÇÕES REPRESENTATIVAS

ANJOS DO INFERNO
Columbia, 55194-b, "Bahia, Oi! Bahia"

CARMEN MIRANDA
Odeon, 11902-a, "Voltei pro Morro"

CIRO MONTEIRO
Victor, 34515-b, "Ó Seu Oscar"

FRANCISCO ALVES
Columbia, 55169-a, "Dama das Camélias"
Columbia, 55196-b, "Despedida de Mangueira"

JOEL E GAÚCHO
Columbia, 55191-a, "Cai, Cai"

JOÃO PETRA DE BARROS
Victor, 34615-b, "Última Inspiração"

MOREIRA DA SILVA
Odeon, 11883-a, "Acertei no Milhar"

ORLANDO SILVA
Victor, 34587-a, "Coqueiro Velho"
Victor, 34544-a, "Malmequer"
Victor, 34567-b, "Súplica"

SÍLVIO CALDAS
Victor, 34583-a, "Mulher"
Victor, 34600-b, "Não"
Victor, 34583-b, "Velho Realejo"

VICENTE CELESTINO
Victor, 34592-b, "Serenata"

## MÚSICAS ESTRANGEIRAS DE SUCESSO NO BRASIL

"Adios Mariquita Linda", Marcos P. Jimenez (lançada em 1925)

"All the Things You Are", Jerome Kern e Oscar Hammerstein II

"Alla en el Rancho Grande", Silvano R. Ramos

"Andaluzia" ("The Breeze and I"), Ernesto Lecuona (lançada em 1928)

"At the Balalaika", George Posford, Herbert Stothart, Eric Maschwitz, Bob Wright e Chet Forrest

"Barril de Chope" ("Beer Barrel Polka"), Jaramir Vejvoda (lançada em 1934)

"Desesperadamente", Gabriel Ruiz

"I'll Remember", Burton Lane e Ralph Freed

"J'Attendrai", Dino Olivieri e Louis Poterat

"Para Vigo Me Voy" ("Say Si Si"), Ernesto Lecuona (lançada em 1936)

"South American Way", Jimmy McHugh

"South of the Border", Michael Carr e Jimmy Kennedy

"Vereda Tropical", Gonzalo Curiel (lançada em 1936)

"When You Wished Upon a Star", Leigh Harline e Ned Washington


## CRONOLOGIA

08/03: A Rádio Nacional do Rio de Janeiro e o jornal *A Noite* são incorporados ao Patrimônio da União.

29/03: Nasce em Salvador (BA) a cantora Astrud Gilberto (Astrud Evangelina Weinert).

09/04: Tropas alemãs invadem a Noruega e a Dinamarca.

28/04: É inaugurado em São Paulo (SP) o Estádio Municipal do Pacaembu, com uma rodada dupla: Palestra Itália 6 x 2 Coritiba; Corinthians 4 x 2 Atlético Mineiro.

01/05: O presidente Vargas assina decreto instituindo o salário mínimo.

10/05: Winston Churchill assume o cargo de primeiro-ministro na Grã-Bretanha.

16/05: Morre no Rio de Janeiro (RJ) o instrumentista/compositor Bonfiglio de Oliveira.

19/05: Nasce no Rio de Janeiro (RJ) o pianista/compositor Luís Carlos Vinhas (Luís Carlos Parga Rodrigues Vinhas).

14/06: Paris cai em poder dos alemães.

22/06: A França derrotada assina o tratado de armistício com a Alemanha.

23/06: Nasce em São Paulo (SP) o cantor/compositor Sérgio Reis (Sérgio Basini).

16/07: Nasce no Rio de Janeiro (RJ) o pianista Arthur Moreira Lima.

20/07: Nasce em Campos (RJ) o cantor/compositor Roberto Ribeiro (Dermeval Miranda Maciel).

06/08: Nasce no Rio de Janeiro (RJ) o compositor Paulo Sérgio Valle (Paulo Sérgio Kostenbader Valle).

07/08: A equipe do maestro Leopoldo Stokowski realiza a bordo do navio Uruguay, no porto do Rio de Janeiro, gravações com artistas populares brasileiros (Pixinguinha, Cartola, Jararaca e outros), selecionados por Donga e Villa-Lobos.

06/10: Nasce em Aimorés (MG) o cantor Altemar Dutra.

09/10: Nasce em Woolton (Liverpool-Inglaterra) o compositor/cantor John Lennon.

06/12: Ataulfo Alves grava o seu primeiro disco como cantor (Odeon, 11955, "Leva Meu Samba" e "Alegria na Casa de Pobre").

XVIII. 1940

Cantando os encantos e mistérios da Bahia, Dorival Caymmi ganhou a consagração popular logo com sua primeira música gravada, "O Que é Que a Baiana Tem".

# XIX. 1941

DESTAQUES

**"Alá-Lá-Ô"** (marcha/carnaval), Haroldo Lobo e Antônio Nássara
A história de "Alá-Lá-Ô" começou no carnaval de 1940, quando um bloco do bairro da Gávea cantou nas ruas a marcha "Caravana", de autoria de seu patrono Haroldo Lobo, que tinha apenas estes versos: "Chegou, chegou a nossa caravana/ viemos do deserto/ sem pão e sem banana pra comer/ o sol estava de amargar/ queimava a nossa cara/ fazia a gente suar". Meses depois, preparando o repertório para o carnaval de 41, Haroldo pediu a Nássara para completar a composição. Achando a ideia (a caravana, o deserto, o calor...) bem melhor do que os versos, ele logo faria esta segunda parte: "Viemos do Egito/ e muitas vezes nós tivemos que rezar/ Alá, Alá, Alá, meu bom Alá/ mande água pra Ioiô/ mande água pra Iaiá/ Alá, meu bom Alá". Conta Nássara — em depoimento realizado para o Arquivo da Cidade do Rio de Janeiro, em 1983 — que, quando Haroldo tomou conhecimento dos versos, com a palavra "Alá" repetida várias vezes, entusiasmou-se: "Mas que palavra você me arranjou, rapaz!". E ali, na hora, criou o refrão "Alá-lá-ô, ô-ô-ô ô-ô-ô/ mas que calor, ô-ô-ô ô-ô-ô", ponto alto da composição. Ainda no mesmo depoimento, Nássara ressalta a atuação de Pixinguinha, como arranjador, na gravação inicial: "Era a última sessão de gravação para o carnaval de 41. Se não fosse gravado naquela sessão, só sairia no ano seguinte. Então, corri à casa de Pixinguinha, na rua do Chichorro, no Catumbi. Era um sábado de verão e o maestro, cheio de serviço, estava trabalhando sem camisa, encharcado de suor. Mesmo assim, ele teve a boa vontade de dar prioridade à minha música, começando a fazer imediatamente o arranjo, que ficou uma beleza, com uns três ou quatro enxertos de sua autoria". Além da criativa introdução, Pixinguinha soube vestir "Alá-Lá-Ô" com uma orquestração exemplar, em que mais uma vez utilizou o recurso da modulação na sessão instrumental, que começa e termina com duas brilhantes passagens, primeiro subindo a lá maior e depois retornando a sol maior, tonalidade do cantor. Em 1980, num artigo em *Manchete*, David Nasser declarou-se autor da letra de "Caravana", embrião de "Alá-Lá-Ô".

**"Aurora"** (marcha/carnaval), Mário Lago e Roberto Roberti

Na quarta-feira de cinzas de 1940, Roberto Roberti mostrou o estribilho de "Aurora" a Mário Lago, que completou a canção em seguida. Nasceu assim, com um ano de antecedência, um dos grandes sucessos do carnaval de 41. O aspecto mais atraente desta marchinha — lançada por Joel e Gaúcho — está na segunda parte, em que novos valores são apresentados como símbolos de modernidade e *status*: "Um lindo apartamento/ com porteiro e elevador/ e ar refrigerado/ para os dias de calor...". Tudo isso e mais uma possibilidade de casamento ("madame antes do nome/ você teria agora") é o que Aurora perde por não merecer o amor do protagonista. Mesmo depois da morte de Gaúcho, Joel de Almeida, o magrinho elétrico, continuou cantando esta composição, uma das marcas registradas de seu repertório. Ainda em 1941, com letra em inglês de Harold Adamson, "Aurora" fez sucesso nos Estados Unidos e na Inglaterra, cantada pelas Andrew Sisters, sendo incluída no filme *Segure o Fantasma*, de Abbott & Costello.

**"O Bonde de São Januário"** (samba/carnaval),
Wilson Batista e Ataulfo Alves

Órgão importante da ditadura estadonovense, o Departamento de Imprensa e Propaganda (DIP) não só controlava a imprensa e as diversões como também procurava interferir na criatividade dos artistas, através de "conselhos" e "sugestões". Assim, no início dos anos 1940, achando que existia muito samba fazendo a apologia da malandragem, o DIP "aconselhou" os compositores a adotarem temas de exaltação ao trabalho e condenação à boemia. A aceitação do conselho determinou o surgimento de uma série de sambas descrevendo personagens bem-comportados, alguns até ex-malandros convertidos em ordeiros operários, como é o caso de "O Bonde de São Januário": "Quem trabalha é que tem razão/ eu digo e não tenho medo de errar/ o bonde de São Januário/ leva mais um operário/ sou eu que vou trabalhar". Na segunda parte, o protagonista confessa que "antigamente não tinha juízo", mas "resolveu garantir o seu futuro" e agora "vive bem", terminando por afirmar que "a boemia não dá camisa a ninguém". Com este samba a dupla Wilson Batista-Ataulfo Alves bisou no carnaval de 1941 o êxito de "Ó Seu Oscar" no ano anterior, inclusive repetindo o intérprete, Ciro Monteiro. Localizado no bairro de São Januário, o estádio do Vasco da Gama acabou por inspirar uma paródia (talvez de autoria do próprio Wilson, flamenguista inveterado) que dizia: "O bonde de São Januário/ leva um português otário/ pra ver o Vasco apanhar...".

202                                                                                   3ª Parte: 1929 a 1945

**"Brasil Pandeiro"** (samba), Assis Valente

O samba "Brasil Pandeiro" foi composto por Assis Valente para Carmen Miranda, por ocasião da volta da cantora, após seu período inicial de atuação nos Estados Unidos. Mas Carmen não gostou da composição, que acabou sendo lançada pelos Anjos do Inferno. De feitio diferente dos sambas ufanistas da época, "Brasil Pandeiro" é, pode-se dizer, um samba-exaltação ao estilo de Assis Valente ("Eu quero ver o Tio Sam tocar pandeiro para o mundo sambar/ o Tio Sam está querendo conhecer a nossa batucada/ (...)/ Brasil, esquentai vossos pandeiros/ iluminai os terreiros/ que nós queremos sambar-ô-ô..."). Preferido dos maiores conjuntos vocais de seu tempo, Assis Valente reviveria a tradição mesmo depois de morto, quando em 1973 "Brasil Pandeiro" faria enorme sucesso nas vozes dos Novos Baianos.

**"Canta Brasil"** (samba), Alcir Pires Vermelho e David Nasser

Dois anos após o lançamento de "Aquarela do Brasil", surgia um novo samba-exaltação, intitulado "Canta Brasil", que faria grande sucesso, consolidando o prestígio do gênero. Para isso, adotava como modelo o samba de Ary Barroso e até o citava nos versos: "Na 'Aquarela do Brasil'/ eu cantei de Norte a Sul". "Canta Brasil" tem música de Alcir Pires Vermelho e letra de David Nasser. Mineiro, pianista e compositor, como Ary, Alcir seguiu-lhe os passos para se tornar, também, um pródigo criador de sambas-exaltação. São de sua autoria, por exemplo, "Onde o Céu é Mais Azul" (com João de Barro e Alberto Ribeiro), "Brasil, Usina do Mundo" (com João de Barro), "Vale do Rio Doce" e "Onde Florescem os Cafezais" (com David Nasser). Isso, sem deixar de atuar com sucesso em outros gêneros. Sobre "Canta Brasil", Alcir costumava dizer que fez sua melodia numa viagem de bonde, do Centro à Tijuca, depois de receber a letra de Nasser num encontro casual na Avenida Rio Branco. Cantor ideal para esses "sambas de bravura", Francisco Alves gravou "Canta Brasil" na Odeon, acompanhado pela orquestra da Rádio Nacional.

**"É Doce Morrer no Mar"** (canção), Dorival Caymmi e Jorge Amado

Segundo Dorival Caymmi, "É Doce Morrer no Mar" nasceu durante uma reunião de amigos, em casa do coronel João Amado de Faria, pai de Jorge Amado. No calor da festa, o compositor criou a canção sobre um tema de *Mar Morto*, romance de Jorge sobre os mestres de saveiros: "É doce morrer no mar/ nas ondas verdes do mar". Imediatamente, o romancista compôs mais alguns versos, completando a canção ("Nas ondas verdes do mar, meu bem/ ele foi se afogar/ fez sua cama de noivo/ no colo de Ieman-

XIX. 1941

já...”). “Chegou a haver um concursinho entre os presentes (Érico Veríssimo, Clóvis Amorim e outros), mas acabaram prevalecendo os versos de Jorge”, relembra o compositor. “É Doce Morrer no Mar” foi gravado por Dorival Caymmi no mesmo disco que lançou “A Jangada Voltou Só”, outra de suas obras-primas.

### “Eu Sonhei Que Tu Estavas Tão Linda” (valsa),
Lamartine Babo e Francisco Matoso

Admirador da opereta, Lamartine Babo teria por certo se dedicado ao gênero se houvesse nascido na Europa no século XIX. Daí a presença, em sua obra, de composições como “Eu Sonhei Que Tu Estavas Tão Linda”, que ele pretendia incluir numa opereta inacabada, intitulada “Viva o Amor”. Compositor e letrista, como Lamartine, Francisco Matoso é o autor da bela melodia desta valsa. Segundo Almirante, Matoso mostrou-a, ainda sem letra, a Lamartine, que se apaixonou pela canção. Convidado a concluí-la, modificou algumas notas, como era de seu feitio, e colocou uma letra tão adequada que a composição ficou parecendo ser de autoria de uma só pessoa. “Eu Sonhei Que Tu Estavas Tão Linda” foi lançada por Francisco Alves em outubro de 41. Na ocasião, Francisco Matoso se encontrava bastante enfermo (morreria em 14 de dezembro de 1941, aos 28 anos de idade), não chegando a conhecer o seu sucesso.

### “Helena, Helena” (samba/carnaval),
Antônio Almeida e Constantino Silva

Depois de um predomínio da marchinha, iniciado em 1932 com o sucesso de “O Teu Cabelo Não Nega”, o samba reagiu assumindo a hegemonia do repertório de carnaval nos anos 1940. O primeiro grande samba carnavalesco da década é “Helena, Helena”. Repetindo a temática de “Ó Seu Oscar” — o homem que chega em casa e descobre ter sido abandonado pela mulher — “Helena, Helena” destaca-se pela melodia que, aliás, é bem valorizada pelos Anjos do Inferno na gravação inicial. Sobre esta gravação, contava o radialista César de Alencar um fato curioso. Iniciando na época sua carreira, César procurava inovar a programação com reportagens diferentes. Foi então que, em sua busca de novidade, ele soube da gravação de “Helena, Helena” e, com uma boa conversa, convenceu o pessoal da Columbia a deixá-lo instalar um microfone de sua emissora no estúdio da gravação. Assim, no dia 07/11/1940, os ouvintes da Rádio Clube do Brasil tiveram a oportunidade de conhecer “Helena, Helena” no momento exato em que estava sendo gravada.

"**A Jangada Voltou Só**" (canção), Dorival Caymmi

Na fase inicial do propalado "Microssulco 33 1/3 RPM Inquebrável" que provocou uma revolução tecnológica na fonografia brasileira nos anos 1950, um dos primeiros elepês de dez polegadas do lote inicial da Odeon tinha a numeração LDS-3004, teoricamente o quarto lançamento. O título, *Canções Praieiras*, com Dorival Caymmi, continha novas interpretações em alta fidelidade de oito composições lançadas anteriormente em 78 rotações. Era quase uma loucura apostar em um elepê de voz e violão. No entanto, foi o disco mais emblemático de Caymmi, tendo na capa uma de suas pinturas, o primeiro álbum conceitual na história do disco no Brasil, no qual ele cantava mais uma vez o mar, o vento, a jangada, histórias de pescadores e de esposas que perdiam os maridos no mar. "A Jangada Voltou Só", gravada originalmente nos anos 1940 na Columbia, narra a história triste e singela de dois pescadores que vão pescar e são tragados pelo mar em razão de "com certeza foi lá fora, algum pé de vento". No livro *Cancioneiro da Bahia*, o próprio Caymmi conta que "todos os anos estava eu na praia de Itapoã junto aos pescadores, saindo para o mar nas jangadas e saveiros" e descreve também "da vida de Chico Ferreira, animador das festas de Natal e de Reis, e de seu amigo Bento, o cantor do cais, romântico, amado pelas mulheres", dois personagens que conheceu pessoalmente. É como ambos foram descritos nos versos de Caymmi: "Não se ensaiava o rancho sem o Chico se contá.../ Bento cantando modas muita figura fez/ Bento tinha bom peito e prá cantar não tinha vez/ As moças de Jaguaribe choraram de fazê dó/ Seu Bento foi na jangada e a jangada voltou só". Não há melhor acompanhamento para a voz de barítono de Caymmi que seu violão, o primeiro de uma escola de grandes violonistas baianos, seguido de João Gilberto, Gilberto Gil e Moraes Moreira. Começando com um recitativo em que faz uso de um pedal, uma frase repetida várias vezes como acompanhamento, "A Jangada Voltou Só" é uma das mais dramáticas canções praieiras de Caymmi, que não tem rival como cantor e poeta do mar. Mesmo porque ele foi o único.

"**Morena Boca de Ouro**" (samba), Ary Barroso

"Morena Boca de Ouro" é uma das melhores criações de Ary Barroso, peça obrigatória em qualquer antologia de samba que se possa imaginar. Nesta composição Ary tira o máximo proveito das potencialidades rítmicas do samba, através de uma sinuosa linha melódica, que se desenvolve entrecortada de síncopes do primeiro ao último compasso. Justificando a agitação da melodia, a letra focaliza uma morena exuberante — "brasa viva, pronta pra queimar" —, que roda, ginga e samba como ninguém. "Morena

Boca de Ouro" antecede em nossa música a exaltação de outras beldades sambistas como a mulata de "É Luxo Só", do próprio Ary.

**"Nós Queremos uma Valsa"** (valsa/carnaval),
Antônio Nássara e Eratóstenes Frazão

Frazão propôs e Nássara aceitou fazerem os dois uma valsa para o carnaval. Assim nasceu "Nós Queremos Uma Valsa", novidade que agradou plenamente aos foliões de 1941. Na realidade, agradou mais ainda ao jornalista Morais Cardoso, o Rei Momo do Rio na ocasião. Além de muito gordo, como todo Rei Momo, Morais tinha problemas de saúde e vivia com os pés inchados. Para ele era um suplício cumprir as obrigações de rei do carnaval, que incluíam uns passos de samba ou de marcha nas dezenas de bailes a que tinha de comparecer. Então, ao tomar conhecimento da valsa, adotou-a imediatamente como sua música oficial, que passou a ser executada nos lugares onde ele ia. Naturalmente, tal resolução amenizou sua tarefa coreográfica, reduzindo-a a suaves passinhos de valsa. "O Morais nunca teve um carnaval tão tranquilo", relembrava Nássara. Lançada por Carlos Galhardo, "Nós Queremos uma Valsa" tem melodia calcada na "Valsa dos Patinadores" (de Emil Waldteufel), enquanto a letra evoca os velhos tempos, quando "uma valsa de roda era o requinte da moda". Para caracterizar o clima carnavalesco, a introdução reproduz um tradicional toque de clarim.

**"O Trem Atrasou"** (samba/carnaval),
Paquito, Estanislau Silva e Artur Vilarinho

Incluído por Roberto Paiva em seu disco de estreia na Victor, "O Trem Atrasou" foi o primeiro grande sucesso de sua carreira. Descoberto numa pilha de partituras rejeitadas pela gravadora, o samba chamou a atenção do cantor principalmente pelo tema da letra, que reproduzia uma situação vivida constantemente pelos trabalhadores cariocas: "Patrão, o trem atrasou/ por isso estou chegando agora/ trago aqui o memorando da Central/ o trem atrasou meia hora/ o senhor não tem razão/ pra me mandar embora". O próprio Roberto, ao tempo de estudante, quando morava no subúrbio de Riachuelo, teve várias vezes que recorrer a memorandos da Central para justificar atrasos de chegada ao colégio. Além de se destacar no repertório carnavalesco, "O Trem Atrasou" é uma das mais antigas canções de protesto de nossa música, tendo sido regravada por uma especialista do gênero, a cantora Nara Leão, no elepê *Cinco na Bossa*, em 1965.

OUTROS SUCESSOS

"Amigo Urso" (samba), Henrique Gonçalez
"Batuque no Morro" (samba), Russo do Pandeiro e José de Sá Roris
"Brasil Moreno" (samba), Ary Barroso e Luís Peixoto
"Canta Maria" (valsa), Ary Barroso
"Chô-Chô" (samba), Antônio Almeida e Assis Valente
"Esmagando Rosas" (bolero), Alcir Pires Vermelho e David Nasser
"Eu Trabalhei" (samba/carnaval), Roberto Roberti e Jorge Faraj
"Juraci" (samba), Antônio Almeida e Ciro de Souza
"Leva Meu Samba" (samba), Ataulfo Alves
"O Mar" (canção), Dorival Caymmi
"A Mulher Que Eu Gosto" (samba), Wilson Batista e Ciro de Souza
"Onde o Céu Azul é Mais Azul" (samba), Alcir Pires Vermelho, Alberto Ribeiro e João de Barro
"Passo do Canguru" (marcha/carnaval), Haroldo Lobo e Milton de Oliveira
"Perdão Amor" (foxe-canção), Lamartine Babo
"O Pião" (valsa), Custódio Mesquita e Sadi Cabral
"Preconceito" (samba), Wilson Batista e Marino Pinto
"Os Quindins de Iaiá" (samba), Ary Barroso
"Requebre Que Eu Dou um Doce" (samba), Dorival Caymmi
"Seu Libório" (samba), João de Barro e Alberto Ribeiro (composto em 1936)
"Sinhá Maria" (canção), Rene Bittencourt
"Três Lágrimas" (canção), Ary Barroso
"Você Já Foi à Bahia" (samba), Dorival Caymmi
"Você Não Tem Palavra" (samba), Ataulfo Alves e Newton Teixeira


GRAVAÇÕES REPRESENTATIVAS

ANJOS DO INFERNO
Columbia, 55267-a, "Brasil Pandeiro"
Columbia, 55249-a, "Helena, Helena"
Columbia, 55303-a, "Você Já Foi à Bahia"

CIRO MONTEIRO
Victor, 34691-a, "O Bonde de São Januário"

DORIVAL CAYMMI
Columbia, 55304-a, "É Doce Morrer no Mar"
Columbia, 55247-a/b, "O Mar"

FRANCISCO ALVES
Odeon, 12003-a/b, "Canta Brasil"
Odeon, 12051-b, "Eu Sonhei Que Tu Estavas Tão Linda"
Columbia, 55248-a/b, "Onde o Céu Azul é Mais Azul"

JOEL E GAÚCHO
Columbia, 55250-a, "Aurora"

ORLANDO SILVA
Victor, 34817-a, "Preconceito"
Victor, 34739-b, "Sinhá Maria"

SÍLVIO CALDAS
Victor, 34739-a, "Morena Boca de Ouro"
Victor, 34793-b, "Três Lágrimas"

VASSOURINHA
Columbia, 55295-a, "Seu Libório"


## MÚSICAS ESTRANGEIRAS DE SUCESSO NO BRASIL

"Aud Lang Syne" (Valsa da Despedida), tema popular do século XVIII;
    letra de Robert Burns
"Good Night" (Boa Noite) (Harry Warren e Mack Gordon
"Chica Chica Boom Chic", Harry Warren e Mack Gordon
"Dolores", Louis Alter e Frank Loesser
"How High the Moon", Morgan Lewis e Nancy Hamilton
"I'll Never Smile Again", Ruth Lowe
"In the Mood", Joe Garland e Andy Razaf
"Jalousie" ("Jealousy"), Jacob Gade (lançado em 1925)
"Moonlight Serenade", Glenn Miller e Mitchell Parish (lançado em
    1939)
"Panamá", Ernesto Lecuona (lançado em 1937)
"Pensylvannia 6-5-0-0-0", Jerry Gray e Carl Sigman

"Quiereme Mucho" ("Yours"), Gonzalo Roig (lançado em 1931)
"They Met in Rio", Harry Warren e Mack Gordon

## CRONOLOGIA

17/01: Nasce no Rio de Janeiro (RJ) o compositor Jorge Mautner (Henrique George Mautner).

20/01: É decretada a criação do Ministério da Aeronáutica e da Força Aérea Brasileira, sendo Joaquim Pedro Salgado Filho o primeiro titular da pasta.

11/02: Nasce em Niterói (RJ) o instrumentista Sérgio Mendes (Sérgio Santos Mendes).

12/02: Nasce em Garanhuns (PE) o instrumentista/compositor Dominguinhos (José Domingos de Morais).

19/02: Nasce em Esplanada (BA) o poeta Capinam (José Carlos Capinam).

02/03: Nasce em Bauru (SP) o pianista/compositor Amilton Godoy (Amilton Teixeira de Godoy).

14/03: Luiz Gonzaga grava o seu primeiro disco (Victor, 34744, "Véspera de São João" e "Numa Seresta").

17/04: A Iugoslávia cai em poder dos alemães.

19/04: Nasce em Cachoeira de Itapemirim (ES) o cantor/compositor Roberto Carlos (Roberto Carlos Braga).

29/04: Nasce no Rio de Janeiro (RJ) a cantora Nana Caymmi (Dinair Tostes Caymmi).

05/06: Nasce no Rio de Janeiro (RJ) o cantor/compositor Erasmo Carlos (Erasmo Esteves).

22/06: A Alemanha invade a União Soviética.

25/07: Nasce no Rio de Janeiro (RJ) a compositora Sueli Costa.

30/07: Nasce em Valença (RJ) a violonista Rosinha de Valença (Maria Rosa Canelas).

04/08: Nelson Gonçalves grava o seu primeiro disco (Victor, 34807, "Se Eu Pudesse" e "Sinto-me Bem").

05/08: Nasce em Itaiópolis (SC) o instrumentista/compositor Airto Moreira (Airton Guimorvan Moreira).

28/08: É transmitido pela primeira vez o noticiário Repórter Esso (Rádio Nacional do Rio de Janeiro e Rádio Record de São Paulo).

18/09: É fundada no Rio de Janeiro a Atlântida Empresa Cinematográfica do Brasil S.A.

21/09: Nasce em Porto Alegre (RS) o pianista Roberto Szidon (José Roberto Szidon).

12/11: Nasce no Rio de Janeiro (RJ) o cantor/compositor João Nogueira (João Batista Nogueira Júnior).

07/12: Os japoneses atacam a base americana de Pearl Harbour, no Havaí.

08/12: Os Estados Unidos declaram guerra ao Japão.

11/12: A Alemanha e a Itália declaram guerra aos Estados Unidos.

XIX. 1941

Um dos compositores de maior repertório gravado, Ataulfo Alves teve em "Ai Que Saudades da Amélia" o seu maior sucesso.

# XX. 1942

DESTAQUES

**"Ai Que Saudades da Amélia"** (samba/carnaval),
Ataulfo Alves e Mário Lago

"Ai Que Saudades da Amélia" tem três personagens: o protagonista, sua mulher e Amélia, a mulher que ele perdeu. O tema é um confronto dos defeitos da mulher atual com as qualidades da mulher anterior. A atual, a quem o protagonista se dirige, é exigente, egoísta, "Só pensa em luxo e riqueza", enquanto a anterior é um exemplo de virtude e resignação — "Amélia não tinha a menor vaidade, (...) achava bonito não ter o que comer...". Em suma, a primeira é o presente, a realidade incontestável; a segunda é o passado, uma saudade idealizada na figura da mulher perfeita, pelos padrões da época.

Este primoroso poema popular, coloquial espontâneo, escrito por Mário Lago, recebeu de Ataulfo Alves uma de suas melhores melodias, que expressa musicalmente o espírito da letra. E o paradoxal é que não sendo carnavalesco, este samba fez estrondoso sucesso no carnaval. Segundo Mário Lago, "Amélia nasceu de uma brincadeira de Almeidinha, irmão de Araci de Almeida, que sempre que se falava em mulher costumava brincar — 'Qual nada, Amélia é que era mulher de verdade. Lavava, passava, cozinhava...'". Então, Mário achou que aquilo dava samba e fez a letra inicial de "Ai Que Saudades da Amélia". Brincadeiras à parte, a verdade é que a Amélia do Almeidinha existiu e, possivelmente, ainda vivia à época da canção. Era uma antiga lavadeira que serviu à sua família. Morava no subúrbio do Encantado (Zona Norte do Rio) e trabalhava para sustentar uma prole de nove ou dez crianças. Com a letra pronta, Mário pediu a Ataulfo Alves para musicá-la. O compositor executou a tarefa, mas alterou algumas palavras e aumentou o número de versos de doze para quatorze, "Isso é natural" — comentava Ataulfo, em depoimento para o MIS do Rio de Janeiro, em 17/11/1965 —, "as composições dos parceiros que são letristas sofrem influência minha, que sou autor de letra e música. Mas o Mário não gostou. E não adiantou dizer que a música me obrigara a fazer as modificações." De qualquer maneira, como o samba estava bom, ficaram valendo as alterações. Começou então a batalha da gravação.

Ataulfo ofereceu "Amélia" em vão a vários cantores, inclusive a Orlando Silva. Como ninguém queria gravá-la, gravou-a ele mesmo na Odeon, no dia 27/11/1941, acompanhado por um improvisado conjunto, batizado de Academia de Samba. Convidado na hora, Jacob do Bandolim participou dessa gravação, tocando cavaquinho, sendo sua a introdução. Lançado no suplemento de janeiro de 1942, "Ai Que Saudades da Amélia" foi conquistando aos poucos a preferência do público, graças, principalmente, a uma intensa atuação de Ataulfo junto às rádios. Relembra Mário que o locutor Júlio Louzada chegou a dedicar, na Rádio Educadora, uma tarde inteira de domingo a "Amélia", com entrevistas e o disco tocando dezenas de vezes.

O resultado é que às vésperas do carnaval, quando houve o concurso para escolher o melhor samba, "Ai Que Saudades da Amélia" dividia o favoritismo com "Praça Onze", de Herivelto Martins e Grande Otelo. Realizado no estádio do Fluminense, este concurso reuniu uma enorme plateia que, de acordo com o regulamento, elegeria por aplauso os vencedores. Precedendo "Amélia", apresentou-se "Praça Onze", valorizada por um verdadeiro show, preparado por Herivelto. Primeiro foram mostrados os instrumentos, explicando-se as funções de cada um; em seguida, vieram as passistas, um grupo sensacional de mulatas rebolando; e, finalmente, cantou-se o samba, que levou a plateia ao delírio, dando a impressão de que o certame já estava decidido. Acontece, porém, que "Amélia" também tinha seus trunfos. Tim e Carreiro, amigos de Mário e craques do time do Fluminense, que acabara de ganhar o bi-campeonato carioca de futebol, haviam feito um excelente trabalho junto à torcida tricolor. Para completar, no momento da apresentação, Mário Lago subiu ao palco e, num rasgo de eloquência e demagogia, fez um discurso emocionante, proclamando "Amélia" símbolo da mulher brasileira. Assim, quando Ataulfo e suas pastoras começaram a cantar o estádio veio abaixo, praticamente exigindo a vitória dos dois sambas. Sem a possibilidade de desempatar, o presidente do Fluminense, Marcos Carneiro de Mendonça — por coincidência, casado com uma "Amélia", a poeta Ana Amélia de Queiroz Carneiro de Mendonça — autorizou o pagamento em dobro do prêmio de campeão a "Ai Que Saudades da Amélia" e "Praça Onze", cada um recebendo como se tivesse ganho sozinho.

**"Aos Pés da Cruz"** (samba), Zé da Zilda e Marino Pinto
Último grande sucesso de Orlando Silva na gravadora Victor, "Aos Pés da Cruz" já era bem conhecido meses antes de sua gravação, quando o can-

tor o lançou em programas radiofônicos, numa excursão ao Norte e Nordeste. Abordando o tema da jura descumprida, muito explorado na época ("Aos pés da Santa Cruz/ você se ajoelhou/ e em nome de Jesus/ um grande amor você jurou/ jurou mas não cumpriu/ fingiu e me enganou..."), o samba agradou tanto que recebeu imediata continuação — "Quem Mente Perde a Razão" —, de autoria do próprio Zé da Zilda (José Gonçalves) e lançado por Nelson Gonçalves, sucessor de Orlando na gravadora. Coautor de "Aos Pés da Cruz", Marino Pinto cita na segunda parte o célebre aforismo "O coração tem razões que a própria razão desconhece", do filósofo francês Blaise Pascal.

Numa demonstração de sua admiração por Orlando, João Gilberto regravaria este samba em seu primeiro elepê, em 1959. Sua versão, com outras harmonias e uma interpretação lisa, mostraria como composições antigas poderiam ser perfeitamente amoldadas à bossa nova. Assim é que o repertório desse disco (*Chega de Saudade*) mistura, em completa sintonia, canções nascidas sob o signo do novo movimento com sambas tradicionais como "Morena Boca de Ouro", "Rosa Morena" e este "Aos Pés da Cruz".

### "Ave Maria no Morro" (samba), Herivelto Martins

Recém-chegado ao Rio, por volta de 1930, Herivelto Martins costumava frequentar o Morro da Favela, onde havia uma singela capelinha. Por muito tempo ele guardou a imagem dessa capela, com a intenção de usá-la numa canção que descrevesse de forma mística o anoitecer no morro. Um dia, estando num bilhar na Praça Tiradentes, despertou-lhe a atenção a algazarra de um bando de pardais, que se recolhia às arvores para dormir. Transportando os pardais para o morro, ele escreveu e musicou os seguintes versos: "Tem alvorada/ tem passarada/ alvorecer/ sinfonia de pardais/ anunciando o anoitecer" — que logo complementou, compondo o que viria a ser a segunda parte de "Ave Maria no Morro". Entusiasmado com o esboço de samba que acabara de fazer, Herivelto resolveu mostrá-lo ao compadre Benedito Lacerda, na época seu vizinho na Ilha do Governador.

É ele próprio quem conta essa história, no depoimento que prestou para o Arquivo da Cidade do Rio de Janeiro, no dia 18/08/1983: "Eu me preparei para mostrar ao Benedito essa segunda parte. Ensaiei com a Dalva, bem ensaiadinho, e todo animado fui procurá-lo. 'Ouve aqui, Benedito, este negócio que eu fiz.' E então cantamos, cantamos, a Dalva com aquela voz bonita e eu, no violão, crente que estávamos agradando, pois estava mesmo uma beleza. Terminada a cantoria, uma decepção. O Benedito tirou os óculos, esfregou os olhos e disse com a maior frieza: 'Meu compadre, isso é música de igreja. Vamos fazer música pra ganhar dinheiro, meu compadre'. E, para amenizar o meu desapontamento, acrescentou: 'Tá bem, tá bem pra vocês cantarem no rádio, mas isso não é música pra dar dinheiro. Cadê aquele sambinha que você me mostrou outro dia?'". Desiludido com a rejeição, Herivelto arquivou a composição, só a concluindo meses depois, quando aprontou a primeira parte ("Barracão de zinco/ sem telhado/ sem pintura/ lá no morro...").

Gravada em junho de 1942, "Ave Maria no Morro" foi o primeiro sucesso do Trio de Ouro na Odeon. A repercussão do disco, entretanto, trouxe um problema. O cardeal, Dom Sebastião Leme, considerou a canção uma heresia e pediu sua proibição, o que só não aconteceu porque o autor tinha pistolão no serviço de censura. Realmente, a posteridade provaria que Sua Excelência Reverendíssima não estava com a razão: a partir dos anos 1960, "Ave Maria no Morro" tornou-se a composição que maiores dividendos renderia na obra de Herivelto, especialmente por sua execução em igrejas da Alemanha, Áustria, Suíça e outros países europeus.

### "Botões de Laranjeira" (samba-choro), Pedro Caetano

O compositor Pedro Caetano estava numa festinha, quando uma menina lhe pediu: "Será que o senhor poderia fazer uma música pra mim?". Embora não gostasse de compor por encomenda, Pedro animou-se ao saber que a garota se chamava Maria Madalena de Assunção Pereira, um nome tão musical que tinha até ritmo de choro. E ali mesmo começou a escrever os versos iniciais da composição ("Maria Madalena de Assunção Pereira/ teu beijo tem aroma de botões de laranjeira"), para a alegria da homenageada. Dias depois, a música era lançada com sucesso por Ciro Monteiro no programa de César Ladeira, na Rádio Mayrink Veiga. Marcada a gravação para a semana seguinte, pois Ciro tinha pressa, surgiu um empecilho. A censura proibia nomes próprios por extenso em letras de música, alegando que isso afetava a privacidade das pessoas. Pedro ficou desolado, pois uma das graças do sambinha era justamente o nome da garota funcionando como verso. Mas a salvação veio numa sugestão de César Ladeira: substituiu-se o "de Assunção" por "dos Anzóis", cessando o pretexto da proibição. César ainda brincou: "Se aparecer alguém com esse nome mandem prender, porque isso não é nome que se use". Criador de inspirados versos para músicas alheias, Pedro Caetano é também um criativo melodista, conforme se pode constatar em composições como "Botões de Laranjeira".

**"Emília"** (samba/carnaval), Wilson Batista e Haroldo Lobo

Bastaria ter sobrevivido uns dez ou quinze anos mais para que Vassourinha se tornasse um dos maiores sambistas brasileiros. A misteriosa moléstia óssea que o matou aos 19 anos em 1942, ceifou uma carreira resumida a apenas seis discos, doze músicas, e três sucessos: "Seu Libório", "Juracy" e "Emília". Admirado por artistas e diretores da Rádio Record de São Paulo, Vassourinha começou a cantar profissionalmente aos 14 anos, após ter sido admitido como contínuo da emissora aos 12. Numa de suas poucas vindas ao Rio, onde gravava no estúdio da Columbia, foi contemplado com o samba que Wilson Batista apostava como sucesso para o carnaval de 1942, "Emília", quase um parônimo de "Amélia". Não apenas no título, as letras abordavam o mesmo tema. Enquanto Mário Lago não se conforma de não ter mais a "mulher de verdade" que passava fome a seu lado, Haroldo Lobo imagina nos seus versos poder encontrar outra que soubesse lavar e cozinhar tal qual a Emília que tanta falta lhe fazia: "Quero uma mulher que saiba lavar e cozinhar/ que de manhã cedo me acorde na hora de trabalhar/ só existe uma/ e sem ela eu não vivo em paz/ Emília, Emília, Emília/ não posso mais (...)/ Emília é mulher/ Papai do Céu é quem sabe/ a falta que ela me faz/ Emília, Emília, Emília/ Não posso mais". Relata Rodrigo Alzuguir em sua biografia sobre Wilson Batista que os dois sambas estavam entre os seis selecionados para competirem entre si na Noite da Música Carnavalesca, o festival no Fluminense Football Club. Como foi declarado um empate entre "Praça Onze" e "Ai Que Saudades da Amélia", Wilson e Vassourinha, que defendeu "Emília", arremata Rodrigo, "saíram de mãos abanando". No entanto, temos a gravação. Acompanhado pelo regional de Benedito Lacerda, Vassourinha dá uma verdadeira aula de como cantar um samba de categoria, na leveza da divisão e no delicioso timbre de sua voz jovial.

**"Meus Vinte Anos"** (samba), Wilson Batista e Sílvio Caldas

Neste samba, Wilson Batista vive um bom momento de sua carreira como letrista. Em versos simples, ele focaliza um problema existencial: o inconformismo do homem diante da velhice. Essa realidade indesejada é pressentida pelo protagonista "nos olhos das mulheres" e confirmada no "retrato da sala", que "faz lembrar com saudade" a sua mocidade. Surpreendentemente, Wilson Batista tinha apenas 29 anos na época em que fez a composição. Autor da melodia, Sílvio Caldas é também o intérprete de "Meus Vinte Anos" num disco que, lançado no final de 1942, estendeu seu sucesso a todo o ano seguinte.

XX. 1942

**"Nega do Cabelo Duro"** (batucada/carnaval),
Rubens Soares e David Nasser

Apresentando semelhanças com a melodia do velho samba de Sinhô, "Não Quero Saber Mais Dela", a batucada "Nega do Cabelo Duro" foi um dos destaques do carnaval de 42, nas vozes dos Anjos do Inferno. Numa época em que ninguém se preocupava em ser ou não ser politicamente correto, a composição satirizava o cabelo da personagem ("Nega do cabelo duro/ qual é o pente que te penteia?...") e a moda feminina, então no auge, de frisar os cabelos ("Misampli a ferro e fogo/ não desmancha nem na areia..."), a chamada ondulação permanente. Aliás, os temas capilares predominaram no carnaval de 42, pois, além de "Nega do Cabelo Duro", fizeram sucesso as marchinhas "Nós os Carecas" e "Nós os Cabeleiras".

**"Praça Onze"** (samba/carnaval), Herivelto Martins e Grande Otelo

Delimitada pelas ruas de Santana (a leste), Marquês de Pombal (a oeste), Senador Euzébio (ao norte) e Visconde de Itaúna (ao sul), a Praça Onze existiu por mais de 150 anos. A princípio denominada Rocio Pequeno, depois Praça Onze de Junho (data da Batalha de Riachuelo), tornou-se, nas primeiras décadas do século XX, o local mais cosmopolita do Rio de Janeiro. Em suas redondezas misturaram-se imigrantes espanhóis, italianos e judeus de várias procedências com milhares de negros, na maioria oriundos da Bahia. E foram os negros que transformaram a Praça Onze em reduto de sambistas, ao usarem o seu espaço para os desfiles das primeiras escolas de samba. Em 1941, quando a prefeitura começou as demolições para a abertura da Avenida Presidente Vargas, que extinguiria a praça, Grande Otelo teve a ideia de protestar em ritmo de samba. Ótimo ator mas letrista medíocre, ele escreveria uma versalhada sobre o assunto, que mostrou aos compositores Max Bulhões, Wilson Batista e Herivelto Martins, sem lhes despertar o menor interesse. Mas Otelo era teimoso e Herivelto, para se livrar dele, compôs o samba em que aproveitou a ideia, desprezando os versos. Diga-se de passagem, que na época os dois trabalhavam nos cassinos da Urca e de Icaraí, atravessando todas as noites a Baía de Guanabara, numa lancha que fazia a ligação entre as duas casas. Foi numa dessas travessias que Herivelto começou a escrever "Praça Onze". Acontece que a composição — anunciando o fim da praça e dos desfiles e, de uma maneira comovente, exortando os sambistas a guardarem os seus pandeiros — superou as expectativas do autor, sugerindo-lhe uma gravação diferente, em que se reproduzisse o clima de uma escola de samba. E assim ele fez, tendo a novidade se tornado padrão para a execução de sambas do gênero. Além do canto, no estilo "empolgação", a cargo do Trio de Ouro reforçado por Castro Barbosa, foi primordial para que se estabelecesse tal clima o uso destacado de três elementos rítmicos — o tamborim, o apito e o surdo. Até então, o apito era usado nas escolas de samba somente como elemento sinalizador, para comandar o desfile. Sua função rítmica, sibilando em tempo de samba, foi uma invenção de Herivelto, lançada nesta gravação. Por tudo isso, "Praça Onze" alcançou extraordinário sucesso, ganhando, ao lado de "Ai Que Saudades da Amélia", o concurso de sambas promovido pelo Fluminense. E naquele carnaval, onde se cantou "Praça Onze" tinha sempre alguém soprando um apito, o que acabou causando a Herivelto uma despesa inesperada: caridosamente, ele assumiu metade do prejuízo sofrido por Murilo Caldas, autor da marcha "Passarinho Piu Piu", que distribuíra mil apitos entre os foliões, indiferentes à sua música.

**"Renúncia"** (foxe), Roberto Martins e Mário Rossi
Começando a se projetar em março de 42, com a valsa "Dorme Que Eu Velo por Ti", de Roberto Martins e Mário Rossi, o então jovem cantor Nelson Gonçalves se consagraria cinco meses depois com o foxe "Renúncia", da mesma dupla. De quebra, ainda mostraria com sua interpretação que possuía a voz ideal para esse tipo de música. E o curioso é que Nelson não estava interessado em "Renúncia", só a gravando em cumprimento a uma determinação de Vitório Latari, diretor da Victor. Por isso chegou ao estúdio sem conhecer a melodia. Temendo que ele errasse na gravação, a ser realizada após breve ensaio, Roberto Martins gratificou o saxofonista Luís Americano para que antecedesse a entrada do cantor com um solo do tema. No final saiu tudo certo, nesse prodígio de improvisação, porque o cantor e o conjunto — Luís Americano (sax-alto), Carolina Cardoso de Menezes (piano), Garoto (violão-tenor), Faria (contrabaixo) e Duca (bateria) — eram ótimos. Em dezembro, Nelson voltaria a gravar "Renúncia", desta vez em ritmo de samba, para o carnaval de 43.

**"Só Vendo Que Beleza"** (samba), Henricão e Rubens Campos
Foram os sambas "Está Chegando a Hora" e "Só Vendo Que Beleza", lançados num mesmo disco, em 1942, que tornaram conhecida a cantora Carmen Costa. "Está Chegando a Hora" era uma adaptação — de Henricão (Henrique Felipe da Costa), descobridor de Carmen, e Rubens Campos — da canção mexicana "Cielito Lindo", que passou a ser cantada nos finais dos bailes carnavalescos. Já "Só Vendo Que Beleza", de autoria da mesma dupla, explorava o tema do amor campestre, seguindo a linha de sucessos

XX. 1942

anteriores como "Minha Palhoça" e "No Rancho Fundo" ("Eu tenho uma casinha lá na Marambaia/ fica na beira da praia/ só vendo que beleza..."). Mesmo assim, fez tanto sucesso que, dois anos depois, recebeu uma continuação, "Casinha da Marambaia", de menor repercussão, mas que originaria uma certa confusão, pois o público costuma atribuir este título a "Só Vendo Que Beleza".

## OUTROS SUCESSOS

"Algum Dia Te Direi" (valsa), Cristóvão de Alencar e Felisberto Martins

"Alma dos Violinos" (valsa), Alcir Pires Vermelho e Lamartine Babo

"Bem-Te-Vi Atrevido" (choro), Lina Pesce

"Deusa do Maracanã" (valsa), Jaime Guilherme

"Dolores" (samba/carnaval), Alberto Ribeiro, Arlindo Marques Júnior e Marino Pinto

"Dorme Que Eu Velo por Ti" (valsa), Roberto Martins e Mário Rossi

"E o Juiz Apitou" (samba), Wilson Batista[9] e Antônio Almeida

"Essa Mulher Tem Qualquer Coisa na Cabeça" (samba), Wilson Batista e Cristóvão de Alencar

"Faixa de Cetim" (samba), Ary Barroso

"Fez Bobagem" (samba), Assis Valente

"Isto Aqui o Que É" (samba), Ary Barroso

"Lero-Lero" (marcha/carnaval), Benedito Lacerda e Eratóstenes Frazão

"Meu Caboclo" (canção), Laurindo de Almeida e Junquilho Lourival

"A Mulher do Leiteiro" (marcha/carnaval), Haroldo Lobo e Milton de Oliveira

"A Mulher do Padeiro" (marcha/carnaval), J. Piedade, Nicola Bruni e Germano Augusto

"Nós os Cabeleiras" (marcha/carnaval), Roberto Martins e Benedito Lacerda

"Nós os Carecas" (marcha/carnaval), Roberto Roberti e Arlindo Marques Júnior

"Pombo Correio" (samba), Benedito Lacerda e Darci de Oliveira

"Quem Mente Perde a Razão" (samba), Zé da Zilda e Edgar Nunes

---

[9] O nome de Wilson Batista é omitido no disco, figurando em seu lugar J. Batista.

"Quero Dizer-te Adeus" (valsa), Ary Barroso
"Rosa Morena" (samba), Dorival Caymmi
"Teleco-Teco" (samba), Murilo Caldas e Marino Pinto
"Vatapá" (samba), Dorival Caymmi
"Violão Amigo" (samba), Alcebíades Barcelos e Armando Marçal


## GRAVAÇÕES REPRESENTATIVAS

ANJOS DO INFERNO
Columbia, 55315-a, "Nega do Cabelo Duro"
Columbia, 55314-a, "Nós os Carecas"
Columbia, 55380-b, "Rosa Morena"

ARACI DE ALMEIDA
Victor, 34882-a, "Fez Bobagem"

ATAULFO ALVES
Odeon, 12106-a, "Ai Que Saudades da Amélia"

CASTRO BARBOSA E O TRIO DE OURO
Columbia, 55319-a, "Praça Onze"

CIRO MONTEIRO
Victor, 34894-b, "Botões de Laranjeira"

GILBERTO ALVES
Odeon, 12177-b, "Algum Dia Te Direi"

NELSON GONÇALVES
Victor, 34879-b, "Dorme Que Eu Velo Por Ti"
Victor, 34896-b, "Quem Mente Perde a Razão"
Victor, 34948-a, "Renúncia"

ORLANDO SILVA
Victor, 34880-a, "Aos Pés da Cruz"

SÍLVIO CALDAS
Victor, 80.0006-b, "Meus Vinte Anos"

XX. 1942

Trio de Ouro
Odeon, 12185-a, "Ave Maria no Morro"

Vassourinha
Columbia, 55302-a, "Emília"

## MÚSICAS ESTRANGEIRAS DE SUCESSO NO BRASIL

"Adios", Enrique Madriguera
"Blue Champagne", Grady Watts e Frank Ryerson
"Blues in the Night", Harold Arlen e Johnny Mercer
"Chattanooga Choo-Choo", Harry Warren e Mack Gordon
"Daddy", Robert Troup
"I Remember You", Victor Schertzinger e Johnny Mercer
"Maria Elena", Lorenzo Barcelata (lançada em 1933)
"Solamente Una Vez", Agustin Lara
"A String of Pearls", Jerry Gray e Eddie De Lange
"Tropical Magic", Harry Warren e Mack Gordon

## CRONOLOGIA

19/01: Nasce em Vitória (ES) a cantora Nara Leão (Nara Lofego Leão).

13/02: Chega ao Rio de Janeiro Orson Welles, diretor de *Cidadão Kane*, para filmar *It's All True*.

14/02: É afundado o Cabedelo, primeiro navio brasileiro torpedo pelos alemães na II Guerra Mundial.

23/03: Nasce no Rio de Janeiro (RJ) o compositor/cantor Jorge Ben (Jorge Duílio Lima Menezes), que nos anos 1990 adotou o nome artístico de Jorge Ben Jor.

04/06: Os americanos derrotam os japoneses na Batalha de Midway, reconquistando a superioridade naval no Oceano Pacífico.

18/06: Nasce em São Paulo (SP) a cantora Celly Campello (Célia Campello Gomes Chacon).

29/06: Nasce em Salvador (BA) o cantor/compositor Gilberto Gil (Gilberto Passos Gil Moreira).

05/07: É inaugurada Goiânia, a nova capital do estado de Goiás.

31/07: É promulgado o Decreto nº 4545, que regulamenta a forma de apresentação do Hino Nacional Brasileiro.

03/08: Morre em São Paulo (SP) o cantor Vassourinha (Mário Ramos).

07/08: Nasce em Santo Amaro (BA) o compositor/cantor Caetano Veloso (Caetano Emanoel Viana Teles Veloso).

18/08: Morre no Rio de Janeiro (RJ) o compositor Eduardo Souto.

31/08: O Brasil declara guerra à Alemanha e à Itália.

28/09: Nasce no Rio de Janeiro (RJ) o cantor/compositor Tim Maia (Sebastião Rodrigues Maia).

05/10: É instituído o Cruzeiro como novo padrão monetário brasileiro, em substituição ao mil-réis.

26/10: Nasce no Rio de Janeiro (RJ) o compositor/cantor Milton Nascimento.

08/11: É iniciada a operação de desembarque das forças aliadas no Norte da África.

12/11: Nasce no Rio de Janeiro (RJ) o compositor/cantor Paulinho da Viola (Paulo César Batista de Faria).

31/12: A Rádio Nacional do Rio de Janeiro inaugura a sua primeira emissora de ondas curtas, alcançando praticamente todo o território nacional.

XX. 1942

O grande sambista Ciro Monteiro,
que viveu sua melhor fase nos anos 1940.

# XXI. 1943

DESTAQUES

**"Aperto de Mão"** (samba),
Horondino Silva, Jaime Florence e Augusto Mesquita

Sempre que chegava ao Rio para gravar nos estúdios da Victor, Isaura Garcia telefonava para Horondino Silva, perguntando-lhe se tinha algum samba novo. Em caso afirmativo, o violonista ia logo ao hotel, para mostrar-lhe a música que, se gostasse, ela aprendia e gravava no mesmo dia. Foi assim que Isaurinha lançou sete sambas do Mestre Dino, entre os quais o grande sucesso "Aperto de Mão", que a tornou conhecida em todo o Brasil. Com uma letra de Augusto Mesquita, muito simples, sobre uma penosa reconciliação, "Aperto de Mão" tem melodia de Dino e Meira (Jaime Florence), que pertenciam ao conjunto de Benedito Lacerda. Na época, os dois tocavam violão de seis cordas, tendo Dino adotado o de sete cordas no início dos anos 1950. Esses extraordinários violonistas participaram de centenas de gravações nos quase quarenta anos em que atuaram juntos.

**"Beija-me"** (samba), Roberto Martins e Mário Rossi

Há composições que têm a sorte de fazer sucesso mais de uma vez, em épocas diferentes, por cantores diferentes. Este é o caso do samba "Beija--me", lançado por Ciro Monteiro em 1943 e ressuscitado por Elza Soares em 1960. Em ambas as ocasiões o sucesso foi grande, sendo que na segunda motivou outras gravações, inclusive instrumentais. De certa forma, o êxito de "Beija-me" constituiu-se numa agradável surpresa para seus autores, uma vez que se tratava de uma composição nascida ao acaso: Roberto Martins estava repetindo três notas (dó-dó-lá) ao piano, quando, de repente, o parceiro Mário Rossi começou a fazer o samba, a partir daquela combinação. Então, em seguida, os dois o completaram. A propósito, Elza Soares — ou o maestro Astor Silva, arranjador do seu disco — alterou três notas no segundo compasso do estribilho original, o que acabou valendo, pois a modificação até melhorou a melodia.

**"Exaltação à Bahia"** (samba),
Vicente Paiva e Chianca de Garcia
Diretor musical do Cassino da Urca entre 1934 e 1945, Vicente Paiva compôs vários sambas-exaltação para os finais apoteóticos dos shows da casa, em que todo o elenco ocupava o palco —, as vedetes à frente, com suas fantasias emplumadas. Desse repertório destacou-se "Exaltação à Bahia", que Heleninha Costa, *lady-crooner* do cassino em 1943, transformou no maior sucesso de sua carreira. Seguindo o esquema grandiloquente do gênero, o samba exalta poetas e heróis baianos, além das graças habituais da Boa Terra, em letra do revistógrafo português Chianca de Garcia.

**"Laurindo"** (samba/carnaval), Herivelto Martins
Para o carnaval de 43, Herivelto Martins usou o personagem Laurindo, um sambista que "Sobe o morro gritando: não acabou a Praça Onze, não acabou". E partindo desse personagem, desenvolveu um samba que seria uma espécie de continuação de "Praça Onze", até mesmo repetindo com o Trio de Ouro o clima do sucesso anterior. O samba foi muito cantado e o personagem continuou "vivendo" em outras composições como "Às Três da Manhã", do próprio Herivelto, e "Cabo Laurindo", em que Haroldo Lobo e Wilson Batista o transformaram em "pracinha", que vai à guerra e volta condecorado. Refletindo o momento de exaltação patriótica, que se vivia na ocasião, com o Brasil acabando de declarar guerra à Alemanha e à Itália, os versos finais do samba "Laurindo" descreviam uma cena em que a escola largava a bateria no chão e ia-se embora, enquanto a pirâmide ia "aumentando, aumentando". Esta pirâmide é uma referência às "pirâmides" de objetos, de preferência metálicos, que o governo incentivava o povo a doar para o chamado esforço de guerra brasileiro.

**"Pra Machucar Meu Coração"** (samba), Ary Barroso
Mesmo na fase em que criou a maioria de seus sambas-exaltação, Ary Barroso continuou produzindo música essencialmente popular como "Pra Machucar Meu Coração". Um clássico do repertório sambístico, esta composição encanta não apenas pela qualidade da melodia, mas, principalmente, pela forma natural como desenvolve o tema da separação: "Está fazendo um ano e meio, amor/ que o nosso lar desmoronou/ meu sabiá, meu violão/ e uma cruel desilusão/ foi tudo que ficou, ficou-o-ô/ pra machucar meu coração".
Este samba foi lançado pelo cantor Déo no melhor período de sua carreira, quando era chamado de "O Ditador de Sucessos". Em anos seguintes,

foi regravada por Tito Madi, Gal Costa, Os Cariocas e, na sua versão mais admirada, por João Gilberto no disco *Getz/Gilberto*, em 1964.

**"Terra Seca"** (samba), Ary Barroso

Numa entrevista à *Revista da Música Popular*, em 1954, Ary Barroso apontou "Terra Seca" como sua música predileta, entre as tantas que havia feito. Com uma melodia elaborada, bem adequada a vozes de registro grave, a canção aborda o drama do trabalho do negro escravo no Brasil: "O nego tá moiado de suó/ trabaia, trabaia, trabaia nego.../ a mão do nego tá que é calo só/ trabaia, trabaia, trabaia nego...".

Embora, com o passar do tempo, alguns tenham-na considerado conformista, com o personagem numa postura submissa, "Terra Seca" permanece como um clássico, comparável ao célebre "Ol' Man River", de Jerome Kern e Oscar Hammerstein II.

OUTROS SUCESSOS

"Adolfito Mata-Mouros" (marcha/carnaval), João de Barro e Alberto Ribeiro
"China Pau" (marcha/carnaval), João de Barro e Alberto Ribeiro
"Cinco Horas da Manhã" (samba/carnaval), Ary Barroso
"Da Central a Belém" (samba), Chiquinho Sales
"A Dama de Vermelho" (valsa), Alcir Pires Vermelho e Pedro Caetano
"Lá em Mangueira" (samba/carnaval), Herivelto Martins e Heitor dos Prazeres
"Lealdade" (samba/carnaval), Wilson Batista e Haroldo Lobo
"Mãe Maria" (samba-canção), Custódio Mesquita e David Nasser
"Marilena" (foxe), Geraldo Mendonça
"Não é Economia" ("Alô Padeiro") (samba), Wilson Batista e Haroldo Lobo
"Não Troquemos de Mal" (foxe), Rubens Leal Brito e Jorge Faraj
"Ninotchka" (valsa), Georges Moran e Cristóvão de Alencar
"Noite de Lua" (foxe), Antônio Almeida
"Noutros Tempos Era Eu" (samba), Ataulfo Alves
"Promessa" (samba), Custódio Mesquita e Evaldo Rui
"Que É, Que É?" (samba-choro), Bororó e Evrágio Lopes
"Resignação" (samba), Geraldo Pereira e Arno Provenzano

XXI. 1943

"Roberta" (marcha/carnaval), Roberto Martins, Roberto Roberti e Mário Rossi

"A Saudade é um Compasso Demais" (valsa), Roberto Martins e Mário Rossi

"Se é Pecado" (samba), Herivelto Martins

"Solidão" (foxe-canção), Roberto Martins e Mário Rossi

"O Sorriso do Paulinho" (samba), Gastão Viana e Mário Rossi

"Transformação" (samba), Herivelto Martins

"Trem de Ferro" ("Trenzinho") (marcha), Lauro Maia

"A Vida em Quatro Tempos" (samba), Custódio Mesquita e Paulo Orlando


## GRAVAÇÕES REPRESENTATIVAS

CIRO MONTEIRO
Victor, 80.0070-a, "Beija-me"

DÉO
Columbia, 55419-a, "Não é Economia" ("Alô Padeiro")
Columbia, 55445-a, "Pra Machucar Meu Coração"

FRANCISCO ALVES
Odeon, 12322-b, "A Dama de Vermelho"
Odeon, 12336-b, "Transformação"

HELENINHA COSTA
Columbia, 55463-a, "Exaltação à Bahia"

ISAURA GARCIA
Victor, 80.0058-b, "Aperto de Mão"

NELSON GONÇALVES
Victor, 80.0096-a, "Noite de Lua"
Victor, 80.0062-a, "Solidão"

ORLANDO SILVA
Columbia, 55395-b, "Lealdade"

Benedito Lacerda e seu conjunto regional, o melhor da época.
Da esquerda para a direita: Gilson, Dino, Benedito, Canhoto e Meira.

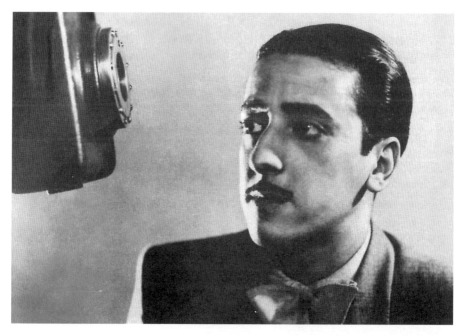

Déo, "O Ditador de Sucessos", um dos cantores preferidos de Ary Barroso.

QUATRO ASES E UM CORINGA
Odeon, 12375-a, "Terra Seca"

SÍLVIO CALDAS
Victor, 80.0118-a, "Promessa"

TRIO DE OURO
Odeon, 12257-a, "Laurindo"


## MÚSICAS ESTRANGEIRAS DE SUCESSO NO BRASIL

"Always in My Heart" (Sempre em Meu Coração), Ernesto Lecuona e
    Kim Gannon
"Alza Manolita", Leo Daniderff
"At Last", Harry Warren e Mack Gordon
"Be Careful It's My Heart", Irving Berlin
"Fascination", Fermo D. Marchetti e Maurice de Feraudy (lançada em
    1905)
"For Me and My Gal", George W. Meyer, Edgard Leslie e E. Ray Goetz
    (lançada em 1916)
"Indian Summer", Victor Herbert e Al Dubin (lançada em 1919)
"I've Got a Gal in Kalamazoo", Harry Warren e Mack Gordon
"Jingle, Jangle, Jingle", Joseph Lilley e Frank Loesser
"That Old Black Magic", Harold Arlen e Johnny Mercer
"White Christmas", Irving Berlin


## CRONOLOGIA

14/01: Roosevelt e Churchill reúnem-se em Casablanca (Marrocos), ocasião em que é deci-
    dida a invasão da Sicília.

25/01: Nasce no Rio de Janeiro (RJ) a cantora Leny Andrade (Leny de Andrade Lima).

02/02: O Exército Vermelho derrota os alemães na Batalha de Stalingrado, começando a
    mudar o curso da guerra em favor dos soviéticos.

28/02: Nasce em Cabo Frio (RJ) o compositor Abel Silva (Abel Ferreira da Silva).

03/03: Nasce no Rio de Janeiro (RJ) o compositor Jards Macalé (Jards Anet da Silva).

07/03: Nasce em São Luís (MA) o violonista Turíbio Santos (Turíbio Soares Santos).

10/03: Nasce no Rio de Janeiro (RJ) o compositor Theo de Barros (Teófilo Augusto de Barros Neto).

16/04: Nasce em Santarém (PA) o violonista/compositor Sebastião Tapajós (Sebastião Pena Marcião).

22/06: Nasce no Rio de Janeiro (RJ) o instrumentista/arranjador Eumir Deodato.

10/07: Os aliados iniciam a invasão da Sicília.

22/07: Cai na Itália a ditadura fascista, com a deposição e prisão de Benito Mussolini. Badoglio assume o governo.

12/08: Nasce em Paraopeba (MG) a cantora Clara Nunes.

17/08: Termina a luta na Sicília, com a vitória das forças aliadas.

26/08: Nasce no Rio de Janeiro (RJ) o compositor/cantor/arranjador Dori Caymmi (Dorival Tostes Caymmi).

29/08: Nasce no Rio de Janeiro (RJ) o compositor Edu Lobo (Eduardo de Góes Lobo).

03/09: Os aliados iniciam a invasão da Itália.

14/09: Nasce no Rio de Janeiro (RJ) o compositor Marcos Valle (Marcos Kostenbader Valle).

19/09: Nasce em São Paulo (SP) o pianista/arranjador César Camargo Mariano.

10: É fundada a gravadora de discos Continental.

24/10: Líderes políticos desafiam a ditadura de Vargas lançando o chamado "Manifesto dos Mineiros", documento que reivindica o restabelecimento dos direitos democráticos no Brasil.

28/11: Reúnem-se em Teerã (Irã) os líderes aliados Roosevelt, Churchill e Stálin.

27/12: Nasce no Rio de Janeiro (RJ) o compositor Maurício Tapajós (Maurício Tapajós Gomes).

28/12: Estreia no Teatro Municipal do Rio de Janeiro a peça *Vestido de Noiva*, de Nelson Rodrigues, um marco na história do moderno teatro brasileiro.

Radialista, ator, compositor, Mário Lago é um dos grandes letristas brasileiros, parceiro de Custódio Mesquita, Ataulfo Alves, Roberto Martins e outros bambas.

# XXII. 1944

## DESTAQUES

**"Atire a Primeira Pedra"** (samba/carnaval),
Ataulfo Alves e Mário Lago

Em 1944, Ataulfo Alves e Mário Lago voltam a reinar no carnaval, com o samba "Atire a Primeira Pedra", que nada fica a dever ao grande sucesso da dupla, "Ai Que Saudades da Amélia". Reproduzindo no título a sentença bíblica — que já denominara no Brasil um filme com Marlene Dietrich e um programa do radialista Raimundo Lopes —, este samba trata do apelo veemente de reconciliação de um amante que não teme ser chamado de covarde: "Covarde sei que me podem chamar/ porque não calo no peito esta dor/ atire a primeira pedra, ai, ai, ai/ aquele que não sofreu por amor". Cantado por Emilinha Borba no filme *Tristezas Não Pagam Dívidas* e lançado em disco por Orlando Silva às vésperas do carnaval, "Atire a Primeira Pedra" foi fazer sucesso quando Mário Lago já não mais esperava.

É o próprio Mário que relembra: "Na época eu estava trabalhando na Rádio Panamericana, em São Paulo, então recém-inaugurada, e vim de trem para o Rio na manhã do sábado gordo. Logo no percurso para casa, fui encontrando diversos blocos que cantavam 'Atire a Primeira Pedra'. Surpreso, perguntei ao motorista do táxi se aquele samba estava fazendo sucesso. E ele respondeu, 'É verdade, estourou esta semana'. Então, larguei as malas em casa e corri para o Café Nice, onde fui recebido por um Ataulfo eufórico: 'Parceiro, estamos outra vez na boca do povo...'. Foi a única ocasião na vida em que vi o Ataulfo de pilequinho".

Por sua ótima letra e, principalmente, pela beleza de sua melodia, "Atire a Primeira Pedra" é um dos melhores sambas carnavalescos de todos os tempos.

**"Dos Meus Braços Tu Não Sairás"** (foxe-canção), Roberto Roberti

De tanto cantar foxes, Nelson Gonçalves acabou escolhendo um deles para prefixo de seus programas radiofônicos. E o selecionado foi "Dos Meus Braços Tu Não Sairás", uma composição que, seguindo o esquema dos foxes tem melodia bem trabalhada, servindo a letra apenas para complementá-la. Sucesso permanente no repertório de Nelson, "Dos Meus Braços Tu Não Sairás" é de autoria de Roberto Roberti, um bom compositor carnavalesco ("Aurora", "Abre a Janela", "Isaura"), que às vezes também fazia música romântica para o chamado meio de ano.

**"Eu Brinco"** (marcha/carnaval), Pedro Caetano e Claudionor Cruz
Rivalizando com "Cecília", fez sucesso no carnaval de 1944 a marcha "Eu Brinco", de Pedro Caetano e Claudionor Cruz. Conta Pedro que esta marcha foi motivada por um apelo da imprensa, que temia um carnaval desanimado: "Havia um clima de guerra no país, com racionamento de gasolina, blecaute e muita desanimação, daí eu e o Claudionor fizemos: 'Com pandeiro ou sem pandeiro, eu brinco, com dinheiro ou sem dinheiro, eu brinco, também'". Diga-se de passagem que, com o sucesso da marchinha, a expressão "com pandeiro ou sem pandeiro" passou a ser usada na época como dito popular. Claudionor Cruz sempre teve preferência pelo modo menor, o que dá às suas composições, mesmo as carnavalescas, como "Eu Brinco", um certo tom de tristeza.

**"Falsa Baiana"** (samba), Geraldo Pereira
Na noite de segunda-feira do carnaval de 1944, Roberto Martins estava no Nice, conversando com Geraldo Pereira, quando chegou sua esposa, dona Isaura, fantasiada de baiana. Acontece que, não tendo temperamento carnavalesco, a Sra. Martins era a própria imagem da desanimação, em contraste com os foliões, o que levou o marido a observar: "Olha aí, Geraldo, a falsa baiana...". O que Roberto não sabia era que, inconscientemente, estava oferecendo a Geraldo Pereira o mote para ele criar "Falsa Baiana", o maior sucesso de sua carreira. Neste samba de ritmo sacudido, bem característico de seu estilo, Geraldo estabelece uma divertida comparação entre a falsa baiana — que "Só fica parada/ não canta, não samba/ não bole, nem nada" — com a verdadeira — "Que mexe, remexe/ dá nó nas cadeira/ e deixa a moçada com água na boca".
Nascido em Juiz de Fora e criado no morro carioca da Mangueira, este notável compositor — bom de letra e melodia — entraria na década de 1940 para a história do samba, gênero que revigorou em escassos quinze anos de atividade. Talvez pelo caráter inovador de sua obra, que inclui até certas resoluções harmônicas inusitadas na época, Geraldo Pereira não foi suficientemente valorizado em vida. Várias dessas inovações estão bem à mostra em "Falsa Baiana": a originalidade melódica, o deslocamento da

acentuação rítmica (que causaria forte impressão em João Gilberto) e o ritmo interno das construções verbais, independentes da melodia. Tudo isso seria valorizado na interpretação inconfundível de seu lançador, o grande sambista Ciro Monteiro. Uma curiosidade: antes de entregar "Falsa Baiana" a Ciro, o autor mostrou-a ao cantor Roberto Paiva, que a rejeitou. "Era de madrugada" — relembra Paiva — "e o Geraldo, 'meio alto', cantou enrolando as palavras, dando a impressão de que o samba estava 'quebrado'. Um mês depois, ao ouvi-lo na voz do Ciro, descobri que aquela beleza toda era o samba que o Geraldo me oferecera."

**"Murmurando"** (choro), Fon-Fon e Mário Rossi
Com a versão cantada superando a instrumental, "Murmurando" é o maior sucesso do autor Fon-Fon e da cantora Odete Amaral. Ganhando letra de Mário Rossi ("Murmurando esta canção/ eu sei que o meu coração/ há de suplicar, amor/ vem matar tanta dor..."), gravada em junho de 1944, essa versão se tornaria um clássico do choro cantado, classificado na época como samba-choro ou choro-canção. Curiosa a trajetória artística do saxofonista/chefe de orquestra Fon-Fon (Otaviano Romero). Alagoano, de origem humilde, Fon-Fon tocou em várias orquestras cariocas até organizar o seu próprio grupo no final dos anos 1930. Um perfeccionista na cuidadosa execução de cada naipe, a ponto de ser considerada até por outros músicos como a melhor orquestra de sua época, alcançaria, então, o sucesso que o levaria a atuar na Argentina e depois na Europa, ali permanecendo de 1946 a 1951, quando morreu repentinamente em Atenas aos 43 anos de idade. Foi a primeira orquestra brasileira a gravar um elepê.

**"Rosa de Maio"** (foxe-canção), Custódio Mesquita e Evaldo Rui
Na primeira metade dos anos 1940 os foxes brasileiros viveram seu período de maior evidência. Era um dos gêneros musicais preferidos pela classe média e sua presença se fazia obrigatória nos bailes grã-finos e em cassinos onde havia música para dançar. Adotado principalmente por compositores que não usavam o samba como meio de expressão preferencial, nosso foxe-canção teve em Custódio Mesquita um de seus melhores autores, contando-se em seu repertório obras-primas como "Nada Além", "Mulher" e "Rosa de Maio". Neste último, a alternância de frases nos modos menor e maior ressalta uma das grandes virtudes do Custódio compositor, ou seja, seu requintado jogo harmônico. Lançado por Carlos Galhardo, "Rosa de Maio" é a composição mais conhecida entre as quase trinta deixadas pela dupla Mesquita/Evaldo Rui.

XXII. 1944

## OUTROS SUCESSOS

"Acontece Que Eu Sou Baiano" (samba), Dorival Caymmi
"Algodão" (samba), Custódio Mesquita e David Nasser
"Bom-Dia Avenida" (samba/carnaval), Herivelto Martins e Grande Otelo
"Canção do Expedicionário" (marcha), Spartaco Rossi e Guilherme de Almeida
"Cecília" (marcha/carnaval), Roberto Martins e Mário Rossi
"Chamego" (samba), Luiz Gonzaga e Miguel Lima
"Clube dos Barrigudos" (marcha/carnaval), Haroldo Lobo e Cristóvão de Alencar
"Cochichando" (choro), Pixinguinha, João de Barro e Alberto Ribeiro
"Como os Rios Que Correm para o Mar" (samba-canção), Custódio Mesquita e Evaldo Rui
"Ela Me Beijou" (samba), Herivelto Martins e Artur Costa
"Escadaria" (choro), Pedro Raimundo
"Fiz a Cama na Varanda" (chótis), Dilu Melo e Ovídio Chaves
"Gira, Gira, Gira" (valsa), Custódio Mesquita e Evaldo Rui
"Iracema" (samba), Raul Marques e Otolindo Lopes
"Morro" (samba), Dunga e Mário Rossi
"Odete" (samba/carnaval), Herivelto Martins e Dunga
"Pretinho" (samba), Custódio Mesquita e Evaldo Rui
"Primeira Mulher" (samba), Kid Pepe e Téo Magalhães
"Sabiá de Mangueira" (samba), Benedito Lacerda e Eratóstenes Frazão
"Sem Compromisso" (samba), Geraldo Pereira e Nelson Trigueiro
"Valsa do Meu Subúrbio" (valsa), Custódio Mesquita e Evaldo Rui
"Verão no Havaí" (marcha/carnaval), Benedito Lacerda e Haroldo Lobo
"Vestido de Bolero" (samba), Dorival Caymmi


## GRAVAÇÕES REPRESENTATIVAS

ANJOS DO INFERNO
Continental, 15101-a, "Acontece Que Eu Sou Baiano"

CARLOS GALHARDO
Victor, 80.0175-a, "Rosa de Maio"

Ciro Monteiro
Victor, 80.0181-a, "Falsa Baiana"

Francisco Alves
Odeon, 12404-a, "Eu Brinco"

Francisco Alves e o Trio de Ouro
Odeon, 12406-a, "Odete"

Nelson Gonçalves
Victor, 80.0186-a, "Dos Meus Braços Tu Não Sairás"
Victor, 80.0218-b, "Ela Me Beijou"

Odete Amaral
Odeon, 12501-a, "Murmurando"

Orlando Silva
Odeon, 12417-b, "Atire a Primeira Pedra"

Sílvio Caldas
Victor, 80.0176-a, "Como os Rios Que Correm Pro Mar"
Victor, 80.0176-b, "Valsa do Meu Subúrbio"

Trio de Ouro
Odeon, 12406-b, "Bom Dia Avenida"


## MÚSICAS ESTRANGEIRAS DE SUCESSO NO BRASIL

"All or Nothing at All", Arthur Altman e Jack Lawrence
"Amor", Gabriel Ruiz e Ricardo Lopez Mendez
"As Time Goes By", Herman Hupfeld (lançada em 1931)
"Babalu", Margarita Lecuona (lançada em 1941)
"Besame Mucho", Consuelo Velasquez
"I'll Be Seeing You", Sammy Fain e Irving Kahal
"My Devotion", Roc Hillman e Johnny Napton
"Poinciana", Nat Simon e Buddy Bernier (composta em 1936)
"Sleepy Lagoon", Eric Coates e Jack Lawrence
"Sunday, Monday or Always", Jimmy Van Heusen e Johnny Burke

XXII. 1944

"The Trolley Song", Hugh Martin e Ralph Blaine
"You'll Never Know", Harry Warren e Mack Gordon

## CRONOLOGIA

26/02: Nasce no Rio de Janeiro (RJ) o bandolinista Déo Rian (Déo Cesário Botelho). Nasce em Esplanada (BA) a cantora Maria Creuza (Maria Creuza Silva Lima).

13/03: Nasce em Uberaba (MG) o poeta/compositor Cacaso (Antônio Carlos de Brito).

05/04: Nasce em Quixeramobim (CE) o compositor Fausto Nilo (Fausto Nilo Costa Júnior).

09/05: Morre no Rio de Janeiro (RJ) o compositor/pianista Henrique Vogeler.

06/06: Forças americanas, britânicas e canadenses desembarcam na Normandia. É o chamado "Dia D" da II Guerra Mundial.

14/06: Os alemães lançam contra a Inglaterra a primeira bomba-foguete V-1.

19/06: Nasce no Rio de Janeiro (RJ) o compositor/cantor Chico Buarque (Francisco Buarque de Holanda).

27/06: Nasce em Campos (RJ) a cantora/atriz Zezé Mota (Maria José Mota).

15/07: Morre no Rio de Janeiro (RJ) o cantor Baiano (Manoel Pedro dos Santos).

16/07: Chega à Itália o primeiro escalão da Força Expedicionária Brasileira.

17/07: Nasce em Niterói (RJ) o cantor Ronnie Von (Ronaldo Nogueira).

25/07: Nasce em Niterói (RJ) a cantora Marília Medalha.

02/08: Nasce em Recife (PE) o percussionista/compositor Naná Vasconcelos (Juvenal de Holanda Vasconcelos).

15/08: Forças aliadas invadem o sul da França.

25/08: Paris é libertada pelas forças aliadas.

07/09: É inaugurada no Rio de Janeiro a Avenida Presidente Vargas.

12/09: Nasce no Rio de Janeiro (RJ) a cantora/compositora Leci Brandão.

09/11: Nasce em Teresina (PI) o poeta Torquato Neto (Torquato Pereira de Araújo Neto).

05/12: Nasce em Carmo (RJ) o compositor/instrumentista Egberto Gismonti (Egberto Amin Gismonti).

17/12: Nasce em São Paulo (SP) o violonista Antônio Carlos Barbosa Lima.

# XXIII. 1945

DESTAQUES

**"Bolinha de Papel"** (samba), Geraldo Pereira

"Bolinha de Papel" é outro samba cheio de sutilezas rítmicas do inovador Geraldo Pereira. Gravada pelos Anjos do Inferno com uma incrivelmente desarticulada introdução de violão e do "piston nasal" de Harry Vasco de Almeida (uma criação *sui generis* de Milton Campos, seu antecessor no conjunto), esta versão de "Bolinha de Papel", apesar do sucesso, está muito abaixo do que a composição pode render. Sem dúvida, isso só aconteceria no terceiro elepê de João Gilberto, com o cantor demonstrando claramente que a ginga do Geraldo tinha perfeita empatia com o balanço da bossa. E mais: a estrutura do samba, com a condução direta da primeira para a segunda parte, em apenas 16 compassos, enfatizava um dos elementos típicos da bossa nova, o sentido da economia, presente na sintética interpretação do João e do conjunto de Walter Wanderley. Assim, pôde-se constatar que "Bolinha de Papel" continuava atualíssimo, uma década e meia depois de lançado, ressurgindo em seu esplendor rítmico, com uma introdução que seria adotada em outras gravações. Uma curiosidade: a Julieta, que Geraldo confessa adorar na letra e de quem "teme uma falseta", seria uma de suas inúmeras namoradas — "Júlia ou Jurema, que ele tirou do morro e botou casa", segundo sua sobrinha Teresa.

**"Boogie-Woogie na Favela"** (samba), Denis Brean

Achando seu nome ótimo para intitular uma casa de secos e molhados, mas péssimo para ser usado por alguém que pretendia seguir uma carreira artística, o compositor Augusto Duarte Ribeiro adotou o pseudônimo de Denis Brean. E deu sorte, pois com este pseudônimo assinaria grandes sucessos que o credenciaram como um dos melhores compositores paulistas de música popular. O primeiro foi "Boogie-Woogie na Favela", uma espécie de "samba-boogie" que comenta a invasão de ritmos americanos em nosso meio, chamando o *boogie-woogie* de "A nova dança que faz parte da Política de Boa Vizinhança". Na verdade, o que chegou aqui foi uma versão comercializada do *boogie-woogie*, conhecida como *jitterbug*, ou *jive*, dança nascida de um estilo jazzístico de tocar blues ao piano. Neste estilo, a mão direita improvisa sobre uma repetitiva sequência de baixos, sustentada pela esquerda. Na época vivendo sua melhor fase, Ciro Monteiro gravou com muita graça "Boogie-Woogie na Favela".

"**Dora**" (samba-canção), Dorival Caymmi

Em fins de 1941, Dorival Caymmi fez uma temporada no Nordeste, começando por Fortaleza, onde pretendia passar 18 dias, mas acabou ficando dois meses. De Fortaleza, viajou para Recife, enquanto a esposa Stella, saudosa da filha Nana, seguia direto para o Rio. Foi na sua primeira madrugada em Recife, enquanto aguardava vaga no Grande Hotel, que começou a compor "Dora". Essa história Caymmi conta em depoimento prestado à Associação de Pesquisadores da Música Popular Brasileira, em 1983: "O bar já estava fechando quando, de repente, ouvi uma banda rasgando um frevo. Era um bloco, o Pão da Tarde, que vinha em direção ao hotel, recolhendo donativos para o carnaval. Na frente, dançando descalça, destacava-se uma mulata clara, monumental, que nem devia ser do bloco, estando ali por gostar de dançar. Então, fiquei visualizando a imagem da moça e naquela madrugada mesmo comecei a fazer os primeiros versos: 'Dora, rainha do frevo e do maracatu/ Dora, rainha cafusa de um maracatu...' e continuei repetindo aqueles versos, até que veio um empregado do hotel me avisar que havia desocupado um quarto. No dia seguinte fiz mais um pedaço. Mais adiante, já em Maceió, cheguei naquela parte que diz: 'Os clarins da banda militar/ tocam para anunciar...". Por fim, meses depois, Caymmi completou "Dora", um notável samba-canção que tem a novidade da introdução em forma de frevo. Este, aliás, é um dos pontos altos da composição, estabelecendo um curioso contraste entre o instrumental vibrante do frevo e o canto dolente do samba-canção. "Dora" pode ser considerada uma homenagem ao Recife, inclusive com a citação nos versos de três expressões do carnaval local: a passista, o frevo e o maracatu. Com sua calma habitual, Caymmi guardou este samba por três anos, somente o gravando em 1945.

"**Isaura**" (samba/carnaval), Herivelto Martins e Roberto Roberti

Tudo o que Herivelto Martins compunha nos anos 1940 era logo gravado e, quase sempre, transformado em sucesso. Houve até carnavais, como o de 45, em que ele teve mais de uma composição — "Isaura" e "Que Rei Sou Eu" — entre as preferidas do público. E essa preferência justificava-se, pois as composições eram animadas e bem feitas, como "Isaura" que, em

1977, mereceu uma revisitação de João Gilberto. Este samba, que tem estribilho de Roberto Roberti, trata do dilema de um indivíduo que reluta em ficar com uma mulher, porque teme perder a hora do trabalho ("Se eu cair em seus braços/ não há despertador que me faça acordar"). Mas na segunda parte — só de Herivelto — o sujeito parece optar pelo trabalho, embora admita uma alternativa: "Se você quiser eu fico/ mas vai me prejudicar...".

### "Maria Betânia" (canção), Capiba

Raros são os compositores brasileiros que, vivendo fora do eixo Rio-São Paulo, tornam-se conhecidos nacionalmente. Uma exceção é o pernambucano Capiba (Lourenço da Fonseca Barbosa), autor de frevos, maracatus e muitas canções bonitas como "Maria Betânia". Esta composição, cuja história tem aspectos pitorescos, foi feita em 1943, por encomenda de Hermógenes Viana, diretor do Teatro dos Bancários, grupo que ensaiava na ocasião a peça *Senhora de Engenho*, de Mário Sette. Tendo como motivo Maria da Betânia, heroína da peça, a canção deveria ser apresentada num ato de variedades, criado por Hermógenes para complementar o espetáculo. Pouco faltou, porém, para Capiba não atender ao pedido, pois só conseguiu concluir a canção na véspera da estreia, quando reduziu o nome da moça, que não se encaixava na melodia, para Maria Betânia.

Mal apresentada no palco, "Maria Betânia" teve melhor sorte dois anos depois, quando Nelson Gonçalves, em temporada em Recife, cantou-a no rádio e acabou gravando-a. Esta gravação, aliás, só aconteceu por insistência de um lojista pernambucano, que se comprometeu junto à RCA a comprar um mínimo de duzentos discos. Então, a composição tornou-se um clássico, popularizando o nome, que inspiraria o surgimento de muitas Marias Bethânias, inclusive a cantora, assim batizada por insistência de seu irmão, Caetano Veloso, admirador da canção. Inspiraria ainda a paixão de um marinheiro americano que, em noite de bebedeira, fez o disco tocar dezenas de vezes consecutivas na eletrola do Bar Gambrinus, na zona portuária de Recife. Resultado da brincadeira: frequentadores da casa surraram o marinheiro e arrebentaram a eletrola.

### "Que Rei Sou Eu" (samba/carnaval),
### Herivelto Martins e Valdemar Ressurreição

Integrante de conjuntos vocais e eventual locutor radiofônico, o cearense Valdemar Ressurreição é também autor de algumas boas composições. Uma ocasião, apresentado pelo compositor Sinval Silva a Herivelto Martins, Valdemar aproveitou para mostrar-lhe suas canções, esperançoso de vê-las gravadas pelo Trio de Ouro. Depois de ouvi-lo por mais de uma hora Herivelto gostou de um samba que dizia: "Que rei sou eu/ que vive assim à toa/ sem reinado e sem coroa/ sem castelo e sem ninguém...". Na realidade, era do tema e não da música que ele gostara, pois em seguida compôs, com melodia diferente, um novo samba: "Que rei sou eu/ sem reinado e sem coroa/ sem castelo e sem rainha/ afinal que rei sou eu...". Por haver usado a ideia de Valdemar, Herivelto o incluiu na parceria de "Que Rei Sou Eu", gravado por Francisco Alves para se tornar um dos grandes sucessos do repertório carnavalesco. Houve quem achasse esta composição uma sátira a Carol II, rei destronado da Romênia, que na época visitava o Brasil, na companhia da amante plebeia Magda Lopescu. Herivelto desmentiu o boato, afirmando que apenas pretendera fazer um samba para faturar no carnaval.

## OUTROS SUCESSOS

"Aquela Mulher" (samba), Cícero Nunes
"Bodas de Prata" (valsa), Roberto Martins e Mário Rossi
"Brasa" (samba), Lupicínio Rodrigues
"Brigamos Outra Vez" (foxe-canção), José Maria de Abreu e Jair Amorim
"Cabo Laurindo" (samba), Wilson Batista e Haroldo Lobo
"Coitado do Edgar" (samba/carnaval), Haroldo Lobo e Benedito Lacerda
"Disse-Me-Disse" (samba), Pedro Caetano e Claudionor Cruz
"Doralice" (samba), Dorival Caymmi e Antônio Almeida
"E Não Sou Baiano" (samba), Valdemar Ressurreição
"Eu Nasci no Morro" (samba), Ary Barroso
"Feitiçaria" (samba), Custódio Mesquita e Evaldo Rui
"Fica Doido Varrido" (samba/carnaval), Benedito Lacerda e Eratóstenes Frazão
"Haja Carnaval Ou Não" (marcha/carnaval), Pedro Caetano e Claudionor Cruz
"Meus Amores" (samba), Antônio Almeida
"Minha Linda Salomé" (marcha), Denis Brean e Vitor Simon
"Não Diga a Minha Residência" (samba), Alcebíades Barcelos e Armando Marçal
"Peguei um Ita no Norte" (samba), Dorival Caymmi
"Penerô Xerêm" (chamego), Luiz Gonzaga e Miguel Lima

Herivelto Martins, autor de "Ave Maria no Morro" e mais de uma dezena de outros grandes sucessos nos anos 1940.

"Prece à Lua" (valsa), Alcebíades Barcelos e Armando Marçal
"Rosalina" (samba), Wilson Batista e Haroldo Lobo
"Senhor da Floresta" (samba), René Bittencourt
"Tagarela" (marcha/carnaval), Roberto Martins e Eratóstenes Frazão
"Voltarás" (foxe-canção), Custódio Mesquita e Evaldo Rui


## GRAVAÇÕES REPRESENTATIVAS

CARLOS GALHARDO
Victor, 80.0291-a, "Bodas de Prata"
Victor, 80.0226-b, "Disse-Me-Disse"

CIRO MONTEIRO
Victor, 80.0294-a, "Boogie-Woogie na Favela"

DÉO
Continental, 15440-a/b, "Eu Nasci no Morro"

DORIVAL CAYMMI
Odeon, 12606-a, "Dora"
Odeon, 12606-b, "Peguei um Ita no Norte"

FRANCISCO ALVES
Odeon, 12530-a, "Isaura"
Odeon, 12537-b, "Que Rei Sou Eu"

GILBERTO ALVES
Odeon, 12561-a, "Prece à Lua"

LINDA BATISTA
Victor, 80.0248-a, "Coitado do Edgar"

NELSON GONÇALVES
Victor, 80.0295-b, "Aquela Mulher"
Victor, 80.0201-b, "Maria Betânia"

SÍLVIO CALDAS
Victor, 80.0247-b, "Fica Doido Varrido"

## MÚSICAS ESTRANGEIRAS DE SUCESSO NO BRASIL

"Ay, Mama Inez", Eliseo Grenet
"Candy", Alex Cramer, Joan Whitney e Mack David
"Dream", Johnny Mercer
"Granada", Agustin Lara (lançada em 1932)
"Laura", David Raksin e Johnny Mercer
"Long Ago and Far Away", Jerome Kern e Ira Gershwin
"Nosotros", Pedro Junco Júnior
"Perfidia", Alberto Dominguez (lançada em 1939)
"Rum and Coca-Cola", Morey Amsterdam, Paul Baron e Jeri Sullivan
"Santa", Agustin Lara
"Sentimental Journey", Ben Homer, Les Brown e Bud Green
"Swinging on a Star", Jimmy Van Heusen e Johnny Burke

## CRONOLOGIA

11/01: Nasce em Jatobá (PE) o cantor/compositor Geraldo Azevedo (Geraldo Azevedo de Amorim).

06/02: Jorge Goulart grava o seu primeiro disco (Victor, 80.0267, "A Volta" e "Paciência Coração").

25/02: Morre em São Paulo (SP) o poeta/escritor/musicólogo Mário de Andrade.

10/03: Nasce em São Paulo (SP) o cantor Wanderley Cardoso (Wanderley Conti Cardoso).

13/03: Morre no Rio de Janeiro (RJ) o compositor/pianista Custódio Mesquita.

14/03: Morre no Rio de Janeiro o compositor/regente Francisco Braga.

17/03: Nasce em Porto Alegre (RS) a cantora Elis Regina (Elis Regina Carvalho da Costa).

12/04: Morre em Washington (EUA) o presidente Roosevelt.

17/04: Nasce em Fortaleza (CE) o compositor/cantor Ednardo (José Ednardo Soares Costa e Souza).

18/04: Nasce no Rio de Janeiro (RJ) o compositor Sidney Miller (Sidney Álvaro Miller Filho).

28/04: Mussolini é fuzilado por guerrilheiros italianos.

30/04: Hitler suicida-se no *bunker* da chancelaria em Berlim.

02/05: Berlim rende-se às forças soviéticas.

08/05: Termina oficialmente a guerra na Europa.

16/06: Nasce no Rio de Janeiro (RJ) o compositor/cantor Ivan Lins.

28/06: Nasce em Salvador (BA) o compositor/cantor Raul Seixas (Raul Santos Seixas).

14/07: É fundada no Rio de Janeiro (RJ) a Academia Brasileira de Música.

XXIII. 1945

17/07: Reúnem-se na cidade de Potsdam (Alemanha) Truman, Stálin e Churchill (substituído por Clement Attle em 27/07), chefes de estado dos três países vencedores da II Guerra Mundial.

18/07: Chega e desfila no Rio de Janeiro o primeiro escalão da Força Expedicionária Brasileira (FEB).

06/08: Os americanos lançam uma bomba atômica sobre a cidade de Hiroshima (Japão).

09/08: Os americanos lançam uma bomba atômica sobre a cidade de Nagasaki (Japão).

14/08: Termina a guerra no Pacífico com a rendição do Japão às forças dos Estados Unidos. Nasce no Rio de Janeiro (RJ) a cantora Eliana Pittman (Eliana Leite da Silva).

17/08: Nasce no Rio de Janeiro (RJ) o compositor/cantor Paulinho Tapajós (Paulo Tapajós Gomes Filho).

28/08: Nascem no Rio de Janeiro (RJ) os instrumentistas gêmeos João Carlos e Vítor Assis Brasil.

29/08: Nasce no Rio de Janeiro (RJ) o cantor/compositor Gonzaguinha (Luiz Gonzaga do Nascimento Júnior).

26/09: Nasce em Salvador (BA) a cantora Gal Costa (Maria da Graça Costa Pena Burgos).

02/10: Nasce em Cajuri (MG) o cantor/compositor Wando (Wanderley Alves dos Reis).

09/10: Nasce em Montevidéu (Uruguai) o cantor/compositor Taiguara (Taiguara Chalar da Silva).

29/10: O presidente Vargas é deposto por um golpe militar. Assume a chefia do governo o ministro José Linhares.

08/11: Nasce em São Paulo (SP) o cantor Antônio Marcos (Antônio Marcos Pensamento da Silva).

02/12: Realizam-se em todo o Brasil eleições para o congresso e presidência da República — esta vencida por Eurico Gaspar Dutra.

12/12: Nasce em Três Pontas (MG) o compositor/instrumentista Wagner Tiso (Wagner Tiso Veiga).

# 4ª Parte: 1946 a 1957

O maestro Radamés Gnattali, um dos principais criadores de um padrão de orquestração para a música popular brasileira.

# INTRODUÇÃO

O período 1946-1957 funciona como uma espécie de ponte entre a tradição e a modernidade em nossa música popular. Nele convivem veteranos da Época de Ouro, em final de carreira, com iniciantes que em breve estarão participando do movimento bossa nova.

Suas maiores novidades são as modas do baião e do samba-canção depressivo, o chamado samba de fossa. A primeira vigorou de 46 a 52 e a segunda, entre 52 e 57. Essas modas projetaram personagens que se tornaram bem representativos do período, entre os quais o cantor/compositor/sanfoneiro Luiz Gonzaga e seu parceiro Humberto Teixeira, que estilizaram e popularizaram a música nordestina, o compositor/radialista/jornalista Antônio Maria, autor dos melhores sambas de fossa, e sua intérprete preferida, a cantora Nora Ney. Na realidade, já existia na época um clima favorável a esse tipo de canção, com a invasão do bolero e a repercussão da polêmica musical Dalva/Herivelto. Mas, sem as letras de Antônio Maria e a voz de Nora Ney, dificilmente o samba de fossa se transformaria em mania nacional.

Ao mesmo tempo em que proliferavam esses gêneros, surgia em proporção mais modesta uma geração que pode ser considerada precursora da bossa nova. Dela fazem parte cantores como Dick Farney, Lúcio Alves, Dóris Monteiro, Sylvia Telles, Luís Cláudio e Agostinho dos Santos, o conjunto-vocal Os Cariocas; os músicos Chiquinho do Acordeom, Johnny Alf (também cantor), Luís Bonfá, Moacir Santos, João Donato, Paulo Moura; os compositores/cantores Tito Madi, Dolores Duran e Billy Blanco, o arranjador Lindolfo Gaya e, naturalmente, Antônio Carlos Jobim, Vinicius de Moraes, João Gilberto, Newton Mendonça e Carlos Lyra, que desempenhariam papel decisivo na criação da bossa nova. Vindos de época anterior, também devem ser incluídos entre os precursores o maestro Radamés Gnattali e os músicos Garoto, Valzinho, Laurindo de Almeida e Vadico (Osvaldo Gogliano).

Outro fato que acontece no período é o declínio da música de carnaval. Com a aposentadoria ou o desinteresse dos grandes compositores das décadas precedentes, a canção carnavalesca começa a perder qualidade. Dos veteranos que continuavam compondo para o carnaval, sobravam apenas Bra-

XXIV. 1946

247

guinha (João de Barro), Haroldo Lobo e, eventualmente, Wilson Batista. Então, a qualidade só não despencou de vez, graças ao talento de quatro estreantes, os compositores Klecius Caldas, Armando Cavalcanti, Jota Júnior e Luís Antônio, os únicos à altura de seus ilustres antecessores.

Na área da tecnologia ligada à indústria do lazer, estacionária durante os anos de guerra, são excepcionais as inovações que chegam ao país: a televisão (em 1950), o elepê de 33 rotações (1951), o disco de 45 rotações (1953) e o aperfeiçoamento do processo de gravação do som, com o emprego da fita magnética e da máquina de múltiplos canais, em substituição ao antigo registro em cera. Acompanhando essas inovações, passam a ser fabricadas modernas eletrolas, os chamados aparelhos "hi-fi", com evidente melhoria na reprodução das gravações.

É ainda no período que o rádio vive sua fase de maior prestígio. Isso acontece principalmente em razão dos programas de auditório, em que estrelas da música popular como Cauby Peixoto, Francisco Carlos e as rivais Marlene e Emilinha Borba desfrutam o auge da popularidade. Com a comercialização exagerada da radiodifusão, cresce a influência dos programadores e *disc-jockeys* sobre a preferência musical dos ouvintes. É através de seus programas que são criados muitos sucessos, geralmente de música estrangeira — que a partir de então passa a entrar no Brasil em quantidades bem superiores às de antes da guerra.

Além dos nomes citados, destacam-se no período os seguintes artistas: COMPOSITORES E LETRISTAS: Adoniran Barbosa, Adelino Moreira, Fernando Lobo, Monsueto Menezes, Luís Vieira, Luís Bandeira, Zé Kéti e Zé Dantas; CANTORES: Gilberto Milfont, Ivon Curi, Jorge Goulart, Jorge Veiga, Jamelão, Blecaute, Jackson do Pandeiro, Alcides Gerardi, Ruy Rey, Bob Nelson, Roberto Silva, Elizeth Cardoso, Ângela Maria, Carmélia Alves, Ellen de Lima, Lana Bittencourt, Maysa, Neusa Maria e os conjuntos vocais Demônios da Garoa, Trio Irakitan e Trio Nagô; INSTRUMENTISTAS: Altamiro Carrilho (flauta), Severino Araújo (clarinete), Sivuca (Severino Dias de Oliveira) e Orlando Silveira (acordeom), Cipó (Orlando Costa), Zé Bodega (José de Araújo Oliveira) e Moacir Silva (sax-tenor), Astor Silva e Edmundo Maciel (trombone), Maurílio Santos (trompete), Fafá Lemos (Rafael Lemos Júnior) (violino) e Waldir Azevedo (cavaquinho).

De um grande número de artistas vindos da Época de Ouro, destacam-se os compositores Dorival Caymmi, Ataulfo Alves, Wilson Batista, Geraldo Pereira, Herivelto Martins, João de Barro e Lupicínio Rodrigues, os cantores Nelson Gonçalves, Gilberto Alves, Roberto Paiva e Dalva de Oliveira e os instrumentistas Jacob do Bandolim, Abel Ferreira, Nicolino Copia, Horondino Silva, Benedito Lacerda, Jaime Florence e o cavaquinista Waldiro Frederico Tramontano (Canhoto), que não deve ser confundido com os Canhotos violonistas (Américo Jacomino e Rogério Guimarães).

Ao aproximar-se o final da década de 1950, o público, saturado de boleros e sambas amargos, estava pronto para aceitar novidades mais amenas como a bossa nova, a jovem guarda e os festivais de canções.

Seguindo a escola de Araci de Almeida, Isaura Garcia é outra de nossas maiores sambistas.

# XXIV. 1946

DESTAQUES

**"Baião"** (baião), Luiz Gonzaga e Humberto Teixeira

O ciclo do baião, a música que melhor enfrentou a invasão do bolero ao final dos anos 1940, começou com o lançamento desta composição, em outubro de 1946. Conscientes do potencial até então pouco explorado da música nordestina, seus autores, Luiz Gonzaga e Humberto Teixeira, são os estilizadores que tornaram o gênero assimilável ao gosto do público urbano. Como peça abre-alas, "Baião" apresenta o ritmo, com forte ênfase na síncope do segundo tempo, e ensina como dançá-lo, ao mesmo tempo em que convida o ouvinte a aderir à novidade. Tudo isso sobre uma melodia cheia de sétimas menores, semelhante às cantigas de cantadores do Nordeste. A bemolização da sétima nota do acorde representaria o devaneio de um possível elo entre o baião e o *blues*, mas na verdade remete ao ancestral mouro da música nordestina. A nostalgia, a possibilidade de improviso, a tendência constante de caminhar em busca da tônica e de bemolizar a terça, a quinta e a sétima, estão presentes nos *blues*, nas cantigas nordestinas e no canto da Andaluzia.

**"Boi Barnabé"** (marcha), Vitor Simon e Bob Nelson

Esta marcha humorística representa um contato inicial da música brasileira com a *country music*, aproximação que floresceria com grande vigor muitos anos depois. Nesse sentido a figura *sui generis* do ídolo Bob Nelson (Nelson Roberto Perez) é fundamental. Embora se apresentando como um personagem que nada tem a ver com a nossa tradição, ele atingiu na época uma invejável popularidade. A relação entre o homem urbano e alguns elementos da vida rural — fazenda, boi, cavalo — faz parte desse universo das interpretações de Bob Nelson, marcadas pelo uso de trinados semelhantes aos de cantores de *country* e *country-blues*, como Jimmie Rodgers.

**"Copacabana"** (samba-canção), João de Barro e Alberto Ribeiro

"Copacabana" nasceu em 1944, quando o americano Wallace Downey encomendou a João de Barro e Alberto Ribeiro uma canção que identificasse musicalmente um *night-club* de Nova York, cujo título homenageava a praia carioca. Aproveitando alguns compassos de seu foxe "Era Uma Vez" (lançado sem sucesso por Arnaldo Amaral e Neide Martins, em 1939), os compositores desenvolveram o tema na forma de um samba-canção, suave e romântico.

Como o assunto do *night-club* não se concretizou, "Copacabana" permaneceu inédita até meados de 1946, quando João de Barro resolveu gravá-la com o cantor e pianista Dick Farney, que na época iniciava sua carreira interpretando música norte-americana. "Por esse motivo não foi fácil convencê-lo a cantar em português", relembra João de Barro. Resistindo aos apelos do amigo, Dick argumentava: "Mas eu não sei cantar samba, Braguinha!". Finalmente, para agradar o compositor, que também era diretor da gravadora, ele acabou gravando "Copacabana" e "Barqueiro do São Francisco", um samba de Alcir Pires Vermelho e Alberto Ribeiro. No acompanhamento, havia uma orquestra constituída por oito violinos, duas violas, violoncelo, oboé, piano, violão, contrabaixo e bateria, executando arranjos "diferentes" de Radamés Gnattali —, que causaram celeuma na ocasião e depois passaram a ser considerados um marco na evolução da moderna MPB. Na verdade, Radamés já fazia havia tempos esse tipo de arranjo em suas atividades nas rádios e gravadoras. Entretanto, o sucesso de "Copacabana", cuja melodia se prestava, mais do que as músicas da época, a realçar as concepções harmônicas do orquestrador, iria chamar a atenção dos críticos para a modernidade do arranjo, que encantou os novos e desagradou os conservadores — "Bonitinho, mas não é samba", comentou o flautista Benedito Lacerda ao ouvir pela primeira vez o disco.

Recordista de vendagem, "Copacabana" se manteria nas paradas de sucesso, disputando as primeiras colocações, de setembro de 1946 ao final de 1947. Pode-se mesmo dizer que sua gravação marcou o começo da fase áurea da Continental. Serviu ainda para convencer Dick Farney de que ele "sabia" cantar em português, motivando-o a gravar uma longa série de sambas românticos. E o curioso é que "Copacabana", feita às pressas, não despertaria em princípio o entusiasmo de seus autores.

"**Mensagem**" (samba-canção), Cícero Nunes e Aldo Cabral
Certas canções acabam se tornando mais conhecidas por um verso, quase sempre o primeiro, do que pelo próprio título. É o caso de "Que Será?", lembrada como "aquela música da luz difusa do abajur lilás". Primeiro grande sucesso da cantora Isaura Garcia, "Mensagem" também ganhou fama como "aquela música do carteiro que chegou" em virtude da veemência resu-

mida já no primeiro verso: "Quando o carteiro chegou/ e o meu nome gritou/ com uma carta na mão/ ante surpresa tão rude/ nem sei como pude/ chegar ao portão". Ao receber o envelope, a personagem reconhece no subscrito a caligrafia daquele que a abandonara e, na dúvida do conteúdo ser uma tentativa de reconciliação, rasga e queima a carta "para não sofrer mais". Se o episódio final desse drama amoroso é estupendamente descrito nos versos de Aldo Cabral, em perfeita sintonia com a melodia do mais conhecido samba-canção de Cícero Nunes, a interpretação de Isaura Garcia correspondeu plenamente.

Uma das mais passionais cantoras brasileiras, ao invés de fazer carreira no Rio de Janeiro, como todo artista na época, Isaurinha fez questão de permanecer em São Paulo, onde se consagrou como a mais legítima cantora paulistana. Nascida no Brás e sobrinha do pintor Pancetti, seu sotaque representava o lado italianizado escutado nas casas e ruas de seu bairro, do Bexiga e da Barra Funda, decantados pelo escritor modernista Antônio de Alcântara Machado. Preferindo melodias melancólicas, sabia, contudo, dar como poucos o ar de deboche que outras canções pedissem. A partir de "Mensagem", Isaurinha, uma das mais divertidas figuras da Rádio e TV Record, onde atuou por toda a vida, enfileirou sucessos marcantes depois de ter sido aclamada a Rainha dos Carteiros.

### "Minha Terra" (canção), Valdemar Henrique

Composta em 1923, "Minha Terra" antecipa a temática dos sambas-exaltação que proliferaram na época do Estado Novo. Em sua letra estão "Este sol, este luar, estes rios e cachoeiras, estas flores e este mar", de presença assídua nas composições ufanistas. A diferença é que "Minha Terra", ao contrário das sucessoras, não é samba. Contava o autor, o paraense Valdemar Henrique, que a canção já era muito conhecida em Belém, antes de ser gravada pela primeira vez, em 1935, por Jorge Fernandes. O sucesso nacional, porém, só chegaria com a gravação de Francisco Alves, em 1946 que ao valorizar seu vozeirão, levou "Minha Terra" a ser uma das preferidas dos candidatos desejosos de mostrar seus dotes vocais nos programas de calouros tão em voga nas rádios brasileiras da época.

### "Porta Aberta" (canção), Vicente Celestino

A religiosidade está presente em várias canções de Vicente Celestino como "Um Raio de Sol" e "Porta Aberta", que foi lançada no filme *O Ébrio* em 1946. Sem abandonar o estilo melodramático, Celestino imprimiu a esta composição uma forte dose de misticismo, simbolizando a porta em questão a esperança de acolhimento dos que recorrem à religião. Com essas características, tão apreciadas pelos fãs do autor, "Porta Aberta" tornou-se um dos discos mais vendidos do ano.

**"Saia do Caminho"** (samba-canção),
Custódio Mesquita e Evaldo Rui

Custódio Mesquita morreu aos 35 anos, justamente quando atingia o ápice de sua carreira. Assim, não chegou a ouvir a primeira gravação de "Saia do Caminho", realizada por Araci de Almeida em 1946. Um requintado samba-canção, dos melhores da dupla Custódio/Evaldo Rui, "Saia do Caminho" conta a história de uma resignada separação: "Junte tudo o que é seu/ seu amor, seus trapinhos/ junte tudo o que é seu/ e saia do meu caminho...". Embora bem apropriado para voz feminina, de preferência suave e romântica (além de Araci, já foi gravado por Ângela Maria, Dalva de Oliveira, Gal Costa, Isaura Garcia, Elza Soares, Zezé Gonzaga, Miúcha, Nana Caymmi...), "Saia do Caminho" estava destinado por Custódio ao então iniciante cantor Jorge Goulart. "A gravação estava marcada para o dia 14 de março de 1945" — lamenta Jorge — "só não se realizando porque Custódio morreu na véspera."

**"Trabalhar Eu Não"** (samba/carnaval),
Almeidinha (Anibal Alves de Almeida)

Um fato musical inusitado aconteceu em 1946: dois sambas que apareceram às vésperas do carnaval, sem sequer estarem gravados, conquistaram a preferência do público — "Promessa" (de Jaime de Carvalho, o Coló) e "Trabalhar Eu Não" (de Almeidinha), cuja letra ("O meu patrão ficou rico/ e eu pobre sem tostão...") tinha um certo teor de protesto e rebeldia ("Trabalhar, eu não, eu não..."). Esses sambas haviam sido feitos para o bloco Unidos de Vila Rica, do bairro de Botafogo, ao qual pertenciam os autores. Terminado o carnaval, eles procuraram a Odeon, que se interessou em gravá-los. Relembra Almeidinha que na ocasião foi encaminhado por Felisberto Martins, diretor da gravadora, à Editora Vitale e a Joel de Almeida, o cantor que escolhera para fazer a gravação. Tudo acertado, outro fato curioso aconteceu: já no estúdio, Joel negou-se a gravar porque o tom do arranjo estava errado. Foi então substituído pelo seresteiro Onéssimo Gomes, que dirigia o coro. Como os rótulos já estavam impressos, o disco saiu mesmo com o nome do Joel, que tem assim em sua discografia dois fonogramas gravados por Onéssimo... Não param por aí as curiosidades relacionadas com este samba. Ainda em 1946, numa greve no porto de Santos, os trabalhadores enfrentaram a polícia usando como hino de guerra "Trabalhar Eu Não". Isso bastou para que o então ministro do Trabalho, Otacílio Negrão de Lima, denunciasse Almeidinha como comunista, sendo o compositor salvo das grades por intervenção de alguns jornalistas, seus conhecidos, entre os quais Nestor de Holanda. Além de compositor e folião — é um dos fundadores do bloco Paraíso das Morenas, do Estácio de Sá —, Almeidinha exerceu por muito tempo a profissão de propagandista de casas comerciais, percorrendo as ruas sobre enormes pernas de pau. Segundo afirma, foi pioneiro dessa atividade no Rio de Janeiro.

## OUTROS SUCESSOS

"Até Hoje Não Voltou" (samba), Geraldo Pereira e J. Portela

"Barqueiro do São Francisco" (samba-canção), Alcir Pires Vermelho e Alberto Ribeiro

"Chorando Baixinho" (choro), Abel Ferreira

"Cordão dos Puxa-Saco" (marcha/carnaval), Roberto Martins e Eratóstenes Frazão

"Cortando Pano" (mazurca), Luiz Gonzaga, Miguel Lima e J. Portela

"Deus Me Perdoe" (samba/carnaval), Lauro Maia e Humberto Teixeira

"Edredon Vermelho" (samba), Herivelto Martins

"Espanhola" (marcha/carnaval), Benedito Lacerda e Haroldo Lobo

"Fracasso" (samba-canção), Mário Lago

"Geremoabo" (canção), Joubert de Carvalho

"Mia Gioconda" (canção), Vicente Celestino

"Não Me Deixe Sozinho" (foxe-canção), Roberto Martins e Ari Monteiro

"No Boteco do José" (marcha/carnaval), Wilson Batista e Augusto Garcez

"O Que Se Leva Dessa Vida" (samba), Pedro Caetano

"Paraquedista" (choro), José Leocádio

"Os Pintinhos do Terreiro" (choro), Zequinha de Abreu (composto em 1933)

"Promessa" (samba/carnaval), Jaime de Carvalho (Coló)

"Rugas" (samba), Nelson Cavaquinho, Augusto Garcez e Ari Monteiro

"O Samba Agora Vai" (samba), Pedro Caetano

"Última Chance" (samba), Roberto Martins e Mário Rossi

"A Valsa do Vaqueiro" (valsa), Vitor Simon

"Vou Sambar em Madureira" (samba/carnaval), Haroldo Lobo e Milton de Oliveira


## GRAVAÇÕES REPRESENTATIVAS

ABEL FERREIRA
Odeon, 12726-a, "Chorando Baixinho"

ARACI DE ALMEIDA
Odeon, 12686-b, "Saia do Caminho"

CIRO MONTEIRO
Victor, 80.0370-a, "Deus me Perdoe"
Victor, 80.0406-a, "Rugas"

DICK FARNEY
Continental, 15663-b, "Barqueiro do São Francisco"
Continental, 15663-a, "Copacabana"

FRANCISCO ALVES
Odeon, 12860-b, "Minha Terra"

GILBERTO MILFONT
Victor, 80.0434-a, "Geremoabo"

ISAURA GARCIA
Victor, 80.0387-a, "Mensagem"

QUATRO ASES E UM CORINGA
Odeon, 12724-b, "Baião"
Odeon, 12695-a, "O Samba Agora Vai"

SEVERINO ARAÚJO E SUA ORQUESTRA TABAJARA
Continental, 15614-a, "Paraquedista"

Compositor de vasto repertório, o carioca Roberto Martins teve em "Favela" o seu primeiro grande sucesso.

VICENTE CELESTINO
Victor, 80.0375-a, "Mia Gioconda"
Victor, 80.0427-b, "Porta Aberta"


## MÚSICAS ESTRANGEIRAS DE SUCESSO NO BRASIL

"Adios Pampa Mia", Francisco Canaro, Mariano Mores e Ivo Pelay
"Amado Mio", Allan Roberts e Doris Fisher
"Bim-Bam-Bum", N. Morales e J. Camacho
"Frenesi", Alberto Dominguez (lançada em 1939)
"I Cried for You", Arthur Freed, Gus Arnheim e Abe Lyman (lançada
    em 1923)
"In Acapulco", Harry Warren e Mack Gordon
"It's Been a Long Long Time", Sammy Cahn e Jule Styne
"Love Letters", Victor Young e Ned Washington
"The More I See You", Harry Warren e Mack Gordon (voltou a fazer
    sucesso em 1966)
"Pa-Ran-Pan-Pan", Sergio Di Karlo
"Symphonie", Alex Alstone, Roger Bernstein e André Tabet
"Te Quiero Dijiste", Maria Grever (lançada em 1930)


## CRONOLOGIA

30/01: Eurico Gaspar Dutra toma posse na presidência da República.

02/02: São instalados os trabalhos da Assembleia Nacional Constituinte.

21/04: Nasce no Rio de Janciro (RJ) o instrumentista/compositor Gilson Peranzzetta (Gilson José de Azevedo Peranzzetta).

30/04: É assinado decreto presidencial que proíbe o jogo e determina o fechamento dos cassinos em todo o Brasil.

05/05: Nasce no Rio de Janeiro (RJ) a cantora Beth Carvalho (Elizabeth Santos Leal de Carvalho).

10/05: Morre no Rio de Janeiro (RJ) o compositor Catulo da Paixão Cearense.

05/06: Nasce em Governador Valadares (MG) a cantora Wanderlea (Wanderlea Salim).

18/06: Nasce em Santo Amaro (BA) a cantora Maria Bethânia (Maria Bethânia Viana Teles Veloso).

21/06: A cantora Marlene grava o seu primeiro disco (Odeon, 12716, "Swing no Morro" e "Ginga, Ginga Moreno").

01/07: Nasce em São Bernardo do Una (PE) o cantor/compositor Alceu Valença (Alceu Paiva Valença).

06/07: Nasce em São Paulo (SP) o compositor/violonista Toquinho (Antônio Pecci Filho).

13/07: Nasce em Ponte Nova (MG) o compositor/cantor João Bosco (João Bosco Mucci).

02/08: Nasce no Rio de Janeiro (RJ) o compositor Aldir Blanc.

18/09: É promulgada a nova Constituição Brasileira, restabelecendo a independência dos três poderes e eleições diretas em todos os níveis.

01/10: Termina o Julgamento de Nurenberg que condenou os principais criminosos de guerra nazista.

09/10: Nasce em Caldas (MG) o letrista Fernando Brant (Fernando Rocha Brant).

26/10: Nasce em Sobral (CE) o compositor/cantor Belchior (Antônio Carlos Gomes Belchior Fontenele Fernandes).

06/12: Nasce no Rio de Janeiro (RJ) o cantor Emílio Santiago (Emílio Vitalino Santiago).

Com seus sambas sofridos, o gaúcho Lupicínio Rodrigues tornou-se conhecido em todo o Brasil sem sair de Porto Alegre.

# XXV. 1947

DESTAQUES

**"Adeus, Cinco Letras Que Choram"** (samba-canção), Silvino Neto
Prestes a separar-se do filho pequeno, a fim de realizar uma longa excursão artística, Silvino Neto compôs "Adeus, Cinco Letras Que Choram". E o fez, segundo afirmava, "Em menos de meia hora, numa viagem de bonde entre o Catete e o Centro do Rio". Achando-a ótima para a voz de Francisco Alves, Silvino logo lhe mostrou a canção, que o cantor aprovou. Mas parece que Chico não fazia muita fé em "Cinco Letras Que Choram", pois só resolveu gravá-la três anos depois, e assim mesmo porque não dispunha de outra música para usar na face posterior de um disco em que lançaria "Você e a Valsa", de Alcir Pires Vermelho e Pedro Caetano. Acontece que, contrariando a expectativa do cantor, foi o lacrimoso samba-canção que fez sucesso e entrou para a história. Além de compositor romântico, o paulista Silvino Neto foi um formidável humorista de rádio, projetando-se em imitações de cantores como Carlos Galhardo, de políticos como Getúlio Vargas, e nos personagens que criou, como Anestésio e a famosa Pimpinela, uma italiana do bairro do Brás.

**"Asa Branca"** (toada), Luiz Gonzaga e Humberto Teixeira
Um tema folclórico muito antigo é a origem da toada "Asa Branca" (espécie de pomba brava que foge do sertão ao pressentir sinais de seca). Luiz Gonzaga o conhecia desde a infância, através da sanfona do pai, mas achava-o simples demais para transformá-lo numa canção. Assim, foi só para atender ao pedido de uma comadre que se dispôs a gravá-lo, levando-o antes para Humberto Teixeira dar-lhe uma "ajeitada" na letra. Então, Teixeira ajeitou-lhe também a melodia, acrescentou-lhe versos inspirados ("Quando o verde dos teus oios se espaiá na prantação") e tornou "Asa Branca" uma obra-prima.

Reconhecida e gravada internacionalmente, a canção inspirou nos anos 1970 a retomada da música nordestina, em geral, e o culto a Luiz Gonzaga, em particular, por iniciativa dos baianos Caetano Veloso e Gilberto Gil. Sua construção, possibilitando boas oportunidades de explorações harmônicas, tem-lhe proporcionado o aproveitamento como peça de concerto.

"**De Conversa em Conversa**" (samba), Lúcio Alves e Haroldo Barbosa
Tal como "Saia do Caminho", lançado em 1946, "De Conversa em Conversa" explora o tema da separação amorosa. Só que de uma maneira diversa, pois, enquanto no samba anterior a protagonista aceita o fato resignadamente, aqui reage de forma decidida, procurando minimizar o trauma da separação: "Vivendo dessa maneira/ continuar é besteira/ não adianta, não/ o que passou é poeira/ deixa de asneira/ que eu não sou limão/ não sou limão, não, não...". O curioso é que em "De Conversa em Conversa" o autor da letra é Haroldo Barbosa, irmão de Evaldo Rui, letrista de "Saia do Caminho", o que de certa maneira expõe as diferenças de estilo dos dois, sendo o primeiro irônico, prático, realista, em contraste com o segundo, mais chegado ao romantismo. Lançado no rádio por Lúcio Alves (autor da melodia, quando tinha 16 anos) e os Namorados da Lua, com o título de "Não Sou Limão", o samba despertou a atenção de Isaura Garcia, que o gravou acompanhada pelo citado conjunto.

"**Escandalosa**" (rumba), Moacir Silva e Djalma Esteves
Há composições que são a cara de determinados intérpretes, perdendo a graça se cantadas por outros. Este é o caso de "Escandalosa", que parece ter sido feita para Emilinha, embora Araci de Almeida também a tenha gravado. Foi cantando e dançando "Escandalosa", com graça e sensualidade, que Emilinha consolidou, em 1947, seu prestígio de estrela dos auditórios radiofônicos. Lançada numa época em que começava a imperar em nosso meio a moda da música latino-americana, a canção foi feita em ritmo de rumba. Ainda em 47, Emilinha Borba obteve outro sucesso com "Se Queres Saber", de Peterpan.

"**Felicidade**" (toada), Lupicínio Rodrigues
Quase dez anos depois de seu primeiro sucesso, "Se Acaso Você Chegasse", o gaúcho Lupicínio Rodrigues obteve novo êxito com uma toada, e não um samba-canção, gênero que predominaria em sua obra. Seu título, "Felicidade", poderia induzir o ouvinte a um momento de alegria, mas logo na primeira frase a letra reflete a preferência do compositor, avesso ao sentimento de euforia em suas canções.
Com menos de 20 anos de idade, ao ser promovido a cabo do exército do 7º Regimento de Infantaria, o soldado Rodrigues foi transferido para San-

ta Maria, determinando um período de afastamento de sua Porto Alegre, o suficiente para a melancólica lamentação na qual a "Felicidade foi-se embora/ e a saudade no meu peito ainda mora/ e é por isso que eu gosto lá de fora/ porque sei que a falsidade não vigora". E prossegue descrevendo o motivo da queixa: "A minha casa fica lá de trás do mundo/ onde eu vou em um segundo quando começo a cantar./ O pensamento parece uma coisa à toa/ mas como é que a gente voa quando começa a pensar".

Com uma melodia que pode se confundir com canção folclórica, "Felicidade" seria gravada mais de dez anos depois, em setembro de 1947, por um conjunto vocal formado por três gaúchos, Alberto Ruschel (futuro galã do cinema nacional celebrizado em *O Cangaceiro*), Francisco Pacheco e Luís Telles, e um carioca, o violonista Luís Bonfá. Por atuarem no Hotel Quitandinha de Petrópolis, o grupo foi batizado pelo produtor Carlos Machado com um título americanizado, Quitandinha Serenaders. O quarteto teve breve trajetória, por volta de seis anos, em função da saída de Luís Bonfá, que iria ser substituído, tentativamente, por João Gilberto. Com o subtítulo de "Felicidade Foi Embora" na capa da partitura original, o gênero da composição de Lupi foi grafado como "schottish-canção", o andamento correto do disco dos Quitandinha Serenaders. No entanto, em 1974, Caetano Veloso gravou "Felicidade" em andamento mais lento, o que teve o mérito de reacender o interesse de outros cantores pela canção.

"Marina" (samba-canção), Dorival Caymmi

Destacam-se na obra de Dorival Caymmi três vertentes: as canções praieiras e os sambas de roda, em que predomina a Bahia, e os sambas urbanos de inspiração carioca. É ao terceiro grupo que pertence "Marina". De melodia e letra muito bem trabalhadas em sua simplicidade aparente, este samba conta a zanga de um homem ciumento, que não gosta de ver sua mulher pintada. Uma curiosidade: Caymmi começou a canção pelo final, repetindo uma frase do filho Dori (então com três anos) que, ao ser contrariado, reagia dizendo: "Tô de mal com você, tô de mal com você...". Um dos grandes sucessos caymmianos, "Marina" já começou sendo gravada por quatro cantores — Dick Farney, Francisco Alves, Nelson Gonçalves e o próprio Caymmi —, derrubando um tabu adotado por nossas gravadoras na época, que não admitiam o lançamento de uma composição por mais de um intérprete. Mas a gravação de maior sucesso foi a de Dick Farney que, pode-se dizer, fez de "Marina" peça obrigatória dos shows de boates, ambiente em que ele reinou por longos anos.

XXV. 1947

"**Nervos de Aço**" (samba canção), Lupicínio Rodrigues

Amores impossíveis, paixões desesperadas, mulheres volúveis, infiéis, tudo isso faz parte do mundo explorado por Lupicínio Rodrigues em sua obra. Ninguém melhor do que ele cantou a dor de cotovelo em nossa música popular. O exemplo maior de seu estilo é o samba "Nervos de Aço", uma história de traição amorosa e de protesto contra o conformismo de pessoas traídas. Só que o protesto é passivo, pois o protagonista também não age, limitando-se a se queixar: "Eu só sinto que quando a vejo/ me dá um desejo de morte e de dor". Na realidade, este samba surgiu de uma grande desilusão de Lupicínio, quando a mulata Inah, a paixão de sua vida, abandonou -o após seis anos de romance. Razão do abandono: o poeta prometia mas não se decidia a casar...

"**Onde Estão os Tamborins**" (samba/carnaval), Pedro Caetano

Era véspera do carnaval de 46 e Mangueira estava quieta, às escuras, sem sinal de animação. Esta cena motivou Pedro Caetano a fazer "Onde Estão os Tamborins", samba em que reclamava do marasmo que a escola atravessava na ocasião, vivendo somente de glórias passadas. E reclamava também da ausência dos sambas de Cartola, na época sumido do morro. Lançado um ano depois, pelos Quatro Ases e um Coringa, "Onde Estão os Tamborins" seria o grande samba do carnaval de 47.

"**Pirata da Perna de Pau**" (marcha/carnaval), João de Barro

Depois de três carnavais sem sucesso, João de Barro voltou firme em 1947 com "Pirata da Perna de Pau". Esta marcha vitoriosa conta as aventuras de um personagem, que poderia também habitar o universo das historinhas infantis de seu criador. Braguinha, porém, preferiu colocá-lo no comando de uma alegre galera, tripulada só por garotas, que ele ao ver ameaçada por um pirata rival, defende com o grito de guerra: "Opa, homem não!". "Pirata da Perna de Pau" serviu ainda para consagrar seu intérprete, Nuno Roland, um cantor competente que não tivera até então um grande sucesso. Seu valor e versatilidade seriam confirmados em seguida com o samba paisagístico "Fim de Semana em Paquetá".

"**Segredo**" (samba-canção), Herivelto Martins e Marino Pinto

Lançado por Dalva de Oliveira em julho de 47 e, um mês depois, por Nelson Gonçalves, "Segredo" se tornou um dos maiores sucessos do ano. Sucesso, aliás, que contribuiu para popularizar a expressão "O peixe é pro fundo das redes, segredo é pra quatro paredes", citada na primeira parte:

"Seu mal é comentar o passado/ ninguém precisa saber o que houve entre nós dois/ o peixe é pro fundo das redes...". De estilo dramático/sentimental, como tantos outros sambas que integram a vertente principal da obra de Herivelto Martins, "Segredo" tem segunda parte de Marino Pinto, feita a pedido de Dalva. "O Marino fez aqueles versos à minha revelia" — esclarece Herivelto — "mas, ficaram tão bons que aceitei imediatamente."


OUTROS SUCESSOS

"Alô Xerife" (marcha), Pedro Paraguaçu e José Batista
"Anda Luzia" (marcha/carnaval), João de Barro
"Boogie-Woogie do Rato" (boogie-woogie), Denis Brean
"Cidade do Interior" (samba-canção), Marino Pinto e Mário Rossi
"Coitadinho do Papai" (marcha/carnaval), Henrique de Almeida e M. Garcez
"Dezessete e Setecentos" (calango), Luiz Gonzaga e Miguel Lima
"Fim de Semana em Paquetá" (samba-canção), João de Barro e Alberto Ribeiro
"Gilda" (samba/carnaval), Mário Lago e Erasmo Silva
"Incêndio" (choro), Pixinguinha e Benedito Lacerda
"Ingênuo" (choro), Pixinguinha e Benedito Lacerda
"Lá Vem a Baiana" (samba), Dorival Caymmi
"Marcha dos Gafanhotos" (marcha/carnaval), Roberto Martins e Eratóstenes Frazão
"No Meu Pé de Serra" (chótis), Luiz Gonzaga e Humberto Teixeira
"Odalisca" (marcha/carnaval), Haroldo Lobo e Geraldo Gomes
"Palhaço" (samba/carnaval), Herivelto Martins e Benedito Lacerda
"Pecado Original" (samba-canção), Roberto Martins e Ari Monteiro
"Pela Décima Vez" (samba), Noel Rosa (composto em 1935)
"O Periquito da Madame" (marcha-carnaval), Nestor de Holanda, Carvalhinho e Afonso Teixeira
"Prêmio de Consolação" (samba), Jaime Florence e Augusto Mesquita
"Quem Foi" (samba-canção), Nestor de Holanda e Jorge Tavares
"Recordações de um Romance" (samba), Bartolomeu Silva e Constantino Silva
"Sá Mariquinha" (rancheira), Luís Assunção e Evenor Pontes
"Sambolândia" (samba), Pedro Caetano
"Se Queres Saber" (samba-canção), Peterpan

"Senhor do Bonfim" (samba), Herivelto Martins
"Tico-Tico na Rumba" (rumba), Peterpan e Haroldo Barbosa
"Última Barbada" (samba), Alberto Maia
"Vou prá Roça" (marcha), Luiz Gonzaga e Zé Ferreira

## GRAVAÇÕES REPRESENTATIVAS

ARACI DE ALMEIDA
Odeon, 12793-b, "Quem Foi"

DALVA DE OLIVEIRA
Odeon, 12792-a, "Segredo"

DICK FARNEY
Continental, 15783-a, "Marina"

DORIVAL CAYMMI
RCA Victor, 80.0526-a, "Marina"

EMILINHA BORBA
Continental, 15784-a, "Escandalosa"

FRANCISCO ALVES
Odeon, 12783-a, "Adeus, Cinco Letras Que Choram"
Odeon, 12786-b, "Nervos de Aço"

ISAURA GARCIA
RCA Victor, 80.0497-a, "Prêmio de Consolação"

ISAURA GARCIA E OS NAMORADOS DA LUA
RCA Victor, 80.0497-b, "De Conversa em Conversa"

LUIZ GONZAGA
RCA Victor, 80.0510-b, "Asa Branca"

NELSON GONÇALVES
RCA Victor, 80.0520-b, "Segredo"

O cantor e pianista Dick Farney, um dos precursores da moderna música brasileira.

Nuno Roland
Continental, 15787-b, "Fim de Semana em Paquetá"
Continental, 15727-a, "Pirata da Perna de Pau"

Quatro Ases e um Coringa
Odeon, 12735-a, "Onde Estão os Tamborins"
Odeon, 12779-a, "Sambolândia"


## MÚSICAS ESTRANGEIRAS DE SUCESSO NO BRASIL

"Ballerina", Bob Russell e Carl Sigman
"The Gypsy", Billy Reid
"I Can't Begin to Tell You", Mack Gordon e James Monaco
"Lo Que Tiene de Ser", René Touzet
"Malagueña", Elpídio Ramirez e Pedro Galindo
"Managua Nicaragua", Irving Fields e Albert Gamse
"Mam'selle", Mack Gordon e Edmund Goulding
"Please Don't Say No", Sammy Fain e Ralph Freed
"La Ultima Noche", Bobby Collazo
"Time After Time", Jule Styne e Sammy Cahn


## CRONOLOGIA

11/01: Morre no Rio de Janeiro (RJ) o cantor João Petra de Barros.

14/01: Nasce em São Paulo (SP) o instrumentista Nelson Aires (Nelson Luís Aires de Almeida Freitas).

12/02: Nasce no Rio de Janeiro (RJ) o compositor/pianista Antônio Adolfo (Antônio Adolfo Maurity Saboia).

02/03: Nasce em Ubá (MG) o cantor/compositor Nelson Ned (Nelson Ned D'Ávila Pinto).

20/05: Nasce no Rio de Janeiro (RJ) o violonista/compositor Hélio Delmiro (Hélio Delmiro de Souza).

20/06: Morre no Rio de Janeiro (RJ) o compositor Armando Marçal.

08/07: Nasce em Ituaçu (BA) o cantor/compositor Morais Moreira (Antônio Carlos Morais Pires).

15/08: Os ingleses concedem a independência da Índia. Pandit Nehru torna-se primeiro ministro.

22/09: Nasce em Cruzeiro (SP) a cantora Vanusa (Vanusa Santos Flores).

14/10: O capitão Charles E. Yaeger, da Força Aérea dos Estados Unidos, realiza o primeiro voo supersônico da história da aviação pilotando um avião Bell XS-1.

16/10: Morre no Rio de Janeiro (RJ) o violonista/compositor João Pernambuco (João Teixeira Guimarães).

11: A RCA Victor (internacional) prensa o seu bilionésimo disco fonográfico.

20/11: Nasce em Barra (BA) o compositor/cantor Gutemberg Guarabira (Gutemberg Nery Guarabira Filho).

21/11: Nasce em São Luís (MA) a cantora Alcione (Alcione Nazareth).

25/11: Nasce no Rio de Janeiro (RJ) o compositor/cantor Zé Rodrix (José Rodrigues Trindade).

29/11: Nasce em São Paulo (SP) o cantor Jerry Adriani (Jair Alves de Souza)

23/12: John Bardeen, Walter Brittain e William Schockley apresentam sua invenção, o transistor, dispositivo equivalente a uma válvula termiônica do tipo tríodo. O fato tem importância decisiva para o desenvolvimento da ciência eletrônica.

31/12: Nasce em São Paulo (SP) a cantora/compositora Rita Lee (Rita Lee Jones).

Um raro encontro entre o baiano João Gilberto e o campineiro Denis Brean, autor de "Bahia com H", nos anos 1950.

# XXVI. 1948

DESTAQUES

**"Adeus América"** (samba), Geraldo Jacques e Haroldo Barbosa

A fila enorme que se formava à porta de um teatro, na Cinelândia, para assistir a um show de Xavier Cugat deu a Geraldo Jacques a ideia de fazer um samba de protesto contra a invasão da música estrangeira. E ali mesmo, num banco da praça, ele escreveu os primeiros versos de "Adeus América", uma sátira bem-humorada, falando em "Adeus ao *boogie-woogie*, *woogie-boogie* e ao *swing* também". Completado por Haroldo Barbosa, o samba logo estava pronto para marcar a estreia em disco de Os Cariocas, conjunto que iria revolucionar a história dos grupos vocais brasileiros.

**"Bahia com H"** (samba), Denis Brean

Além de "O Rei da Voz", Francisco Alves poderia ser lembrado como o recordista em gravação de sambas que exaltaram a natureza brasileira. Depois de "Aquarela do Brasil", gravou "Brasil" com Dalva de Oliveira, "Onde o Céu Azul é Mais Azul" e "Canta Brasil". Foi também o intérprete de "Bahia com H" que, embora não seja um samba-exaltação, descreve detalhes sobre a Bahia na mesma linha da letra de Ary Barroso para "Na Baixa do Sapateiro" dez anos antes. Só que o autor, Denis Brean, escreveu seus versos sem nunca ter ido à Bahia: "Dá licença, dá licença, meu Sinhô/ dá licença, dá licença, pra ioiô./ Eu sou amante da gostosa Bahia (...)/ Deixa ver, com meus olhos de amante saudoso Bahia do meu coração/ deixa ver, Baixa do Sapateiro, Chariot, Barroquinha, Calçada, Taboão/ Sou um amigo que volta feliz pra teus braços abertos, Bahia/ Sou poeta e não quero ficar assim longe da tua magia". Revelando conhecimento histórico sobre os bairros de Salvador, ele acrescentou o nome da antiga linha de funicular Chariot, instalada por ingleses em 1888, e fez referência ao Elevador Taboão, ambos desativados. Denis era uma figura típica do rádio e do jornalismo paulista, um gozador sagaz, capaz de tiradas bem-humoradas próprias de um boêmio que sabia levar a vida. No disco, a abertura grandiosa do maestro Lyrio Panicalli, na linha de "Aquarela do Brasil", digna de um musical de Hollywood da época, até com badaladas de sinos, precedia a entrada de Francisco Alves que, mais uma vez, soltou a voz na gravação original do samba de atraente linha melódica. Em 1980, João Gilberto, de quem Denis era muito amigo, deu sua versão totalmente diferente a "Bahia com H", o que se repetiu no ano seguinte com a participação de mais dois baianos, Gilberto Gil e Caetano Veloso. Muito provavelmente a inspiração do título da composição surgiu após o decreto de 1931, estabelecendo que para não ser confundido com o acidente geográfico, o nome do estado deveria ser grafado com a letra H. Por isso, "Bahia com H", do campineiro Denis Brean.

**"Caminhemos"** (samba-canção), Herivelto Martins

"'Caminhemos' não tem história", declara Herivelto Martins, "é o reflexo de mil histórias, de um estado de espírito que eu vivia e o público desconhecia." Na realidade, atravessando na época um período conturbado de sua vida sentimental, o compositor extravasava em sua música os problemas que o afligiam. Assim, não foi por acaso que saíram em sequência "Segredo", "Caminhemos", "Cabelos Brancos" e, por fim, as composições que marcaram a polêmica de sua separação da mulher, Dalva de Oliveira. Lançado em novembro de 1947, "Caminhemos" firmou-se na preferência popular após o carnaval do ano seguinte.

**"É Com Esse Que Eu Vou"** (samba/carnaval), Pedro Caetano

Foi numa viagem de trem, de Vitória para Belo Horizonte, que Pedro Caetano fez "É Com Esse Que Eu Vou". "A viagem era longa e o trem moroso demais", conta o autor, "então, para matar o tempo, comecei a compor um samba, sem maiores pretensões. Imaginei um bloco querendo fazer uma música animada para pular no carnaval. Quando a viagem terminou o samba estava pronto." Gravado pelos Quatro Ases e um Coringa em 1948, este animadíssimo samba receberia 25 anos depois uma revisita de Elis Regina, num arranjo de concepção totalmente diferente do original, que incluía alterações de divisão, andamento e harmonia.

**"A Moda da Mula Preta"** (moda de viola), Raul Torres

Por alguns anos o disco que mais dividendos rendeu a Luiz Gonzaga foi "A Moda da Mula Preta", um autêntico recordista de vendagem. E o surpreendente é que esta moda de viola nem inédita era na ocasião, pois já havia sido lançada por Raul Torres e Florêncio em 1945. Recolhida do folclore mineiro pelo próprio Torres, a peça conta em quatro partes a história de uma certa mula, ensinada e manhosa, que morre no verso final picada por uma cobra. Só que a história é contada com muita graça — e aí esta a razão do sucesso — sobre uma melodia repetitiva, fácil de memorizar. "A Moda da Mula Preta" foi na época um dos raros casos de música sertaneja a fazer sucesso em todo o país.

**"Não Me Diga Adeus"** (samba/carnaval),
Paquito, Luís Soberano e J. Correia da Silva
Contrastando com a animação de "É Com Esse Que Eu Vou", foi também grande sucesso no carnaval de 48 o canto pungente de Araci de Almeida em "Não Me Diga Adeus": "Não, não me diga adeus/ pense nos sofrimentos meus/ se alguém lhe dá conselho/ pra você me abandonar/ não devemos nos separar". O fato, porém, não é exceção no repertório carnavalesco. Tristes como este samba-lamento, fazem-lhe companhia vários sucessos de outros carnavais como "Ai Que Saudades da Amélia" (42), "Pastorinhas" (38), "Foi Ela" (35) e a valsa "Pierrô e Colombina" (15-16), isso para ficar apenas nos mais conhecidos.

**"Saudade de Itapoã"** (canção), Dorival Caymmi
Saudoso de Itapoã, Caymmi canta a praia distante num de seus mais belos postais musicais da Bahia: "Coqueiro de Itapoã... coqueiro/ areia de Itapoã... areia/ morena de Itapoã... morena/ saudade de Itapoã... me deixa!". E, na segunda parte, propõe ao vento que se torne mensageiro de "Boas notícias daquela terra, toda manhã" e "Jogue uma flor no colo de uma morena em Itapoã". "Saudade de Itapoã" foi lançada pelo compositor em abril de 48, num disco em que, contrariando sua vontade, era acompanhado por dois violões em ritmo de samba-canção. Os instrumentistas eram ótimos, mas, para as canções de Caymmi, o melhor mesmo é ele cantando e se acompanhando, com seu violão inconfundível.

**"A Saudade Mata a Gente"** (toada), João de Barro e Antônio Almeida
"A Saudade Mata a Gente" é mais uma canção sobre o velho tema do amor singelo, ambientado na vida campestre ("Fiz meu rancho na beira do rio/ meu amor foi comigo morar..."), gênero que tem como paradigma "Casinha Pequenina". Mas, além de ser uma bela composição, esta toada teve como um dos motivos de seu êxito uma excelente interpretação de seu lançador, o cantor Dick Farney. Então no auge da popularidade, Dick explora muito bem as notas graves do estribilho, em contraste com a outra parte que, aliás, recorre a um trecho da ópera *Aída*, de Giuseppe Verdi — o bailado da 2ª cena do 2º ato ("Festa da sagração de Radamés"). Existindo havia qua-

se dez anos, a parceria João de Barro-Antônio Almeida só alcançaria o sucesso em 1948, com "A Saudade Mata a Gente" e a marchinha "A Mulata é a Tal".

**"Somos Dois"** (samba-canção),
Klecius Caldas, Armando Cavalcanti e Luís Antônio
Outro sucesso de Dick Farney, o romântico samba "Somos Dois" é a primeira composição gravada de Klecius Caldas. "Incentivado pelos amigos", recorda Klecius, "tomei a resolução de mostrar a canção a Dick Farney, a quem na época não conhecia. Fui então à casa dele, em Santa Teresa, e cantei-lhe a música numa péssima versão em inglês que havia feito. Na minha distorcida ideia, achava que assim iria fazer sucesso na América... Quando terminei, o Dick perguntou se não tinha letra em português e depois de ouvi-la, marcou imediatamente nossa ida à Continental a fim de acertarmos providências para a gravação." Expondo de forma original o tema de um casal em lua de mel, "Somos Dois" inspirou em 1950 a realização de um filme homônimo, dirigido por Milton Rodrigues, com argumento de seu irmão Nelson Rodrigues. Para esta produção, que teve como protagonista o próprio Dick Farney, Klecius e seus parceiros Armando Cavalcanti e Luís Antônio compuseram a trilha sonora.

OUTROS SUCESSOS

"Aquelas Palavras" (samba-canção), Benny Wolkoff e Luís Bittencourt
"Cadê Zazá" (marcha/carnaval), Roberto Martins e Ari Monteiro
"Um Cantinho e Você" (samba-canção), José Maria de Abreu e Jair Amorim
"Enlouqueci" (samba/carnaval), Luís Soberano, Valdomiro Pereira e João do Vale
"Esquece" (samba-canção), Gilberto Milfont
"Esses Moços" (samba-canção), Lupicínio Rodrigues
"Falta um Zero no Meu Ordenado" (samba/carnaval), Ary Barroso e Benedito Lacerda
"Infidelidade" (samba), Ataulfo Alves e Américo Seixas
"Jornal de Ontem" (samba-canção), Romeu Gentil e Elisário Teixeira
"A Lenda do Abaeté" (canção), Dorival Caymmi
"Minueto" (marcha/carnaval), Herivelto Martins e Benedito Lacerda

"A Mulata é a Tal" (marcha/carnaval), João de Barro e Antônio Almeida

"Nova Ilusão" (samba), José Menezes e Luís Bittencourt

"Pergunte a Ela" (samba-canção), Geraldo Pereira e Fernando Martins

"Princesa de Bagdá" (marcha/carnaval), Haroldo Lobo e David Nasser

"Quem Há de Dizer" (samba-canção), Lupicínio Rodrigues e Alcides Gonçalves

"Rio" (samba), Ary Barroso

"Rosa Maria" (samba/carnaval), Aníbal Silva e Eden Silva

"Salve a Princesa" (samba/carnaval), Paquito e Luís Soberano

"Sarita" (rancheira), Santos Rodrigues e B. Toledo

"Saudade" (samba), Dorival Caymmi e Fernando Lobo

"Segue Teu Caminho" (tango), Mário Zan e Arlindo Pinto

"Ser Ou Não Ser" (samba-canção), José Maria de Abreu e Alberto Ribeiro

"Tem Gato na Tuba" (marcha/carnaval), João de Barro e Alberto Ribeiro


## GRAVAÇÕES REPRESENTATIVAS

ALCIDES GERARDI
Odeon, 12839-b, "Pergunte a Ela"

ARACI DE ALMEIDA
Odeon, 12826-b, "Não Me Diga Adeus"

OS CARIOCAS
Continental, 15893-b, "Adeus América"
Continental, 15893-a, "Nova Ilusão"

DÉO
Continental, 15919-b, "Infidelidade"

DICK FARNEY
Continental, 15916-b, "Um Cantinho e Você"
Continental, 15917-b, "A Saudade Mata a Gente"
Continental, 15927-b, "Somos Dois"

XXVI. 1948

DORIVAL CAYMMI
RCA Victor, 80.0576-a, "A Lenda do Abaeté"
RCA Victor, 80.0576-b, "Saudade de Itapoã"

FRANCISCO ALVES
Odeon, 12810-a, "Bahia com H"
Odeon, 12810-b, "Caminhemos"
Odeon, 12868-a, "Esses Moços"

LÚCIO ALVES
Continental, 15892-a, "Aquelas Palavras"

LUIZ GONZAGA
RCA Victor, 80.0580-a, "A Moda da Mula Preta"

NUNO ROLAND
Continental, 15843-b, "Tem Gato na Tuba"

QUATRO ASES E UM CORINGA
Odeon, 12812-a, "É Com Esse Que Eu Vou"

RUY REY
Continental, 15841-a, "A Mulata é a Tal"


MÚSICAS ESTRANGEIRAS DE SUCESSO NO BRASIL

"Diez Minutos Mas", Gabriel Ruiz
"Dos Almas", Don Fabian
"It's Magic", Jule Styne e Sammy Cahn
"Jack, Jack, Jack" ("Cu-tu-gu-ru"), Armando Castro e Joe Davis
"Mariá-La-Ô", Ernesto Lecuona (lançada em 1936)
"La Mer", Charles Trenet
"Nature Boy", Eden Ahbez
"Negra Consentida", Joaquin Pardave (lançada em 1919)
"Pigalle", Georges Ulmer, Guy Luygperts e Geo Koger
"Que Te Parece", Julio Gutierrez
"Quizás, Quizás, Quizás", Don Fabian
"Três Palabras", Osvaldo Farres

# CRONOLOGIA

26/01: Nasce em Belo Horizonte (MG) o compositor/instrumentista Tavito (Luís Otavio de Melo Carvalho).

31/01: Nasce no Rio de Janeiro (RJ) a cantora/compositora Joyce (Joyce Silveira Palhano de Jesus).

07/03: Nasce no Rio de Janeiro (RJ) o cantor/compositor Danilo Caymmi (Danilo Cândido Tostes Caymmi).

04/05: Nasce no Rio de Janeiro (RJ) a instrumentista/compositora Célia Vaz (Célia Maria Carvalho Vaz).

14/05: Termina o mandato britânico sobre a Palestina. Ben Gurion proclama a República de Israel.

21/06: A Columbia americana apresenta o elepê de 33 1/3 rotações por minuto, resultado de nove anos de pesquisa. Simultaneamente, a Philco lança o aparelho para a reprodução do novo disco. No elepê de estreia, o violinista Nathan Milstein e a Orquestra Sinfônica Filarmônica de Nova York interpretam o *Concerto em Mi Menor*, de Mendelssohn.

08/07: Nasce no Rio de Janeiro (RJ) o instrumentista Márcio Montarroyos (Márcio Cavalcanti Montarroyos).

29/07 a 14/08: Realizam-se em Londres os XIV Jogos Olímpicos da Era Moderna.

15/08: É criada a República da Coreia (Coreia do Sul).

16/08: Nasce em Morrinhos (GO) o cantor/compositor Odair José (Odair José de Araújo).

27/08: Morre no Rio de Janeiro (RJ) o compositor Lorenzo Fernandez.

09/09: É criada a República Democrática Popular da Coreia do Norte.

20/09: Morre no Rio de Janeiro (RJ) o compositor/regente Ernâni Braga. Ivon Curi grava o seu primeiro disco (Continental, 15950, "Nature Boy" e "Adeus").

02/12: Nasce em Belo Horizonte (MG) o compositor/instrumentista Toninho Horta (Antônio Maurício Horta de Melo).

20/12: Nasce no Rio de Janeiro (RJ) o compositor/arranjador Roberto Gnattali.

XXVI. 1948

Luiz Gonzaga ensina alguns passos de baião à Emilinha Borba.

# XXVII. 1949

DESTAQUES

**"Brasileirinho"** (choro), Waldir Azevedo
Primeira composição de Waldir Azevedo — a maior expressão brasileira do cavaquinho, instrumento limitadíssimo, mas do qual conseguia extrair um som extraordinário —, "Brasileirinho" aconteceu por sugestão de um sobrinho seu, menino de dez anos: brincando com um cavaquinho que só tinha uma corda, o garoto pediu-lhe que fizesse uma música que pudesse tocar, nascendo daí, em 1947, a primeira parte do choro. Contratado pela Continental, Waldir estreou com "Brasileirinho", que rapidamente alcançou um grande sucesso, sendo escolhido para fundo musical da propaganda de diversos candidatos em campanha eleitoral na ocasião. Esta composição que lhe rendeu o suficiente para comprar um apartamento à vista, abriu-lhe as portas para a sua carreira, tornando-se peça obrigatória em seus shows. Na esteira do sucesso, Ademilde Fonseca gravou-o em 1950, com letra de Pereira Costa, acompanhada pelo próprio Waldir. Daí em diante, "Brasileirinho" seria gravado por dezenas de artistas, no Brasil e no exterior, podendo-se dizer que um espetáculo de choro não estará completo sem esta composição, de preferência no final.

**"Cabelos Brancos"** (samba/carnaval),
Herivelto Martins e Marino Pinto
Lançado para o carnaval de 49, "Cabelos Brancos" acabou por se consagrar como um clássico de meio de ano. Isso aconteceu, principalmente, em razão da tristeza de sua melodia e do sentimentalismo exagerado de sua letra, bem mais adequados à forma do samba-canção. Na verdade, esta composição é mais um exemplar da série de sambas que Herivelto Martins fez ao final dos anos 1940, cuja tônica é sempre uma chorada dor de cotovelo — "Não falem dessa mulher perto de mim/ Não falem pra não aumentar minha dor...". Gravado inicialmente pelos Quatro Ases e um Coringa, "Cabelos Brancos" tem outros intérpretes como Nelson Gonçalves, Sílvio Caldas, Roberto Silva etc.

"**Chiquita Bacana**" (marcha/carnaval),
João de Barro e Alberto Ribeiro

A ideia de compor "Chiquita Bacana" partiu de João de Barro, que propôs a Alberto Ribeiro aproveitarem o existencialismo como motivo de uma marchinha. Na realidade, a ideia inspirava-se na imprensa da época que explorava com frequência o existencialismo — Sartre, Simone de Beauvoir, Camus e, principalmente, o lado não científico do movimento, que abrangia os "existencialistas" boêmios, *habitués* das *caves* parisienses, seus costumes exóticos etc. Naturalmente, o objetivo da dupla ao escrever a marchinha era fazer uma referência espirituosa ao assunto, para isso criando a figura de "Chiquita Bacana", beldade que "se veste com uma casca de banana nanica". Sem dúvida, o comportamento da moça é inusitado, mas perfeitamente justificável, pois "existencialista com toda razão" ela "só faz o que manda o seu coração". Genolino Amado chegou a dizer numa crônica que esses versos eram a melhor definição do existencialismo que ele conhecia. Além de dar a Braguinha a vitória no carnaval pelo terceiro ano consecutivo, "Chiquita Bacana" tornou-se uma de suas composições mais conhecidas, batendo, inclusive, o recorde de alcance geográfico de sua obra: foi gravada nos Estados Unidos, Argentina, Itália, Holanda, Inglaterra e França, onde, com o título de "Chiquita Madame de la Martinique", e com versos de Paul Misraki, integra as discografias de Josephine Baker e Ray Ventura.

"**Chuvas de Verão**" (samba), Fernando Lobo

A obra de Fernando Lobo — ex-violinista da legendária Jazz Band Acadêmica de Pernambuco — pertence a uma fase importante da música brasileira, a fase dos sambas-canção de mesa de bar. Renomado cronista do Rio, Fernando e seus companheiros de boemia, como Ary Barroso e Antônio Maria, colheram inspiração para muitas de suas músicas na efervescente vida noturna que levavam. Essa vivência boêmia era, pode-se dizer, um prolongamento das atividades jornalísticas, suas e de outras figuras da noite, como Sérgio Porto, Rubem Braga, Paulo Mendes Campos e Lúcio Rangel. "Chuvas de Verão" reflete esse clima de confissões que prolongavam ou encerravam romances iniciados no ambiente das boates. Lançada por Francisco Alves em 1949, talvez jamais se tornasse um clássico (isso era reconhecido pelo próprio Fernando), não fora a versão de Caetano Veloso, quase vinte anos depois. Naturalmente, a beleza da composição sempre existiu, mas Caetano soube aproveitar melhor o clima do rompimento amoroso, com uma delicadeza de tratamento que faltou à gravação original. Composta no modo menor (uma característica dos frevos de bloco do Recife, onde nasceu o autor), a canção tem seu momento culminante no verso que repete o título, definindo com lirismo e precisão a transitoriedade dos romances de ocasião.

**"Jamais Te Esquecerei"** (bolero), Antônio Rago e Juraci Rago

Uma gravação instrumental que faz estrondoso sucesso dois anos depois de seu lançamento constitui, na verdade, um fato raro em nossa música popular. Pois foi isso o que aconteceu com o bolero "Jamais Te Esquecerei", de Antônio Rago, violonista paulistano que muito contribuiu para a fixação do violão elétrico como instrumento solista no Brasil. Gravada pelo autor em 1947, esta composição permaneceu apenas razoavelmente conhecida até março de 49, quando "estourou" nas paradas de sucesso, delas só saindo no final do ano. Na época, referindo-se a "Jamais Te Esquecerei", o crítico Sílvio Túlio Cardoso afirmou: "Um fenômeno da discografia popular, o bolero que toda a cidade entoa". Sem detrimento de sua bela melodia, pode-se dizer, talvez, que "Jamais Te Esquecerei" só alcançou tamanho sucesso por surgir no momento em que se vivia no país o auge de uma paixão pelo bolero.

**"Juazeiro"** (baião), Luiz Gonzaga e Humberto Teixeira

Como "Asa Branca", "Juazeiro" é um tema popular adaptado por Luiz Gonzaga e Humberto Teixeira. Simples, ingênua e de muito bom gosto, a letra (de Teixeira) transmite o lamento de um sertanejo, abandonado pela amada, que interroga a árvore, testemunha de seu amor: "Juazeiro seje franco/ ela tem um novo amô?/ se não tem por que tu chora?/ solidário à minha dô...". O verbo "roer", que aparece em dois versos da canção, é muito usado no Nordeste com o significado de "remoer uma dor de cotovelo". Já a melodia aproxima-se do *blues*, com a sétima bemolizada — tão presente na música nordestina — e sua constante busca pela tônica.

Um clássico de nossa música popular, "Juazeiro" foi gravado indevidamente nos Estados Unidos (segundo Humberto Teixeira) com título diferente e letra da cantora Peggy Lee, que alegou desconhecer a origem brasileira da composição. O fato repetiu-se em condições idênticas na França, onde transformou-se em "Le Voyageur".

**"Normalista"** (samba), Benedito Lacerda e David Nasser

Este samba é um hino de louvor à normalista, menina-moça que "não pode casar ainda, só depois de se formar". E é em seus versos que aparece pela primeira vez na MPB a expressão "brotinho em flor", popularizada pela canção e que até mereceu uma crônica de Carlos Drummond de Andrade, anos depois. Romântica e ao mesmo tempo vibrante e alegre, "Normalista" foi inspirada num caso real de proibição de casamento, segundo conta David Nasser, no livro *Parceiro da glória*: "A história se passou com a filha do coronel Félix Henrique Valois, interventor no Acre. Ela estava apaixonada por um tenente e, normalista, lutava por seu amor. O velho não queria consentir (...) no casamento e havia, de outro lado, a proibição do Instituto (de Educação)". Mas no final tudo deu certo, pois além de inspirar um belo samba, a moça se casou, com o consentimento do pai. "Normalista" tem letra de Nasser e música de Benedito Lacerda, o mesmo que em 1938 compôs o clássico "Professora".

"Na Glória" (choro), Raul de Barros e Ari dos Santos
Um legítimo músico do choro, trombonista ícone das gafieiras, onde o gênero é dançado alegremente, o bem-humorado carioca Raul de Barros é o autor deste tema que se tronou prefixo de sua orquestra e o maior sucesso de sua carreira. A melodia tem uma marca registrada: as três notas do único trecho cantado da segunda parte ("Na-Gló-ria"), que são dominante, tônica e tônica oitava abaixo, ou seja, a mais objetiva forma de situar uma tonalidade. Esse achado passou a identificar imediatamente o choro e as três notas se popularizaram como uma espécie de guia para cantores localizarem o tom em que vão cantar. Na terceira parte, é ocasionalmente incluído um breque cantado pelos músicos ("e-báb-ri-bab") corruptela de "hey-bop-re-bop", uma evidência da vinculação da música instrumental brasileira ao *jazz*. De fato a instigante linha melódica e a divisão de "Na Glória" parecem conferir-lhe um aproximado grau de parentesco com o *be-bop* dos anos 1940, quando este choro foi criado. Segundo Raul, a composição nasceu espontaneamente como tema instrumental para ser dançado no Dancing Eldorado, quando ele e o pistonista Ari dos Santos tocavam na orquestra do clarinetista/saxofonista Dedé (Vitor André Barcelos). É a sua composição mais gravada, bastando aquelas três notas para que um músico a identifique, aprume-se e comece a tocá-la, inspirado pelo seu trombone.

"Pedreiro Valdemar" (marcha/carnaval),
Roberto Martins e Wilson Batista
Roberto Martins já tinha pronto um estribilho sobre a história de um pedreiro quando Wilson Batista veio propor-lhe uma marchinha sobre... um pedreiro. Então, foi só mudar o nome do personagem (Albiné, na música do Roberto) e completar o "Pedreiro Valdemar": "Você conhece o pedreiro Valdemar?/ não conhece?/ mas eu vou lhe apresentar/ de madrugada toma o

trem da circular/ faz tanta casa e não tem casa pra morar...". Um primor de protesto social, sinteticamente desenvolvido em nove versos de uma marchinha carnavalesca, "Pedreiro Valdemar" driblou a censura e fez sucesso numa época em que temas desse tipo não eram muito bem vistos pelos donos do poder.

**"Ponto Final"** (samba-canção), José Maria de Abreu e Jair Amorim
Apesar de pouco lembrado pela posteridade, José Maria de Abreu era um compositor fértil e inovador, que pode ser considerado como um dos precursores da moderna música brasileira. Vivendo sua melhor fase na segunda metade dos anos 1940, foi o principal supridor do repertório do cantor Dick Farney, tendo como parceiro o letrista Jair Amorim. Grande sucesso em 1949, o samba-canção "Ponto Final" é bem representativo do estilo romântico/moderno que Abreu desenvolvia na época. Além do inspirado tema sentimental, a composição conta com um dos mais apropriados recitativos da música brasileira.

OUTROS SUCESSOS

"Brumas" (bolero), Lúcio Alves
"Cabeça Inchada" (baião), Hervê Cordovil
"Canta Vagabundo" (marcha/carnaval), Roberto Martins e Ari Monteiro
"Falam de Mim" (samba/carnaval), Noel Rosa de Oliveira, Eden Silva e Anibal Silva
"Inútil" (samba), Evaldo Rui
"Jacarepaguá" (marcha/carnaval), Paquito, Romeu Gentil e Marino Pinto
"Lorota Boa" (polca), Luiz Gonzaga e Humberto Teixeira
"Maior é Deus" (samba/carnaval), Fernando Martins e Felisberto Martins
"Mangaratiba" (chótis), Luiz Gonzaga e Humberto Teixeira
"Nega" (samba), Valdemar Gomes e Afonso Teixeira
"Nunca Mais" (samba-canção), Dorival Caymmi
"Olhos Tentadores" (samba), Oscar Belandi e Chico Silva
"Palavras Amigas" (samba), Klecius Caldas e Armando Cavalcanti
"Passarinho da Lagoa" (toada), Fernando Lobo e Evaldo Rui
"Pavio da Verdade" (samba), Ataulfo Alves e Américo Seixas

XXVII. 1949

Cantores carismáticos como Orlando Silva e Francisco Alves têm um legítimo sucessor na figura de Nelson Gonçalves, ídolo de várias gerações.

"Qual o Valor da Sanfona" (chótis), Dilu Melo e J. Portela
"Que Samba Bom" (samba/carnaval), Geraldo Pereira e Arnaldo Passos
"Sempre Teu" (samba), José Maria de Abreu e Jair Amorim
"Um Sonho Que Passou" (samba), Geraldo Pereira e Fernando Martins
"Velhas Cartas de Amor" (samba-canção), Klecius Caldas e Francisco Alves
"Vida de Minha Vida" (samba), Ataulfo Alves
"Vidas Mal Traçadas" (valsa), Dante Santoro e Scila Gusmão
"Violão" (samba-canção), Vitório Júnior e Wilson Ferreira
"Você é Que Pensa" (foxe), Roberto Roberti e Dunga


GRAVAÇÕES REPRESENTATIVAS

ANJOS DO INFERNO
RCA Victor, 80.0597-a, "Nega"

ANTÔNIO RAGO
Continental, 15811-a, "Jamais Te Esquecerei"

DICK FARNEY
Continental, 16008-a, "Ponto Final"

EMILINHA BORBA
Continental, 15979-a, "Chiquita Bacana"

FRANCISCO ALVES
Odeon, 12923-a, "Chuvas de Verão"
Odeon, 1293S-a, "Velhas Cartas de Amor"

LUIZ GONZAGA
RCA Victor, 80.0608-a, "Juazeiro"
RCA Victor, 80.0604-a, "Mangaratiba"

NELSON GONÇALVES
RCA Victor, 80.0595-a, "Normalista"

XXVII. 1949

ONÉSSIMO GOMES
Star, 135-a, "Violão"

QUATRO ASES E UM CORINGA
Odeon, 12909-a, "Cabelos Brancos"

WALDIR AZEVEDO
Continental, 16050-a, "Brasileirinho"

## MÚSICAS ESTRANGEIRAS DE SUCESSO NO BRASIL

"Buttons and Bows", Ray Evans e Jay Livingston
"Danse Avec Moi", A. Hornez e F. Lopez
"Douce France", Charles Trenet
"El Cumbanchero", Rafael Hernandez
"Final", Paul Misraki, A. Hornez e Ben Molar
"Frio en El Alma", Miguel Angel Valladares
"I'm Looking Over a Four Leaf Clover", Mort Dixon e Harry Woods
    (lançada em 1927)
"Luna Lunera", Tony Fergo
"Maria Bonita", Agustin Lara
"On a Slow Boat to China", Frank Loesser
"Una Mujer", Paul Misraki, Ben Molar e S. Pondal Rios
"Palabras de Mujer", Agustin Lara
"Pecadora", Agustin Lara
"Scrivimi", Raimondi e Frati
"La Vie en Rose", Pierre Louiguy e Edith Piaf

## CRONOLOGIA

27/01: Nasce em Maceió (AL) o compositor/cantor Djavan (Djavan Caetano Viana).

30/01: Morre no Rio de Janeiro (RJ) o sambista Paulo da Portela (Paulo Benjamin de Oliveira).

28/04: Nasce no Rio de Janeiro (RJ) o compositor Paulo César Pinheiro.

23/05: É criada a República Federal da Alemanha (Alemanha Ocidental).

30/06: Nasce em Belo Horizonte (MG) a compositora/cantora Martinha (Marta Vieira Figueiredo Cunha).

23/07: Nasce em Belo Horizonte (MG) o compositor/instrumentista Flávio Venturini (Flávio Hugo Venturini).

09: A União Soviética explode a sua primeira bomba atômica.

01/10: Com a vitória final das forças de Mao Tsé-Tung, é proclamada a República Popular da China.

07/10: É criada a República Democrática Alemã (Alemanha Oriental).

04/11: É fundada em São Bernardo do Campo (SP) a Companhia Cinematográfica Vera Cruz.

05/12: Nasce no Rio de Janeiro (RJ) a cantora/compositora Ângela Ro Ro (Ângela Maria Diniz Gonçalves).

12/12: Nasce em Paraíba do Sul (RJ) o compositor Rui Maurity (Rui Maurity de Paula Afonso).

25/12: Nasce em Salvador (BA) a cantora Simone (Simone Bittencourt de Oliveira).

XXVII. 1949

Depois de deixar o Trio de Ouro, Dalva de Oliveira brilhou como uma das grandes vozes românticas dos anos 1950.

# XXVIII. 1950

DESTAQUES

**"Antonico"** (samba), Ismael Silva

No samba "Antonico" Ismael Silva expõe de forma coloquial o tema pungente, e até certo ponto dramático, do pedido de auxílio para um amigo necessitado: "Ô Antonico, vou lhe pedir um favor/ que só depende de sua boa vontade/ é necessário uma viração pro Nestor/ que está vivendo em grande dificuldade...". E é o efeito patético, produzido pela perfeita conjunção da letra com a melodia triste, que faz desta composição o maior sucesso da segunda fase de sua carreira. Ismael Silva sempre negou a possibilidade do samba ser autobiográfico. Na verdade, porém, ele viveria em 1939 uma situação semelhante à do personagem "Nestor", fato que está registrado numa carta de Pixinguinha ao musicólogo Mozart de Araújo e que bem poderia ter inspirado a composição. Lançado por Alcides Gerardi, "Antonico" conta em sua discografia com outros intérpretes importantes como Gal Costa e Elza Soares.

**"Balzaqueana"** (marcha/carnaval), Antônio Nássara e Wilson Batista

Depois do sucesso de "Normalista", quando a palavra "brotinho" ficou em moda, Wilson Batista resolveu homenagear a mulher mais velha, propondo a Nássara fazerem uma música sobre o assunto. Então, os dois desenvolveram o tema na forma de uma marchinha que, por sugestão de Nássara, recebeu o nome de "Balzaqueana", em alusão ao romance *A mulher de trinta anos*, de Honoré de Balzac. Realmente um achado, o termo tornou-se um neologismo, popularizado pelo sucesso da composição, lançada por coincidência no ano do centenário da morte do escritor. O fato é que os franceses gostaram de "Balzaqueana", tendo Michel Simon, adido cultural da embaixada francesa no Brasil, feito uma versão em seu idioma — "Pas de tendron, non, non/ pas de tendron..." — que foi gravada na França. "Balzaqueana" dividiu com "Daqui Não Saio" e a "Marcha do Gago" a preferência dos foliões de 1950.

**"Errei Sim"** (samba-canção), Ataulfo Alves

Herivelto Martins gravou o samba "Caminho Certo" em 24 de maio de 1950, duas semanas depois do lançamento de "Tudo Acabado", que focalizava o final de um caso amoroso e, para sua surpresa, no momento em que acabara de romper seu longo casamento com Dalva de Oliveira, o que ele considerou desrespeitoso por ser ela a intérprete. Só que, ao contrário de "Tudo Acabado" e "Que Será", novo sucesso da cantora lançado em julho, cujas letras abordavam o assunto de maneira mais branda, em "Caminho Certo" o letrista David Nasser "pegou pesado", com versos que afirmavam que a mulher "transformava o lar na minha ausência/ em qualquer coisa abaixo da decência..." e "sei agora que os amigos que outrora/ sentavam à minha mesa/ serviam sem eu saber/ o amor por sobremesa...". Além de desencadear a famosa polêmica da separação do casal, deu-lhe um teor rancoroso, ofensivo, assumido já na resposta, o samba-canção "Errei Sim", de Ataulfo Alves, lançado em setembro: "Mas foste tu mesmo o culpado/ deixava-me em casa/ me trocando pela orgia/ faltando sempre com a tua companhia/ (...)/ Não é só casa e comida/ que prende por toda a vida/ o coração de um mulher/ as joias que me davas/ não tinham nenhum valor/ se o mais caro me negavas/ que era todo o seu amor...". No livro *Minhas duas estrelas*, conta Pery Ribeiro, filho do casal, que foi tamanho o sucesso de "Errei Sim", que seu pai "passou a odiar Ataulfo, por pouco não chegando às vias de fato", o mesmo acontecendo em relação a Marino Pinto, antigo parceiro, coautor de "Que Será", "Calúnia" e "Falso Amigo". Eram dois dos diversos colegas compositores que participaram da contenda no "time da Dalva", uma verdadeira "seleção de craques da música brasileira" atuando contra a dupla Herivelto Martins-David Nasser. Aliás, David Nasser, também jornalista, publicaria no *Diário da Noite* em 1951 uma série de 22 artigos diários intitulada "Herivelto narra sua desdita conjugal", em que arrasava a cantora. Uma mostra do sucesso dessa polêmica são os três discos brasileiros mais vendidos em 1950: 1º lugar, "Tudo Acabado", samba-canção de J. Piedade e Osvaldo Martins; 2º lugar, "Que Será", bolero de Marino Pinto e Mário Rossi; 3º lugar, "Errei Sim".

**"General da Banda"** (samba/carnaval),
Sátiro de Melo, Tancredo Silva e José Alcides
Uma das músicas mais cantadas no carnaval de 1950 foi o samba "General da Banda", inspirado num ponto de macumba. Daí seus versos estranhos — "Mourão, mourão, vara madura que não cai/ Mourão, mourão, oi catuca por baixo que ele vai" —, razão principal do sucesso. Embora grava-

do também por Linda Batista, este samba teve como intérprete principal o cantor Blecaute, que se identificou com a composição a tal ponto que, a partir de então, passou a ostentar em suas apresentações uma colorida fantasia de "General da Banda", cheia de alamares e dragonas.

"**Nega Maluca**" (samba/carnaval), Fernando Lobo e Evaldo Rui

Fernando Lobo e Evaldo Rui eram amigos de todos os dias, ou melhor, de todas as noites. Uma ocasião, no final dos anos 1940, Rui descreveu para Fernando uma cena curiosa que presenciara num bar, entre um jogador de sinuca e uma crioula, com uma criança nos braços: a mulher insistia desesperadamente em entregar a criança ao sujeito, aos berros de "Toma que o filho é seu", enquanto ele se limitava a dizer que a mulher estava maluca, pois o filho não podia ser dele... Daí nasceu um baião, com a primeira parte do Rui ("Tava jogando sinuca/ uma nega maluca me apareceu/ vinha com um filho no colo/ e dizia pro povo que o filho era meu/ não senhor!/ toma que o filho e seu/ não senhor!/ guarde o que Deus lhe deu") e a segunda de Rui e Fernando. Então, os dois procuraram Luiz Gonzaga que não se interessou em gravá-lo. Tempos depois, na boate Casablanca, mostraram a música a Francisco Alves. O cantor achou o baião divertido, mas fora de seu estilo. Colaborou, porém, com uma preciosa sugestão: "Por que vocês não transformam esse baião num samba de carnaval?". Naquela mesma noite Fernando e Rui estariam mostrando o samba "Nega Maluca" para a cantora Linda Batista, que prometeu gravá-lo no dia seguinte.

Sucesso total no carnaval de 1950, premiado pela prefeitura e o jornal *A Noite*, "Nega Maluca" ainda rendeu um dinheiro extra para os autores: a loja A Exposição propôs-lhe a exploração de uma fantasia de "nega maluca" e Fernando, lembrando-se da personagem Topsy de *A cabana do Pai Tomás*, desenhou o modelo que se tornaria um recordista de vendas — um espalhafatoso vestido vermelho, com bolas brancas, que poderia ser completado com uma carapinha de tranças e o rosto da usuária pintado de preto, se necessário.

"**Paraíba**" (baião), Luiz Gonzaga e Humberto Teixeira

Em entrevista à *Folha de S. Paulo*, em 26/03/1978, Luiz Gonzaga contou a história do baião "Paraíba": "Essa música saiu como *jingle* político, no governo do marechal Dutra (...). O chefe da Casa Civil, Pereira Lira, muito elegante, simpático, sempre de cachimbo na boca, entrou em contato com o diretor da Rádio Nacional, José Caó. Aí o Caó pediu a mim e ao Humberto Teixeira que fizéssemos um *jingle*. Então, nós fizemos essa música invocando o Zé Pereira, aquela coisa toda, cantamos essa música pela primeira vez na praça central de Campina Grande, num comício. (...) Os adversários aproveitaram para dizer que o baião era um achincalhamento à mulher paraibana. Que besteira! Essa música é uma homenagem a Paraíba. Nós queríamos homenagear a Paraíba que, apesar de pequena, foi valente em 1930. 'Eita Paraíba, muié macho sim sinhô!' quer dizer, sendo um estado de nome feminino, então: 'muié macho sim sinhô!'. 'Paraíba pequenina muié macho sim sinhô!' Isso em relação à mulher que luta, que batalha. Tem mulher que é um verdadeiro homem".

Realmente, a intenção dos autores devia ser essa mesma contada por Gonzaga, baseada num fato histórico: em 1929, a Aliança Liberal — coligação oposicionista formada por políticos do Rio Grande do Sul, Minas Gerais e Paraíba — lançou as candidaturas de Getúlio Vargas, presidente do Rio Grande do Sul, à presidência da República, e de João Pessoa de Queiroz, presidente da Paraíba, à vice-presidente (na época os governadores de estado eram chamados de presidentes). Essa coligação, derrotada nas urnas pelo situacionista Júlio Prestes, seria o embrião das forças que deflagraram e ganharam a Revolução de 30, movimento que mudou o curso de nossa história. Mas daí Gonzaga e Teixeira acreditarem que o povão iria ligar o verso a um fato histórico ocorrido vinte anos antes!... Então, foi facílimo para os adversários políticos de José Pereira Lira, que era paraibano, aproveitarem o "presente" e induzirem a malícia popular a tomar a expressão "ao pé da letra" e vinculá-la ao homossexualismo feminino, dito que se espalhou por todo o país, a partir do sucesso da gravação de Emilinha Borba: "Quando lama virou pedra/ e mandacaru secou/ quando ribaçã de sede/ bateu asas e voou/ foi aí que eu vim-me embora/ carregando a minha dô/ hoje eu mando um abraço pra ti, pequenina/ Paraíba masculina muié macho sim sinhô". Na segunda parte, o verso "eta, pau Pereira em Princesa já roncou" é uma referência a José Pereira e a chamada Revolta de Princesa, rebelião por ele comandada, em junho de 1930, contra o governo de João Pessoa. Zé Pereira chegou a proclamar a independência do município de Princesa no primeiro decreto de seu governo. Lançado por Emilinha em março de 1950 (Gonzaga só o gravaria em 1952), o baião "Paraíba" é um dos maiores sucessos de sua carreira.

**"Que Será"** (bolero), Marino Pinto e Mário Rossi
A separação do casal Herivelto Martins-Dalva de Oliveira deu motivo a uma polêmica musical, que se estendeu por mais de dois anos. Dela participaram não apenas os protagonistas do caso, mas diversos compositores

que abasteciam o repertório de Dalva. Uma peça importante desse repertório é o bolero "Que Será", sucesso maior que, juntamente com o samba "Tudo Acabado", marca o início da melhor fase da cantora: "Que será/ da minha vida sem o teu amor/ da minha boca sem os beijos teus/ da minha alma sem o teu calor/ que será/ da luz difusa do abajur lilás/ se nunca mais vier a iluminar/ outras noites iguais...". E por aí seguem os versos de Mário Rossi (esse "abajur lilás" só pode ser dele), terminando com uma confissão de culpa, que se justifica como gesto extremo de ciúme: "Eu errei/ mas se me ouvires me darás razão/ foi o ciúme que se debruçou sobre o meu coração". Em que pese o sensacionalismo extra-musical despertado pela polêmica, grande parte de seu sucesso se deveu às interpretações de Dalva de Oliveira, que soube imprimir às canções a dose de sentimentalismo que elas exigiam. Provavelmente, esse sucesso não seria tão forte se a contenda tivesse acontecido dez ou quinze anos depois.

**"Qui Nem Jiló"** (baião), Luiz Gonzaga e Humberto Teixeira

Em 1950, vivia-se o auge do ciclo do baião, com vários compositores (Klecius Caldas, Armando Cavalcanti, Hervê Cordovil) e intérpretes (Marlene, Emilinha, Ivon Curi) de outras áreas aderindo ao ritmo nordestino. Incansável na renovação de seu repertório, Luiz Gonzaga chegaria a gravar durante o ano nada menos de vinte composições, sendo oito delas com Humberto Teixeira e sete com o novo parceiro, Zé Dantas. De todas essas músicas, mereceu destaque especial o baião "Qui Nem Jiló", um dos melhores da dupla Gonzaga-Teixeira. Refletindo sinais da integração do gênero ao meio urbano, "Qui Nem Jiló" tem melodia mais elaborada do que a maioria dos baiões, em nada lembrando as primitivas cantigas sertanejas.


OUTROS SUCESSOS

"Amargura" (samba-canção), Radamés Gnattali e Alberto Ribeiro
"Assum Preto" (toada), Luiz Gonzaga e Humberto Teixeira
"Baião de Dois" (baião), Luiz Gonzaga e Humberto Teixeira
"Boneca de Pano" (samba), Assis Valente
"Cadeira Vazia" (samba), Lupicínio Rodrigues
"Chofer de Praça" (mazurca), Fernando Lobo e Evaldo Rui
"Cintura Fina" (chótis), Luiz Gonzaga e Zé Dantas
"A Coroa do Rei" (samba/carnaval), Haroldo Lobo e David Nasser
"Daqui Não Saio" (marcha/carnaval), Paquito e Romeu Gentil

"Eu Já Vi Tudo" (samba), Peterpan e Amadeu Veloso
"Forró de Mané Vito" (forro), Luiz Gonzaga e Zé Dantas
"Marcha do Gago" (marcha/carnaval), Armando Cavalcanti e Klecius
    Caldas
"Maria Rosa" (samba), Lupicínio Rodrigues e Alcides Gonçalves
"Meu Brotinho" (marcha/carnaval), Luiz Gonzaga e Humberto Teixeira
"Naná" (rumba), Ruy Rey e Rutinaldo
"No Ceará Não Tem Disso Não" (baião), Guio de Morais
"Olhos Verdes" (samba), Vicente Paiva
"Pé de Manacá" (baião), Hervê Cordovil e Marisa P. Coelho
"Rio de Janeiro" (samba), Ary Barroso (composto em 1944)
"Sabiá da Gaiola" (baião), Hervê Cordovil e Mário Vieira
"Se é Pecado Sambar" (samba/carnaval), João Santana
"Serpentina" (marcha/carnaval), Haroldo Lobo e David Nasser
"Trem O-Lá-Lá" (baião), Lauro Maia e Humberto Teixeira
"Tudo Acabado" (samba-canção), J. Piedade e Osvaldo Martins


GRAVAÇÕES REPRESENTATIVAS

ALCIDES GERARDI
Odeon, 12993-b, "Antonico"

BLECAUTE
Continental, 16150-a, "General da Banda"

DALVA DE OLIVEIRA
Odeon, 13039-a, "Errei Sim"
Odeon, 13022-a, "Que Será"
Odeon, 13002-b, "Tudo Acabado"

EMILINHA BORBA
Continental, 16187-b, "Paraíba"

FRANCISCO ALVES
Odeon, 13001-b, "Maria Rosa"

JORGE GOULART
Continental, 16145-b, "Balzaqueana"

Irmã de Dircinha, Linda Batista tem como seus maiores sucessos os sambas-canção "Vingança" e "Risque", em plena era do bolero.

LINDA BATISTA
RCA Victor, 80.0631-b, "Nega Maluca"

LUIZ GONZAGA
RCA Victor, 80.0681-a, "Assum Preto"
RCA Victor, 80.0695-a, "Chofer de Praça"
RCA Victor, 34748-a, "Qui Nem Jiló"

RUY REY
Continental, 16213-b, "Naná"


## MÚSICAS ESTRANGEIRAS DE SUCESSO NO BRASIL

"Again", L. Newman
"Ay de Mi", Osvaldo Farres
"Cruising Down the River", Eily Beadell e Neil Tollerton
"Frio en El Alma", Miguel Angel Valladares
"Hipócrita", Carlos Crespo
"I'm in the Mood for Love", Jimmy McHugh e Dorothy Fields (lança-
     da em 1935)
"Mona Lisa", Ray Evans e Jay Livingston
"La Mucura", Antônio Fuentes
"My Foolish Heart", Victor Young e Ned Washington
"Pecado", Carlos Bahr, Enrique Francini e Armando Pontier
"Riders in the Sky", Stan Jones
"La Strada del Bosco", Nisa, Bixio e Rusconi


## CRONOLOGIA

05/01: Morre no Rio de Janeiro (RJ) o compositor Lauro Maia.

17/04: Nasce em Salvador (BA) a pianista Cristina Ortiz.

18/05: Nasce no Rio de Janeiro (RJ) o instrumentista Mauro Senise (Mauro Alceu de Amoroso Lima Senise).

17/06: Inaugura-se no Rio de Janeiro (RJ) o Estádio do Maracanã. Na ocasião, a seleção
paulista vence a carioca por 3x1, sendo de autoria de Didi o primeiro gol marcado
no estádio.

25/06: Tropas norte-coreanas invadem a Coreia do Sul.

27/06: Os Estados Unidos iniciam sua participação na Guerra da Coreia.

06/07: O Uruguai ganha no Maracanã o IV Campeonato Mundial de Futebol, derrotando na final o Brasil por 2x1.

18/09: É inaugurada a TV Tupi de São Paulo, a primeira emissora brasileira de televisão.

03/10: Realiza-se a eleição presidencial com a vitória de Getúlio Vargas, candidato do PTB.

13/10: Nasce em Orós (CE) o cantor/compositor Fagner (Raimundo Fagner Cândido Lopes).

14/10: Nasce em São Paulo (SP) o compositor Eduardo Gudin.

26/10: A China intervém na Guerra da Coreia.

23/12: Nasce em São Paulo (SP) a cantora Cristina (Maria Cristina Buarque de Holanda).

Ao lado do veterano Sílvio Caldas, Elizeth Cardoso ao tempo de seu primeiro sucesso, "Canção de Amor".

# XXIX. 1951

DESTAQUES

**"Canção de Amor"** (samba-canção),
Chocolate (Dorival Silva) e Elano de Paula
A entrada da editora Todamérica no mercado fonográfico ensejou o aproveitamento de vários artistas, sem oportunidade em outras gravadoras. Entre estes estava Elizeth Cardoso, que despontou para o estrelato logo em seu primeiro disco na empresa, com o samba "Canção de Amor". Possuidora de um belo timbre de voz e de um estilo personalíssimo de cantar, Elizeth soube valorizar muito bem a melodia deste samba, considerada avançada na época. Aliás, era uma característica de seu autor, o comediante Chocolate, a predileção por melodias sofisticadas. Mais conhecida pelo verso inicial — "Saudade, torrente de paixão" —, "Canção de Amor" foi lançada em outubro de 50, alcançando as paradas de sucesso em abril do ano seguinte, nelas permanecendo por quatro meses.

**"Delicado"** (baião), Waldir Azevedo
Waldir Azevedo ia gravar o choro "Vê Se Gostas" e não tinha música para o outro lado do disco. Foi então que o amigo Chiquinho do Acordeom lembrou: "Por que você não grava aquele baiãozinho que me mostrou outro dia em Friburgo?". O baiãozinho, ainda sem nome, era o "Delicado" (título sugerido pelo mesmo Chiquinho), que se tornaria um recordista de venda no Brasil na era dos 78 rpm... Esse sucesso se estenderia ao exterior onde, além de ostentar uma razoável discografia, tem uma gravação com a orquestra de Percy Faith (de 1952), que entrou para o *hit parade* da Cash Box como uma das mais vendidas em todos os tempos. Há ainda um surpreendente registro numa caixinha de música que Waldir comprou de um camelô, durante uma excursão pelo mundo árabe nos anos 1960. E o mais curioso da história é que a composição nada apresenta de excepcional, constituindo-se apenas de uma melodia graciosa, com algumas modulações inusitadas nos baiões tradicionais.

**"Ministério da Economia"** (samba), Geraldo Pereira e Arnaldo Passos

Neste samba Geraldo Pereira transmite ao presidente Vargas sua aprovação à criação de um ministério para conter o custo de vida: "O Ministério da Economia parece que vai resolver...". A letra descreve as agruras de um habitante do morro que, não aguentando a inflação, havia mandado sua "Nega bacana meter os peitos na cozinha da madame em Copacabana". Agora, porém, confiando numa melhoria da situação (pois "Carne de vaca no açougue é mato"), ele resolve chamar a nega de volta ("Já não há mais perigo, porque de fome ela não vai morrer"). No final, até os "Gatos vão dar gargalhadas de alegria lá no morro", livres do risco de serem caçados para matar a fome dos favelados. Contrariando a expectativa do sambista, em lugar do ministério veio apenas a Cofap (Comissão Federal de Abastecimento e Preços), que não chegaria a justificar a alegria dos gatos. Este espirituoso recado político foi gravado pelo próprio Geraldo que, além de compositor, era ótimo cantor.

**"Retrato do Velho"** (marcha/carnaval), Haroldo Lobo e Marino Pinto

Numa prática instituída pelo Estado Novo (e revigorada por governos posteriores), recomendava-se a colocação de retratos do presidente nas paredes das repartições públicas. Em 1945, Vargas saiu e saíram também os retratos. Veio, então, sua vitória na eleição presidencial de 1950, o que levou Haroldo e Marino a fazerem esta marchinha, na qual a volta do líder ao poder é simbolizada pela volta dos retratos às paredes: "Bota o retrato do velho, outra vez/ bota no mesmo lugar/ o sorriso do velhinho faz a gente trabalhar". Sucesso absoluto no carnaval de 1951, "Retrato do Velho" não era apreciada pelo presidente, que detestava ser chamado de velho...

**"Se Você Se Importasse"** (samba-canção), Peterpan

Meses após o lançamento de Elizeth Cardoso, a Todamérica (apelidada de etiqueta do retratinho, por estampar uma foto do intérprete no selo do disco) apresentava Dóris Monteiro, uma cantora romântica, de voz aveludada e sensual e de estilo idêntico ao das americanas Julie London e June Christie. A carreira de Dóris explodiu logo no disco de estreia, com "Se Você Se Importasse", mais um samba de Peterpan (José Fernandes de Paula), um alagoano que viveu no Rio de Janeiro desde os onze anos de idade.

**"Vingança"** (samba-canção), Lupicínio Rodrigues

Realmente não poderia faltar na polêmica Dalva/Herivelto uma composição de Lupicínio Rodrigues, especialista no gênero. Só que esta composição, o samba "Vingança", não seria inspirada pelo caso em questão e sim por mais um episódio da vida sentimental do autor. Lupicínio vivia havia alguns anos com uma moça chamada Mercedes, mais conhecida por Carioca, quando ela tentou traí-lo com um rapazola, seu empregado. Denunciada pelo garoto, Carioca foi abandonada pelo compositor que, tempos depois, ao saber de seu desespero, "chorando e bebendo na mesa de um bar", fez o samba amaldiçoando em versos candentes o destino da traidora. Em 1963, numa crônica para o jornal gaúcho *Última Hora*, Lupicínio justificou a veemência dos versos: "Nunca se está livre de ter, num momento de rancor, algum desejo de vingança". O primeiro cantor a tomar conhecimento de "Vingança" foi Jorge Goulart, que chegou a interpretá-la na noite do Rio. No entanto Goulart, artista da Continental, não pôde gravá-la por estar Lupicínio na ocasião com um contrato de exclusividade com a RCA. Em vista disso, o autor ofereceu a canção a Herivelto Martins, que a lançou com o Trio de Ouro, embora achando que a música não se adaptava ao estilo do conjunto. Foi então que Linda Batista, entusiasmada ao ouvi-la na voz de Goulart, gravou "Vingança", que se tornaria o maior sucesso de sua carreira. Aliás, gravou-a duas vezes: a primeira com o conjunto do violinista Fafá Lemos, que foi a gravação consagrada, e a segunda com uma orquestra de cordas, um fonograma pouco conhecido, que só saiu em elepê.

**"Zum-Zum"** (marcha/carnaval),
Paulo Soledade e Fernando Lobo
Como um dos integrantes do famoso Clube dos Cafajestes, do Rio de Janeiro, o compositor Paulinho Soledade também ficou inconsolável ao receber a chocante notícia da morte, em desastre aéreo, de seu companheiro de aventuras Eduardo Henrique Martins de Oliveira, o comandante Edu da Panair. Em julho de 1950, o Constellation que Edu pilotava explodiu no Morro do Chapéu, próximo a Porto Alegre, provocando um vazio imenso entre os componentes do grupo, desfalcando-os de um querido companheiro para os famosos bailes de carnaval dos Cafajestes.

Ao invés de uma plangente marcha-rancho, que seria mais convencional para se lembrar a perda de Edu, Paulinho e Fernando criaram a marchinha "Zum-Zum", uma das músicas mais cantadas nos bailes carnavalescos no ano seguinte ao acidente. Foi como os dois autores imaginaram que o comandante Edu gostaria de ser homenageado, apesar do clima trágico que envolveu seu desaparecimento: "Oi zum zum zum zum zum zum zum/ tá faltando um/ bateu asa, foi embora, desapareceu/ nós vamos sair sem ele/ foi a ordem que ele deu". Sendo em modo menor, a melodia transmite uma certa nostalgia, que a intérprete da gravação original soube transmitir com muita sensibilidade. Era Dalva de Oliveira, que assim emplacou mais um êxito carnavalesco em sua carreira.

## OUTROS SUCESSOS

"Adeus Maria Fulô" (baião), Sivuca e Humberto Teixeira
"Afinal" (bolero), Ismael Neto e Luís Bittencourt
"Ave Maria" (samba-canção), Vicente Paiva e Jaime Redondo
"Baião de Copacabana" (baião), Lúcio Alves e Haroldo Barbosa
"Beijinho Doce" (valsa), Nhô Pai
"Bicharada" (baião), Djalma Ferreira (lançada em 1945)
"Boiadeiro" (toada), Klecius Caldas e Armando Cavalcanti
"Calúnia" (samba), Paulo Soledade e Marino Pinto
"Cosme e Damião" (valsa), Roberto Martins e Ari Monteiro
"Esta Noite Serenô" (baião), Hervê Cordovil
"Estrada do Canindé" (toada-baião), Luiz Gonzaga e Humberto Teixeira
"Madalena" (samba/carnaval), Ari Macedo e Airton Amorim
"Marcha do Caracol" (marcha/carnaval), Peterpan e Afonso Teixeira
"Meu Sonho é Você" (samba), Altamiro Carrilho e Átila Nunes
"Não Tenho Você" (samba), Paulo Marques e Ari Monteiro
"Palhaço" (samba), Nelson Cavaquinho, Osvaldo Martins e Washington
"Papai Adão" (marcha/carnaval), Klecius Caldas e Armando Cavalcanti
"Pedacinhos do Céu" (choro), Waldir Azevedo
"Pra Seu Governo" (samba/carnaval), Haroldo Lobo e Milton de Oliveira
"Sabes Mentir" (bolero), Oton Russo
"Sapato de Pobre" (samba/carnaval), Luís Antônio e Jota Júnior
"Tomara Que Chova" (marcha/carnaval), Paquito e Romeu Gentil
"Tome Polca" (polca), José Maria de Abreu e Luís Peixoto
"Violões em Funeral" (samba), Sílvio Caldas e Sebastião Fonseca

## GRAVAÇÕES REPRESENTATIVAS

DALVA DE OLIVEIRA
Odeon, 13058-a, "Ave Maria"
Odeon, 13079-a, "Zum-Zum"

ELIZETH CARDOSO
Todamérica, TA-5010-b, "Canção de Amor"

FRANCISCO ALVES
Odeon, 13078-a, "Retrato do Velho"

GERALDO PEREIRA
Sinter, 0000071-b, "Ministério da Economia"

LINDA BATISTA
RCA Victor, 80.0802-a, "Vingança"

LUIZ GONZAGA
RCA Victor, 80.0717-b, "Boiadeiro"

MARLENE
Continental, 16309-b, "Tome Polca"

ORLANDO CORREIA
Todamérica, TA-5057-a, "Meu Sonho é Você"

WALDIR AZEVEDO
Continental, 16214-a, "Delicado"
Continental, 16369-b, "Pedacinhos do Céu"


## MÚSICAS ESTRANGEIRAS DE SUCESSO NO BRASIL

"Bibbidi-Bobbidi-Boo" (A Canção Mágica), Mack David, Jerry Livingston e Al Hoffman
"C'est Ci Bon", Andre Hornez e Henri Betti
"Cumaná", Harold Spina, Barclay Allen e Roc Hillman (lançada em 1947)

XXIX. 1951

"Diez Años", Rafael Hernandez
"Mambo Jambo", Perez Prado
"Mambo n° 5", Perez Prado
"My Destiny", Mack David e Jerry Livingston
"Perdida", Chucho Navarro
"The Song of Delilah", Victor Young
"The Third Man Theme", Anton Karas

## CRONOLOGIA

07/01: Nasce no Rio de Janeiro (RJ) o compositor/cantor Luís Melodia (Luís Carlos dos Santos).

01: A Sinter lança o primeiro elepê brasileiro. No repertório, oito músicas para o carnaval de 51, interpretadas por Marion, Neusa Maria, Oscarito, Geraldo Pereira, Os Cariocas, Heleninha Costa, César de Alencar e as Irmãs Meireles.

20/01: É inaugurada a TV Tupi do Rio de Janeiro.

31/01: Getúlio Vargas toma posse na presidência da República.

20/02: Nasce no Rio de Janeiro (RJ) o compositor/arranjador Eduardo Souto Neto.

06/04: Almirante lança na Rádio Tupi do Rio de Janeiro a série de programas *No Tempo de Noel Rosa*.

09/05: Ângela Maria grava o seu primeiro disco (RCA Victor, 80.0788, "Quando Alguém Vai Embora" e "Sou Feliz").

12/06: É lançado no Rio de Janeiro (RJ) o jornal *Última Hora*, de Samuel Wainer.

10/08: Morre em Atenas (Grécia) o chefe de orquestra/instrumentista Fon-Fon (Otaviano Romero).

17/08: Nasce em Conceição de Piancó (PB) a cantora Elba Ramalho (Elba Ramalho Nunes de Souza).

07/09: Nasce em São Paulo (SP) o cantor/compositor Morris Albert (Maurício Alberto Kaiserman).

20/10: É inaugurada em São Paulo (SP) a I Bienal Internacional de Artes Plásticas.

11: A TV Tupi de São Paulo inicia a transmissão de *Sua Vida Me Pertence*, a primeira telenovela brasileira.

# XXX. 1952

DESTAQUES

**"Alguém Como Tu"** (samba-canção),
José Maria de Abreu e Jair Amorim
"Alguém Como Tu" é mais um samba-canção de José Maria de Abreu e Jair Amorim, feito sob medida para o repertório de Dick Farney. E como vários outros da dupla, teve sucesso sendo uma das músicas mais executadas em 1952. Aliás, a gravação de Dick foi realizada na Argentina, durante uma temporada, sendo editada no Brasil pela Continental. Cantor e pianista, Dick Farney desenvolveu nas duas atividades estilos bem distintos, destacando-se como cantor romântico na primeira e pianista jazzístico, criativo e improvisador, na segunda. "Alguém Como Tu" voltou a fazer sucesso em 1991, revivido na trilha da telenovela *O Dono do Mundo*.

**"Baião Caçula"** (baião), Mário Gennari Filho
A partir dos anos 1930, a música cantada passou a dominar por completo a preferência do público brasileiro, fazendo com que as gravações instrumentais só raramente se tornassem sucesso. Ilustra o fenômeno o caso de "Carinhoso", que foi gravado duas vezes por orquestras com Pixinguinha e uma pelo bandolinista Luperce Miranda sem maior repercussão, consagrando-se quando Orlando Silva o relançou com letra de João de Barro. Entretanto, um verdadeiro surto de peças instrumentais iria quebrar a tradição, no período 1949/54, levando às paradas de sucesso composições como "Jamais Te Esquecerei", "Brasileirinho", "Delicado", "São Paulo Quatrocentão" e este "Baião Caçula". De autoria do acordeonista paulistano Mário Gennari Filho, o "Baião Caçula" teve só em 1952 quatro gravações, um número apreciável na época.

**"Kalu"** (baião), Humberto Teixeira
A dupla Luiz Gonzaga-Humberto Teixeira separou-se no início da década de 1950, em razão da ida de Gonzaga para SBACEM, enquanto Teixeira permanecia na UBC. Na época, compositores de sociedades diferentes

não podiam atuar juntos. Passaram, então, os dois a trabalhar sozinhos, ou com outros parceiros, sendo "Kalu" o maior sucesso individual de Teixeira. De estilo romântico-ingênuo, este baião foi feito para atender a um pedido de Dalva de Oliveira, que desejava incluir música nordestina na série que gravaria com a orquestra de Roberto Inglês. Referindo-se a "Kalu", muitos anos depois de seu lançamento, Humberto Teixeira confessou: "Na verdade, Kalu existiu. Só que com outro nome, naturalmente".

"**Lata d'Água**" (samba/carnaval), Luís Antônio e Jota Júnior
Usando linguagem cinematográfica, Luís Antônio e Jota Júnior oferecem um flagrante da vida de uma lavadeira do morro no samba "Lata d'Água": "Lata d'água na cabeça/ lá vai Maria/ lá vai Maria/ sobe o morro não se cansa/ pela mão leva criança/ lá vai Maria". E arrematam a letra contrapondo a dura realidade da favelada ("Maria lava roupa lá no alto/ lutando pelo pão de cada dia...") ao sonho de uma vida melhor no asfalto ("que acaba onde o morro principia"). Uma das raras duplas de talento formadas nos anos 1950 para se dedicar ao repertório carnavalesco, Luís Antônio (Antônio de Pádua Vieira da Costa) e Jota Júnior (Joaquim Antônio Candeias Júnior) já tinham feito sucesso no ano anterior com o samba "Sapato de Pobre", cantado por Marlene. Na ocasião, capitães do Exército, servindo na Escola Especializada da Academia Militar, os dois passavam diariamente por um morro ao pé do qual uma bica d'água servia aos moradores. A inspiração nasceria ao verem a cena que descreveram na composição: uma crioula barriguda equilibrando uma lata na cabeça, enquanto levava uma criança. Dias depois, devidamente abastecidos de siri e cachaça, trabalharam no apartamento de Luís Antônio, registrando o samba num gravador de fio. A princípio, Marlene nem queria ouvir "Lata d'Água", não acreditando num repeteco do êxito anterior. A cantora, porém, mudou de opinião ao ouvi-la, levando-a ao sucesso no carnaval de 1952, em disco que tem arranjo de Radamés Gnattali.

"**Maria Candelária**" (marcha/carnaval),
Klecius Caldas e Armando Cavalcanti
Contrastando com a Maria lavadeira, do samba "Lata d'Água", o carnaval de 52 teve também a "Maria Candelária", "alta funcionária" que "a uma vai ao dentista, às duas vai ao café, às três vai à modista e às quatro assina o ponto e dá no pé...". Criada pela dupla Klecius Caldas-Armando Cavalcanti, esta marchinha era uma sátira muito bem-humorada às funcionárias "empistoladas", que impunemente abusavam de regalias no serviço pú-

blico. Com o nome inspirado (segundo Klecius) no ponto de ônibus da Candelária, onde muitas funcionárias esperavam condução todas as tardes, ao tempo em que o Rio era capital federal, "Maria Candelária" (gravada por Blecaute) foi a segunda marcha na preferência dos foliões, perdendo somente para "Sassaricando".

**"Ninguém Me Ama"** (samba-canção),
Antônio Maria e Fernando Lobo
A onda do bolero que invadiu o Brasil no final dos anos 1940, acabou por influenciar o surgimento do fenômeno "samba de fossa" que marcou a década seguinte. Surgiriam, assim, dezenas de composições que contavam desenganos, solidão, amores infelizes, muitas delas tendo com cenário bares e boates. Como figuras primordiais, responsáveis mesmo pela iniciação do movimento, podem ser apontadas o compositor Antônio Maria e a cantora Nora Ney. Dele são as melhores peças do gênero e dela as melhores interpretações, como acontece em "Ninguém Me Ama", paradigma do samba de fossa e sucesso nacional.

**"Sassaricando"** (marcha/carnaval),
Luís Antônio, Jota Júnior e Oldemar Magalhães
O produtor de teatro musicado, Valter Pinto, e sua estrela preferida, Virgínia Lane, pediram a Luís Antônio e Jota Júnior uma música para *Jabaculê de Penacho*, uma peça que iam estrear. Era composta assim, de encomenda, "Sassaricando", marchinha destinada a princípio a animar um quadro intitulado "A Dança do Sassarico". A realidade é que Valter adorou o tema, elegendo-o motivo da peça, que passou a se chamar "Eu Quero Sassaricar". E, do palco, o prestígio da marcha ganhou a cidade, para fazer de "Sassaricando" o maior sucesso de 52. Criou mesmo um neologismo, o verbo "sassaricar", de sentido malicioso. Por motivo de arrecadação de direitos autorais, o compositor Jota Júnior aparece na composição com o pseudônimo de Zé Mário.

OUTROS SUCESSOS

"Acauã" (baião), Zé Dantas
"Acho-te uma Graça" (marcha/carnaval), Benedito Lacerda, Haroldo
    Lobo e Carvalhinho
"Busto Calado" (samba-canção), Rubens Silva

XXX. 1952

"Canção da Criança" (valsa), Francisco Alves e René Bittencourt
"Confete" (marcha/carnaval), David Nasser e Jota Júnior
"E Eu Sem Maria" (samba-canção), Dorival Caymmi e Alcir Pires Vermelho
"Estrela do Mar" (marcha), Marino Pinto e Paulo Soledade
"Fim de Comédia" (samba-canção), Ataulfo Alves
"Lama" (samba-canção), Paulo Marques e Ailce Chaves
"Mambo Caçula" (mambo), Getúlio Macedo e Bené Alexandre
"Maria Joana" (baião), Luís Bandeira
"Me Deixa em Paz" (samba/carnaval), Monsueto Menezes e Airton Amorim
"Menino Grande" (samba-canção), Antônio Maria
"Meu Rouxinol" (marcha-rancho), Pereira Matos e Mário Rossi
"Mundo de Zinco" (samba/carnaval), Wilson Batista e Antônio Nássara
"Não Tem Solução" (samba-canção), Dorival Caymmi
"Nem Eu" (samba-canção), Dorival Caymmi
"Nick Bar" (samba-canção), Garoto e José Vasconcelos
"Nunca" (samba-canção), Lupicínio Rodrigues
"Poeira do Chão" (samba-canção), Klecius Caldas e Armando Cavalcanti
"Quem Chorou Fui Eu" (samba/carnaval), Haroldo Lobo e Milton de Oliveira
"Sábado em Copacabana" (samba-canção), Dorival Caymmi e Carlos Guinle
"Última Seresta" (samba-canção), Adelino Moreira e Sebastião Santana


GRAVAÇÕES REPRESENTATIVAS

ÂNGELA MARIA
RCA Victor, 80.0805-b, "Não Tenho Você"

DALVA DE OLIVEIRA
Odeon, X-3361-b, "Fim de Comédia"
Odeon, X-3361-a, "Kalu"

A grande revelação da década de 1950, a cantora Ângela Maria.

DICK FARNEY
Continental, 16659-b, "Alguém Como Tu"

DORIVAL CAYMMI
Odeon, 13288-a, "Não Tem Solução"
Odeon, 13288-b, "Nem Eu"

GAROTO
Odeon, 13240-a, "Baião Caçula"

ISAURA GARCIA
RCA Victor, 80.0929-b, "Nunca"

JORGE GOULART
Continental, 16497-b, "Mundo de Zinco"

LÚCIO ALVES
Continental, 16480-a, "Sábado em Copacabana"

MARLENE
Continental, 16509-a, "Lata d'Água"

NORA NEY
Continental, 16573-a, "Menino Grande"
Continental, 16636-b, "Ninguém Me Ama"

VIRGÍNIA LANE
Todamérica, TA-5121-b, "Sassaricando"


## MÚSICAS ESTRANGEIRAS DE SUCESSO NO BRASIL

"At Sundown", Walter Donaldson (lançada em 1927)
"Be My Love", Sammy Cahn e Nicholas Brodszky
"Coimbra", José Galhardo e Raul Ferrão
"Dominó", Jacques Plante e Louis Ferrari
"Good-Morning Mister Echo", Bill Pittman e Belinda Pitman
"India", José Assunción Flores e M. Ortiz Guerrero (lançada em 1942)
"Jezebel", Wayne Shanklin

"Lejania" (Meu Primeiro Amor), Herminio Gimenez
"Life Is a Beautiful Thing", Jay Livingston e Ray Evans
"Señora", Orestes Santos

## CRONOLOGIA

10/01: Nasce em Belo Horizonte (MG) o compositor Lô Borges (Salomão Borges Filho).

26/02: Sai o primeiro número da revista *Manchete*.

27/03: Nasce em São Paulo (SP) o compositor/cantor Carlinhos Vergueiro (Carlos de Campos Vergueiro).

20/04: O Brasil vence em Santiago (Chile) o Campeonato Panamericano de Futebol. Este é o primeiro torneio oficial ganho pela seleção brasileira no exterior.

11/06: Nasce em Belo Horizonte (MG) o compositor Geraldo Carneiro.

19/07: Realizam-se em Helsinque (Finlândia) os XV Jogos Olímpicos da Era Moderna.

23/07: O atleta brasileiro Ademar Ferreira da Silva bate em Helsinque (Finlândia) o recorde mundial do salto triplo, estabelecendo a marca de 16,22m.

27/09: O cantor Francisco Alves morre em desastre de automóvel na rodovia Rio-São Paulo, à altura do município de Taubaté (SP).

Depois de Luiz Gonzaga, veio o originalíssimo Jackson do Pandeiro (aqui com a parceira Almira Castilho), um renovador da música nordestina.

# XXXI. 1953

DESTAQUES

**"Cachaça"** (marcha/carnaval),
Lúcio de Castro, Heber Lobato, Marinósio Filho e Mirabeau
O sucesso de "Cachaça" no carnaval de 1953 ("Você pensa que cachaça é água/ cachaça não é água não/ cachaça nasce no alambique/ e água vem do ribeirão") deflagrou um ciclo etílico de marchinhas que imperaria nos carnavais seguintes: "Saca-Rolha" (1954), "Ressaca" (1955), "Turma do Funil" (1956). Com melodias parecidas, sempre no modo menor, mas gravadas com grande animação, três dessas canções ("Cachaça", "Tem Bebo Aí" e "Turma do Funil") projetaram Mirabeau como compositor.

**"De Cigarro em Cigarro"** (samba-canção), Luís Bonfá
Dá para imaginar nos dias de hoje um ambiente de boate fechado com cinquenta pessoas fumando desbragadamente? Pois essa descrição corresponde à cena em que o samba-canção teve seu predomínio. Do final dos anos 1940 aos 1950 era esse o local enfumaçado onde o tilintar dos copos se misturava com o vozerio de cronistas e artistas que frequentavam a noite de Copacabana, personagens de romances duradouros ou, talvez, sem futuro algum. Ao gravar "De Cigarro em Cigarro", Nora Ney conseguiu novo sucesso com sua voz grave e original, marcada por uma interpretação seca e direta, sem artifícios e com dicção impecável. Música e letra do notável violonista Luís Bonfá, é a confissão de quem não consegue esquecer um amor e tenta se desafogar desesperadamente só, fumando um cigarro atrás do outro: "Se outro amor em meu quarto bater eu não vou atender/ outra noite sem fim aumentou meu sofrer/ de cigarro em cigarro olhando a fumaça no ar se perder". É curioso registrar nessa melodia a preferência de Bonfá pelo modo menor em grande parte de suas composições, das quais a mais conhecida seria "Manhã de Carnaval", de 1959. Quanto a Nora Ney, um nome que nunca se esquece, foi casada por longa data e até o final da vida com o cantor Jorge Goulart, sendo ambos militantes do Partido Comunista Brasileiro, o que lhes causou problemas políticos quando o comunismo foi proi-

bido no Brasil. Nora não gravou canções de conteúdo político, sendo, ao contrário, a representante máxima da voz feminina no samba-canção.

### "João Valentão" (samba), Dorival Caymmi

Tipos da vida real inspiraram vários dos personagens que habitam as canções de Dorival Caymmi, como o amigo Zezinho ("Maracangalha"), a anônima dançarina de frevo ("Dora") e o pescador Carapeba, modelo de "João Valentão". Com um prólogo em andamento rápido e duas partes lentas, em ritmo de samba-canção, esta composição retrata a figura de João Valentão, um sujeito rude, brigão, mas que também tem seus momentos de amor e ternura.

Uma peça tipicamente caymmiana, "João Valentão" ostenta versos do mais puro lirismo, como os que encerram a segunda parte: "E assim adormece esse homem/ que nunca precisa dormir pra sonhar/ porque não há sonho mais lindo/ do que sua terra/ não há".

### "Mulher Rendeira" (toada), tema popular

Cercada pela lenda de que teria sido feita por Lampião, "Mulher Rendeira" é um antigo tema popular, muito cantado nos sertões nordestinos ao tempo do rei do cangaço. Por isso foi incluído no premiado filme *O Cangaceiro*, de Lima Barreto, que o celebrizou no país e no exterior. Na ocasião, sofreu uma adaptação do compositor Zé do Norte (Alfredo Ricardo do Nascimento), autor de outras músicas do filme, que manteve a sua estrutura original. Comprova o sucesso de "Mulher Rendeira" o grande número de gravações que recebeu, inclusive fora do Brasil. Tem até uma gravação de um antigo cabra do bando de Lampião, o cangaceiro Volta Seca.

### "Risque" (samba-canção), Ary Barroso

Foi talvez para mostrar que sabia fazer samba de fossa tão bem quanto os especialistas — e, de quebra, faturar em cima da moda do momento — que Ary Barroso compôs "Risque". Compôs e se deu bem, pois a música, lançada por Aurora Miranda em 52, firmou-se como um dos grandes sucessos do ano seguinte, na voz de Linda Batista. Na realidade, porém, "Risque" não chega a alcançar o nível das melhores obras de Ary, limitando-se a repetir lugares comuns do gênero (o "inferno do amor fracassado", a "saudade afogada nos copos de um bar"...), sobre uma melodia também comum.

Muito mais interessante, pelo menos do ponto de vista melódico, é um outro samba-canção de sua autoria, "Folha Morta", lançado à mesma época com menor repercussão por Dalva de Oliveira e, posteriormente, por Nelson Gonçalves e Elizeth Cardoso, este sim um samba-canção à altura das grandes obras de Ary Barroso.

**"Sebastiana"** (coco), Rosil Cavalcanti
"Sebastiana" é o lado B do disco inicial de Jackson do Pandeiro (José Gomes Filho) na Copacabana, que tem no lado A "Forró em Limoeiro". Ambas estão entre os maiores sucessos deste paraibano de Alagoa Grande, um dos mais originais, espirituosos e influentes artistas que o Nordeste produziu. Imbatível na inventividade rítmica, Jackson do Pandeiro formou nos anos 1940 com Rosil Cavalcanti — também pandeirista — a Dupla Café com Leite. Depois, quando o primeiro foi fazer carreira em Recife, a dupla se desfez, tornando-se Rosil um popularíssimo radialista em Campina Grande (PB), com o programa *Forró do Zé Lagoa*, continuando entretanto a ligação entre os dois.

Primeira música gravada de Rosil Cavalcanti, "Sebastiana" foi lançada num programa pós-carnavalesco no auditório da Rádio Jornal do Comércio de Recife, com a colaboração da teatróloga Luísa de Oliveira. Ao chegar ao insólito breque "A-E-I-O-Uipsilone", ela resolveu dar uma umbigada em Jackson, conquistando a plateia. Foi o início de um passo marcante, que se tornou obrigatório nas apresentações em palco de Jackson do Pandeiro, tendo como parceira Almira Castilho. "Sebastiana" seria relançada em disco por Gal Costa em dueto com Gilberto Gil.

**"Se Eu Morresse Amanhã"** (samba-canção), Antônio Maria
Aos 30 anos, o dramaturgo Paulo Pontes escreveu o texto e criou o roteiro de um dos mais notáveis espetáculos musicais da história, *Brasileiro: Profissão Esperança*, reunindo canções de Dolores Duran e Antônio Maria. O grande achado dessa peça dirigida por Bibi Ferreira — que seria protagonizada por Maria Bethânia e Ítalo Rossi em 1970 e, quatro anos depois, por Clara Nunes e Paulo Gracindo na segunda encenação —, foi a maneira como foram entrelaçadas as dezessete canções, sendo oito de Antônio Maria. O roteiro revelou uma tal justeza que tanto ele como as composições pareciam ter sido concebidos por uma só pessoa. A temática do repertório se concentrava principalmente na intensidade das relações amorosas vividas pelos autores que, sendo ambos cardíacos, parecem pressentir que não terão muito tempo de vida. "Se Eu Morresse Amanhã", penúltima canção do espetáculo, abordava abertamente o tema da morte: "De que serve viver tantos anos sem amor/ se viver é juntar desenganos de amor./ Se eu morresse amanhã de manhã/ não faria falta a ninguém/ (...)/ Minha falta ninguém senti-

ria/ do que eu fui, do que eu fiz/ ninguém se lembraria". Um reconhecimento de carência afetiva, a letra do pernambucano Maria, um dos mais bem-sucedidos cronistas e radialistas de sua época, revelava ainda sua desconfiança sobre a existência futura, inventando até uma expressão que definia sua postura de vida: um "cardisplicente". Registrado pela primeira vez em disco em maio de 1953, numa interpretação sombria de Araci de Almeida, acompanhada pelo quinteto de Radamés Gnattali, a melodia termina no terceiro grau da escala, acentuando o clima soturno contido na letra. O sucesso imediato do samba-canção foi motivo para várias novas gravações em um curto espaço de tempo. Na sua versão com orquestra, Dircinha Batista manteve acertadamente a nota final da melodia, porém na repetição ela muda para a tônica, criando um final grandioso mas desconectado da letra. Em menos de dois anos vieram mais três gravações de "Se Eu Morresse Amanhã", a de Lúcio Alves, a do declamador português João Villaret e a de Nora Ney, consolidando o apelido que pautou a obra de Antônio Maria, "música de fossa". Dolores Duran e Antônio Maria morreram prematuramente, ela com 29 anos, e ele com 43. A causa foi a mesma: um fulminante enfarte do coração.

#### "Sistema Nervoso" (samba),
#### Wilson Batista, Roberto Roberti e Arlindo Marques Júnior

A reunião de três ótimos compositores numa parceria nem sempre pode assegurar um bom resultado. Este é o caso de "Sistema Nervoso", um samba assinado por Wilson Batista, Roberto Roberti e Arlindo Marques Júnior, sobre as alucinações de um amante rejeitado que canta em desespero: "Ela abalou-ô-ô-ô... meu sistema nervoso!". Mas, se artisticamente o samba é ruim, comercialmente foi um sucesso, vendendo aos milhares o disco gravado pelo cantor Orlando Correia.

#### "O Xote das Meninas" (chotis), Luiz Gonzaga e Zé Dantas

"Eu nunca fui nem compositor, e nem letrista. (...) Eu não gosto de fazer uma música do início ao fim. (...) Com Zé Dantas às vezes era parceria mesmo, outras vezes ele fazia letra e música e eu fazia os arranjos. Eu sou mais é um 'sanfonizador'...", esclareceu Luiz Gonzaga, num rasgo de sinceridade, em depoimento à sua biógrafa Dominique Dreyfus. Músico extraordinário — o maior acordeonista brasileiro na opinião do maestro (e também acordeonista) Orlando Silveira —, Gonzaga, na verdade, reelaborava as composições de Zé Dantas e de outros parceiros, dando-lhes um toque de qualidade e de inigualável autenticidade nordestina, que reforçava com sua ma-

316                                                                                                              4ª Parte: 1946 a 1957

neira de cantá-las. Nascidos no sertão pernambucano, Luiz Gonzaga e Zé Dantas faziam a crônica do cotidiano da região, numa profusão de temas como o deste espirituoso "O Xote das Meninas", que focaliza o problema de um pai preocupado com o comportamento da filha adolescente, que "só qué, só pensa em namorá...". Ansioso para "apagar o fogo" da menina, que ameaça sua honra, ele apela para um médico experiente, que o tranquiliza: "Mas o dotô nem examina/ chamando o pai de lado/ lhe diz em surdina/ que o mal é da idade/ que para tal menina/ não há um só remédio/ em toda medicina...". E o Gonzagão, gozador, conclui seu canto espirituoso, cheio de malícia, com o fecho "ela só qué, só pensa em na-mo-ra-á-á...". O doutor José de Souza Dantas Filho, médico obstetra, ou Zé Dantas, ótimo poeta e compositor, entrou para a história de nossa música popular como o mais importante parceiro de Luiz Gonzaga, ao lado do também ótimo Humberto Teixeira. Infelizmente, ele morreu cedo, aos 50 anos, quando tinha muito ainda a oferecer.

"**Zé Marmita**" (samba/carnaval), Luís Antônio e Brasinha
O tema de "Zé Marmita" pode ser definido como "um dia na vida de um trabalhador". Em apenas duas estrofes este samba focaliza as agruras do cotidiano de um operário que, apesar de tudo, "Esquece a vida num batebola de meia". Num apreciável poder de síntese, o compositor Luís Antônio chega a usar no verso "Zé Marmita vai e vem" essa expressão com um duplo significado: o fato de diariamente o protagonista ir e vir do trabalho pendurado na porta do trem, e sua perigosa situação de pingente, que se balança, para lá e para cá, precariamente equilibrado no lado de fora do vagão. Além de "Zé Marmita", Luís Antônio é coautor de outras composições que demonstram alguma preocupação social, como "Lata d'Água", "Barracão" e "Sapato de Pobre".

OUTROS SUCESSOS

"Bar da Noite" (samba-canção), Bidu Reis e Haroldo Barbosa
"Barracão" (samba/carnaval), Luís Antônio e Oldemar Magalhães
"A Camisola do Dia" (samba-canção), Herivelto Martins e David Nasser
"Cuco" (baião), Pascoal Melilo e Avaré
"É Tão Gostoso Seu Moço" (samba-choro), Chocolate e Mário Lago
"Folha Morta" (samba-canção), Ary Barroso

XXXI. 1953

"Forró em Limoeiro" (rojão), Edgar Ferreira
"Fósforo Queimado" (samba-canção), Paulo Menezes, Milton Legey e
    Roberto Lamego
"João Bobo" (valsa), Ivon Curi
"Máscara da Face" (samba/carnaval), Klecius Caldas e Armando Ca-
    valcanti
"Minha Prece" (samba-canção), Haroldo Eiras e Ciro Vieira da Cunha
"Nosso Mal" (samba), Carolina Cardoso de Menezes
"Onde Anda Você" (samba-canção), Antônio Maria e Reinaldo Dias
    Leme
"Orgulho" (samba-canção), Valdir Rocha e Nelson Wederkind
"Perdido de Amor" (samba-canção), Luís Bonfá
"Por Que Voltei" (beguine), Haroldo Eiras e Vitor Berbara
"Quando Eu Era Pequenino" (baião), Francisco Alves, David Nasser e
    Felisberto Martins
"Se Eu Errei" (samba/carnaval), Risadinha, Humberto Carvalho e Edu
    Rocha
"Só Vives prá Lua" (samba-canção), Oton Russo e Ricardo Galeno
"Sodade Meu Bem Sodade" (canção), Zé do Norte
"Vai na Paz de Deus" (samba), Ataulfo Alves e Antônio Domingos

## GRAVAÇÕES REPRESENTATIVAS

ÂNGELA MARIA
Copacabana, 5107-b, "Fósforo Queimado"
Copacabana, 5123-b, "Orgulho"

ARACI DE ALMEIDA
Continental, 16731-a, "Se Eu Morresse Amanhã"

CARMEN COSTA E COLÉ
Copacabana, 5012-a, "Cachaça"

CASCATINHA E INHANA
Todamérica, TA 5281-a, "Mulher Rendeira"

DALVA DE OLIVEIRA
Odeon, X-3388-a, "Folha Morta"

DORIVAL CAYMMI
Odeon, 13478-b, "João Valentão"

HELENINHA COSTA
RCA Victor, 80.1007-b, "Barracão"

IVON CURI
RCA Victor, 80.1183-a, "João Bobo"

LINDA BATISTA
RCA Victor, 80.1080-b, "Risque"

MARLENE
Continental, 16670-a, "Zé Marmita"

NORA NEY
Continental, 16726-a, "De Cigarro em Cigarro"

ORLANDO CORREIA
Todamérica, TA-5325-a, "Sistema Nervoso"

PASCOAL MELILO
Copacabana, 5003-b, "Cuco"


## MÚSICAS ESTRANGEIRAS DE SUCESSO NO BRASIL

"Anna" (Baião de Ana), R. Vatro e F. Giordano
"Cao Cao Mani Picao", José Carbo Menendez
"Uma Casa Portuguesa", Artur Fonseca, Reinaldo Ferreira e Vasco de
    Matos Siqueira
"Les Feuilles Mortes", J. Kosma e J. Prévert (lançada em 1949)
"Jambalaya", Hank Williams
"Limelight", Charles Chaplin
"Luna Rossa", V. Crescenzo e A. Vion
"The Song from Moulin Rouge", Georges Auric e William Engvick
"Tenderly", Walter Gross e Jack Lawrence
"Too Young", Sid Lippman e Sylvia Dee
"Uei, Paisano", Nicola Paone

# CRONOLOGIA

28/01: Morre no Rio de Janeiro (RJ) o dançarino/compositor Duque (Antônio Lopes do Amorim Diniz).

05/03: Morre em Moscou (URSS) Josef Stálin, assumindo Georgy Malenkov o posto de primeiro ministro da União Soviética.

25/03: Nasce no Rio de Janeiro (RJ) o pianista/maestro Marcos Leite.

05/04: Nasce em Poços de Caldas (MG) o instrumentista Raul Mascarenhas.

04/05: Nasce no Rio de Janeiro (RJ) o cantor/compositor Lulu Santos (Luís Maurício Pragana dos Santos).

12/05: Nasce no Rio de Janeiro (RJ) o instrumentista Alceu Maia.

05: É premiado no Festival de Cannes, na França, o filme O *Cangaceiro*, dirigido por Lima Barreto.

02/06: Elizabeth II é coroada rainha do Reino Unido da Grã Bretanha e Irlanda do Norte.

04/07: Morre em São Paulo (SP) o compositor Marcelo Tupinambá (Fernando Lobo).

07/07: É assinado o armistício que põe fim à Guerra da Coreia.

27/09: É inaugurada em São Paulo (SP) a TV Record.

30/10: Nasce em São Paulo (SP) o compositor/instrumentista Guilherme Vergueiro.

12: Começam a funcionar nos Estados Unidos, em caráter experimental, as transmissões de televisão a cores.

320                                                      4ª Parte: 1946 a 1957

# XXXII. 1954

DESTAQUES

**"Carlos Gardel"** (tango), Herivelto Martins e David Nasser
Herivelto Martins e David Nasser haviam feito o samba "Francisco Alves", em homenagem ao amigo tragicamente desaparecido em 1952. Escolhido Nelson Gonçalves para interpretá-lo, a dupla achou que complementaria bem o disco uma composição sobre outro cantor, o legendário Carlos Gardel, também morto em desastre, anos antes. Assim nasceu o tango "Carlos Gardel", por acaso mais bonito que o samba sobre Francisco Alves e que acabaria por se tornar um sucesso, puxando a vendagem do disco. Cantando as glórias de Gardel, a composição enfatiza sua imortalidade em versos como: "Enquanto existir um tango triste/ um otário, um cabaré, uma guitarra/ tu viverás também Carlos Gardel". Segundo Herivelto Martins, "Carlos Gardel" é uma de suas raras composições em que ele trabalhou sobre uma letra pronta do parceiro.

**"A Fonte Secou"** (samba/carnaval),
Monsueto Menezes, Raul Moreno e Marcléo
"A Fonte Secou", o melhor samba carnavalesco de 54, é o segundo sucesso (o primeiro foi "Me Deixa em Paz") de Monsueto Menezes. Homem de múltiplas atividades — baterista, pintor, comediante —, Monsueto foi principalmente compositor, um dos raros sambistas de qualidade surgidos nos anos 1950. Espirituosos, salpicados de tiradas "filosóficas", seus sambas têm, algumas vezes, até um certo sentido de crítica social ("Lamento da Lavadeira", "Na Casa do Antônio Jó" etc.). Antes da gravação de Raul Moreno (Tufik Lauar), "A Fonte Secou" foi oferecida à cantora Marlene que a rejeitou, lamentando depois a oportunidade perdida de lançar este clássico. Atestando sua qualidade, várias composições de Monsueto tiveram regravações importantes como as de "Me Deixa em Paz" (Milton Nascimento e Alaíde Costa), "Mora na Filosofia" (Caetano Veloso) e "A Fonte Secou" (Maria Bethânia).

**"O Menino de Braçanã"** (toada), Luís Vieira e Arnaldo Passos

O episódio ingênuo do menino do interior que se preocupa em chegar cedo em casa para não afligir a mãe, e a maneira simples como é contado, sobre uma melodia também muito simples, constituem a razão principal do sucesso desta toada. E é através dela que se torna conhecido seu autor, o cantor e compositor Luís Vieira. Eleito "Príncipe do Baião", numa corte em que o "rei" era Luiz Gonzaga e a "rainha" Carmélia Alves, Vieira se tornaria um especialista em outro gênero — a toada estilizada — no qual se destaca com "O Menino de Braçanã" e o "Menino Passarinho", nome pelo qual se popularizou seu "Prelúdio Para Ninar Gente Grande".

**"Neurastênico"** (fox), Betinho e Nazareno de Brito

Em 1954, um fox de versos insólitos e ritmo saltitante tomou de assalto as paradas de sucesso. Seu título: "Neurastênico"; seus autores: Betinho (Alberto Borges de Barros) e Nazareno de Brito. Betinho é um excelente guitarrista, filho do violonista/compositor Josué de Barros (descobridor de Carmen Miranda e introdutor do violão elétrico no Brasil). Ex-solista da Orquestra de Carlos Machado, dos antigos cassinos da Urca e Icaraí, Betinho liderava na ocasião um conjunto que disputava a primazia nos bailes de São Paulo com o grupo do pianista Robledo. Foi com esse conjunto que ele lançou "Neurastênico", cantando-o com voz miúda e afinada: "Brr... rrum!/ mas que nervoso estou/ brr... rum sou neurastênico/ brr... rum preciso me tratar/ Se não eu vou pra Jacarepaguá...". Esta letra onomatopaica e extravagante ganhou vida na interpretação do guitarrista, revelando uma extraordinária capacidade de estimular todo mundo a dançar alegremente. Com o sucesso instantâneo, Betinho tornou-se um nome nacional, desenvolvendo por vários anos intensa atuação. Depois, converteu-se em pastor, levando a sua arte para a área da religião. Além da guitarra do autor, destaca-se na gravação de "Neurastênico" o solovox, teclado monofônico e eletrônico de três oitavas, que era acoplado ao piano para tocar melodias com a mão direita, tendo uma variação de timbres semelhantes aos do acordeom. Inventado em 1941, o solovox seria muito usado por conjuntos de dança nas décadas de 1940 e 1950.

**"São Paulo Quatrocentão"** (dobrado),
Garoto, Chiquinho do Acordeom e Avaré

Um dobrado que chegou as paradas de sucessos e tornou-se campeão em vendagem de discos. Essas credenciais fazem de "São Paulo Quatrocetão" uma exceção, tendo em vista as características do gênero, restrito ao repertório de retretas e outros tipos de parada, as paradas militares. Mas "São Paulo Quatrocentão" é um dobrado diferente, muito bem construído, e que tem como autores dois de nossos maiores instrumentistas populares — Garoto e Chiquinho do Acordeom. Por todas essas qualidades, foi consagrado como um verdadeiro hino do IV Centenário da Cidade de São Paulo, comemorado em 25 de janeiro de 1954.

**"Teresa da Praia"** (samba), Antônio Carlos Jobim e Billy Blanco
Uma suposta rivalidade entre Dick Farney e Lúcio Alves — os modernos e galantes cantores da época — deu à Continental, gravadora de ambos, uma oportunidade extra de faturamento. A ideia era promover "a pacificação" dos dois, através de uma canção dialogada em que eles disputavam a mesma garota. Como dispunha também no elenco do então jovem compositor/arranjador Antônio Carlos Jobim e do letrista Billy Blanco (que haviam acabado de fazer a "Sinfonia do Rio de Janeiro"), encarregou-os de criar esta canção. Daí nasceu o samba pré-bossa nova "Teresa da Praia", uma conversa musical entre os próprios Dick e Lúcio, o que emprestou à encenação maior autenticidade. Esta singular realização foi valorizada pelo charme e a categoria dos cantores — que passaram a impressão de compartilhar realmente do amor da volúvel Teresa —, completada por Tom e seu conjunto, o que beneficiou de fato a carreira dos quatro participantes do projeto. Traduzindo o ambiente carioca dos anos 1950, o disco tornou-se um sucesso total, jamais sendo igualado por outras gravações da mesma canção. Sobre a coincidência de ser a então mulher de Tom Jobim homônima da personagem, esclarece Billy Blanco, em seu livro *Tirando de letra*: "Lamento desapontar críticos, jornalistas e boateiros: Teresa da Praia é figura absolutamente fictícia".

**"Um a Um"** (coco), Edgar Ferreira
O futebol foi o tema deste coco gravado na Rádio Jornal do Comércio de Recife, originalmente para o selo Harpa e depois lançado pela Copacabana. Edgar Ferreira já fazia músicas para Jackson do Pandeiro ("Forró em Limoeiro" e "Cremilda", por exemplo), que nelas teria colaborado sem receber o crédito devido. Esse seria o motivo pelo qual Jackson deixou de gravar a produção de Edgar, a partir de 1957, quando outro cantor nordestino, Ari Lobo, tornou-se o seu lançador. O marcante refrão "Esse jogo não é um a um/ se meu time perder é zum-zum-zum", era parte da descrição de uma partida de um "time de primeira", que não fica exatamente definido nos sincopados versos em que Jackson "traçava" o ritmo como ele só: "É encar-

nado, branco e preto/ é encarnado e branco/ é encarnado, preto e branco/ é encarnado e preto..." (as cores do Santa Cruz, Náutico e Sport). Os três principais clubes do Recife seriam assim devidamente contemplados neste coco, que é um clássico do grande Jackson do Pandeiro. A propósito, o coco é uma antiga dança popular, vinda da segunda metade do século XVIII, peculiar ao Norte e Nordeste e que se divide em mais de uma dezena de variantes (coco catolé, coco gavião, coco de embolada etc.). Já o rojão era originalmente o nome dado a um pequeno trecho instrumental (também chamado de baião e rojão de viola), tocado em viola e/ou rabeca, para introduzir o verso entoado pelo cantador. Depois tornou-se uma forma de cantoria e dança, comuns no Nordeste, em que os cantadores narram façanhas deles próprios ou de algum personagem famoso. Isso de acordo com o ponto de vista folclórico. Mas, com a estilização da canção nordestina, que a tornou assimilável pelo público urbano, a classificação desses gêneros seria estabelecida à vontade dos artistas, sem o menor rigor musicológico.

**"Valsa de uma Cidade"** (valsa), Ismael Neto e Antônio Maria
Esta canção é uma crônica de amor ao Rio de Janeiro. Realmente, seus versos iniciais com um enfoque descritivo — "Vento do mar no meu rosto/ e o sol a queimar, queimar/ calçada cheia de gente/ a passar e a me ver passar" — têm a marca inconfundível do grande cronista que foi Antônio Maria, autor da letra, e bem poderiam servir de abertura a uma de suas crônicas. Abrem, porém, uma das mais belas canções, entre tantas, que louvam o Rio de Janeiro, uma canção em ritmo de valsa, ao contrário da maioria que canta a cidade em ritmo de samba. Em tempo: nenhum dos autores de "Valsa de uma Cidade" era carioca, sendo Antônio Maria pernambucano e Ismael Neto paraense.

**"Vida de Bailarina"** (samba-canção), Chocolate e Américo Seixas
"Quem descerrar a cortina/ da vida da bailarina/ há de ver cheio de horror (...) Que ela é forçada a enganar/ mal vivendo pra dançar/ mas, dançando pra viver". Estes versos, que iniciam e terminam "Vida de Bailarina", dão bem o tom do samba-canção em que Chocolate e Américo Seixas focalizam a vida da bailarina de *dancing*. Personagens típicas da noite carioca nos anos 1930 e 1940, essas bailarinas serviram de motivo a algumas canções como "Garota do Dancing", de Alberto Ribeiro e Jorge Faraj. Nenhuma, entretanto, alcançaria o prestígio de "Vida de Bailarina", lançada por Ângela Maria em 1954 e revisitada por Elis Regina, dezoito anos depois. Uma representante ilustre da classe foi Elizeth Cardoso, bailarina do Dancing

Avenida, antes de se tornar cantora profissional. Aliás, tanto Elizeth Cardoso como Ângela Maria atuaram no início de carreira como *crooners* no popular Avenida.


OUTROS SUCESSOS

"Abre-Alas" (samba/carnaval), Belém, B. Lobo e Hinha
"Aves Daninhas" (samba), Lupicínio Rodrigues
"Encantamento" (fox-trot), Oton Russo e Nazareno de Brito
"Estatutos de Gafieira" (samba), Billy Blanco
"Francisco Alves" (samba-canção), Herivelto Martins e David Nasser
"História da Maçã" (marcha/carnaval), Haroldo Lobo e Milton de Oliveira
"Jura" (samba/carnaval), Zé da Zilda, Marcelino Ramos e Adolfo Macedo
"Mãe Solteira" (samba), Wilson Batista e Jorge de Castro
"A Mulher do Aníbal" (coco), Genival Macedo e Nestor de Paula
"Não Diga Não" (samba-canção), Tito Madi e Georges Henry
"Piada de Salão" (marcha/carnaval), Klecius Caldas e Armando Cavalcanti
"Quase" (samba-canção), Mirabeau e Jorge Gonçalves
"Quatro Amores" (samba), Roberto Martins e Nóbrega de Macedo
"Quem Vem pra Beira do Mar" (toada), Dorival Caymmi
"Recusa" (bolero), Herivelto Martins
"Rio Antigo" (maxixe), Altamiro Carrilho e Augusto Mesquita
"Rio é Amor" (samba), Bruno Marnet
"Saca-Rolha" (marcha/carnaval), Zé da Zilda, Zilda do Zé e Valdir Machado
"Rua sem Sol" (samba-canção), Mário Lago e Henrique Gandelman
"Vagalume" (marcha/carnaval), Vitor Simon e Fernando Martins


GRAVAÇÕES REPRESENTATIVAS

ÂNGELA MARIA
Copacabana, 5290-a, "Recusa"
Copacabana, 5170-b, "Vida de Bailarina"

ALTAMIRO CARRILHO
Copacabana, 5203-a, "Rio Antigo"

BETINHO E SEU CONJUNTO
Copacabana, 5286-a, "Neurastênico"

DICK FARNEY E LÚCIO ALVES
Continental, 16994-a, "Teresa da Praia"

GAROTO E SUA BANDINHA
Odeon, 13525-a, "São Paulo Quatrocentão"

LÚCIO ALVES
Continental, 16995-a, "Valsa de uma Cidade"

LUÍS VIEIRA
Todamérica, TA-5428-a, "O Menino de Braçanã"

NELSON GONÇALVES
RCA Victor, 80.1275-a, "Carlos Gardel"
RCA Victor, 80.1275-b, "Francisco Alves"

RAUL MORENO
Todamerica, TA-5387-b, "A Fonte Secou"

TITO MADI
Continental, 16983-b, "Não Diga Não"


## MÚSICAS ESTRANGEIRAS DE SUCESSO NO BRASIL

"Blue Gardenia", Bob Russell e Lester Lee
"The Call of the Far Away Hills" ("Shane"), Victor Young e Mack David
"Contigo", Claudio Estrada
"Corridinho 1951", José Gomes Figueiredo
"Hi-Lili, Hi-Lo", Bronislaw Kaper e Helen Deutsch
"Johnny is the Boy for Me", Les Paul, M. Stellman e Paddy Roberts
"Oh", Byron Gay e Arnold Johnson

"Pretend", Lew Douglas, Cliff Parman e Frank Lavere
"Ruby", Heinz Roemheld e Mitchell Parish
"Sous le Ciel de Paris", Hubert Giraud e Jean Drejac
"That's Amore", Jack Brooks e Harry Warren
"Vaya con Dios", Larry Russel, Inez James e Buddy Pepper


## CRONOLOGIA

01/01: Nasce no Rio de Janeiro (RJ) o cantor/compositor Eduardo Dusek.

25/01: A cidade de São Paulo completa quatrocentos anos de fundação.

18/05: Nasce no Rio de Janeiro (RJ) o instrumentista/arranjador Jaques Morelenbaum.

04/07: A Alemanha Ocidental ganha em Berna (Suíça) o V Campeonato Mundial de Futebol, derrotando na final a Hungria por 3x2.

23/07: Marta Rocha, Miss Brasil 1954, classifica-se em segundo lugar no Concurso de Miss Universo, realizado em Long Beach (California-EUA).

26/07: Nasce em Maranguape (CE) o compositor/instrumentista Manassés (Manassés Lourenço de Souza).

04/08: Suicida-se no Rio de Janeiro (RJ) o compositor Evaldo Rui (Evaldo Rui Barbosa).

05/08: Atentado na rua Toneleros, Rio de Janeiro (RJ), contra o deputado Carlos Lacerda. Na ocasião, é assassinado o major Rubens Vaz, da Aeronáutica.

24/08: As Forças Armadas exigem, em ultimato, a renúncia do presidente da República. Getúlio Vargas suicida-se no palácio do Catete. O vice-presidente Café Filho assume a chefia do governo.

24/09: Inaugura-se no Rio de Janeiro (RJ) o ginásio do Maracanãzinho, com capacidade para 30 mil espectadores.

10/10: Morre no Rio de Janeiro (RJ) o compositor/cantor Zé da Zilda (José Gonçalves).

13/11: Morre em Niterói (RJ) o pianista/compositor Nonô (Romualdo Peixoto).

03/12: Carmen Miranda chega ao Rio de Janeiro, em sua última visita ao Brasil.

XXXII. 1954

Lúcio Alves e Dóris Monteiro, dois precursores da bossa nova.
Notar, abaixo do teclado do piano, o solovox acoplado.

# XXXIII. 1955

## DESTAQUES

**"Café Soçaite"** (samba), Miguel Gustavo

Este samba é uma bem-humorada sátira ao café soçaite e ao colunismo social carioca dos anos 1950. Em seus versos, Miguel Gustavo registra personagens ("Teresas", "Dolores", "Didu"), lugares ("Riverside", "Cabo Frio") e expressões ("enchenté", "champanhota", "estou acontecendo") frequentes nas colunas dos jornalistas Ibrahim Sued e Jacinto de Thormes, também citados. Tudo isso é cantado por um falso grã-fino que, perguntado como consegue se manter nas altas rodas, responde: "Depois eu conto...". "Café Soçaite" teve como melhor intérprete o seu lançador Jorge Veiga, "O Caricaturista do Samba".

**"Dó-Ré-Mi"** (samba-canção), Fernando César

Um dos patrocinadores do programa do Chacrinha (à época, ainda no rádio) era uma tradicional indústria carioca, a U.F.E., fabricante do Sabão Português. Entusiasmado com algumas composições que lhe mostrara o dono da fábrica, o lusitano Fernando César Pereira, Chacrinha insistia junto à amiga Dóris Monteiro para que ela o conhecesse. A cantora, porém, resistia, duvidando que um fabricante de sabão fosse capaz de fazer música. Até que um dia, atendendo ao pedido do radialista, conheceu Fernando César e adorou suas composições. Tanto assim, que logo escolheu o samba-canção "Dó-Ré-Mi" (que tinha Arlete, mulher do autor, como musa) para gravar: "Você é corpo e alma/ em forma de canção/ você é muito mais do que/ em sonho eu já vi/ você é dó, e ré-mi-fá/ e sol-lá-si...". Com arranjo de Tom Jobim — parceiro de Dolores Duran na outra face do disco, o samba-canção "Se é Por Falta de Adeus", que aliás marcava a estreia de Dolores como compositora —, "Dó-Ré-Mi" fez sucesso imediato nas paradas radiofônicas de 1955. Dóris Monteiro tornou-se, então, uma das intérpretes favoritas de Fernando César (chegou a lançar um elepê só com músicas suas), que tem também canções gravadas por cantores como Cauby Peixoto, Miltinho e Agostinho dos Santos.

**"Duas Contas"** (samba-canção), Garoto

Provavelmente a letra de "Duas Contas" é a única feita pelo multi-instrumentista/compositor Garoto (Aníbal Augusto Sardinha) em toda a sua carreira. Ao terminar esta composição, Garoto mostrou-a ao seu diretor na Rádio Nacional, Paulo Tapajós, preocupado com o fato de ela ter uma letra sem rima: "Teus olhos/ são duas contas pequeninas/ qual duas pedras preciosas/ que brilham mais que o luar...". Mas Paulo gostou dos versos, tendo os elogios encorajado o autor a incluir "Duas Contas" no elepê da Musidisc que marcaria a estreia fonográfica do Trio Surdina (Garoto, violão; Fafá Lemos, violino; e Chiquinho, acordeom). Neste elepê de dez polegadas, um dos mais originais e cativantes discos instrumentais brasileiros, "Duas Contas" é a única faixa cantada, sendo interpretada por Fafá Lemos de uma forma suave e intimista, que antecipa características da bossa nova. Realmente, Garoto tinha uma concepção musical diferente, acima da média de seus contemporâneos, bastando esta melodia, com seus saltos inusitados, para comprovar este ponto de vista, aliás compartilhado pela maioria de seus colegas. Ao lado de Luís Bonfá, Bola Sete e Laurindo de Almeida, ele forma o grupo dos mais talentosos e modernos violonistas brasileiros dos anos 1950. Tiveram os quatro a oportunidade de fazer carreira nos Estados Unidos, preferindo Garoto, porém, por motivos sentimentais, voltar ao Brasil. Com sua morte prematura, em 3 de maio de 1955, o samba "Duas Contas" foi muito cantado, firmando-se como um clássico bem representativo do período pré-bossa nova.

**"Escurinho"** (samba), Geraldo Pereira

Sóbrio, Geraldo Pereira era um sujeito brincalhão, bom de trato, afável e até meio tímido. Já quando bêbado, tornava-se intolerável, um provocador violento e irresponsável, tal e qual o personagem que retratou no samba "Escurinho", seu derradeiro sucesso: "O escurinho era um escuro direitinho/ agora tá com mania de brigão/ (...)/ saiu de cana inda não faz uma semana/ já a mulher do Zé Pretinho carregou/ botou abaixo o tabuleiro da baiana/ porque pediu fiado e ela não fiou". E prossegue, narrando as estrepolias do arruaceiro num samba super-sincopado, bem adequado para descrever esse desabalado "sobe e desce": "já foi no Morro da Formiga/ procurar intriga/ já foi no Morro do Macaco/ já bateu num bamba/ já foi no Morro dos Cabritos/ provocar conflitos/ já foi no Morro do Pinto/ acabar com o samba". "Escurinho" foi gravado por Ciro Monteiro em dezembro de 1954, em disco Todamérica lançado em fevereiro de 1955, tendo o compositor falecido em 8 de maio do mesmo ano, em consequência de uma hemorragia intestinal. Alguns dias antes da morte, Geraldo brigou com o legendário malandro Madame Satã em frente ao bar-restaurante A Capela, na Lapa carioca. Na ocasião, ele teria recebido forte pancada na cabeça ao cair sobre o meio-fio da calçada. Obviamente, uma pancada na cabeça jamais iria provocar uma hemorragia intestinal, mas, quem pode afirmar que nessa briga, mal testemunhada, não aconteceu um pontapé ou um pisão na barriga do falecido?

**"Hoje Quem Paga Sou Eu"** (tango),
Herivelto Martins e David Nasser
O sucesso do tango "Carlos Gardel", em 1954, motivou a dupla Herivelto Martins-David Nasser a voltar ao gênero no ano seguinte com "Hoje Quem Paga Sou Eu", cantado pelo mesmo intérprete, Nelson Gonçalves. Tema de várias composições, como o mega-sucesso "O Ébrio", de Vicente Celestino, a tragédia do alcoolismo, focalizada com grande veemência, tem aqui como protagonista um sujeito levado ao vício por fraqueza, e não por uma desilusão amorosa, como na canção de Celestino. Assim, na primeira parte da composição, o personagem é atraído para o bar em razão de um mero convite de amigos: "entra, mano, o fulano vai pagar". Todavia, ele se acha "um estranho na fronteira desse bar", e logo segue "para o mundo abençoado do seu lar". Já na segunda parte, confessa desesperado: "Sou apenas uma sombra que mergulha/ num oceano de bebida o seu passado/ faço parte dessa estranha confraria/ do conhaque, do vermute e do traçado". E termina: "mas se passa pela rua algum amigo/ grito que entre neste bar e beba comigo/ hoje quem paga sou eu".

Esse estilo trágico-romântico, predominante na parceria Herivelto-Nasser (são 48 composições, dezesseis das quais lançadas por Nelson Gonçalves), é o principal precursor da chamada canção brega, surgida no final dos anos 1950 em contraponto à bossa nova.

**"O Menino da Porteira"** (cururu), Luisinho e Teddy Vieira
Um dos maiores compositores da música caipira, Teddy Vieira teve em "O Menino da Porteira" o seu primeiro grande sucesso. Cantada em terças, como manda a tradição do gênero, a composição foi gravada pelo parceiro Luisinho (Luís Raimundo) em dupla com Limeira (Ivo Raimundo), acompanhados por viola caipira de cinco cordas dobradas, violão e o som de um berrante de chifre de boi. A letra conta a história de um boiadeiro que costumava presentear com uma moeda um menino que lhe abria a porteira para dar passagem ao gado e sempre queria ouvir o berrante. Tempos depois,

XXXIII. 1955

o menino é morto por um boi e o boiadeiro nunca mais volta a tocar o berrante. Em 1973, "O Menino da Porteira" ressurgiu em gravações de Tião Carreiro e Pardinho e do ex-cantor da Jovem Guarda Sérgio Reis. O sucesso foi tão grande que Sérgio decidiu utilizar o poema como enredo de um filme, que solidificou sua carreira de cantor sertanejo.

### "Pois É" (samba), Ataulfo Alves
Ausente das paradas de sucesso desde 1952, quando lançou "Fim de Comédia", Ataulfo voltou a se destacar em 55 com "Pois É". Bem a seu estilo, este samba trata de uma certa morena que, endeusada por falsos amigos, resolve abandonar o parceiro. Procurando faturar em cima do sucesso de "Pois É", o compositor Mirabeau Pinheiro escreveu um samba-resposta intitulado "A Morena Sou Eu", que Ataulfo contestou com "Eu Nada Lhe Perguntei". Na verdade, Mirabeau andava meio desgostoso com Ataulfo, à época presidente da União Brasileira de Compositores, que o havia repreendido por questões de direito autoral. Mirabeau vivia na sede da UBC reclamando, achando pouco os rendimentos que recebia por suas músicas. Mas a polêmica se encerrou em seguida, com "Arria a Trouxa no Chão", de Mirabeau, que Ataulfo não respondeu. Meses depois os dois voltaram às boas, atuando como pacificador o radialista Paulo Roberto.

### "Saudosa Maloca" (samba), Adoniran Barbosa
O cunho descritivo e a reprodução perfeita dos linguajares caipira e paulistano italianado, próprios dos ambientes em que viveu Adoniran Barbosa, são as características básicas do estilo que o tornou o compositor mais popular da cidade de São Paulo. Sem dúvida, essas características já aparecem em seu primeiro sucesso nacional, o samba "Saudosa Maloca", que narra o episódio da demolição de uma "casa veia", refúgio de um grupo de desvalidos, para a construção de um "arto" edifício. Espontâneo, espirituoso, personagem ele mesmo de alguns de seus sambas, Adoniran (que foi grande comediante de rádio, destacando-se como o personagem Charutinho, no programa *História das Malocas*) é um dos melhores intérpretes de sua obra, só igualado, talvez, pelos Demônios da Garoa, que popularizaram "Saudosa Maloca". Aliás, esta composição já havia sido gravada por Adoniran Barbosa, com o título de "Saudade da Maloca", quando o pessoal do conjunto a conheceu no *set* de filmagem de *O Cangaceiro*. Na ocasião, Adoniran fazia uma ponta no filme, enquanto os Demônios da Garoa formavam o coro dos cangaceiros.

"Tiradentes" (samba-enredo/carnaval),
Mano Décio da Viola, Estanislau Silva e Penteado

"Tiradentes" foi o primeiro samba-enredo a ultrapassar os limites das escolas de samba e alcançar a consagração popular. Já houvera outros anteriormente, mais ou menos conhecidos, porém nenhum deles possuía, como "Tiradentes", características de samba-enredo só fixadas nos anos 1950. Cantado pela Império Serrano no carnaval de 1949, "Tiradentes" esperou seis anos para chegar ao disco e só o conseguiu quando o cantor Roberto Silva, conhecendo-o através de Mano Décio da Viola, resolveu gravá-lo. E é Mano Décio que, em depoimento a Sérgio Cabral (reproduzido no livro *As Escolas de Samba do Rio de Janeiro*), conta como fez o samba: "Logo no meu primeiro ano (na Império Serrano), eu e o Silas de Oliveira fizemos um samba para o enredo 'Tiradentes', que não foi aceito. Fizemos três sambas e nenhum foi aceito. Aí, num domingo, sonhei que estava cantando uma música...". Esta música viria a ser a primeira parte de "Tiradentes", à qual, no dia seguinte, Mano Décio acrescentou uma segunda com a ajuda do compadre Penteado. "Ele tinha um samba com a primeira parte fraca" — conclui o compositor — "mas uma segunda muito boa que aproveitamos". "Tiradentes" tem seu ponto alto na primeira parte, em que ressalta por duas vezes a presença do acorde de subdominante menor, dando à composição um certo tom de dramaticidade.

OUTROS SUCESSOS

"Abandono" (bolero), Nazareno de Brito e Priscila Barros
"Adeus Querido" (tango), Eduardo Patané e Floriano Faissal
"Amendoim Torradinho" (samba), Henrique Beltrão
"Beijo nos Olhos" (bolero), Portinho e Wilson Falcão
"Canção da Volta" (samba-canção), Ismael Neto e Antônio Maria
"Escuta" (samba-canção), Ivon Curi
"Farinhada" (baião), Zé Dantas
"Império do Samba" (samba/carnaval), Zé da Zilda e Zilda do Zé
"Lábios de Mel" (toada), Valdir Rocha
"Manias" (samba-canção), Flávio Cavalcanti e Celso Cavalcanti
"Maria Escandalosa" (marcha/carnaval), Klecius Caldas e Armando
    Cavalcanti
"Mora na Filosofia" (samba/carnaval), Monsueto Menezes e Arnaldo
    Passos

XXXIII. 1955

"Obsessão" (samba), Mirabeau e Milton de Oliveira
"Recordar" (samba/carnaval), Aldacir Louro, Aloisio Marins e Adolfo
    Macedo
"Ressaca" (marcha/carnaval), Zé da Zilda e Zilda do Zé
"Samba do Arnesto" (samba), Adoniran Barbosa e Alocin
"Samba Fantástico" (samba), José Toledo, Jean Manzon, Leônidas Au-
    tuori e Paulo Mendes Campos
"Sorriu pra Mim" (samba), Garoto e Luís Cláudio
"Tarde Fria" (bolero), Poly e Henrique Lobo
"Tem Nego Bebo Aí" (marcha/carnaval), Mirabeau e Airton Amorim
"Vício" (samba-canção), José Braga e Linda Rodrigues


## GRAVAÇÕES REPRESENTATIVAS

ÂNGELA MARIA
Copacabana, 5451-a, "Adeus Querido"
Copacabana, 5374-a, "Escuta"
Copacabana, 5435-a, "Lábios de Mel"

ATAULFO ALVES
Sinter, 0000403-b, "Pois É"

CARMEN COSTA
Copacabana, 5467-a, "Obsessão"

DEMÔNIOS DA GAROA
Odeon, 13855-a, "Saudosa Maloca"

JORGE GOULART
Continental, 17141-a, "Samba Fantástico"

JORGE VEIGA
Copacabana, 5408-a, "Café Soçaite"

NELSON GONÇALVES
RCA Victor, 80.1419-a, "Hoje Quem Paga Sou Eu"

Garoto, virtuose de vários instrumentos de corda.

Adoniran, o original e espirituoso cronista musical da vida paulistana.

Roberto Silva
Copacabana, 5355-a, "Tiradentes"

Sylvia Telles
Odeon, 13868-a, "Amendoim Torradinho"

Zé e Zilda
Odeon, 13735-a, "Ressaca"


## MÚSICAS ESTRANGEIRAS DE SUCESSO NO BRASIL

"Ceresier Rose et Pomier Blanc", Pierre Louiguy e Jacques La Rue
"Ci-Ciu-Ci, Cantava un Usignol", S. Seracini e E. Minoretti
"Contigo en la Distancia", César Portillo de la Luz
"Hernando's Hideaway", Richard Adler e Jerry Ross
"The High and the Mighty", Dimitri Tiomkin e Ned Washington
"Johnny Guitar", Victor Young e Peggy Lee
"Piano Alemão", J. Schmitz e Bartels
"Ruega por Nosotros", Ruben Fuentes e Alberto Cervantes
"Sinceridad", Rafael Gaston Perez
"Stranger in Paradise", Robert Wright e George Forrest
"Three Coins in the Fountain", Jule Styne e Sammy Cahn


## CRONOLOGIA

03/02: Nasce no Rio de Janeiro (RJ) o instrumentista/compositor Marcos Ariel.

03/05: Morre no Rio de Janeiro (RJ) o instrumentista/compositor Garoto (Aníbal Augusto Sardinha).

08/05: Morre no Rio de Janeiro (RJ) o compositor Geraldo Pereira.

05/08: Morre em Beverly Hills (EUA) a cantora Carmen Miranda.

07/09: Ary Barroso e Heitor Villa-Lobos são agraciados com a Ordem do Mérito Nacional, respectivamente, nos graus de oficial e comendador.

09/09: Morre no Rio de Janeiro (RJ) o poeta/compositor Jaime Ovalle.

16/09: É deposto por um golpe militar o presidente da Argentina Juan Domingo Perón.

17/09: Nasce no Rio de Janeiro (RJ) a cantora Marina (Marina Correia Lima).

03/10: Juscelino Kubitschek é eleito presidente da República.

06/11: Nasce no Rio de Janeiro (RJ) o instrumentista/compositor Rique Pantoja (Paulo Henrique Pantoja Leite).

03/11: O presidente Café Filho é acometido de um distúrbio cárdio-vascular.

08/11: Carlos Luz, presidente da Câmara dos Deputados, substitui em caráter provisório Café Filho na presidência da República.

11/11: Forças do Exército depõem Café Filho. O senador Nereu Ramos assume a presidência da República.

XXXIII. 1955

Tom Jobim, à época de seus primeiros sucessos.

# XXXIV. 1956

DESTAQUES

**"Conceição"** (samba-canção), Dunga e Jair Amorim

A personagem do samba "Conceição" era uma jovem que "vivia no morro a sonhar com coisas que o morro não tem". Então, "lá em cima apareceu alguém que lhe disse a sorrir, que descendo a cidade ela iria subir". Resultado. Conceição desceu o morro, mudou de nome, trilhou caminhos estranhos e agora "daria um milhão para ser outra vez Conceição". Desenvolvendo de forma pitoresca ("se subiu/ ninguém sabe, ninguém viu") um tema que já havia inspirado outras canções, o letrista Jair Amorim e o melodista Dunga (Valdemar de Abreu) criariam um retumbante sucesso, o maior de 1956. Uma parte desse sucesso deve ser creditada ao cantor Cauby Peixoto, então no auge da fama, que tornou "Conceição" a peça mais característica de seu estilo.

**"Exaltação à Mangueira"** (samba/carnaval),
Enéas Brites da Silva e Aloisio Augusto da Costa

Desde a década de 1920, o Morro de Mangueira é motivo de inspiração de muitas composições, graças, principalmente, ao seu prestígio como importante reduto do samba. Uma dessa composições é "Exaltação à Mangueira", uma sincera homenagem dos mangueirenses Enéas Brites da Silva e Aloisio Augusto da Costa, que se tornou uma espécie de hino informal da verde e rosa: "Mangueira, o teu cenário é uma beleza/ que a natureza criou... ô... ô!/ o morro com seus barracões de zinco/ quando amanhece, que esplendor...". Moradores de Mangueira por toda a vida, trabalhadores da cerâmica ali existente, Aloisio e Enéas fizeram este samba (a ideia foi de Enéas) num intervalo de almoço, conforme depoimento do primeiro ao pesquisador Arthur L. de Oliveira (publicado no jornal *A Voz do Morro*, em fevereiro de 96). Detalhe curioso relembrado por Aloisio: "A princípio, a gente fez os versos 'todo mundo te conhece até no interior/ não é bafo de boca/ nem mania, não senhor'. Mas o presidente da Mangueira, Hermes Rodrigues, reclamou: 'Desse jeito não tá legal'. Então ficou assim: 'Todo mundo te conhece ao longe/ pelo som de teus tamborins/ e o rufar do teu tambor...". "Exaltação à Mangueira" foi lançada por outro mangueirense de coração, o cantor Jamelão, para o carnaval de 1956.

"Foi a Noite" (samba-canção),
Antônio Carlos Jobim e Newton Mendonça
De produção anterior à grande fase da parceria com Vinicius de Moraes, "Foi a Noite" é uma das mais conhecidas composições do início da carreira de Tom Jobim. Sylvia Telles, sua lançadora — na época também uma iniciante — seria tempos depois a única profissional a tomar parte no primeiro espetáculo de bossa nova, realizado por vários amadores no Grupo Universitário Hebraico do Brasil no bairro carioca do Flamengo. Originalmente editada em 78 rpm, a gravação de Silvinha, acompanhada pela orquestra de Jobim, foi em 1957 incluída no primeiro elepê da cantora, intitulado *Carícia*. Num arranjo de Tom, para orquestra de cordas, trompa e uma sessão de palhetas, sob a regência de Leo Peracchi, tanto a melodia como a interpretação de Sylvia Telles provocaram uma impressão tão forte, que o então novo diretor artístico da Odeon, Aloisio de Oliveira, hesitou em rotulá-la como samba-canção. Ele próprio declarou (em texto publicado num folheto que acompanha a coleção de discos *Bossa Nova, Sua História, Sua Gente*, da Philips): "A gravação havia sido preparada pela direção anterior. (...) Entrei no estúdio ignorando a música, o arranjo e a intérprete. (...) O impacto que tive é até hoje indescritível. A construção melódica era uma coisa inteiramente nova dentro dos padrões brasileiros. O arranjo simples, impecável, fornecia uma sequência harmônica que enaltecia a melodia de um modo incomum. A interpretação era genial. Sylvia Telles conseguia com sua voz rouca e suave penetrar dentro da gente e mexer com todas as nossas emoções. Bem, eu estava definitivamente diante de uma coisa que não esperava encontrar. Era a bossa nova na sua maior expressão". Realmente, há até alguns entusiastas desta gravação que a consideram o marco inaugural da bossa nova. Não o era, porém: faltava a cota de participação de João Gilberto... Nos anos seguintes, "Foi a Noite" teria sucessivas gravações (Cauby Peixoto, Helena de Lima, Almir Ribeiro, Tito Madi, Agostinho dos Santos e Carlos José), permanecendo como símbolo daquele período prenunciador de uma era de reformulação de nossa música popular.

"Maracangalha" (samba), Dorival Caymmi
Zezinho, grande amigo de Dorival Caymmi, falava muito em Maracangalha. Quando não tinha um bom pretexto para sair de casa, dizia para a

mulher o "Eu vou pra Maracangalha". Maracangalha era um lugarejo onde havia uma usina de açúcar, a Cinco Rios, em que Zezinho fazia negócios. Uma tarde em 1955, Caymmi estava em casa, na rua Cesário Mota Júnior, em São Paulo, pintando um autorretrato quando de repente veio-lhe à lembrança a frase de Zezinho. "Daí" — conta o compositor — "comecei a cantarolar, música e letra nascendo ao mesmo tempo: 'Eu vou pra Maracangalha, eu vou/ eu vou de liforme (uniforme) branco, eu vou/ eu vou de chapéu de palha, eu vou...'; estava bom, eu estava gostando. Então continuei e quando cheguei à parte que diz 'Eu vou convidar Anália', uma vizinha, dona Cenira, perguntou lá de sua janela para a minha mulher: — 'Dona Stella, o que é que seu Dorival está cantando aí, tão bonitinho?' E Stella: — 'Caymmi, dona Cenira quer saber o que é que você está cantando'. Respondi: 'Estou fazendo uma música que fala de um sujeito, que sai de casa feliz para se divertir. Ele vai pra Maracangalha, vai convidar Anália...' ao que interrompeu a vizinha: — 'E por que o senhor não põe Cenira, em lugar de Anália?' Aí não dava mais pé. — 'Fica pra outra vez, dona Cenira...', eu lhe disse, me desculpando". Assim nasceu "Maracangalha", sem maiores pretensões, de uma só vez, ao contrário de outras composições de Caymmi em que ele passa meses, às vezes anos, burilando, aperfeiçoando. Nasceu e ficou guardada até o ano seguinte, quando o compositor voltou para o Rio e gravou-a na Odeon, com enorme sucesso, que se estendeu ao carnaval, para a sua surpresa.

**"Mulata Assanhada"** (samba), Ataulfo Alves
Um pouco antes de Ary Barroso e Luís Peixoto lançarem "É Luxo Só", Ataulfo estreava "Mulata Assanhada". De comum entre as duas canções, o propósito de exaltar a figura exuberante da mulata sambista, encontrando ambas sua intérprete ideal em Elizeth Cardoso, a personificação perfeita da homenageada. Mas, sem demérito para "É Luxo Só", a "Mulata Assanhada" alcançou maior sucesso, talvez porque seja mais fácil de cantar, com sua melodia limitada a uma só oitava: "Ó mulata assanhada/ que passa com graça/ fazendo pirraça/ fingindo inocente/ tirando o sossego da gente". Da mesma safra deste samba é a autobiográfica "Meus Tempos de Criança", em que Ataulfo apresenta seu antológico verso "Eu era feliz e não sabia".

**"Neste Mesmo Lugar"** (samba-canção),
Klecius Caldas e Armando Cavalcanti
"Neste Mesmo Lugar" é um samba-canção feito sob medida para quem curte uma "dor de cotovelo". Sofrida, mas sem exageros melodramáticos, a composição descreve uma cena que acontece num determinado bar, onde o

(a) protagonista havia iniciado um romance, e ao qual retorna, desiludido (a), para relembrar o caso desfeito. Isso é entoado sobre uma bela linha melódica ascendente, que culmina nos compassos finais, em correspondência com o clima da letra. Com as cantoras predominando em sua discografia, "Neste Mesmo Lugar" foi lançado por Dalva de Oliveira, numa gravação que tem arranjo e direção do maestro Antônio Carlos Jobim, então em início de carreira.

### "Rapaz de Bem" (samba), Johnny Alf

A mais bossa nova das músicas que antecederam a bossa nova, "Rapaz de Bem", é de autoria de um pianista muito ouvido e admirado pelos criadores do movimento. De fato, Johnny Alf era a grande atração para aqueles músicos, na maioria ainda amadores, que frequentavam o bar do Hotel Plaza, em Copacabana, nos anos 1950. E a composição, criada em 53, em tempo relativamente curto, justificava muito bem o porquê dessa admiração. Com uma linha melódica de tonalidade algo indefinida, ficava a meio caminho do *jazz* e apresentava uma concepção totalmente nova para a época. Já a letra referia-se aos rapazes da Zona Sul do Rio, que estavam bem de vida, em contraste com os da Zona Norte, onde o autor fora criado e ainda vivia na ocasião. A primeira gravação de "Rapaz de Bem" (Copacabana nº 5568-a, com Johnny Alf a frente de um trio, em 1956) não alcançou maior repercussão além do circuito de músicos que o conheciam. Antecipava, porém, fundamentos da bossa nova como a marcação do piano, com base harmônica jazzística, em acordes blocados, estranhamente desvinculada do contrabaixo e da bateria. Exibia também um atraente jogo rítmico, muito diferente do padrão em voga, que dava apoio ao cantor. Com Johnny, praticamente, não havia essa sustentação, chegando mesmo a passar a impressão que cada um — piano e cantor — seguia direções diferentes. Sua concepção não era a do piano marcar o ritmo, mas emoldurar a voz, cercando a melodia. O breque "Vê se mora" parecia ter um duplo sentido, convidando o ouvinte a descobrir a novidade daquela construção melódica, que, por sinal, precedia em seis anos o surgimento de outra melodia igualmente chocante (o samba "Desafinado"), com a qual pode até ser confundida, tamanha a semelhança. Vale lembrar que Johnny Alf e Newton Mendonça (coautor de "Desafinado") revezaram-se por algum tempo, nos anos 1950, no piano da boate Mandarim. Apesar de ignorado pelo público em seu lançamento, "Rapaz de Bem" teria uma trajetória duradoura e essencial para a moderna música brasileira. Além de relançado pelo autor em seu elepê inicial (1961), entrou para as discografias de Carlos Lyra, Baden Powell, Nara Leão, Sivuca,

Miltinho, Wilson Simonal, Dóris Monteiro e até a do argentino Lalo Schifrin (pianista de *jazz*), que o gravou nos Estados Unidos, acompanhado por Carmen Costa ao pandeiro.

**"A Voz do Morro"** (samba), Zé Kéti (José Flores de Jesus)
Cantada pela primeira vez na quadra da União de Vaz Lobo, escola a que Zé Kéti pertencia na ocasião, "A Voz do Morro" se tornaria o seu primeiro sucesso. Para isso, contribuiu sua inclusão na trilha sonora do filme *Rio 40 Graus* e, posteriormente, sua adoção como prefixo do programa de televisão *Noite de Gala*. Ufanista a seu modo, "A Voz do Morro" faz a exaltação do samba através de versos como: "Eu sou o samba/ a voz do morro sou eu mesmo, sim senhor/ quero mostrar ao mundo que tenho valor/ eu sou a voz do terreiro...".

OUTROS SUCESSOS

"Blim, Blem, Blam" (canção), Luís Cláudio e Nazareno de Brito
"O Canto da Ema" (batuque), Alventino Cavalcanti, Aires Viana e João
    do Vale
"O 'Chero' da Carolina" (chótis), Amorim Rego e Zé Gonzaga
"Comida de Pensão" (samba), Miguel Miranda e F. A. Balbi
"Dolores Sierra" (samba), Wilson Batista e Jorge de Castro
"Fala Mangueira" (samba/carnaval), Mirabeau e Milton de Oliveira
"Iracema" (samba), Adoniran Barbosa
"O Lamento da Lavadeira" (samba), Monsueto Menezes, Nilo Chagas
    e João Violão
"Mentindo" (tango), Eduardo Patané e Lourival Faissal
"Meu Vício é Você" (samba), Adelino Moreira
"Meus Tempos de Criança" (samba), Ataulfo Alves
"Molambo" (samba), Jaime Florence e Augusto Mesquita
"Para Que Recordar" (bolero), Fernando César e Carlos César
"Prece" (samba-prelúdio), Vadico e Marino Pinto
"Quem Sabe, Sabe" (marcha/carnaval), Carvalhinho e Joel de Almeida
"Siga" (samba-canção), Fernando Lobo e Hélio Guimarães
"Só Louco" (samba-canção), Dorival Caymmi
"Tudo Foi Ilusão" (beguine), Laert Santos e Arcilino Tavares
"Turma do Funil" (marcha/carnaval), Mirabeau, Milton de Oliveira e
    Urgel de Castro

XXXIV. 1956

"Vai Que Depois Eu Vou" (samba/carnaval), Zé da Zilda, Zilda do Zé, Adolfo Macedo e Airton Borges
"Vermelho Vinte e Sete" (tango), Herivelto Martins e David Nasser


## GRAVAÇÕES REPRESENTATIVAS

ÂNGELA MARIA
Copacabana, 5524-a, "Fala Mangueira"

ATAULFO ALVES
Sinter, 507-b, "Mulata Assanhada"

CAUBY PEIXOTO
Columbia, CB 10285-a, "Conceição"
Columbia, CB 10267-a, "Molambo"

DALVA DE OLIVEIRA
Odeon, 14026-b, "Neste Mesmo Lugar"

DORIVAL CAYMMI
Odeon, 14075-a, "Maracangalha"
Odeon, 13964-b, "Só Louco"

HELENA DE LIMA
Continental, 17237-a, "Prece"

JOEL DE ALMEIDA
Odeon, 13975-a, "Quem Sabe, Sabe"

JORGE GOULART
Continental, 17197-a, "A Voz do Morro"

SYLVIA TELLES
Odeon, 14077, "Foi a Noite"

TRIO IRAKITAN
Odeon, 14002, "Siga"

## MÚSICAS ESTRANGEIRAS DE SUCESSO NO BRASIL

"Arrivederci Roma", Renato Rascel
"Espinita", Nico Jimenez
"La Goualante du Pauvre Jean" (Os Pobres de Paris), Marguerite Monnote Raouzeaud
"História de un Amor", Carlos Almaran
"Lavadeiras de Portugal", Andre Popp e Roger Lucchesi
"Lisboa Antiga", Amadeu do Vale, José Galhardo e Raul Portela
"Love is a Many Splendored Thing", Sammy Fain e Paul Webster
"Moritat" ("Von Mackie Messer") ("Mack the Knife"), Kurt Weill e Bertolt Brecht (lançada em 1928)
"My Little One" (Meu Benzinho), G. Howe e D. Gussin
"Nunca Jamás", Lalo Guerrero
"Recuerdos de Ypacarai", Demetrio Ortiz e Zuleima Mirkin
"Rock Around the Clock", Max C. Freedman e Jimmy De Knight
"Unchained Melody", Alex North e Hy Zaret


## CRONOLOGIA

11/01: Morre no Rio de Janeiro (RJ) o cantor Augusto Calheiros.

31/01: Juscelino Kubitschek toma posse na presidência da República.

13/02: Morre no Rio de Janeiro (RJ) o compositor José Francisco de Freitas.

15/03: Nasce no Rio de Janeiro (RJ) o cantor/compositor Oswaldo Montenegro (Oswaldo Viveiros Montenegro).

28/03: Nasce em São Paulo (SP) a cantora Zizi Possi (Maria Izildinha Possi).

17/06: Morre no Rio de Janeiro (RJ) o instrumentista/compositor Louro (Lourival Inácio de Carvalho).

10/08: Nasce em Belém (PA) a cantora Fafá de Belém (Maria de Fátima Palha Figueiredo). Nasce no Rio de Janeiro (RJ) o instrumentista/compositor Léo Gandelman (Leonardo Gandelman).

19/09: O Congresso sanciona a lei que cria a nova capital federal, Brasília, a ser construída no Planalto Central.

25/09: Estreia no Teatro Municipal do Rio de Janeiro a peça *Orfeu da Conceição*, de Vinicius de Moraes, musicada por Antônio Carlos Jobim.

06/10: Morre no Rio de Janeiro (RJ) o compositor Freire Júnior.

05/11: Nasce em Campo Grande (MS) o cantor/compositor Almir Sater.

22/11: Realizam-se em Melbourne (Austrália) os XVI Jogos Olímpicos da Era Moderna.


XXXIV. 1956

A cantora e compositora Maysa (aqui com Enrico Simonetti), uma das figuras mais importantes da MPB surgidas na década de 1950.

# XXXV. 1957

DESTAQUES

**"Boneca Cobiçada"** (bolero), Biá e Bolinha

Um bolero caipira, "Boneca Cobiçada" ganhou as paradas de sucesso em janeiro de 57, nelas permanecendo por mais de dez semanas. Composto por artistas sertanejos — Biá (Sebastião Alves da Cunha) e Bolinha (Euclides Pereira Rangel) —, o bolero teria, naturalmente, que ser lançado por uma dupla do gênero (Palmeira e o próprio Biá), cantando em terças como manda o figurino. Aliás, Palmeira e Biá foram figuras importantes nesse setor de nossa música, atuando juntos ou com outros parceiros. Mas seu grande sucesso foi mesmo "Boneca Cobiçada", tão grande que ensejou a promoção de Palmeira (Diogo Mulero) a diretor artístico dos discos sertanejos da RCA. Aproveitando a popularidade de "Boneca Cobiçada", e em contrapartida a seus exageros românticos, foi gravado pelo humorista Zé Fidélis, ainda em 1957, o bolerinho satírico "Boneca Cabeçuda".

**"Chove Lá Fora"** (valsa), Tito Madi

Tito Madi classifica sua obra e a de Dolores Duran como "elo de união da música brasileira entre as fases de Chico Alves e a bossa nova". Na verdade, embora ainda bem próximas da canção romântica tradicional, as composições iniciais de Tito e Dolores já traziam nos versos e harmonias algumas características que as identificariam com o futuro movimento. Exemplo disso é a moderna valsa "Chove Lá Fora", que canta a tragédia da solidão de forma intimista, coloquial, sem prejuízo de seu teor romântico.

**"Evocação"** (frevo de bloco/carnaval), Nelson Ferreira

Contrariando a opinião de alguns puristas, pode-se dizer que existem três tipos de frevo: o frevo de rua, inteiramente instrumental; o frevo-canção, com introdução instrumental, vibrante, sincopada, e duas partes cantadas; e o frevo de bloco, de forma idêntica à do frevo-canção, porém de andamento mais lento. A diferença entre os dois últimos corresponde, digamos, à diferença entre a marchinha e a marcha-rancho. Pertence à terceira categoria a bela composição "Evocação", em que Nelson Ferreira recorda velhos carnavais recifenses, citando nominalmente agremiações (Bloco das Flores, Andaluzas, Pirilampos) e personagens lendários (Felinto, Pedro Salgado, Guilherme, Fenelon) da história do frevo. Lançado sem maiores pretensões pela gravadora pernambucana Mocambo, com o pessoal do bloco Batutas de São José, "Evocação" se tornaria o maior sucesso do carnaval de 1957, sobrepujando a produção do eixo Rio-São Paulo. Tal fato animaria Nelson Ferreira a compor nos anos seguintes uma alentada série de "evocações" — "Evocação nº 2", "Evocação nº 3" etc.

**"A Flor e o Espinho"** (samba),
Nelson Cavaquinho, Guilherme de Brito e Alcides Caminha
Sérgio Porto considerava os versos iniciais de "A Flor e o Espinho" uma das mais belas imagens de nosso cancioneiro: "Tire o seu sorriso do caminho/ que eu quero passar com a minha dor". Na verdade, estes versos — que são de Guilherme de Brito — ficaram tão famosos, que se tornaram uma espécie de marca registrada da obra de... Nelson Cavaquinho, que é autor somente da melodia. Aliás, em todas as composições da dupla, Nelson fez sempre as melodias e Guilherme de Brito as letras. Formada em 1955, essa parceria, fundamental para a própria história do samba, criou, além de "A Flor e o Espinho", outras obras-primas como "Degraus da Vida", "Folhas Secas", "Pranto de Poeta", "Quando Eu Me Chamar Saudade", "O Bem e o Mal" etc. Mas, voltando ao samba "A Flor e o Espinho", pode-se dizer que esta composição (feita durante um encontro na Praça Tiradentes, no Rio) sintetiza o estilo poético/musical da dupla, marcado por um lirismo angustiado, pessimista, em que ressalta uma constante preocupação com a morte e as tragédias da vida. Isso, de certa forma, contrasta com a personalidade de Nelson Cavaquinho, por toda a vida um boêmio irreverente, inveterado trovador de botequim.

Lançada por Raul Moreno em disco Todamérica, em 1957, "A Flor e o Espinho" só ganharia sua principal gravação, oito anos depois, quando Elizeth Cardoso a incluiu no elepê *Elizeth Sobe o Morro*.

**"Franqueza"** (samba-canção), Denis Brean e Osvaldo Guilherme
Espirituoso e brincalhão, o jornalista Denis Brean (Augusto Duarte Ribeiro), com atuação em vários jornais de São Paulo, seria um dos melhores compositores populares paulistas, cuja produção era gravada regularmente no Rio de Janeiro. Ostentando em sua bagagem sucessos como "Boogie-Woogie na Favela" (1945), "Boogie-Woogie do Rato" (1947) e "Bahia com

H" (1948), ele comporia em 1957 o samba-canção "Franqueza", que (apesar de lançado por Nora Ney) caiu como uma luva no repertório de Maysa. Expondo de forma coloquial, sobre uma melodia abolerada, o drama de um amor desfeito ("Você passa por mim e não olha/ como coisa que eu fosse ninguém"), com a personagem aceitando a rejeição do parceiro, mas, ao mesmo tempo, ressaltando a sua ingratidão ("Seus melhores momentos na vida/ em meus braços você desfrutou"), "Franqueza" parece até obra da própria Maysa, que na ocasião vivia o retumbante sucesso de sua estreia como cantora e compositora.

**"Laura"** (samba-canção), João de Barro e Alcir Pires Vermelho
Braguinha (João de Barro) e Alcir Pires Vermelho são parceiros em 23 composições, repertório em que se destacam a marcha "Dama das Camélias", campeã do carnaval de 1940, o samba-exaltação "Onde o Céu Azul é Mais Azul" (com a participação de Alberto Ribeiro) e "Laura", um dos mais belos sambas-canção dos anos 1950. Simples, romântica e original, a letra de Braguinha focaliza dois momentos de uma história de amor, cujos contrastes são ressaltados pelos aspectos da paisagem em oposição. No primeiro, tudo é festa, alegria, claridade: o vale, a ponte, o rio, o sol banhando os cabelos e o sorriso de Laura... No segundo, só tristeza, desengano, escuridão: o asfalto, a noite, a distância, a ausência de Laura, a quem se pergunta: "Que é do vale sempre em flor/ do teu sorriso, do nosso amor?". E o surpreendente é que os versos das duas partes, de sentidos tão diferentes, têm como complemento perfeito a mesma bela melodia de Alcir. Sucesso em 1957, quando foi lançada por Jorge Goulart, "Laura" seria gravada por vários românticos, dos modernos Lúcio Alves e Tito Madi aos veteranos Vicente Celestino e Sílvio Caldas, passando por Cauby Peixoto, Altemar Dutra, Agnaldo Timóteo e, posteriormente, pelo ótimo Emílio Santiago.

**"Ouça"** (samba-canção), Maysa
Uma jovem senhora da sociedade que sabia cantar e compor muito bem... Eis aí um fenômeno raro em nossa música popular, o fenômeno Maysa, uma das mais gratas revelações artísticas dos anos 1950. Levada, pelo produtor Roberto Corte Real, das festas grã-finas para os estúdios de gravação, Maysa se tornou imediatamente conhecida em todo o país, cantando o samba-canção "Ouça", o grande sucesso de sua carreira. Embora capaz de interpretar os mais variados tipos de música, nacional ou estrangeira, foi nas canções de amores sofridos, como "Ouça", que ela melhor se realizou artisticamente. A exemplo de Carmen Miranda, no estabelecimento da gravado-

ra Victor no Brasil, Maysa foi a estrela que impulsionou as vendas da então iniciante RGE, de José Scatena, ajudando ainda a tornar conhecido um elenco no começo de carreira.

**"Saudade da Bahia"** (samba), Dorival Caymmi

"Saudade da Bahia" nasceu numa tarde calorenta do verão de 1947. "Eu estava sozinho num bar perto de minha casa no Leblon, o Bar Bibi, chateado com a agitação da cidade, quando me ocorreu a ideia", recorda Dorival Caymmi. "Era uma ideia tão melancólica — logo eu que sou otimista — que resolvi guardar a canção para mim, mostrando-a apenas a alguns amigos mais íntimos." Daí se passaram dez anos até o dia em que Aloisio de Oliveira, um desses amigos, convenceu o compositor a gravar "Saudade da Bahia". Diretor artístico da Odeon na ocasião, Aloisio estava ansioso para faturar na esteira do sucesso de "Maracangalha" e, como Caymmi não tinha composições novas, sugeriu: "E por que não aquela que fala de saudades da Bahia?". Assim, programada às pressas, "Saudade da Bahia" foi gravada, batendo recordes de vendagem, o que lhe proporcionou um prêmio especial de uma cadeia de lojas de São Paulo.

**"Se Todos Fossem Iguais a Você"** (samba-canção)
Antônio Carlos Jobim e Vinicius de Moraes

Em meados de 1956, Vinicius de Moraes estava com a peça *Orfeu da Conceição* pronta, faltando somente conseguir um compositor para musicá-la e, se possível, orquestrá-la. Achava Vinicius que o nome ideal para a tarefa seria o de Vadico (Osvaldo Gogliano), parceiro de Noel Rosa que, convidado, não aceitou. Atendendo, então, a uma sugestão do crítico musical Lúcio Rangel, o poeta convidou Antônio Carlos Jobim, na época um jovem compositor e arranjador ainda pouco conhecido. Começava assim a parceria Tom-Vinicius, uma das mais importantes da música brasileira, juntando o talento de um grande músico ao de um poeta consagrado e que deu como primeiro fruto "Se Todos Fossem Iguais a Você". Romântica, requintada, até com uma certa tendência para o monumental, "Se Todos Fossem Iguais a Você" é a melhor composição do repertório criado para a peça. Lançada por Roberto Paiva no final de 1956, chegaria ao sucesso no ano seguinte, quando recebeu várias outras gravações.

**"Vai com Jeito"** (marcha/carnaval), João de Barro

Em 1957, João de Barro reviveu seus melhores momentos como compositor carnavalesco com a marchinha "Vai com Jeito", uma das preferidas do ano. Bem ao estilo tradicional do gênero, "Vai com Jeito" aconselha às meninas, de forma levemente maliciosa, a se acautelarem contra determinados piqueniques em praias desertas: "Se alguém lhe convidar/ pra tomar banho em Paquetá/ pra piquenique na Barra da Tijuca/ ou pra fazer um programa no Joá.../ menina vai/ com jeito vai/ se não um dia a casa cai...". A citação do Joá e da Barra da Tijuca dá uma ideia de como ainda eram pouco frequentadas essas praias na década de 1950.

**"A Volta do Boêmio"** (samba-canção), Adelino Moreira

Português de nascimento, mas criado no subúrbio carioca de Campo Grande, Adelino Moreira de Castro interessou-se desde cedo pela música, chegando a gravar como cantor vários discos de fado nos anos 1940. Foi, entretanto, a partir de 1952, como autor de sambas e sambas-canção, que ele conheceu o sucesso, tornando-se o principal abastecedor do repertório de Nelson Gonçalves. O êxito dessa sociedade chegou ao auge em 1957 quando "A Volta do Boêmio" (que permanecera inédito por quatro anos) atingiu a marca de um milhão de discos vendidos. Num estilo, que mais tarde seria chamado de brega-romântico, este samba-canção trata de um personagem que, tendo abandonado a boemia pelo amor a uma mulher, pede agora "nova inscrição" para voltar à vida antiga: "Boemia/ aqui me tens de regresso/ e suplicante te peço/ a minha nova inscrição/ voltei pra rever os amigos que um dia/ eu deixei a chorar de alegria/ me acompanha o meu violão...". E a composição prossegue com o ex-boêmio declarando que seu retorno tem a aprovação da amada, que, resignadamente, o encorajou na despedida: "Vá embora/ pois me resta o consolo e alegria/ de saber que depois da boemia/ é de mim que você gosta mais". Um clássico da música sentimental/popularesca, "A Volta do Boêmio" é um dos grandes sucessos de Nelson Gonçalves, o cantor que tem o maior número de gravações na discografia brasileira.

OUTROS SUCESSOS

"Bom Dia Tristeza" (samba), Adoniran Barbosa e Vinicius de Moraes
"Contrassenso" (samba-canção), Antônio Bruno
"É Luxo Só" (samba), Ary Barroso e Luís Peixoto
"Gauchinha Bem Querer" (samba-canção), Tito Madi
"Graças a Deus" (samba-canção), Fernando César
"Intenção" (bolero-mambo), Getúlio Macedo e Lourival Faissal

XXXV. 1957

Jacob do Bandolim: além de músico excepcional, um pesquisador exigente, preocupado com a verdade histórica.

"Jarro da Saudade" (samba/carnaval), Mirabeau, Daniel Barbosa e Geraldo Blota
"Maria dos Meus Pecados" (samba-canção), Dunga e Jair Amorim
"Mocinho Bonito" (samba), Billy Blanco
"Não Vou pra Brasília" (samba), Billy Blanco
"Noites Cariocas" (choro), Jacob do Bandolim
"Peba na Pimenta" (chótis), João do Vale, José Batista e Adelino Rivera
"Pensando em Ti" (samba), Herivelto Martins e David Nasser
"Pisa na Fulô" (chótis), João do Vale, Ernesto Pires e Silveira Júnior
"Por Causa de Você" (samba-canção), Antônio Carlos Jobim e Dolores Duran
"Porque Brilham os Teus Olhos" (bolero), Fernando César
"Pranto de Poeta" (samba), Nelson Cavaquinho e Guilherme de Brito
"Prece de Amor" (samba-canção), René Bittencourt
"Quero-te Assim" (valsa), Tito Madi
"Se Alguém Telefonar" (samba-canção), Alcir Pires Vermelho e Jair Amorim
"Sonhando Contigo" (bolero), Anísio Silva e Fausto Guimarães
"Sucedeu Assim" (samba-canção), Antônio Carlos Jobim e Marino Pinto

## GRAVAÇÕES REPRESENTATIVAS

AGOSTINHO DOS SANTOS
Polydir, 229-b, "Maria dos Meus Pecados"

ANÍSIO SILVA
Odeon, 14230, "Sonhando Contigo"

ARACI DE ALMEIDA
Continental, 17437-b, "Bom Dia, Tristeza"

BLOCO CARNAVALESCO BATUTAS DE SÃO JOSÉ
Mocambo, 15142-a, "Evocação"

CAUBY PEIXOTO
Columbia, CB 10377-a, "Prece de Amor"

DORIVAL CAYMMI
Odeon, 14198, "Saudade da Bahia"

ELIZETH CARDOSO
Copacabana, 5850-a, "É Luxo Só"

EMILINHA BORBA
Continental, 17372-b, "Vai com Jeito"

JORGE GOULART
Continental, 17424-a, "Laura"

MAYSA
RGE, 10047-a, "Ouça"
RGE, 10074-a, "Se Todos Fossem Iguais a Você"

NELSON GONÇALVES
RCA Victor, 80.1801-a, "Pensando em Ti"
RCA Victor, 80.1751-b, "A Volta do Boêmio"

PALMEIRA E BIÁ
RCA Victor, 80.1718-a, "Boneca Cobiçada"

SYLVIA TELLES
Odeon, 14221, "Por Causa de Você"

TITO MADI
Continental, 17416-a, "Chove Lá Fora"


## MÚSICAS ESTRANGEIRAS DE SUCESSO NO BRASIL

"All the Way", Jimmy Van Heusen e Sammy Kahn
"Anastasia", Alfred Newmane Paul Francis Webster
"Angustia", Orlando Brito
"The Banana Boat Song" ("Day-o"), Harry Belafonte, Lord Burgess e
    Bill Attaway
"Bernardine", Johnny Mercer

"Concerto d'Autumno" (Concerto de Outono), Camillo Bergoni e Dante Panzuti

"Don't Be Cruel", Elvis Presley e Otis Blackwell

"It's Not for Me to Say", Al Stillman e Robert Allen

"Little Darling", Maurice Williams

"Love Me Tender", Elvis Presley e Vera Matson

"Marcelino Pan y Vino", Pablo Sorazabal e Pablo Sorazabal Júnior

"Matilda", Harry Thomas

"My Funny Valentine", Richard Rodgers e Lorenz Hart (lançada em 1937)

"My Prayer", Georges Boulanger e Jimmy Kennedy (lançada em 1939)

"Only You", Buck Ram e Ande Rande

"Que Murmuren", R. Fuentes e E. Cardenas

"Que Sera, Sera" ("Whatever Will Be, Will Be"), Jay Livingston e Ray Evans

## CRONOLOGIA

01/01: O Sarre é devolvido pela França à Alemanha Ocidental.

02: É iniciada a construção de Brasília.

25/03: É assinado em Roma o tratado que cria a Comunidade Econômica Europeia (Mercado Comum Europeu).

26/04: Nasce no Rio de Janeiro (RJ) o violonista Maurício Carrilho (Maurício Lana Carrilho).

15/06: Morre no Rio de Janeiro (RJ) o violonista Tute (Artur de Souza Nascimento), o introdutor do violão de sete cordas nos conjuntos regionais.

07/07: Pelé estreia na seleção brasileira de futebol, em partida vencida pela Argentina (2x1), no Maracanã. Gol do Brasil: Pelé.

05/10: É lançado pela União Soviética o Sputnik 1, primeiro satélite criado pela tecnologia espacial.

XXXV. 1957

# ÍNDICE ONOMÁSTICO
(Fotografias em itálico)

Abreu, Gilda de, 162

Abreu, José Maria de (07/02/1911-11/05/1966), 46, 151, 155, 167, 178, 240, 274, 275, 283, 285, 302, 305

Abreu, Zequinha de (José Gomes de Abreu) (19/09/1880-22/01/1935), 51, 68, 69, 96, 103, *106*, 110, 148, *255*

Adolfo, Antônio (Antônio Adolfo Maurity Saboia) (10/02/1947), 40, 268

Albuquerque, Fernando, 53, 80

Alcântara, Pedro de (José Pedro de Alcântara) (21/08/1866-29/08/1929), 19, 30

Alcides, José, 290

Alencar, Cristóvão de (Armando de Lima Reis) (08/01/1910-23/11/1983), 36, 90, 145, *146*, 155, 166, 194, 196, 218, 225, 234

Alexandre, Bené, 308

Alf, Johnny (Alfredo José da Silva) (19/05/1929-04/03/2010), 15, 99, 247, 342

Alfândega, Porfírio da, 20

Almeida, Antônio (26/08/1911-10/12/1985), 46, 155, 204, 207, 218, 225, 240, 273, 274, 275

Almeida, Araci de (Araci Teles de Almeida) (19/08/1914-02/06/1988), 47, 90, 138, 154, 156, *157*, 176, 177, 179, 185, 190, 211, 219, 250, 254, 256, 262, 266, 273, 275, 316, 318, 353

Almeida, Cícero de, 94

Almeida, Guilherme de, 161, 234

Almeida, Harry Vasco de, 237

Almeida, Irineu de, 32

Almeida, J. F. de, 42

Almeida, Joel de (ver Joel)

Almeida, Laurindo de (02/09/1917-26/07/1995), 61, 90, 190, 218, 247, 330

Almeida, Mauro de (22/01/1882-19/06/1956), 55, *56*, 59

Almeida, Oscar de, 42

Almeidinha (Aníbal Alves de Almeida) (01/09/1922), 211, 254, *255*

Almirante (Henrique Foreis Domingues) (19/02/1908-21/12/1980), 12, 13, 21, 23, 36, 41, 42, 68, 79, 87, 102, 103, 108, 111, 119, 127, 129, 131, 137, 147, 154, 156, 163, 167, 179, 181, 187, 188, 204, 304

Almirante e o Bando de Tangarás, 103

Alocin, 334

Alvarenga, 174, 179, 196

Alves, Ataulfo (Ataulfo Alves de Souza) (02/05/1909-20/04/1969), 12, 36, *89*, 90, 91, 131, 153, 155, 166, 178, 179, 190, 194, 195, 199, 202, 207, *210*, 211, 212, 219, 225, 230, 231, 248, 274, 283, 285, 290, 308, 318, 332, 334, 341, 343, 344

Alves, Carmélia (14/02/1929-03/11/2012), 99, 248, 322

Alves, Edson José, 40

Alves, Francisco (Francisco de Morais Alves) (19/08/1898-27/09/1952), 52, 59, 60, 66, 68, 76, 77, 78, 80, 81, 87, 90, *92*, 94, 96, 98, 102, 103, 109, 110, 111, 117, 119, 120, 125, 126, 128, 129, 130, 131, 136, 137, 138, 143, *146*, 147, 151, 152, 156, 160, 165, 167, 184, 185, 190, 197, 203, 204, 208, 226, 235, 240, 242, 253, 256, 261, 263, 266, 271, 272, 276, 280, 284, 285, 291, 294, 303, 308, 311, 318, 321, 325, 326

Alves, Gilberto (Gilberto Alves Martins) (15/04/1915-04/06/1992), 47, 90, 219, 242, 248

Alves, Lúcio (Lúcio Ciribelli Alves) (28/01/1927-03/08/1993), 83, 247, 262, 276, 283, 302, 310, 316, 323, 326, 328, 349

Alvinho, 133

Amado, Jorge, 203

Amaral, Augusto do (Vidraça), 80

Amaral, Milton, 136

Amaral, Odete (28/04/1917-11/10/1984), 53, 61, 90, 163, 233, 235

Amaral, Tarsila do, 94

Americano, Luís (Luís Americano Rego) (27/02/1900-29/03/1960), 87, 108, 111, 163, 217

Amorim, Airton, 302, 308, 334

Amorim, Jair (Jair Pedrinha de Carvalho Amorim) (18/07/1915-15/10/1993), 48, 240, 274, 283, 285, 305, 339, 353

Amorim, Otília, 53

Andrade, Leny (Leny de Andrade Lima) (25/01/1943), 228

Andrade, Oswald de, 94

Anjos do Inferno, 90, 197, 203, 204, 207, 216, 219, 234, 237, 285

Araújo, Manezinho (Manoel Pereira de Araújo) (27/09/1910-23/05/1993), 37, 189

Araújo, Mozart de, 15, 41, 289

Araújo, Severino (Severino Araújo de Oliveira) (23/04/1917-03/08/2012), 61, 90, 153, 248, 256

Arelli, Bruno, 129

Ariovaldo Pires (Capitão Furtado), 35, 66

Assunção, Luís, 265

Augusto, Germano, 143, 196, 218

Autuori, Leônidas, 334

Avaré, 317, 322

Azevedo, Leonel (12/08/1908-16/10/1980), 28, 155, 162, 166, 190

Azevedo, Mário de, 40

Azevedo, Waldir (27/01/1923-20/09/1980), 72, 248, 249, 279, 286, 299, 302, 303

Babaú, 176

Babo, Lamartine (Lamartine de Azeredo Babo) (10/01/1904-16/06/1963), 28, 79, 87, 88, 89, 107, 109, 111, 112, 114, 115, 116, 118, 119, 120, 125, 126, 127, 128, 129, 130, 133, 136, 137, 143, 145, 147, 155, 165, 167, 187, 189, 204, 207, 218

Baiaco (Osvaldo Caetano Vasques) (1913-1935), 125

Baiano (Manoel Pedro dos Santos) (05/12/1887-15/07/1944), 10, 20, 25, 43, 44, 53, 56, 58, 60, 66, 70, 236

Balbi, F. A., 343

Banda Carioca, 19

Banda da Casa Edison, 25, 33, 45, 56

Banda Escudero, 19

Banda Ítalo-Brasileira, 23

Banda Paulino Sacramento, 19

Bando da Lua, 87, 112, 156, 192, 195

Bandeira, Luís (25/12/1923-22/02/1998), 72, 248, 308

Bandeira, Manuel, 161

Barbosa, Adoniran (João Rubinato) (06/08/1910-23/11/1982), 37, 248, 332, 334, 335, 343, 351

Barbosa, Castro (Joaquim Silvério de Castro Barbosa) (07/05/1909-20/04/1975), 36, 87, 118, 119, 120, 130, 217, 219

Barbosa, Daniel, 353

Barbosa, Fernando Castro, 145

Barbosa, Haroldo (21/03/1915-05/09/1979), 47, 262, 266, 271, 302, 317

Barbosa, Luís (Luís dos Santos Barbosa) (07/07/1910-08/10/1938), 37, 108, 144, 153, 156, 181

Barbosa, Orestes (07/05/1893-15/08/1966), 87, 110, 129, 136, 140, 144, 145, 147, 152, 161, 166, 190

Barbosa, Paulo (29/04/1900-04/12/1955), 89, 142, 155, 166, 175, 190

Barcelos, Alcebíades (Bide) (25/07/1902-18/03/1975), 27, 80, 87, 133, 175, 196, 219, 240, 242

Barreirinha (Manuel Barreiros), 108

Barreiros, Eurico, 110

Barros, Heitor, 175

Barros, João Petra de (23/06/1914-11/01/1947), 47, 126, 130, 147, 174, 197, 268

Barros, Josué de (16/03/1888-30/11/1959), 87, 103, 322

Barros, Priscila, 333

Barros, Raul de (Raul Machado de Barros) (25/11/1915-08/06/2009), 16, 17, 48, 90, 282

Barroso, Ary (Ary Evangelista Barroso) (07/11/1903-09/02/1964), 28, 87, 91, 96, 97, 98, 101, 103, 109, 111, 119, 126, 128, 129, 131, 135, 136, 143, 144, 145, 153, 155, 166, 172, 175, 178, *182*, 183, 184, 185, 188, 189, 196, 203, 205, 207, 218, 219, 224, 225, 227, 240, 274, 275, 280, 294, 314, 315, 317, 336, 341, 351

Barroso, Inezita (Inês Madalena Aranha de Lima) (04/03/1925-08/03/2015), 15, 83, 164

Bastos, Nilton (12/07/1899-08/09/1931), 96, 109, 111, 113, 117

Batista, Dircinha (Dirce Grandino de Oliveira) (07/05/1922-18/06/1999), 72, 90, 180, 294, 316

Batista, Linda (Florinda Grandino de Oliveira) (14/06/1919-18/04/1988), 62, 181, 242, 291, *294*, 296, 301, 303, 314, 319

Batista, Marília (Marília Monteiro de Barros Batista) (13/04/1918-09/07/1990), 12, 62, 87, 122, 177

Batista, Wilson (Wilson Batista de Oliveira) (03/07/1913-07/07/1968), 46, 90, 91, 129, 154, 164, 193, 194, 195, 196, 202, 207, 215, 216, 218, 224, 225, 240, 242, 248, 255, 282, 289, 308, 316, 325, 343

Belandi, Oscar, 283

Belém (Bernardino Belém de Souza), 29, 325

Beltrão, Henrique, 333

Benz, Agenor, 20

Berbara, Vitor, 318

Bethânia, Maria (Maria Bethânia Viana Teles Veloso) (18/06/1946), 153, 161, 172, 258, 315, 321

Betinho (Alberto Borges de Barros), 322, 326

Biá (Sebastião Alves da Cunha), 347, 354

Bide (ver Barcelos, Alcebíades)

Bittencourt, Lana (Irlan Figueiredo Passos) (05/02/1931), 112, 248

Bittencourt, Luís (Luís Gonzaga Bittencourt) (06/05/1915), 47, 274, 275, 302

Bittencourt, Norberto, 59

Bittencourt, René (René Bittencourt Costa) (23/12/1910-21/11/1979), 189, 242, 308, 353

Blanco, Billy (William Blanco de Abrunhosa Trindade) (08/05/1924-08/07/2011), 73, 247, 323, 325, 353

Blecaute (Otávio Henrique de Oliveira) (05/12/1919-09/02/1983), 63, 248, 291, 294, 307

Bloco Carnavalesco Batutas de São José, 348, 353

Blota, Geraldo, 353

Bob Nelson (Nelson Roberto Perez) (12/09/1918-26/08/2009), 62, 248, 251

Bola Sete, 330

Bolinha (Euclides Pereira Rangel), 347

Bonfá, Luís (Luís Floriano Bonfá) (17/10/1922-12/01/2001), 11, 72, 185, 247, 263, 313, 318, 330

Borba, Emilinha (Emília Savana da Silva Borba) (31/08/1923-03/10/2005), 72, 192, 231, 248, 262, 266, *278*, 285, 292, 293, 294, 354

Borges, Airton, 344

Borges, Aristides (Aristides Manoel Borges) (30/06/1884-10/09/1946), 40

Bororó (Alberto de Castro Simoens da Silva) (15/10/1898-07/06/1986), 185, 193, 225

Bôscoli, Geysa, 196

Botelho, Cândido (Cândido de Arruda Botelho) (24/02/1907-20/04/1955), 184

Bountman, Simon, 95

Braga, Ernâni, 277

Braga, Francisco, 35, 243

Índice onomástico      359

Braga, Gaetano, 27
Braga, José, 334
Braga, Rubem, 280
Braguinha (ver João de Barro)
Brancura (Sílvio Fernandes), 111
Brandão, Nestor, 79
Brasinha, 317
Brean, Denis (Augusto Duarte Ribeiro)
(28/02/1917-16/08/1969), 237, 240,
265, 270, 271, 272, 348
Brito, Guilherme de (Guilherme de Brito
Bollhorst) (03/01/1922-26/04/2006),
71, 348, 353
Brito, Nazareno de, 322, 325, 333, 343
Brito, Plínio, 103
Brito, Rubens Leal, 225
Bruni, Nicola, 218
Bruno, Antônio, 351
Bulhões, J. Carvalho, 43
Bulhões, Max, 164, 167, 216
Burle, José Carlos, 163, 164
Cabral, Aldo (03/02/1912-05/06/1994),
145, 155, 166, 189, 196, 252, 253
Cadete (Manoel Evêncio da Costa
Moreira) (03/05/1874-25/07/1960), 11,
20
Caetano, Pedro (Pedro Walde Caetano)
(01/03/1911-27/07/1992), 12, 15, 46,
90, 160, 178, 214, 225, 232, 240, 255,
261, 264, 265, 272
Calcanhotto, Adriana, 172
Caldas, Antônio, 179
Caldas, Klecius (Klecius Pennafort Caldas)
(06/05/1919-21/12/2002), 13, 15, 62,
248, 274, 283, 285, 293, 294, 302,
306, 308, 318, 325, 333, 341
Caldas, Murilo, 129, 131, 217, 219
Caldas, Sílvio (Sílvio Narciso de Figueiredo
Caldas) (23/05/1908-03/02/1998), 29,
36, 87, 90, 112, 126, 128, 130, 136,
137, 139, 144, 145, 146, 147, 153,
156, 161, 163, 164, 166, 168, 174,
176, 180, 184, 185, 186, 190, 191,
193, 194, 197, 208, 215, 219, 228,
235, 242, 279, 298, 302, 349
Calheiros, Augusto (05/06/1891-
11/01/1956), 67, 76, 77, 80, 87, 345

Calmon, Valdir (Valdir Calmon Gomes)
(30/01/1919-11/04/1982), 62
Camargo, Joracy, 129, 153
Camilo, Artur, 20
Caminha, Alcides, 348
Campos, Erotides de (15/10/1896-
20/03/1945), 52, 67
Campos, Horácio, 78
Campos, Paulo Mendes, 280, 334
Campos, Rubens, 81, 217
Canhoto (ver Jacomino, Américo)
Canhoto (Waldiro Frederico Tramontano),
163, 227, 249
Caninha (Oscar José Luís de Morais)
(06/07/1883-16/06/1961), 52, 60, 65,
79
Capiba (Lourenço da Fonseca Barbosa)
(28/10/1904-31/12/1997), 28, 120, 239
Cardoso, Elizeth (Elizeth Moreira
Cardoso) (16/07/1920-07/05/1990), 63,
96, 161, 248, 298, 299, 300, 303, 315,
324, 325, 341, 348, 354
Careca (Luís Nunes Sampaio) (08/02/1886-
21/05/1953), 52, 60, 65, 66, 69, 79
Carlos José (Carlos José Ramos dos
Santos) (22/09/1934), 15, 138, 340
Carneiro, Minona, 119
Carrilho, Altamiro (Altamiro Aquino
Carrilho) (21/12/1924), 40, 41, 73,
248, 302, 325, 326
Cartola (Angenor de Oliveira)
(11/10/1908-30/11/1980), 36, 199, 264
Carusinho, 136
Carvalhinho, 265, 307, 343
Carvalho, Hermínio Bello de (28/03/1935),
109, 149
Carvalho, Jaime de (Coló), 254, 255
Carvalho, Joubert de (Joubert Gontijo de
Carvalho) (06/03/1900-20/09/1977),
87, 93, 96, 101, 102, 107, 111, 116,
117, 121, 155, 179, 190, 255
Carvalho, Vantuil de, 96
Cascatinha (Francisco dos Santos)
(20/04/1919-14/03/1996), 29, 318
Castelo Neto, Sivan, 119, 196
Castilho, Almira (24/08/1924-26/02/2011),
312, 315

Castro, Jorge de, 325, 343
Castro, Juca, 59
Castro, Lúcio de, 313
Castro, Roberto Xavier de, 32
Castro, Urgel de, 343
Cavalcanti, Alventino, 343
Cavalcanti, Armando (Armando
 Cavalcanti de Albuquerque)
 (19/04/1914-15/05/1964), 47, 248, 274,
 283, 293, 294, 302, 306, 308, 318,
 325, 333, 341
Cavalcanti, Aurélio, 20
Cavalcanti, Rosil, 315
Caymmi, Dorival (30/04/1914-
 16/08/2008), 12, 15, 47, 90, 91, 187,
 188, 189, 190, 191, 195, *200*, 203,
 204, 205, 207, 208, 219, 229, 234,
 238, 240, 242, 248, 263, 265, 266,
 273, 274, 275, 276, 277, 283, 308,
 310, 314, 319, 325, 340, 341, 343,
 344, 350, 354
Caymmi, Nana (Dinahir Tostes Caymmi,
 29/04/1941), 209, 238, 254
Cearense, Catulo da Paixão (31/01/1866-
 10/05/1946), 19, 24, 25, 30, 32, 38, 39,
 40, 41, 52, 116, 258
Celestino, Vicente (Antônio Vicente Felipe
 Celestino) (12/09/1894-23/08/1968),
 45, 52, 68, 70, 87, 96, 116, 122, 130,
 145, 148, *150*, 152, 156, 162, *165*,
 168, 196, 197, 253, 255, 258, 331, 349
Célio, Francisco, 190
César, Carlos, 343
César, Fernando, 329, 343, 351, 353
Chagas, Nilo, 343
Chaves, Ailce, 308
Chaves, Ovídio, 234
China (Otávio da Rocha Viana), 58, 59
Chiquinho do Acordeom, 84, 247, 299,
 322, 323
Chirol, Antônio dos Santos, 20
Cipó (Orlando Costa), 248
Cirino, Sebastião, 79
Coelho, Elisa, 109, 111, 153
Coelho, Marisa P., 294
Coelho, Santos, 39
Coelho Neto, 134

Colas, Álvaro, 43
Colé, 318
Copia, Nicolino, 36, 90, 248
Cordovil, Hervê (03/12/1914-16/07/1979),
 47, 136, 283, 293, 294, 302
Correia, Domingos, 39
Correia, Salvador, 80
Cortes, Araci (Zilda de Carvalho
 Espíndola) (31/03/1904-08/01/1985),
 28, 53, 87, *89*, 95, 96, 98, 108, 109,
 117, 120, 135, 173, 184
Costa, Aloisio Augusto da, 339
Costa, Cândido, 57, 96
Costa, Carmen (Carmelita Madriaga)
 (05/01/1920-24/04/2007), 63, 90, 217,
 318, 334, 343
Costa, Claudino, 22, 23
Costa, Gal (Maria da Graça Costa Pena
 Burgos) (26/09/1945), 153, 184, 225,
 244, 254, 289, 315
Costa, Heleninha (Helena Costa)
 (18/01/1924-11/04/2005), 72, 224, 226,
 304
Costinha, 79
Cristo, Garcia, 20
Crosby, Bing, 83, 163, 184
Cruz, Claudionor (Claudionor José da
 Cruz) (01/04/1910-19/06/1995), 36, 90,
 178, 190, 232, 240
Cruz, Gutenberg, 33
Cruz, Hanibal, 196
Cunha, Ciro Vieira da, 318
Curi, Ivon (Ivon José Curi) ((05/06/1928-
 24/06/1995), 84, 248, 277, 293, 318,
 319, 333
De Chocolat, 79, 136
Delgado, Pepa, 25
Demônios da Garoa, 248, 332, 334
Déo (Ferjalla Rizkalla) (10/01/1914-
 23/09/1971), 47, 90, 195, 224, 226,
 227, 236, 242, 275
Dias, Manoel, 79
Dino (Horondino José da Silva)
 (05/05/1918-27/05/2006), 15, 62, 90,
 223, *227*
Domingos, Antônio, 318

Donato, João (João Donato de Oliveira) (17/08/1934), 138, 247

Donga (Ernesto Joaquim Maria dos Santos) (05/04/1899-25/08/1974), 50, 52, 55, 56, 58, 59, 79, 103, 127, 159, 184, 199

Dornelas, Homero, 102, 107

Downey, Wallace, 115, 173, 188, 251

Drake, Ervin, 110

Dunga (Valdemar de Abreu) (16/12/1907-05/10/1991), 35, 178, 234, 285, 339, 353

Duprat, Rogério, 29, 122, 162

Duque (Antônio Lopes do Amorim Diniz), 79, 80, 103, 320

Duque de Abramonte (Décio Abramo), 68

Duran, Dolores (Adileia Silva da Rocha) (07/06/1930-24/10/1959), 11, 104, 247, 315, 316, 329, 347, 353

Dusek, Eduardo (Eduardo Gabor Dusek) (01/01/1958), 166, 327

Dutra, Altemar, 199, 349

Dutra, Eurico Gaspar, 244, 258, 291

Edu da Gaita (Eduardo Nadruz) (13/10/1916-23/08/1982), 48, 90

Eiras, Haroldo, 318

Elis Regina (Elis Regina de Carvalho Costa) (17/03/1945-19/01/1982), 135, 151, 161, 184, 185, 243, 272, 324

Esteves, Djalma, 262

Evaldo Rui (Evaldo Rui Barbosa) (09/04/1913-04/08/1954), 46, 146, 225, 233, 234, 240, 242, 254, 262, 283, 291, 293, 327

Faissal, Floriano, 333

Faissal, Lourival, 343, 351

Falcão, Wilson, 166, 333

Faraj, Jorge (Jorge Vidal Faraj) (09/07/1901-14/06/1963), 27, 90, 155, 179, 185, 186, 207, 225, 324

Faria, Artur, 80

Faria, Emílio Duque Estrada, 43

Farney, Dick (Farnésio Dutra e Silva) (14/11/1921-04/08/1987), 71, 247, 252, 256, 263, 266, 267, 273, 274, 275, 283, 285, 305, 310, 323, 326

Fats Elpídio (Elpídio Pessoa), 90

Fernandes, Jorge (Jorge de Oliveira Fernandes) (05/06/1907-19/03/1989), 35, 117, 120, 164, 253

Ferreira, Abel (15/02/1915-13/04/1980), 47, 90, 228, 248, 255, 256

Ferreira, Breno, 119

Ferreira, Djalma (05/05/1913-28/09/2004), 47, 155, 302

Ferreira, Edgar, 318, 323

Ferreira, Edmundo Otávio, 25

Ferreira, Hilário Jovino, 56, 58, 186

Ferreira, Ítala, 108

Ferreira, Nelson (Nelson Ferreira Alves) (09/12/1902-21/12/1976), 28, 67, 347, 348

Figueiredo, Celso, 179

Filho, André (Antônio André de Sá Filho) (21/03/1906-02/07/1974), 35, 134, 136, 137

Filho, Marinósio, 313

Fittipaldi, João B., 59

Florence, Jaime (Meira), 90, 223, 227, 249, 265, 343

Foca, João, 32

Fon-Fon (Otaviano Romero Monteiro) (31/01/1908-10/08/1951), 36, 233, 304

Fonseca, Ademilde (Ademilde Fonseca Delfim) (04/03/1921-27/03/2012), 42, 71, 90, 110, 279

Fonseca, Sebastião, 302

Fontainha, Guilherme, 57

Fontes, Hermes (Hermes Floro Bartolomeu Martins de Araújo Fontes) (28/08/1888-25/12/1930), 19, 32, 66

Formenti, Gastão (24/06/1894-28/05/1974), 53, 81, 87, 93, 98, 108, 111, 120, 137

Francisco Carlos (Francisco Rodrigues Filho) (05/04/1928-19/08/2003), 84, 248

Frazão, Eratóstenes (17/01/1901-17/04/1977), 27, 155, 189, 206, 218, 234, 240, 242, 255, 265

Freire Júnior (Francisco José Freire Júnior) (04/08/1881-06/10/1956), 51, 65, 66, 67, 69, 74, 79, 80, 96, 103, 111, 129, 345

Freitas, José Francisco de (1897-13/02/1956), 51, 67, 69, 70, 76, 79, 93, 345

Fróes, Leopoldo, 29, *65*, 69, 70, 122

Gadé (Osvaldo Chaves Ribeiro) (23/07/1904-27/10/1969), 28, 145, 147, 166

Galati, Jorge, 23

Galdino, Pedro, 33

Galeno, Ricardo, 318

Galhardo, Carlos (Catello Carlos Guagliardi) (24/05/1913-25/07/1985), 46, 87, 90, 126, 129, 131, 142, 153, 156, 165, 167, 185, 190, 206, 233, 234, 242, 261

Galhardo, José, 310, 345

Gama, Alfredo, 43

Gama, Teobaldo Marques da, 103

Gandelman, Henrique, 325

Gaó (Odmar Amaral Gurgel), 36, 87, 110

Garcez, Augusto, 255

Garcez, M., 265

Garcia, Chianca de, 224

Garcia, Isaura (26/02/1923-30/08/1993), 72, 90, 96, 223, 226, *250*, 252, 253, 254, 256, 262, 266, 310

Garoto (Aníbal Augusto Sardinha) (28/06/1915-03/05/1955), 48, 90, 161, 217, 247, 308, 310, 322, 323, 326, 330, 334, *335*, 336

Garoto e sua Bandinha, 326

Gaspar, João da Silva, 143

Gaúcho (Francisco de Paula Brandão Rangel) (29/06/1911-01/04/1971), 22, 87, 139, 154, 156, 197, 202, 208

Gaya, Lindolfo (Lindolfo Gomes Gaya) (06/05/1921-15/09/1987), 71, 247

Gennari Filho, Mário, 105, 305

Gentil, Romeu, 274, 283, 293, 302

Gerardi, Alcides (José Alcides Gerardi) (15/05/1918-03/02/1978), 62, 248, 275, 289, 294

Gidinho, 164, 168

Gigli, Beniamino, 29

Gil, Gilberto (26/06/1942), 205, 220, 261, 272, 315

Gilson (Gilson de Freitas), 227

Gnatalli, Roberto, 15, 118, 277

Gnattali, Radamés (27/01/1906-03/02/1988), 12, 29, 35, 78, 87, 88, 161, 162, 184, *246*, 247, *252*, 273, 293, 306, 316

Gomes Filho, 196

Gomes Júnior, José, 80

Gomes, Aurélio, 125

Gomes, Onéssimo, 254, 286

Gomes, Valdemar, 283

Gonçalez, Henrique, 207

Gonçalves, Alcides, 275, 294

Gonçalves, Nelson (Antonio Gonçalves Sobral) (21/06/1919-18/04/1998), 62, 90, 209, 213, 217, 219, 226, 231, 235, 239, 242, 248, 263, 264, 266, 279, *284*, 285, 314, 321, 326, 331, 334, 351, 354

Gonzaga, Chiquinha (Francisca Edwiges Neves Gonzaga) (17/10/1847-28/02/1935), *18*, 19, 21, 22, 42, 43, *45*, 93, 148

Gonzaga, Luiz (Luiz Gonzaga do Nascimento) (13/12/1912-02/08/1989), 40, 46, 90, 209, 234, 240, 244, 247, 251, 255, 261, 265, 266, 272, 276, *278*, 281, 283, 285, 291, 293, 294, 296, 302, 303, 305, 312, 316, 317, 322

Gonzaga, Zé, 343

Gonzaga, Zezé (Maria José Gonzaga) (03/09/1926-24/07/2008), 83, 96, 254

Goulart, Jorge (Jorge Neves Bastos) (06/01/1926-17/03/2012), 83, 243, 248, 254, 294, 301, 310, 313, 334, 344, 349, 354

Gouveia, Bandeira de, 22

Gracindo, Paulo, 315

Grande Otelo (Sebastião Bernardes de Souza Prata) (18/10/1915-26/11/1993), 48, 91, 153, 212, 216, 234

Grego, Almanir, 196

Grupo Chiquinha Gonzaga, 45

Grupo da Guarda Velha, 119

Grupo do Malaquias, 20

Grupo do Louro, 45

Grupo Lulu o Cavaquinho, 20

Grupo O Passos no Choro, 20, 42, 45, 60

Índice onomástico

Guilherme, Jaime, 218
Guilherme, Osvaldo, 348
Guimarães, Fausto, 353
Guimarães, Hélio, 343
Guimarães, Rogério, 87, 249
Guinle, Carlos, 308
Gusmão, Scila, 285
Gustavo, Miguel, 72, 329
Heloísa Helena, 160
Henricão, 81, 217
Henry, Georges, 325
Hinha, 325
Holanda, Nestor de, 255, 265
Homem, Torres, 178
Iglesias, Luís, 96, 98, 111, 178, 184
Inhana (Ana Eufrosina da Silva)
  (28/03/1923-11/06/1981), 29, 318
Irmãs Pagãs, 171
Irmãos Tapajós, 116, 120
Irmãos Valença, 118, 119
Izaltina, 60
J. Cascata (Álvaro Nunes) (23/11/1912-
  27/01/1961), 47, 90, 171, 175, 190,
  196, 218, 316
J. Piedade, 218, 290, 294
J. Portela, 255, 285
J. Rui, 129
Jackson do Pandeiro (José Gomes Filho)
  (31/08/1919-10/07/1982), 62, 248, 312,
  315, 323, 324
Jacob do Bandolim (Jacob Pick
  Bittencourt) (14/02/1918-13/08/1969),
  12, 31, 40, 61, 90, 161, 185, 212, 248,
  352, 353
Jacomino, Américo (Canhoto)
  (12/03/1889-07/09/1928), 51, 52, 59,
  69, 75, 84, 163, 249
Jacques, Geraldo, 271
Jamelão (José Bispo Clementino dos
  Santos) (12/05/1913-14/06/2008), 46,
  248, 340
Jararaca (José Luís Rodrigues Calazans)
  (29/09/1896-09/10/1977), 69, 76, 103,
  129, 163, 167, 199
Jesus, Antônio Rodrigues de, 69
João da Mata, 56
João da Praia, 79

João de Barro (Carlos Alberto Ferreira
  Braga) (Braguinha) (29/03/1907-
  24/12/2006), 12, 35, 87, 88, 103, 111,
  126, 128, 129, 133, 135, 136, 145,
  155, 159, 160, 161, 174, 175, 176,
  177, 178, 179, 188, 190, 194, 196,
  203, 207, 225, 234, 248, 251, 252,
  254, 264, 265, 273, 274, 275, 280,
  305, 349, 350
João do Sul (Gastão Barroso), 68
João Gilberto (João Gilberto do Prado
  Pereira de Oliveira) (10/06/1931), 113,
  153, 184, 185, 193, 195, 205, 213,
  225, 233, 237, 239, 247, 263, 270,
  272, 340
João Violão, 343
Jobim, Antônio Carlos (Tom Jobim)
  (Antônio Carlos Brasileiro de Almeida
  Jobim) (25/01/1927-08/12/1994), 11,
  12, 16, 83, 135, 161, 184, 247, 323,
  329, 338, 340, 342, 345, 350, 353
Joel (Joel de Almeida) ((05/11/1913-
  01/04/1993), 87, 139, 154, 156, 197,
  202, 208, 254, 343, 344
Jonjoca (João de Freitas), 15, 111, 118,
  119, 120
Jota Júnior (Joaquim Antônio Candeias
  Júnior) (01/11/1923-19/01/2009), 15,
  72, 248, 302, 306, 307, 308
K-Ximbinho (Sebastião de Barros)
  (20/01/1917-27/06/1980), 61, 90
Kalut, Juca, 43
Kerner, Ari (Ari Kerner Veiga de Castro)
  (27/02/1906-04/04/1963), 103, 129
Kéti, Zé (José Flores de Jesus) (06/10/1921-
  04/11/1999), 71, 248, 343
Kid Pepe (José Gelsomino) (19/09/1909-
  14/09/1961), 135, 136, 143, 166, 234
Kolman, Inácio, 95
Lacerda, Benedito (14/03/1903-
  16/02/1958), 28, 41, 87, 126, 145, 155,
  166, 175, 179, 186, 187, 189, 190,
  196, 213, 215, 218, 223, 227, 234,
  240, 249, 252, 255, 265, 274, 281,
  282, 307
Lago, Mário (26/11/1911-30/05/2002), 12,
  15, 46, 90, 91, 166, 173, 175, 178,

A canção no tempo - Vol. 1

188, 189, 190, 202, 211, 212, 215, *230*, 231, 255, 265, 317, 325

Lamego, Roberto, 318

Lamounier, Gastão (Gastão Marques Lamounier) (22/04/1893-28/01/1984), 166

Lane, Virgínia, 307, 310

Leal, Arlindo, 59, 69

Leão, Nara (Nara Lofego Leão) (19/01/1942-07/06/1989), 29, 32, 185, 206, 220, 342

Legey, Milton, 318

Leme, D. Sebastião, 214

Leme, Reinaldo Dias, 318

Lemos, Fafá (Rafael Lemos Júnior) (19/02/1921-18/10/2004), 71, 248, 301, 330

Lentini, Carlos, 163

Leocádio, José, 255

Lezute, 65

Lima, Arthur Moreira, 31, 40, 161, 198

Lima, Ellen de (24/03/1938), 180, 248

Lima, Helena de, 83, 340, 344

Lima, Miguel, 234, 240, 255, 265

Lima, Negrão de, 255

Limeira (Ivo Raimundo), 331

Lira, Abdon, 32

Lira, Marisa, 183

Lira, José Pereira, 291, 292

Lobato, Heber, 313

Lobo, Ari, 323

Lobo, Fernando (Fernando de Castro Lobo) (26/07/1915-22/12/1996), 12, 15, 48, 248, 275, 280, 283, 291, 293, 301, 307, 320, 343

Lobo, Haroldo (22/07/1910-20/07/1965), 37, 90, 91, 175, 178, 194, 196, 201, 207, 215, 218, 224, 225, 234, 240, 242, 248, 255, 256, 265, 275, 293, 294, 300, 302, 307, 308, 325

Lobo, Henrique, 334

Lopes, Evrágio, 225

Lopes, Honorino, 43

Lopes, Otolindo, 234

Lourival, Junquilho, 69, 218

Lourival, Uriel, 134

Louro (Lourival Inácio de Carvalho) (22/04/1894-17/06/1956), 41, 43, 45, 345

Louro, Aldacir, 334

Luís Antônio (Antônio de Pádua Vieira de Castro) (16/04/1921-01/12/1996), 248, 274, 302, 306, 307, 317

Luís Cláudio (Luís Claudio de Castro) (22/02/1935-28/08/2013), 149, 247, 334, 343

Luís, Washington, 83, 94, 105

Luisinho (Luís Raimundo), 331

Lyra, Carlos (Carlos Eduardo Lyra Barbosa) (05/05/1939), 158, 247, 342

Macedo, Adolfo, 325, 334, 344

Macedo, Ari, 302

Macedo, Genival, 325

Macedo, Getúlio, 308, 351

Macedo, Joaquim Manoel de, 66

Macedo, Nelson de, 112

Macedo, Nóbrega de, 325

Macedo, Stefana de, 98

Machado, Antônio de Alcântara, 253

Machado, Carlos, 263, 322

Machado, Pinheiro, 31

Machado, Valdir, 325

Maciel, Edmundo, 248

Madame Satã, 331

Madi, Tito (Chauki Maddi) (12/07/1929), 99, 225, 247, 325, 326, 340, 347, 349, 351, 353, 354

Magalhães, Geraldo, 20

Magalhães, Oldemar, 307, 317

Magalhães, Téo, 234

Magno, Pascoal Carlos, 117, 181

Maia, Alberto, 266

Maia, Déo, 153

Maia, Lauro (Lauro Maia Teles) (06/11/1912-05/01/1950), 46, 226, 255, 294, 296

Mano Décio da Viola (Décio Antônio Carlos) (14/07/1909-18/10/1984), 36, 333

Manzon, Jean, 334

Marçal, Armando (Armando Vieira Marçal) (14/10/1902-20/06/1947), 27, 87, 133, 175, 196, 219, 240, 242, 268

Marçal, Nilton Delfino, 105, 133

Marcílio, José, 195, 196

Marcléo, 321

Maria, Ângela (Abelim Maria da Cunha) (13/05/1928), 84, 96, 161, 248, 254, 304, 308, *309*, 318, 324, 325, 334, 344

Maria, Antônio (Antônio Maria Araújo de Morais) (17/03/1921-15/10/1964), 71, 246, 280, 307, 308, 315, 316, 318, 324, 333

Mariah (Maria Clara Correia de Araújo), 187, 191

Mariano, César Camargo, 135, 151, 166, 229

Mariano, Olegário (Olegário Mariano Carneiro da Cunha) (24/03/1889-28/11/1958), 87, 96, 101, 107, 111, 119, 140

Marinho, Getúlio, 111, 119

Marino, Alberto (23/03/1902-11/02/1967), 52, 77

Marins, Aloisio, 334

Mário Cavaquinho (Mário Álvares da Conceição), 42

Marlene (Victoria Bonaiutti) (18/11/1924-13/06/2014), 12, 248, 258, 293, 303, 306, 310, 319, 321

Marnet, Bruno, 325

Marques Júnior, Arlindo (Arlindo Coelho Marques Júnior) (01/08/1913-04/06/1968), 47, 90, 171, 175, 190, 196, 218, 316

Marques, Paulo, 302, 308

Marques, Raul, 167, 234

Martinez Filho, Fernando, 196

Martins, Felisberto, 175, 218, 254, 283, 318

Martins, Fernando, 275, 283, 285, 325

Martins, Herivelto (Herivelto de Oliveira Martins) (30/01/1912-17/09/1992), 12, 46, 90, 91, 155, 166, 179, 189, 212, 213, 216, 224, 225, 226, 234, 238, 239, *241*, 248, *255*, 264, 265, 266, 272, 274, 279, 290, 292, 301, 317, 321, 325, 331, 344, 353

Martins, Laci, 155

Martins, Osvaldo, 290, 294, 302

Martins, Pinto, 103

Martins, Roberto (29/01/1909-14/03/1992), 12, 15, 36, *89*, 90, *146*, 152, 153, 155, 166, 175, 187, 189, 190, 194, 196, 217, 218, 223, 226, 230, 232, 234, 240, 242, *255*, 256, *257*, 265, 274, 282, 283, 302, 325

Martins, Tito, 22

Marzulo, Maria, 70

Matogrosso, Ney, 172, 185

Matos, Pereira, 308

Matoso, Francisco, 151, 167, 178, 204

Maysa (Maysa Figueira Monjardim) (06/06/1936-22/01/1977), 153, 158, 248, *346*, 349, 350, 354

Medeiros, Anacleto de (Anacleto Augusto de Medeiros) (13/07/1866-14/08/1907), 19, 24, 25, 30, 32, 35

Medeiros, Paulo, 179

Meira (ver Florence, Jaime)

Melilo, Pascoal, 317, 319

Melo, Dilu, 63, 234, 285

Melo, Sátiro de, 290

Mendonça, Newton (Newton Ferreira de Mendonça) (14/02/1927-22/11/1960), 83, 247, 340, 342

Menezes, Cardoso de, 76

Menezes, O. Cardoso de, 164

Menezes, Carolina Cardoso de (27/05/1916-31/12/2000), 15, 48, 87, 179, 217, 318

Menezes, Cupertino de, 32

Menezes, José, 71, 90, 275

Menezes, Monsueto (Monsueto Campos Menezes) (04/11/1924-17/02/1973), 73, 248, 308, 321, 333, 343

Mesquita, Augusto, 223, 265, 325, 343

Mesquita, Custódio (Custódio Mesquita de Pinheiro) (25/04/1910-13/03/1945), 36, 86, 87, 137, 173, 178, 194, 196, 207, 225, 226, 230, 233, 234, 240, 242, 243, 254

Mignone, Francisco (Francisco Paulo Mignone) (03/09/1897-19/02/1986), 103, 142

Milano, Nicolino, 32

Milfont, Gilberto (João Milfont Rodrigues) (07/11/1922), 72, 248, 256, 274

Miltinho (Milton Santos de Almeida) (31/01/1928-07/09/2014), 15, 84, 329, 343

Mina, João, 155

Mirabeau (Mirabeau Pinheiro) (31/07/1924-07/10/1991), 313, 325, 332, 334, 343, 353

Miranda, Aurora (Aurora Miranda da Cunha) (15/04/1915-22/12/2005), 47, 86, 87, 131, *132*, 134, 137, 314

Miranda, Carmen (Maria do Carmo Miranda da Cunha) (09/02/1909-05/08/*1955*), 36, *53*, *86*, 88, 91, 102, 103, 110, 127, 129, 135, 137, 141, 147, 149, 153, 156, 163, *170*, 171, 172, 173, 179, 188, 190, 191, 192, 197, 203, 322, 327, 336, 349

Miranda, Luperce (Luperce Bezerra Pessoa de Miranda) (28/07/1904-05/04/1977), 28, 41, 76, 80, 87, 125, 159, 305

Miranda, Miguel, 343

Mirandela, 59

Miúcha (Heloísa Maria Buarque de Holanda), 254

Monsueto (ver Menezes, Monsueto)

Monte, Marisa (Marisa de Azevedo Monte) (01/07/1967), 165

Monteiro, Ari, 255, 265, 274, 283, 302

Monteiro, Ciro (28/05/1913-13/07/1973), 46, 90, 149, 163, 176, 179, 195, 197, 202, 207, 214, 219, 222, 223, 226, 233, 235, 238, 242, 256, 330

Monteiro, Dóris (Adelina Dóris Monteiro) (23/10/1934), 15, 139, 247, 300, *328*, 329, 343

Monteiro, José, 59

Moraes, Vinicius de (Marcus Vinicius da Cruz de Melo Moraes) (19/10/1913-09/07/1980), 32, 47, 115, 247, 340, 345, 350, 351

Morais, Guio de, 294

Morais, Salvador, 96, 103

Moran, Georges, 225

Moreira da Silva (Antônio Moreira da Silva) (01/04/1902-06/06/2000), 27, 87, 113, 125, 130, 143, 193, 197

Moreira, Adelino (Adelino Moreira de

Castro) (23/08/1918-06/06/2000), 61, 248, 308, 343, 351

Moreira, Moraes, 205

Moreno, Raul, 321, 326, 348

Mota, Anísio, 80

Moura, Paulo, 123, 247

Muraro, Heriberto, 186, 196

Namorados da Lua, 262, 266

Nascimento, Armando, 174

Nascimento, João Batista do, 43

Nascimento, Milton, 221, 321

Nássara, Antônio (Antônio Gabriel Nássara) (11/11/1910-11/12/1996), 37, 87, 129, 134, 136, 137, 146, 155, 166, 175, 179, 187, 189, 190, 201, 206, 289, 308

Nasser, David (01/01/1917-10/12/1980), 61, 90, 184, 189, 201, 203, 207, 216, 225, 234, 275, 281, 282, 290, 293, 294, 308, 317, 318, 321, 325, 331, 344, 353

Nazareth, Ernesto (Ernesto Júlio de Nazareth) (20/03/1863-04/02/1934), 12, 19, 20, 25, 31, 32, 34, 42, 43, 138

Neco (Manoel Ferreira Capellani), 32, 43

Nelson Cavaquinho (Nelson Antônio da Silva) (28/10/1910-18/02/1986), 37, 255, 302, 348, 353

Neto, Ismael, 302, 324, 333

Neto, Silvino (Silvério Silvino Neto) (21/07/1913-10/06/1991), 47, 179, 190, 261

Neusa Maria (Vasiliki Purchio) (01/12/1928-13/02/2011), 248, 304

Neves, Cândido das (24/07/1889-14/11/1934), 87, 116, 129, 134, 139, 145, 179

Neves, Eduardo das (Eduardo Sebastião das Neves) (1874-11/11/1919), 11, 20, 21, 42, 45, 60, 62, 116

Neves, Sebastião Santos, 80

Ney, Nora (Iracema de Souza Ferreira) (20/03/1922-28/10/2003), 72, 247, 307, 310, 313, 316, 319, 349

Nhô Pai, 302

Nonô (ver Peixoto, Romualdo)

Novos Baianos, 203

Índice onomástico

Nozinho, 20
Nunes, Átila, 302
Nunes, Cícero, 240, 252, 253
Nunes, Clara, 229, 315
Nunes, Edgar, 218
Nunes, José, 25
Oliveira, Aloisio de (30/12/1914-04/02/1995), 47, 110, 340, 350
Oliveira, Angelino de, 52, 66
Oliveira, Antenor de, 43
Oliveira, Armando, 43
Oliveira, Arquimedes de, 29
Oliveira, Benjamin de, 41
Oliveira, Bonfiglio de, 87, 136, 198
Oliveira, Dalva de (Vicentina de Paula Oliveira) (05/05/1917-31/08/1972), 61, 90, 96, 161, 169, 190, 248, 254, 264, 266, 271, 272, 288, 290, 292, 293, 294, 302, 303, 306, 308, 314, 318, 342, 344
Oliveira, Darci de, 42, 175, 218
Oliveira, Gonçalves de, 79
Oliveira, Milton de, 164, 167, 175, 178, 194, 196, 207, 218, 256, 302, 308, 325, 334, 343
Oliveira, Silas de (Silas de Oliveira Assunção) (04/10/1916-20/05/1972), 48, 333
Oliveira, Zaíra de, 53
Orestes, Nei, 163
Orlando, Paulo, 226
Orquestra American Jazz Band Sílvio de Souza, 52
Orquestra Augusto Lima, 66
Orquestra Brasil-América, 66
Orquestra Colbaz, 110, 112
Orquestra de Carlos Machado, 322
Orquestra Eduardo Souto, 70
Orquestra Ideal Jazz Band, 52
Orquestra Jazz Band Acadêmica, 280
Orquestra Jazz Band do Batalhão Naval, 52
Orquestra Jazz Band Sul Americana, 52
Orquestra Tabajara, 256
Orquestra Victor-Brasileira, 159
Os Cariocas, 225, 247, 271, 275, 304
Os Geraldos, 33

Pacheco, Francisco, 263
Paiva, Roberto (Helin Silveira Neves) (08/02/1921-01/08/2014), 12, 16, 71, 90, 206, 233, 248, 350
Paiva, Vicente (Vicente Paiva Ribeiro) (18/04/1908-18/02/1964), 36, 163, 196, 224, 294, 302
Palmeira (Diogo Mulero), 347, 354
Pancetti, José, 253
Panicalli, Lyrio (26/06/1906-09/11/1984), 29, 35, 271
Paquito (Francisco da Silva Farrea Júnior) (09/02/1915-31/07/1975), 206, 273, 275, 283, 293, 302
Paraguaçu (Roque Ricciardi) (25/05/1884-05/01/1976), 53
Paraguaçu, Pedro, 265
Pardinho, 332
Pascoal, Hermeto (22/06/1936), 158, 161
Passos, Arnaldo, 285, 300, 322, 333
Patané, Eduardo, 333, 343
Paula, Elano de, 299
Paula, Nestor de, 325
Paulo, D., 69
Pavão, Ari, 75, 79
Pedro Augusto, 29
Pedro Raimundo (29/06/1906-09/07/1973), 234
Peixoto, Cauby (Cauby Peixoto Barros) (10/02/1935), 148, 248, 329, 339, 340, 344, 349, 353
Peixoto, Luís (Luís Carlos Peixoto de Castro) (02/02/1889-14/11/1973), 52, 78, 80, 81, 87, 93, 95, 96, 97, 103, 128, 135, 145, 194, 196, 207, 302, 341, 351
Peixoto, Romualdo (Nonô) (07/02/1901-13/11/1954), 87, 125, 126, 178, 327
Penteado, Compadre, 333
Peracchi, Leo (30/09/1911-16/01/1993), 46, 340
Pereira, Francisco, 164
Pereira, Geraldo (Geraldo Teodoro Pereira) (23/04/1918-08/05/1955), 62, 90, 91, 193, 225, 232, 234, 237, 248, 255, 275, 285, 300, 303, 304, 330, 336
Pereira, Guilherme A., 167

Pereira, Pedro de Sá, 51, 69, 75, 79, 80, 119

Pereira, Valdomiro, 274

Pernambuco, João (João Teixeira Guimarães) (02/11/1883-16/10/1947), 40, 41, 76, 269

Perrone, Luciano, 87

Pesce, Lina, 218

Pessoa, João, 101, 102, 103, 105, 292

Peterpan (José Fernandes de Paula) (21/01/1911-28/04/1983), 46, 189, 196, 262, 265, 266, 294, 300, 302

Pimentel, Albertino (Albertino Inácio Pimentel Carramona) (12/04/1874-06/08/1929), 33

Pimentel, Francisco, 57

Pinheiro, Mário, 20, 25, 29, 33, 60, 72

Pinheiro, Mirabeau (ver Mirabeau)

Pinto, Aloysio de Alencar (03/02/1912-06/10/2007), 13, 15, 31, 46

Pinto, Arlindo, 275

Pinto, Marino (Marino do Espírito Santo Pinto) (18/07/1916-28/01/1965), 48, 90, 207, 212, 213, 218, 219, 264, 265, 279, 283, 290, 292, 300, 302, 308, 343, 353

Pinto, Valter, 307

Pixinguinha (Alfredo da Rocha Viana Filho) (23/04/1897-17/02/1973), 12, 41, 50, 52, 58, 59, 80, 87, 88, 94, 100, 119, 127, 143, 154, 159, 160, 161, 163, 165, 179, 194, 199, 201, 234, 265, 289, 305

Poly, 334

Pontes, Evenor, 265

Pontes, Paulo, 315

Portinho, 333

Porto, Humberto, 178, 186

Porto, Marques, 79, 95, 103

Porto, Sérgio, 164, 280, 348

Powell, Baden (Baden Powell de Aquino) (06/08/1937-26/09/2000), 75, 161, 169, 342

Prazeres, Heitor dos (23/09/1898-04/10/1966), 76, 94, 119, 154, 225

Prestes, Júlio, 93, 94, 104, 292

Provenzano, Arno, 225

Quatro Ases e Um Coringa, 90, 228, 256, 264, 268, 272, 276, 279, 286

Quitandinha Serenaders, 263

Rabelo, Mário de São João, 59

Rago, Antônio, 48, 281, 285

Rago, Juraci, 281

Ramirez, Carlos, 153

Ranchinho, 174, 179, 196

Ratinho (Severino Rangel de Carvalho) (13/04/1896-08/09/1972), 76, 103, 104, 163

Redondo, Jaime, 302

Rego, Amorim, 343

Rego, Maria C., 151

Reis, Bidu, 317

Reis, Dilermando (22/09/1916-02/01/1977), 40, 48, 75, 90

Reis, Júlio, 24

Reis, Mário (Mário da Silveira Reis) (31/12/1907-05/10/1981), 35, 53, 78, 81, 87, 88, 92, 93, 95, 98, 104, 109, 110, 111, 120, 125, 127, 129, 130, 133, 137, 147, 187, 191

Reis, Sérgio (Sérgio Bavini) (23/06/1940), 198, 332

Ressurreição, Valdemar, 239, 240

Rezende, J., 59, 69, 79

Ribas, J. Carneiro, 79

Ribas, José, 59

Ribeiro, Alberto (Alberto Ribeiro da Vinha) (27/08/1902-10/11/1971), 27, 87, 126, 135, 137, 145, 147, 155, 166, 174, 176, 178, 179, 188, 190, 203, 207, 218, 225, 234, 251, 252, 255, 265, 275, 280, 293, 324, 349

Ribeiro, Almir (09/12/1935-18/02/1958), 340

Ribeiro, Filomeno, 60, 69

Ribeiro, Pery, 169, 290

Risadinha (Francisco Ferraz Neto) (18/03/1921-03/06/1976), 71, 318

Rivera, Adelino, 353

Roberti, Roberto (09/08/1915-16/08/2004), 48, 90, 171, 175, 190, 196, 202, 207, 218, 226, 231, 232, 238, 239, 285, 316

Roberto, Paulo, 22, 332

Índice onomástico

Rocha, Casemiro, 22, 23
Rocha, Edu, 318
Rocha, Francisco Antônio da, 60
Rocha, Valdir, 318, 333
Rodrigues, Hermes, 339
Rodrigues, Isa, 153
Rodrigues, Linda, 334
Rodrigues, Lupicínio (10/09/1914-27/08/1974), 47, 90, 175, 176, 196, 240, 248, *260*, 262, 264, 274, 275, 293, 294, 300, 301, 308, 325
Rodrigues, Milton, 274
Rodrigues, Nelson, 229, 274
Rodrigues, Santos, 275
Roland, Nuno (Reinold Correia de Oliveira) (01/03/1917-20/12/1979), 264, 268, 276
Roris, José de Sá, 167, 175, 179, 190, 207
Rosa, Noel (Noel de Medeiros Rosa) (11/12/1910-04/05/1937), 37, 41, 87, 88, 107, 108, 111, 112, 115, 116, 117, 119, 120, *124*, 125, 126, 127, 129, 135, 141, 142, 145, 147, 152, 154, 155, 157, 168, 174, 177, 190, 265, 283, 304, 350
Rossi, Ítalo, 315
Rossi, Mário (23/05/1911-12/10/1981), 46, 217, 218, 223, 226, 233, 234, 240, 256, 265, 290, 292, 293, 308
Rossi, Spartaco, 234
Roulien, Raul, 80, 130
Ruschel, Alberto, 263
Russo do Pandeiro, 163, 189, 207
Russo, Oton, 302, 318, 325
Rutinaldo, 294
Ruy Rey (Domingos Zeminian) (04/01/1915-26/03/1995), 47, 248, 276, 294, 296
Sacramento, Paulino, 19, 32, 55
Salema, Sílvio, 41
Sales, Chiquinho, 196, 225
Salles, Vicente, 13, 15, 29
Sandim, Álvaro, 43
Santana, João, 294
Santana, Sebastião, 308
Santiago, Emílio, 259, 349
Santiago, Osvaldo (Osvaldo Neri Santiago)

(26/05/1902-29/08/1976), 27, 101, 102, 142, 155, 166, 167, 175, 179, 190, *196*
Santoro, Dante (18/06/1904-12/08/1969), 28, 40, 87, 166, 285
Santos, Agostinho dos (Augustinho dos Santos) (25/04/1932-12/07/1973), 122, 247, 329, 340, 353
Santos, Ari dos, 282
Santos, Carmen, 144
Santos, Ferreira dos, 120
Santos, Francisco A., 69
Santos, Laert, 343
Santos, Maurílio, 248
Santos, Moacir, 247
Sayão, Bidu, 28, 29
Seixas, Américo, 274, 283, 324
Sena, Saint-Clair, 155, 167
Sette, Mário, 239
Silva, Anísio (29/07/1920-18/02/1989), 353
Silva, Astor, 223, 248
Silva, Bartolomeu, *265*
Silva, Chico, 283
Silva, Constantino, 204, *265*
Silva, Eden, 275, 283
Silva, Enéas Brites da, 339
Silva, Erasmo, *265*
Silva, Estanislau, 206, 333
Silva, Germano Lopes da, *56*
Silva, Horondino (ver Dino)
Silva, Ismael (14/09/1905-14/03/1978), 12, 28, 80, 87, *96*, 109, 111, 117, 119, 120, 125, 289
Silva, J. Correia da, 273
Silva, José Rebelo da, 43
Silva, Moacir, 62, 248, 262
Silva, Orlando (Orlando Garcia da Silva) (03/10/1915-07/08/1978), 12, 48, 90, 145, *146*, 147, 148, 156, 160, 161, 162, 165, 167, 171, 174, 180, 185, 187, 189, 191, 193, 195, 197, 208, 212, 219, 226, 231, 235, 284, 305
Silva, Patápio (22/10/1881-24/04/1907), 20, 22, 24, 25, *26*, 32, 33, 35, 68
Silva, Raul, 79
Silva, Roberto (Roberto Napoleão da

Silva) (09/04/1920-09/09/2012), 63, 248, 279, 333, 336

Silva, Romeu (11/02/1893-01/05/1958), 52, 69

Silva, Sinval (Sinval Machado da Silva) (14/03/1911-14/04/1994), 46, 136, 141, 145, 239

Silva, Tancredo, 290

Silva, Ubiratan, 111

Silva, Valdemar, 152

Silva, Valfrido (Valfrido Pereira da Silva) (12/08/1904-06/01/1972), 28, 129, 136, 145, 147

Silveira Júnior, 353

Silveira, Belchior da (Caramuru), 59

Silveira, Joel, 39, 41

Silveira, Orlando (Orlando Silveira de Oliveira Silva) (27/05/1925-22/12/1993), 248, 316

Simon, Vitor, 240, 251, 256, 325

Simonal, Wilson (Wilson Simonal de Castro) (26/02/1939-25/06/2000), 163, 164, 191, 343

Sinhô (José Barbosa da Silva) (18/09/1888-04/08/1930), 51, 52, 54, 55, 56, 58, 59, 60, 65, 69, 76, 77, 78, 79, 80, 93, 94, 95, 96, 101, 103, 105, 173, 216, 271

Sivuca (Severino Dias de Oliveira) (26/05/1930), 104, 248, 302, 342

Soares, Elza (Elza da Conceição Gomes) (23/03/1937), 169, 176, 223, 254, 289

Soares, Rubens (29/05/1911-13/06/1998), 151, 152, 196, 216

Soberano, Luís, 273, 274, 275

Soledade, Paulo (Paulo Gurgel Valente do Amaral Soledade) (26/06/1919-27/10/1999), 62, 301, 302, 308

Souto, Eduardo (14/04/1882-18/08/1942), 51, 57, 59, 60, 64, 67, 69, 70, 79, 96, 101, 103, 111, 119, 127, 221, 304

Souza, Bernardo Belém de (ver Belém)

Souza, Ciro de, 176, 207

Souza, Ernesto de, 19, 24

Souza, Luís de, 32

Souza, Otávio de, 159

Souza, Sílvio de, 52

Storoni, Juca (João José da Costa Júnior), 31

Tapajós, Haroldo, 115

Tapajós, Paulo (Paulo Tapajós Gomes) (20/10/1913-29/12/1990), 15, 47, 108, 115, 244, 330

Taranto, Aldo, 127

Tavares, Adelmar, 19, 32, 96

Tavares, Arcilino, 343

Tavares, Hekel (16/09/1896-08/08/1969), 52, 80, 87, 93, 97, 129, 153

Tavares, Jorge, 265

Tavares, Napoleão, 108, 172

Teixeira, Afonso, 265, 283, 302

Teixeira, Elisário, 274

Teixeira, Humberto (Humberto Cavalcanti Teixeira) (05/01/1916-03/10/1979), 47, 247, 251, 255, 261, 265, 281, 283, 291, 293, 294, 302, 305, 306, 317

Teixeira, Nelson, 189

Teixeira, Newton, 48, 90, 178, 185, 186, 194, 196, 207

Teixeira, Patrício (17/03/1893-09/10/1972), 53, 66, 94, 98, 104, 164, 167

Telles, Luís, 263

Telles, Sylvia (27/08/1935-17/12/1966), 138, 247, 336, 340, 344, 354

Tia Ciata (Hilária Batista de Almeida), 56, 65

Tião Carreiro, 332

Tigre, Bastos, 19, 29, 32, 94

Timóteo, Agnaldo, 158, 349

Tiso, Wagner (12/12/1945), 166, 244

Toledo, B., 275

Toledo, José, 334

Tomas, J., 79, 103

Torres, Raul (Raul Montes Torres) (11/07/1906-12/07/1970), 23, 35, 145, 272

Trindade, Paixão, 59

Trio de Ouro, 90, 214, 217, 219, 220, 224, 228, 235, 240, 288, 301

Trio Irakitan, 248, 344

Trio Nagô, 248

Trio Surdina, 330

Tupinambá, Marcelo (Fernando Lobo)

Índice onomástico

(30/05/1892-04/07/1953), 19, 43, 52, 57, 59, 67, 68, 320

Turunas da Mauriceia, 76, 79, 80, 81

Turunas Pernambucanos, 76, 163

Tute (Artur de Souza Nascimento) (01/07/1886-15/06/1957), 125, 355

Vadico (Osvaldo Gogliano) (24/06/1910-11/06/1962), 37, 87, 127, 141, 142, 154, 155, 177, 190, 247, 343, 350

Valdemar Henrique (Valdemar Henrique da Costa Pereira) (15/02/1905-27/03/1995), 28, 253

Vale, João do (João Batista do Vale) (11/10/1934-06/12/1996), 139, 274, 343, 353

Valença, Paulo, 129

Valente, Assis (José de Assis Valente) (19/03/1911-10/03/1958), 46, 87, 107, 117, 126, 129, 155, 171, 172, 175, 190, 203, 207, 218, 293

Valzinho, 247

Vampré, Danton, 43

Vargas, Darcy, 160

Vargas, Getúlio, 104, 105, 138, 169, 198, 229, 244, 261, 292, 297, 300, 304, 327

Vasconcelos, Ary, 39, 41, 42, 56, 66

Vasconcelos, José, 308

Vasques, Osvaldo (ver Baiaco)

Vassalo, Luís, 145

Vassourinha (Mário Ramos) (16/05/1923-03/08/1942), 45, 72, 208, 215, 220

Veiga, Jorge (Jorge de Oliveira Veiga) (06/12/1910-29/06/1979), 37, 90, 248, 329, 334

Veloso, Caetano (07/08/1942), 153, 162, 184, 221, 239, 261, 263, 272, 280, 321

Vermelho, Alcir Pires (08/01/1906-24/05/1994), 35, 89, 90, 147, 189, 194, 196, 203, 207, 218, 225, 252, 255, 261, 308, 349, 353

Viana, Aires, 343

Viana, Gastão, 226

Vieira, Luís (Luís Rattes Vieira Filho) (12/10/1928), 84, 248, 322, 326

Vieira, Mário, 294

Vieira, Orlando, 96

Vieira, P., 129

Vieira, Teddy (Teddy Vieira de Azevedo) (23/12/1922-16/12/1965), 331

Vilarinho, Artur, 206

Villa-Lobos, Heitor (05/03/1887-17/11/1959), 19, 30, 41, 184, 194, 199, 336

Villaret, João, 316

Vitório Júnior, 285

Vogeler, Henrique (11/06/1888-09/05/1944), 95, 236

Wanderley, Eustórgio (05/09/1882-31/05/1962), 19, 25, 43, 67

Wanderley, Walter, 122, 195, 237

Washington, 302

Wederkind, Nelson, 318

Weyne, Fernando, 32

Wolkoff, Benny, 274

Zaccarias, Aristides, 153

Zan, Mário, 275

Zé Bodega (José de Araújo Oliveira) (16/04/1923-23/09/2003), 248

Zeca Ivo, 70, 79, 167

Zé da Zilda (José Gonçalves) (06/01/1908-10/10/1954), 36, 179, 212, 213, 218, 325, 327, 333, 334, 344

Zé Dantas (José de Souza Dantas Filho) (27/02/1921-11/03/1962), 71, 248, 293, 294, 307, 316, 317, 333

Zé do Norte (Alfredo Ricardo do Nascimento) (18/12/1908-02/10/1979), 314, 318

Zé Ferreira, 266

Zilda do Zé (Zilda Gonçalves) (18/03/1919-31/01/2002), 62, 325, 333, 334, 344

# ÍNDICE DAS MÚSICAS
(Destaques em negrito)

A Você, 1937
A-M-E-I, 1936
**A.E.I.O.U.**, 1932
Abandonado, 1931
Abandono, 1955
**Abismo de Rosas**, 1925
**Abre a Janela**, 1938
Abre-Alas, 1954
Acauã, 1952
**Acertei no Milhar**, 1940
Acho-te uma Graça, 1952
Acontece Que Eu Sou Baiano, 1944
Acorda Escola de Samba, 1937
Acorda Estela, 1939
Adda, 1930
**Adeus América**, 1948
**Adeus Batucada**, 1935
Adeus Maria Fulô, 1951
Adeus Querido, 1955
Adeus, 1932
**Adeus, Cinco Letras Que Choram**, 1947
Adios Mis Farras, 1928
Adolfito Mata-Mouros, 1943
Afinal, 1951
**Agora é Cinza**, 1934
Ai Amor, 1921
Ai Eu Queria, 1928
**Ai Que Saudades da Amélia**, 1942
**Ai Seu Mé**, 1922
Ai, Filomena, 1915
Ai, Hein!, 1933
Ainda uma Vez, 1938
**Alá-Lá-Ô**, 1941
Algodão, 1944
**Alguém Como Tu**, 1952
Algum Dia Te Direi, 1942
Alivia Esses Olhos (Eu Queria Saber O
    Que É), 1920

Alma de Tupi, 1933
Alma dos Violinos, 1942
Alô Xerife, 1947
Alô, Alô, 1934
Alvinitente, 1922
Alvorada das Rosas, 1904
Alvorada, 1934
**Amar a Uma Só Mulher**, 1928
Amargura, 1950
Amendoim Torradinho, 1955
Ameno Resedá, 1912
Amigo Leal, 1937
Amigo Urso, 1941
Amor de Malandro, 1929
Amor é Assim, O, 1940
Amor Ingrato, 1912
Amor Perdido, 1907
Amor Sem Dinheiro, 1926
Anda Luzia, 1947
**Andorinha Não Faz Verão, Uma**, 1934
Andorinha Preta, 1932
**Antonico**, 1950
**Aos Pés da Cruz**, 1942
Apanhando Papel, 1931
Apanhei um Resfriado, 1937
**Apanhei-te Cavaquinho**, 1915
**Aperto de Mão**, 1943
**Aquarela do Brasil**, 1939
Aquela Mulher, 1945
Aquelas Palavras, 1948
Arame, O, 1902
Arranha-Céu, 1937
**Arrasta a Sandália**, 1933
Arrependimento, 1935
**Asa Branca**, 1947
Assum Preto, 1950
**Até Amanhã**, 1933
Até Breve, 1937

Até Hoje Não Voltou, 1946
**Atire a Primeira Pedra**, 1944
Aurora, 1929
**Aurora**, 1941
**Ave Maria no Morro**, 1942
Ave Maria, 1924
Ave Maria, 1951
Aves Daninhas, 1954
**Bahia com H**, 1948
Bahia, Oi Bahia!, 1940
**Baião Caçula**, 1952
Baião de Copacabana, 1951
Baião de Dois, 1950
**Baião**, 1946
Balança Coração, 1934
**Balzaqueana**, 1950
Bambino, 1913
Bandonô, 1932
Bar da Noite, 1953
Baratinha, A, 1918
Barqueiro do São Francisco, 1946
Barracão, 1953
Bate, Bate Coração, 1937
Batente, 1931
Batucada, 1931
Batuque no Morro, 1941
Bê-A-Bá, 1920
**Beija-me**, 1943
Beijinho Doce, 1951
Beijo nos Olhos, 1955
Bem-Te-Vi Atrevido, 1942
Bicharada, 1951
Blim, Blem, Blam, 1956
**Boa Noite Amor**, 1936
**Boas Festas**, 1933
Bodas de Prata, 1945
Boêmio, 1937
Boêmios, Os, 1902
**Boi Barnabé**, 1946
Boi no Telhado, O, 1918
Boiadeiro, 1951
**Bolinha de Papel**, 1945
Bom Dia Avenida, 1944
Bom Dia, Tristeza, 1957
**Bonde de São Januário, O**, 1941
**Boneca Cobiçada**, 1957
Boneca de Pano, 1950

Boneca de Piche, 1938
Boneca, 1935
Boogie-Woogie do Rato, 1947
**Boogie-Woogie na Favela**, 1945
Borboleta Gentil, 1902
**Botões de Laranjeira**, 1942
Braço de Cera, 1927
**Branca**, 1924
Brasa, 1945
Brasil Moreno, 1941
**Brasil Pandeiro**, 1941
Brasil, 1939
**Brasileirinho**, 1949
Briga de Amor, 1940
Brigamos Outra Vez, 1945
Brumas, 1949
Busto Calado, 1952
Cabeça Inchada, 1923
Cabeça Inchada, 1949
**Cabelos Brancos**, 1949
Cabo Laurindo, 1945
**Caboca de Caxangá**, 1913
Caboclo Abandonado, 1936
**Cachaça**, 1953
Cachorro Vira-Lata, 1937
Caco Velho, 1934
Cadê Mimi, 1936
Cadê Viramundo, 1931
Cadê Zazá, 1948
Cadeira Vazia, 1950
Café Com Leite, 1926
**Café Soçaite**, 1955
Cai, Cai, 1940
Caiubi, 1923
Calças Largas, Os, 1927
Calúnia, 1951
**Caminhemos**, 1948
**Camisa Amarela**, 1939
**Camisa Listrada**, 1938
Camisola do Dia, A, 1953
Canção da Criança, 1952
Canção da Volta, 1955
Canção das Infelizes, 1930
**Canção de Amor**, 1951
Canção do Expedicionário, 1944
**Canção para Inglês Ver**, 1931
Caneca de Couro, 1925

Cangerê, 1920
Cansei, 1929
**Canta Brasil**, 1941
Canta Maria, 1941
Canta Vagabundo, 1949
Cantinho e Você, Um, 1948
Canto da Ema, O, 1956
Cantores de Rádio, 1936
Caprichos do Destino, 1938
Caridade, 1928
**Carinhoso**, 1937
**Carlos Gardel**, 1954
Carolina, 1934
Carreté do Coroné, O, 1939
**Casa de Caboclo**, 1929
Casaco da Mulata, O, 1924
**Casinha Pequenina**, 1906
Casta Suzana, A, 1939
Cecília, 1944
Cem Mil-Réis, 1936
Chamego, 1944
**Chão de Estrelas**, 1937
**Chegou a Hora da Fogueira**, 1933
"Chero" da Carolina, O, 1956
China Pau, 1943
**Chiquita Bacana**, 1949
Chô-Chô, 1941
Chofer de Praça, 1950
Chorando Baixinho, 1946
Chorei Quando o Dia Clareou, 1939
**Choro e Poesia (Ontem ao Luar)**, 1907
**Chove Lá Fora**, 1957
**Chuá, Chuá**, 1925
**Chuvas de Verão**, 1949
Cidade do Interior, 1947
**Cidade Maravilhosa**, 1934
Cigana de Catumbi, 1925
**Cigano, O**, 1924
Cinco Horas da Manhã, 1943
Cintura Fina, 1950
Ciribiribi Quá-Quá, 1937
Clélia, 1907
Clube dos Barrigudos, 1944
Coca, 1930
Cochichando, 1944
**Coisas Nossas**, 1932
Coitadinho do Papai, 1947

Coitado do Edgar, 1945
**Com Que Roupa**, 1931
Comida de Pensão, 1956
Comidas, Meu Santo, 1925
Como "Vais" Você, 1937
Como os Rios Que Correm Pro Mar, 1944
**Conceição**, 1956
Confessa Meu Bem, 1919
Confete, 1952
**Conquista do Ar, A (Santos Dumont)**,
  1902
Constelações, 1908
Contrassenso, 1957
**Conversa de Botequim**, 1935
**Copacabana**, 1946
Coqueiro Velho, 1940
Cor de Prata, 1931
Coração Divinal, 1922
**Coração Materno**, 1937
Coração Que Implora, 1918
Coração, 1935
Cordão dos Puxa-Saco, 1946
Coroa do Rei, A, 1950
Correio Já Chegou, O, 1934
**Corta-Jaca (Gaúcho)**, 1904
Cortando Pano, 1946
**Cortina de Veludo**, 1935
Cosme e Damião, 1951
Cristo Nasceu na Bahia, 1927
Cuco, 1953
Cuíca Tá Roncando, A, 1935
**Curare**, 1940
Da Central a Belém, 1943
**Da Cor do Pecado**, 1939
**Dá Nela**, 1930
Dá-me Tuas Mãos, 1939
Dama das Camélias, 1940
Dama de Vermelho, A, 1943
Dama do Cabaré, 1936
Daqui Não Saio, 1950
De Babado, 1936
De Cartola e Bengalinha, 1925
**De Cigarro em Cigarro**, 1953
**De Conversa em Conversa**, 1947
**De Papo Pro Á**, 1931
Deixa a Lua Sossegada, 1935
Deixa Essa Mulher Chorar, 1931

Índice das músicas

Delicado, 1951
Dengo Dengo, 1913
Desacato, 1933
Despedida de Mangueira, 1940
**Despertar da Montanha, O**, 1919
Destino Deus é Quem Dá, O, 1929
Deus Me Perdoe, 1946
Deus Nos Livre do Castigo das Mulheres, 1928
**Deusa da Minha Rua**, 1939
Deusa do Cassino, 1938
Deusa do Maracanã, 1942
Deusa, 1931
Dezessete e Setecentos, 1947
Dileta, 1933
Disse-Me-Disse, 1945
Diz Que Tem, 1940
**Dó-Ré-Mi**, 1955
Do Sorriso da Mulher Nasceram as Flores, 1921
Dolores Sierra, 1956
Dolores, 1942
Dolorosa Saudade, 1930
Dona Antonha, 1930
Dona da Minha Vontade, 1933
Dondoca, 1927
Dor de Cabeça, 1925
**Dor de Recordar**, 1930
Dor Suprema, 1911
**Dora**, 1945
Doralice, 1945
**Dorinha, Meu Amor**, 1929
Dorme Que Eu Velo Por Ti, 1942
**Dos Meus Braços Tu Não Sairás**, 1944
**Duas Contas**, 1955
**É Bom Parar**, 1936
**É Com Esse Que Eu Vou**, 1948
**É Doce Morrer no Mar**, 1941
E Eu Sem Maria, 1952
É Luxo Só, 1957
É Mentira Oi, 1932
E Não Sou Baiano, 1945
E o Destino Desfolhou, 1937
E o Juiz Apitou, 1942
**E o Mundo Não Se Acabou**, 1938
É Sim Senhor, 1929
É Sopa, 1930

É Tão Gostoso Seu Moço, 1953
**Ébrio, O**, 1936
Edredon Vermelho, 1946
Ela Me Beijou, 1944
**Emília**, 1942
Encantamento, 1954
Encontrei Minha Amada, 1940
Enlouqueci, 1948
Enquanto Houver Saudade, 1938
Era Ela, 1939
**Errei Sim**, 1950
Errei, Erramos, 1938
Escadaria, 1944
**Escandalosa**, 1947
Escovado, 1905
**Escurinho**, 1955
Escuta, 1955
Esmagando Rosas, 1941
Espanhola, 1946
Espelho do Destino, 1939
Espingarda, A, 1922
Esquece, 1948
Essa Mulher Tem Qualquer Coisa na Cabeça, 1942
Esses Moços, 1948
Está na Hora, 1925
**Esta Nega Qué Me Dá**, 1921
Está Noite Serenô, 1951
Estão Batendo, 1935
Estatutos de Gafieira, 1954
Estela, 1910
Estrada do Canindé, 1951
Estrela do Mar, 1952
**Eu Brinco**, 1944
Eu Fui no Mato Crioula, 1928
Eu Gosto de Samba, 1940
Eu Já Vi Tudo, 1950
Eu Nasci no Morro, 1945
**Eu Ouço Falar**, 1929
Eu Quero é Nota, 1928
Eu Sinto Vontade de Chorar, 1938
Eu Só Quero é Beliscá, 1922
**Eu Sonhei Que Tu Estavas Tão Linda**, 1941
Eu Sou do Amor, 1930
Eu Trabalhei, 1941
Eu Vi Lili, 1926

Eu Vou Pra Vila, 1931
Eva Querida, 1935
Evocação, 1957
Exaltação à Bahia, 1943
Exaltação à Mangueira, 1956
Faceira, 1931
Fadário, O, 1903
Fado Liró, 1908
Faixa de Cetim, 1942
Fala Baixo, 1922
Fala Mangueira, 1956
Fala Meu Louro, 1920
Falam de Mim, 1949
Falsa Baiana, 1944
Falta um Zero no Meu Ordenado, 1948
Farinhada, 1955
Farrula, 1905
Faustina, 1937
Favela Vai Abaixo, A, 1928
Favela, 1933
Favela, 1936
Favorito, 1907
Feitiçaria, 1945
Feitiço da Vila, 1935
Feitio de Oração, 1933
Felicidade, 1947
Fez Bobagem, 1942
Fica Doido Varrido, 1945
Fim de Comédia, 1952
Fim de Semana em Paquetá, 1947
Fita Amarela, 1933
Fiz a Cama na Varanda, 1944
Flor do Abacate, 1915
Flor do Mal (Saudade Eterna), 1912
Flor e o Espinho, A, 1957
Florisbela, 1939
Foi a Noite, 1956
Foi Ela, 1935
Folha Morta, 1953
Folhas ao Vento, 1934
Fonte Secou, A, 1954
Formosa, 1933
Forró de Mané Vito, 1950
Forró em Limoeiro, 1953
Forrobodó, O, 1912
Fósforo Queimado, 1953
Fracasso, 1946

Francisco Alves, 1954
Franqueza, 1957
Franqueza Rude, 1917
Fubá, 1924
Gago Apaixonado, 1931
Gauchinha Bem Querer, 1957
Gavião Calçudo, 1929
Gegê, 1932
General da Banda, 1950
Geremoabo, 1946
Gilda, 1947
Gira, Gira, Gira, 1944
Goiabada, 1923
Good-Bye, 1933
Gosto Que Me Enrosco, 1929
Gosto, Mas Não é Muito, 1932
Graças a Deus, 1957
Grau Dez, 1935
Guacira, 1933
Guriatã de Coqueiro, 1930
Há uma Forte Corrente Contra Você, 1934
Haja Carnaval Ou Não, 1945
Helena, 1927
Helena, Helena, 1941
Hino a João Pessoa, 1930
Hino do Carnaval Brasileiro, 1939
História da Maçã, 1954
História de Amor, 1938
História do Brasil, 1934
História Joanina, 1936
História Triste de uma Praieira, 1929
Hoje Quem Paga Sou Eu, 1955
Homem Sem Mulher Não Vale Nada, O,
   1939
Hula, 1929
Iaiá Boneca, 1940
Iaiá, Ioiô, 1930
Iara (Rasga o Coração), 1907
Império do Samba, 1955
Implorar, 1935
Incêndio, 1947
Indurinha de Coqueiro, 1927
Infidelidade, 1948
Ingênuo, 1947
Inimigo do Batente, 1940
Inquietação, 1935
Intenção, 1957

Índice das músicas

Inútil, 1949
Iracema, 1944
Iracema, 1956
**Isaura**, 1945
Isto Aqui o Que É, 1942
Isto é Lá com Santo Antônio, 1934
Italiana, 1936
Já é Demais, 1930
**Já Te Digo**, 1919
Jacarepaguá, 1949
**Jamais Te Esquecerei**, 1949
**Jangada Voltou Só, A**, 1941
Jardim de Flores Raras, 1938
**Jardineira, A**, 1939
Jardineira, A, 1940
Jarro da Saudade, 1957
João Bobo, 1953
João Ninguém, 1935
**João Valentão**, 1953
Jornal de Ontem, 1948
**Joujoux e Balangandãs**, 1939
**Juazeiro**, 1949
**Jura**, 1929
Jura, 1954
Jura Que Fiz, Uma, 1932
Juraci, 1941
Juramento Falso, 1937
Juro, 1938
**Kalu**, 1952
Lá em Mangueira, 1943
Lá Vem a Baiana, 1947
Lábios de Mel, 1955
**Lábios Que Beijei**, 1937
Lágrimas de Rosa, 1937
Lágrimas de Virgem, 1931
Lágrimas e Risos, 1913
Lágrimas, 1935
Lalá, 1935
Lama, 1952
Lamento da Lavadeira, O, 1956
Lamento, 1928
**Lata d'Água**, 1952
**Laura**, 1957
**Laurindo**, 1943
Lealdade, 1943
Lembro-me Ainda, 1936
Lenda do Abaeté, A, 1948

Lero-Lero, 1942
Leva Meu Samba, 1941
Lig-Lig-Lig-Lé, 1937
Linda Borboleta, 1938
**Linda Flor (Ai, Ioiô) (Iaiá)**, 1929
Linda Lourinha, 1934
Linda Mimi, 1935
**Linda Morena**, 1933
Língua de Preto, 1913
Lola, 1933
Longe dos Olhos, 1936
Lorota Boa, 1949
**Loura ou Morena**, 1932
Lua Branca, 1911
Lua Nova, 1929
**Luar de Paquetá**, 1922
**Luar do Sertão**, 1914
Luar do Sul, 1926
Macaco Olha o Teu Rabo, 1923
Macumba Gegê, 1923
Madalena, 1951
Mãe Maria, 1943
Mãe Solteira, 1954
Mágoas de Caboclo, 1936
Maior é Deus, 1949
Mais uma Valsa... Mais uma Saudade,
    1937
Malandragem, A, 1928
Malandrinha, 1927
Malhador, O, 1918
**Malmequer**, 1940
**Mamãe Eu Quero**, 1937
Mambo Caçula, 1952
Mané Fogueteiro, 1934
Mangaratiba, 1949
Manhãs do Galeão, As, 1928
Manias, 1955
Mar, O, 1941
**Maracangalha**, 1956
Marcha do Caracol, 1951
Marcha do Gago, 1950
Marcha dos Gafanhotos, 1947
Marchinha do Amor, 1932
Marchinha do Grande Galo, 1936
Margarida, 1904
**Maria Betânia**, 1945
Maria Boa, 1936

378                      A canção no tempo - Vol. 1

Maria Candelária, 1952
Maria dos Meus Pecados, 1957
Maria Escandalosa, 1955
Maria Joana, 1952
Maria Rosa, 1934
Maria Rosa, 1950
**Maria**, 1933
Maricota Sai da Chuva, 1917
Marilena, 1943
**Marina**, 1947
**Maringá**, 1932
Máscara da Face, 1953
**Matuto, O**, 1918
Maxixe Aristocrático, 1905
Me Compra Ioiô, 1902
Me Deixa em Paz, 1952
Me Faz Carinhos, 1928
Medida do Senhor do Bonfim, 1929
**Menino da Porteira, O**, 1955
**Menino de Braçanã, O**, 1954
Menino Grande, 1952
Menos Eu, 1936
**Mensagem**, 1946
Mentindo, 1956
Meu Amor Vou Te Deixar, 1929
Meu Assobio, 1905
Meu Boi Morreu, O, 1916
Meu Brasil, 1932
Meu Brotinho, 1950
Meu Caboclo, 1942
Meu Casamento, 1910
Meu Consolo é Você, 1939
Meu Coração a Teus Pés, 1938
**Meu Limão, Meu Limoeiro**, 1937
Meu Pranto Ninguém Vê, 1938
Meu Romance, 1938
Meu Rouxinol, 1952
Meu Sonho é Você, 1951
Meu Vício é Você, 1956
Meus Amores, 1945
Meus Tempos de Criança, 1956
**Meus Vinte Anos**, 1942
Mia Gioconda, 1946
**Mimi**, 1934
Mimosa, 1921
Minha Linda Salomé, 1945
**Minha Palhoça**, 1935

Minha Prece, 1953
**Minha Terra**, 1946
**Ministério da Economia**, 1951
Minueto, 1948
Miserê, 1924
Misteriosos Amor, 1937
Mocinho Bonito, 1957
**Moda da Mula Preta, A**, 1948
Molambo, 1956
Moleque Indigesto, 1933
Moleque Vagabundo, 1914
Monteiro no Sarilho, 1910
Mora na Filosofia, 1955
**Morena Boca de Ouro**, 1941
**Moreninha da Praia**, 1933
Morro de Mangueira, 1926
Morro, 1944
**Mulata Assanhada**, 1956
Mulata é a Tal, A, 1948
Mulata Fuzarqueira, 1931
Mulato Bamba, 1932
Mulher de Malandro, 1932
Mulher do Aníbal, A, 1954
Mulher do Leiteiro, A, 1942
Mulher do Padeiro, A, 1942
Mulher Que Eu Gosto, A, 1941
Mulher Que Ficou na Taça, A, 1934
**Mulher Rendeira**, 1953
**Mulher**, 1940
Mundo de Zinco, 1952
**Murmurando**, 1944
Na Aldeia, 1934
**Na Baixa do Sapateiro**, 1938
**Na Batucada da Vida**, 1934
**Na Glória**, 1949
**Na Pavuna**, 1930
Na Serra da Mantiqueira, 1933
Na Virada da Montanha, 1936
**Nada Além**, 1938
Nana, 1940
Naná, 1950
Nanci, 1933
Não Diga a Minha Residência, 1945
Não Diga Não, 1954
Não é Economia (Alô Padeiro), 1943
Não Me Abandones Nunca, 1938
Não Me Deixe Sozinho, 1946

Índice das músicas

**Não Me Diga Adeus**, 1948
Não Olhe Assim, 1923
Não Quero Saber Mais Dela, 1928
Não Sei Dizê, 1924
Não Tem Solução, 1952
Não Tem Tradução, 1933
**Não Tenho Lágrimas**, 1937
Não Tenho Você, 1951
Não Troquemos de Mal, 1943
Não Vou pra Brasília, 1957
Não, 1940
**Nega do Cabelo Duro**, 1942
**Nega Maluca**, 1950
Nega, 1949
Nem é Bom Falar, 1931
Nem Eu, 1952
**Nervos de Aço**, 1947
**Neste Mesmo Lugar**, 1956
**Neurastênico**, 1954
Neuza, 1938
Nhá Maruca Foi S'imbora, 1918
Nick Bar, 1952
**Ninguém Me Ama**, 1952
Ninotchka, 1943
**No Bico da Chaleira**, 1909
No Boteco do José, 1946
No Ceará Não Tem Disso Não, 1950
No Meu Pé de Serra, 1947
**No Rancho Fundo**, 1931
**No Tabuleiro da Baiana**, 1936
**Noite Cheia de Estrelas**, 1932
Noite de Lua, 1943
Noites Cariocas, 1957
Noites de Junho, 1939
**Normalista**, 1949
Nós os Cabeleiras, 1942
Nós os Carecas, 1942
**Nós Queremos Uma Valsa**, 1941
Nosso Mal, 1953
Nosso Ranchinho, 1925
Noutros Tempos Era Eu, 1943
Nova Ilusão, 1948
Novo Amor, 1929
Número Um, 1939
Nunca Mais, 1949
Nunca, 1952
**Ó Abre Alas**, 1901

**Ó Seu Oscar**, 1940
Obsessão, 1955
Odalisca, 1947
**Odeon**, 1910
Odete, 1944
Olhos Dela, Os, 1906
Olhos Japoneses, 1928
Olhos Tentadores, 1949
Olhos Verdes, 1950
Onde Anda Você, 1953
Onde Está a Honestidade, 1933
**Onde Estão os Tamborins**, 1947
Onde o Céu Azul é Mais Azul, 1941
**Ora Vejam Só**, 1927
Ora, Ora, 1940
Orgulho, 1953
**Orvalho Vem Caindo, O**, 1934
**Ouça**, 1957
Ouvindo-te, 1935
Página de Dor, 1938
Pai Adão, 1924
Paixão de Artista, 1921
Palavras Amigas, 1949
Palhaço, 1947
Palhaço, 1951
Pálida Morena, 1933
**Palpite Infeliz**, 1936
Papagaio Come Milho, 1922
Papagaio no Poleiro, 1926
Papai Adão, 1951
**Para Me Livrar do Mal**, 1932
Para Que Recordar, 1956
**Paraíba**, 1950
Paraquedista, 1946
Passarinho da Lagoa, 1949
Passarinho de Má, 1927
Passarinho do Relógio (Cuco), 1940
Passarinhos da Carioca, Os, 1925
Passo do Canguru, 1941
**Pastorinhas**, 1938
**Patativa**, 1937
Paulista de Macaé, 1927
Pavio da Verdade, 1949
**Pé de Anjo, O**, 1920
Pé de Manacá, 1950
Peba na Pimenta, 1957
Pecado Original, 1947

Pedacinhos do Céu, 1951
**Pedreiro Valdemar**, 1949
Pedro Viola, 1939
Pedro, Antônio e João, 1939
Peguei Um Ita no Norte, 1945
Pela Décima Vez, 1947
Pele Vermelha, 1940
Pelo Amor Que Tenho a Ela, 1936
**Pelo Telefone**, 1917
Pemberê, 1921
Penerô Xerêm, 1945
Pensando em Ti, 1957
Pequenina Cruz do Teu Rosário, A, 1907
Pequeno Tururu, O, 1927
Perdão Amor, 1941
Perdido de Amor, 1953
Pergunte a Ela, 1948
Periquitinho Verde, 1938
Periquito da Madame, O, 1947
Piada de Salão, 1954
Pião, O, 1941
**Pierrô Apaixonado**, 1936
**Pierrô e Colombina**, 1915
Pierrô, 1918
**Pierrô**, 1932
**Pinião**, 1927
Pinta, Pinta Melindrosa, 1926
Pintinhos do Terreiro, Os, 1946
**Pirata da Perna de Pau**, 1947
Pirata, 1936
Pirulito, 1939
Pisa na Fulô, 1957
Poeira do Chão, 1952
**Pois É**, 1955
Pois Não, 1920
Pombo Correio, 1942
**Ponto Final**, 1949
Por Causa de Você, 1957
Por Causa Dessa Cabocla, 1935
Por Quanto Tempo Ainda, 1939
Por Que Voltei, 1953
Por Teu Amor, 1934
Por Ti, 1939
Porque Brilham os Teus Olhos, 1957
**Porta Aberta**, 1946
**Pra Machucar Meu Coração**, 1943
Pra Que Mentir, 1939

Pra Seu Governo, 1951
**Pra Você Gostar de Mim (Taí)**, 1930
**Praça Onze**, 1942
Pranto de Poeta, 1957
Prece à Lua, 1945
Prece de Amor, 1957
Prece, 1956
Preconceito, 1941
Prêmio de Consolação, 1947
Pretinho, 1944
Primavera no Rio, 1934
Primeira Mulher, 1944
Primeira Vez, A, 1940
**Primeiro Amor**, 1904
Princesa de Bagdá, 1948
Professora, 1938
Promessa, 1943
Promessa, 1946
Pudesse Esta Paixão, 1912
Qual o Valor da Sanfona, 1949
Quando Eu Era Pequenino, 1953
Quando Me Lembro, 1925
Quando o Samba Acabou, 1933
Quase Que Eu Disse, 1935
Quase, 1954
Quatro Amores, 1954
**Que é Que a Baiana Tem, O**, 1939
Que É, Que É?, 1943
Que Importa para Nós Dois a Despedida,
    1939
**Que Rei Sou Eu**, 1945
Que Samba Bom, 1949
Que Se Leva Dessa Vida, O, 1946
Que Será de Mim, O, 1931
**Que Será**, 1950
Que Sodade, 1918
Que Sofrem, Os, 1915
Quebra, Quebra Gabiroba, 1930
Quem Chorou Fui Eu, 1952
Quem Foi, 1947
Quem Há de Dizer, 1948
Quem Inventou a Mulata, 1903
Quem Mente Perde a Razão, 1942
Quem Quiser Ver, 1924
Quem Sabe, Sabe, 1956
**Quem São Eles**, 1918

Índice das músicas

Quem Vem Atrás Fecha a Porta (Me Leve, Me Leve, Seu Rafael), 1920
Quem Vem pra Beira do Mar, 1954
Querido Adão, 1936
Quero Dizer-te Adeus, 1942
Quero Morrer Cantando, 1934
Quero-te Assim, 1957
Quero-te Cada Vez Mais, 1937
**Qui Nem Jiló**, 1950
Quindins de Iáiá, Os, 1941
**Rapaz de Bem**, 1956
**Rapaziada do Brás**, 1927
Rasguei a Minha Fantasia, 1935
Rasguei o Teu Retrato, 1935
**Rato Rato**, 1904
Razão Dá-Se a Quem Tem, A, 1932
Recordações de um Romance, 1947
Recordar, 1955
Recusa, 1954
Reflorir de Minha Vida, 1936
**Renúncia**, 1942
Requebre Que Eu Dou um Doce, 1941
Resignação, 1943
Ressaca, 1955
**Retrato do Velho**, 1951
Revendo o Passado, 1926
Ride Palhaço, 1934
Rio Antigo, 1954
Rio de Janeiro, 1950
Rio é Amor, 1954
Rio, 1948
Risoleta, 1937
**Risque**, 1953
Roberta, 1943
Roleta da Vida, 1940
Rolinha do Sertão, A, 1919
Romance de uma Caveira, 1940
**Rosa de Maio**, 1944
Rosa Maria, 1948
Rosa Meu Bem, 1926
Rosa Morena, 1942
**Rosa**, 1937
Rosalina, 1945
Rua sem Sol, 1954
Rugas, 1946
Sá Mariquinha, 1947
Sá Miquelina, 1921

Sábado em Copacabana, 1952
Sabes Mentir, 1951
Sabiá da Gaiola, 1950
Sabiá de Mangueira, 1944
Sabiá Laranjeira, 1937
Sabiá, 1928
Saca-Rolha, 1954
Sai Cartola, 1925
Sai da Raia, 1922
**Saia do Caminho**, 1946
Sairá, O, 1911
Salão Grená, 1939
Salve a Princesa, 1948
Salve Jaú, 1927
Samba Agora Vai, O, 1946
**Samba da Minha Terra, O**, 1940
Samba de Caná, 1927
Samba do Arnesto, 1955
Samba em Piedade, Um, 1932
Samba Fantástico, 1955
Samba no Rocha, 1930
Sambolândia, 1947
Sandália de Couro, 1925
São Paulo Futuro, 1914
**São Paulo Quatrocentão**, 1954
Sapato de Pobre, 1951
Sarambá, 1930
Sarita, 1948
**Sassaricando**, 1952
Saudade a Mais... Uma Esperança a Menos, Uma, 1938
**Saudade da Bahia**, 1957
**Saudade de Itapoã**, 1948
Saudade Dela, 1936
Saudade é um Compasso Demais, A, 1943
**Saudade Mata a Gente, A**, 1948
Saudade, 1948
Saudades de Iguape, 1913
**Saudades de Matão (Francana)**, 1904
**Saudosa Maloca**, 1955
Saxofone Por Que Choras?, 1930
Se a Lua Contasse, 1934
**Se Acaso Você Chegasse**, 1938
Se Alguém Telefonar, 1957
Se é Pecado, 1943
Se é Pecado Sambar, 1950
Se Ela Perguntar, 1932

Se Eu Errei, 1953
**Se Eu Morresse Amanhã**, 1953
Se Queres Saber, 1947
**Se Todos Fossem Iguais a Você**, 1957
**Se Você Jurar**, 1931
**Se Você Se Importasse**, 1951
**Sebastiana**, 1953
**Segredo**, 1947
Segue Teu Caminho, 1948
Segura Esta Mulher, 1933
Sei Que é Covardia, 1939
Sem Compromisso, 1944
Sempre Teu, 1949
Senhor da Floresta, 1945
Senhor do Bonfim, 1947
Ser Ou Não Ser, 1948
Serenata do Amor, 1904
**Serenata**, 1935
Serenata, 1940
Serpentina, 1950
**Serra da Boa Esperança**, 1937
**Sertaneja**, 1939
Sete Coroas, 1922
Seu Condutor, 1938
Seu Derfim Tem que Vortá, 1919
Seu Doutor, 1929
Seu Julinho Vem, 1930
Seu Libório, 1941
Siga, 1956
Sinhá Maria, 1941
**Sistema Nervoso**, 1953
Só Dando com uma Pedra Nela, 1932
Só Louco, 1956
Só Nós Dois no Salão (e Esta Valsa), 1937
Só Teu Amor, 1923
**Só Vendo Que Beleza**, 1942
Só Vives prá Lua, 1953
Sodade Meu Bem Sodade, 1953
Sofrer é da Vida, 1932
Sol Nasceu para Todos, O, 1934
Solidão, 1937
Solidão, 1943
Solteiro é Melhor, 1940
**Somos Dois**, 1948
Sonhando Contigo, 1957
Sonho, 1904
Sonho de Papel, 1935

Sonho Que Passou, Um, 1949
Sonhos Azuis, 1936
Sorrir Dormindo, 1911
Sorris da Minha Dor, 1938
Sorriso do Paulinho, O, 1943
Sorriu pra Mim, 1955
Sou da Fuzarca, 1929
Sou Teu Escravo, 1906
**Subindo ao Céu**, 1913
Suburbana, 1939
Sucedeu Assim, 1957
Suçuarana, 1928
**Súplica**, 1940
Sururu na Cidade, 1922
Suspira, Nega Suspira, 1925
Tagarela, 1945
Talento e Formosura, 1905
Tarde Fria, 1955
Tardes de Lindoia, 1930
**Tatu Subiu no Pau**, 1923
Teleco-Teco, 1942
**Tem Francesa no Morro**, 1932
Tem Gato na Tuba, 1948
Tem Nego Bebo Aí, 1955
**Tenha Pena de Mim**, 1938
**Teresa da Praia**, 1954
**Terna Saudade (Por um Beijo)**, 1905
**Terra Seca**, 1943
**Teu Cabelo Não Nega, O**, 1932
Teus Ciúmes, 1936
Tic-Tac do Meu Coração, 1935
Tico-Tico na Rumba, 1947
**Tico-Tico no Fubá**, 1931
Tipo Sete, 1934
**Tiradentes**, 1955
Tiroleza, 1939
Tomara Que Chova, 1951
Tome Polca, 1951
Tormento, 1931
Torturante Ironia, 1935
**Touradas em Madri**, 1938
Trá-Lá-Lá, 1940
**Trabalhar Eu Não**, 1946
Transformação, 1943
**Trem Atrasou, O**, 1941
Trem Blindado, 1933
Trem de Ferro, 1943

Índice das músicas

Trem O-Lá-Lá, 1950
Trepa no Coqueiro, 1930
Três Estrelinhas, 1906
Três Lágrimas, 1941
Triste Carnaval, 1922
Tristeza de Caboclo, 1919
**Tristezas do Jeca**, 1922
Tristezas Não Pagam Dívidas, 1932
Tu Qué Tomá Meu Nome, 1929
**Tu**, 1934
Tua Vida é um Segredo, A, 1933
Tudo Acabado, 1950
Tudo Cabe num Beijo, 1938
Tudo Foi Ilusão, 1956
Turma do Funil, 1956
Tutu Marambá, 1929
Última Barbada, 1947
Última Canção, 1937
Última Chance, 1946
**Última Estrofe, A**, 1935
Última Inspiração, 1940
Última Seresta, 1952
**Último Desejo**, 1938
Um a Um, 1954
Upa, Upa (Meu Trolinho), 1940
**Urubu Malandro**, 1914
Uva de Caminhão, 1939
Vadiagem, 1929
Vagalume, 1954
**Vai com Jeito**, 1957
Vai Haver Barulho no Chatô, 1933
Vai na Paz de Deus, 1953
Vai Que Depois Eu Vou, 1956
**Valsa de Uma Cidade**, 1954
Valsa do Meu Subúrbio, 1944
Valsa do Vaqueiro, A, 1946
Valsa Verde, 1932
Vamo Maruca Vamo, 1918
Vamos Deixar de Intimidade, 1929
Vatapá, 1942
Vatapá, O, 1907
Velhas Cartas de Amor, 1949
Velho Realejo, 1940

**Vem Cá Mulata**, 1906
Vênus, 1923
Verão no Havaí, 1944
Vermelho Vinte e Sete, 1956
Vestido de Bolero, 1944
Vício, 1955
Vida Apertada, 1923
**Vida de Bailarina**, 1954
Vida de Minha Vida, 1949
Vida é um Jardim Onde as Mulheres São
    as Flores, A, 1924
Vida em Quatro Tempos, A, 1943
Vidas Mal Traçadas, 1949
**Vingança**, 1951
Viola Cantadeira, 1917
Violão Amigo, 1942
Violão, 1949
Violões em Funeral, 1951
**Vitória**, 1933
Você é Que Pensa, 1949
Você Já Foi à Bahia, 1941
Você Não Tem Palavra, 1941
Você Só... Mente, 1933
**Volta do Boêmio, A**, 1957
Voltarás, 1945
Voltei Pro Morro, 1940
Vou À Penha, 1929
Vou Deixar Meu Ceará, 1937
Vou Me Benzer, 1920
Vou Me Casar no Uruguai, 1935
Vou prá Roça, 1947
Vou Sambar em Madureira, 1946
**Voz do Morro, A**, 1956
**Voz do Violão, A**, 1928
X do Problema, 1936
**Xote das Meninas, O**, 1953
**Yes, Nós Temos Bananas**, 1938
**Zé Marmita**, 1953
Zíngara, 1931
Zinha, 1907
**Zizinha**, 1926
Zomba, 1929
**Zum-Zum**, 1951

# BIBLIOGRAFIA

ALENCAR, Edigar de. *O carnaval carioca através da música*. 3ª ed. 2 vols. Rio de Janeiro: Francisco Alves, 1985.

_____. *Nosso Sinhô do samba*. 2ª ed. Rio de Janeiro: Funarte, 1981.

ALMEIDA, Renato. *História da música brasileira*. 2ª ed. Rio de Janeiro: F. Briguiet, 1942.

ALMIRANTE (Henrique Foreis Domingues). *No tempo de Noel Rosa*. 2ª ed. Rio de Janeiro: Francisco Alves, 1977.

ANTÔNIO, Irati; PEREIRA, Regina. *Garoto, sinal dos tempos*. Rio de Janeiro: Funarte, 1982.

ARAÚJO, Lauro Gomes de. *Roberto Martins, uma legenda na música popular*. Sorocaba: Fundação Ubaldino do Amaral, 1995.

ARAÚJO, Mozart de. *Rapsódia brasileira*. Fortaleza: Universidade Estadual do Ceará, 1994.

BARBOSA, Orestes. *Samba: sua história, seus poetas, seus músicos e seus cantores*. Rio de Janeiro: Livraria Educadora, 1933.

BLANCO, Billy. *Tirando de letra*. Rio de Janeiro: Record, 1996.

CABRAL, Sérgio. *ABC de Sérgio Cabral*. Rio de Janeiro: Codecri, 1979.

_____. *As escolas de samba do Rio de Janeiro*. Rio de Janeiro: Lumiar, 1996.

_____. *No tempo de Almirante: uma história do rádio e da MPB*. Rio de Janeiro: Francisco Alves, 1990.

_____. *No tempo de Ari Barroso*. Rio de Janeiro: Lumiar, 1993.

_____. *Pixinguinha: vida e obra*. Rio de Janeiro: Funarte, 1978.

_____. *Tom Jobim*. Rio de Janeiro: CBPO/Sabiá, 1987.

CAETANO, Pedro. *Meio século de música popular brasileira: o que fiz, o que vi*. Rio de Janeiro: Vida Doméstica, 1984.

CALDAS, Klecius. *Pelas esquinas do Rio: tempos idos e jamais esquecidos*. Rio de Janeiro: Civilização Brasileira, 1994.

CARDOSO JR., Abel. *Carmen Miranda, a cantora do Brasil*. São Paulo: Ed. do autor, 1978.

CARDOSO, Sylvio Tullio. *Dicionário biográfico de música popular*. Rio de Janeiro: Ed. do autor, 1965.

CARVALHO, Hermínio Bello de. *Mudando de conversa*. São Paulo: Martins Fontes, 1986.

CASTRO, Ruy. *Chega de saudade: a história e as histórias da bossa nova*. São Paulo: Companhia das Letras, 1990.

CAYMMI, Dorival. *Cancioneiro da Bahia*. Rio de Janeiro: Livraria Martins, 1947.

CLAVER FILHO. *Waldemar Henrique: o canto da Amazônia*. Rio de Janeiro: Funarte, 1978.

DREYFUS, Dominique. *Vida do viajante: a saga de Luiz Gonzaga*. São Paulo: Editora 34, 1996.

FAOUR, Rodrigo. *História sexual da MPB*. Rio de Janeiro: Record, 2006.

FERRETE, J. L. *Capitão Furtado: viola caipira ou sertaneja?* Rio de Janeiro: Funarte, 1987.

GERSON, Brasil. *História das ruas do Rio de Janeiro*. 4ª ed. Rio de Janeiro: Brasiliense, 1963.

GOMES, Bruno Ferreira. *Wilson Batista e sua época*. Rio de Janeiro: Funarte, 1985.

GUERRA, Guido. *Vicente Celestino, o hóspede das tempestades*. Rio de Janeiro: Record, 1994.

HOLANDA, Nestor de. *Memórias do Café Nice: subterrâneos da música popular e da vida boêmia do Rio de Janeiro*. Rio de Janeiro: Conquista, 1969.

JOBIM, Helena. *Antônio Carlos Jobim: um homem iluminado*. Rio de Janeiro: Nova Fronteira, 1996.

JOTA EFEGÊ. *Figuras e coisas do carnaval carioca*. Rio de Janeiro: Funarte, 1982.

_____. *Figuras e coisas da música popular*. vol. 1. Rio de Janeiro: Funarte, 1978.

_____. *Figuras e coisas da música popular*. vol. 2. Rio de Janeiro: Funarte, 1980.

KINKLE, Roger D. *The Complete Encyclopedia of Popular Music and Jazz: 1900-1950*. 4 vols. New Rochelle, NY: Arlington House, 1974.

LAGO, Mário. *Na rolança do tempo*. 4ª ed. Rio de Janeiro: Civilização Brasileira, 1979.

MARTINS, Guimarães. *Catulo da Paixão Cearense: Modinhas*. Rio de Janeiro: Fermato do Brasil, 1972.

MÁXIMO, João; DIDIER, Carlos. *Noel Rosa: uma biografia*. Brasília: Linha Gráfica, 1990.

NASSER, David. *Parceiro da glória*. Rio de Janeiro: José Olympio, 1983.

NUNES, Mário. *40 anos de teatro*. 4 vols. Rio de Janeiro: Serviço Nacional de Teatro, s/d.

PINTO, Aloysio de Alencar. "Ernesto Nazareth: flagrantes I e II", *Revista Brasileira de Música*, Rio de Janeiro, nº 5 e 6, abr.-jun. e jul.-set., 1963.

_____. "A melodia do Nordeste e suas frequências modais", *Revista do Instituto do Ceará*, Fortaleza, tomo CVIII, 1994.

RANGEL, Lúcio. *Sambistas e chorões: aspectos e figuras da música popular brasileira*. São Paulo: Francisco Alves, 1962.

RIBEIRO, Pery. *Minhas duas estrelas*. São Paulo: Globo Livros, 2006.

RODRIGUES, Lupicínio. *Foi assim: o cronista Lupicínio conta as histórias de suas músicas*. Porto Alegre: L&PM, 1995.

SANT'ANNA, Affonso Romano de. *Música popular e moderna poesia brasileira*. 2ª ed. Petrópolis: Vozes, 1980.

SANTOS, Alcino *et al*. *Discografia brasileira em 78 rpm: 1902-1964*. 5 vols. Rio de Janeiro: Funarte, 1982.

SILVA, Flávio. "'Pelo telefone' e a história do samba", *Cultura*, Brasília, nº 28, jan.-jun., 1978.

SILVA, Francisco Duarte; GOMES, Dulcinéa Nunes. *A jovialidade trágica de José de Assis Valente*. Rio de Janeiro/São Paulo: Funarte/Martins Fontes, 1988.

SILVA, Marília T. Barboza de; OLIVEIRA FILHO, Arthur L. de. *Cartola: os tempos idos*. Rio de Janeiro: Funarte, 1983.

SILVA, Francisco Duarte *et al*. *Um certo Geraldo Pereira*. Rio de Janeiro: Funarte, 1983.

SOUZA, Tárik de. *O som nosso de cada dia*. Porto Alegre: L&PM, 1983.

SOUZA, Tárik de; ANDREATO, Elifas. *Rostos e gostos da música popular brasileira*. Porto Alegre: L&PM, 1979.

SOUZA, Tárik de; CEZIMBRA, Márcia; CALLADO, Tessy. *Tons sobre Tom*. Rio de Janeiro: Revan, 1995.

SOUZA, Tárik de *et al*. *Brasil musical*. Rio de Janeiro: Art Bureau, 1988.

TINHORÃO, José Ramos. *Música popular: um tema em debate*. 3ª ed. São Paulo: Editora 34, 1997.

_____. *Pequena história da música popular: da modinha à lambada*. 6ª ed. São Paulo: Art Editora, 1991.

_____. *Música popular: do gramofone ao rádio e TV*. São Paulo: Ática, 1981.

_____. *Música popular: os sons que vêm da rua*. Rio de Janeiro: Ed. do autor, 1976.

_____. *Música popular: teatro e cinema*. Petrópolis: Vozes, 1972.

VALENÇA, Suetônio Soares. *Tra-lá-lá*. Rio de Janeiro: Funarte, 1981.

VÁRIOS AUTORES. *Enciclopédia da música brasileira erudita, folclórica e popular*. 2 vols. São Paulo: Art Editora, 1977.

_____. *História da música popular brasileira* (editada em 52 fascículos). São Paulo: Abril Cultural, 1982.

_____. *História do século vinte*. 6 vols. São Paulo: Abril Cultural, 1968.

_____. *Nosso século*. 5 vols. São Paulo: Abril Cultural, 1980.

VASCONCELOS, Ary. *Carinhoso etc.: história e inventário do choro*. Rio de Janeiro: Ed. do autor, 1984.

_____. *A nova música da Velha República*. Rio de Janeiro: Ed. do autor, 1985.

_____. *Panorama da música popular brasileira*. 2 vols. São Paulo: Martins, 1964.

_____. *Popular Music 1920-1979: A Revised Cumulation*. 3 vols. Detroit (Michigan): Gale Research, 1985.

_____. *Panorama da música popular brasileira na belle époque*. Rio de Janeiro: Editora Sant'Anna, 1978.

VIEGAS, João Carlos. *Carmen Costa, uma cantora do rádio*. Rio de Janeiro: Revan, 1991.

VIEIRA, Jonas; NORBERTO, Natalício. *Herivelto Martins: uma escola de samba*. Rio de Janeiro: Ensaio, 1992.

# CRÉDITOS DAS IMAGENS

Arquivo Divisão de Música da Biblioteca Nacional (pp. 26, 34, 38, 44, 54, 64, 86, 121, 124, 132, 140, 157, 200, 222, 227a, 241, 246, 267, 278, 284, 295, 298, 309, 312, 321, 328, 335a, 338, 352)

Arquivo Funarte (pp. 18, 74, 89b, 97, 100, 114, 150, 182, 210, 257, 288, capa e 4ª capa)

Arquivo Zuza Homem de Mello (pp. 50, 106, 170, 227b, 250, 260, 270, 335b, 346)

Arquivo Jairo Severiano (pp. 89a, 92, 146a, 146b, 230)

# SOBRE OS AUTORES

Jairo Severiano, historiador e produtor musical, nasceu em Fortaleza em 1927, morando no Rio de Janeiro desde 1950. É autor dos livros *Discografia brasileira em 78 rpm*, com Miguel A. Azevedo, Grácio Barbalho e Alcino Santos (1982), *Getúlio Vargas e a música popular* (1983), *Yes, nós temos Braguinha* (1987), *A canção no tempo: 85 anos de músicas brasileiras*, obra em dois volumes, escrita em parceria com Zuza Homem de Mello (1997 e 1998) e *Uma história da música popular brasileira* (Editora 34, 2008). Na década de 1980, produziu diversos álbuns fonográficos, entre os quais *O Ciclo Vargas* (para a Fundação Roberto Marinho), *Native Brazilian Music* (para o Museu Villa-Lobos), *Nosso Sinhô do Samba* (para a Funarte) e os LPs duplos com Dorival Caymmi e Tom Jobim, ambos reeditados em CDs. Coordenou ainda os projetos "Memória Musical Carioca" (para o Arquivo da Cidade do Rio de Janeiro), com Paulo Tapajós, e "Mozart de Araújo" (para o Centro Cultural Banco do Brasil). Considerado um dos maiores pesquisadores da nossa MPB, faleceu no Rio de Janeiro, em 27 de agosto de 2022.

Zuza Homem de Mello nasceu em São Paulo, em 1933. Inicia-se no jornalismo em 1956, assinando uma coluna de jazz semanal para a *Folha da Noite*. Após um período de estudos em Nova York, volta ao Brasil e ingressa na TV Record, onde permanece por cerca de dez anos trabalhando como engenheiro de som e atuando como booker na contratação de atrações internacionais. Entre 1977 e 1988 produz e apresenta o premiado *Programa do Zuza*, na Rádio Jovem Pan AM, e faz crítica de música popular para *O Estado de S. Paulo*. Trabalha também como diretor artístico de shows e festivais e produz discos de Jacob do Bandolim e Elis Regina, entre outros. Integra a equipe do Festival de Jazz de São Paulo (1978 e 1980), sendo curador do Free Jazz Festival desde sua primeira edição, em 1985, e de seus sucessores, Tim Festival e BMW Jazz Festival. É autor dos livros *Música popular brasileira cantada e contada...* (Melhoramentos, 1976, relançado pela WMF Martins Fontes em 2008 com o título *Eis aqui os bossa-nova*), *A canção no tempo*, dois volumes em coautoria com Jairo Severiano (Editora 34, 1997 e 1998), *João Gilberto* (Publifolha, 2001), *A Era dos Festivais* (Editora 34, 2003), *Música nas veias* (Editora 34, 2007), *Música com Z* (Editora 34, 2014, vencedor do Prêmio APCA), *Copacabana: a trajetória do samba-canção* (Editora 34, 2017) e o póstumo *Amoroso: uma biografia de João Gilberto* (Companhia das Letras, 2021), obra que concluiu pouco antes de falecer, em São Paulo, em 4 de outubro de 2020.

Este livro foi composto em Sabon,
pela Bracher & Malta, com CTP da
New Print e impressão da Graphium
em papel Alta Alvura 90 g/m² da Cia.
Suzano de Papel e Celulose para a
Editora 34, em janeiro de 2025.